U0908340

普通高等院校财经、管理类应用型本科规划教材

金　融　学

周浩明　米双红
龚治国　毛新平　编著

上海交通大学出版社

内 容 提 要

金融学是金融学专业学生的专业基础课，它所提供的关于货币的起源与本质、信用制度、利息来源与利息率决定、货币供给与需求、通货膨胀与紧缩、金融创新与金融监管的一般理论，为学习其他专业课和分析现实经济、金融问题提供了理论基础和方法论指导。它介绍的是关于中央银行、商业银行、金融市场及货币政策的相关运行机制、具体操作方式和相关业务，为了解现实金融运行提供了入门钥匙。它的研究方法为研究现代经济、金融活动提供了广阔的视野和科学的分析方法。

图书在版编目(CIP)数据

金融学/周浩明等编著. —上海:上海交通大学出版社，2012(2014 重印)
普通高等院校财经、管理类应用型本科规划教材
ISBN 978-7-313-08765-2

Ⅰ. ①金… Ⅱ. ①周… Ⅲ. ①金融学-高等学校-教材 Ⅳ. ①F830

中国版本图书馆 CIP 数据核字(2012)第 156413 号

金 融 学

周浩明 米双红 龚治国 毛新平 **编著**

上海交通大学出版社出版发行
(上海市番禺路 951 号 邮政编码 200030)
电话:64071208 出版人:韩建民
常熟市文化印刷有限公司印刷 全国新华书店经销
开本:787mm×1092mm 1/16 印张:17.5 字数:427 千字
2012 年 7 月第 1 版 2014 年 9 月第 2 次印刷
ISBN 978-7-313-08765-2/F 定价:39.00 元

告读者:如发现本书有印装质量问题请与印刷厂质量科联系
联系电话:0512-52219025

前　言

金融是现代经济的“血液”，没有金融就没有现代经济。

金融学是专业基础课，它所提供的关于货币的起源与本质、信用制度、利息来源与利息率决定、货币供给与需求、通货膨胀与紧缩、金融创新与金融监管的一般理论，为学习其他专业课和分析现实经济、金融问题提供了理论基础和方法论指导。它介绍的是关于中央银行、商业银行、金融市场及货币政策的相关运行机制、具体操作方式和相关业务，为了解现实金融运行提供了入门钥匙。它的研究方法为研究现代经济、金融活动提供了广阔的视野和科学的分析方法。

金融学是其他经济类、管理类专业学生必须掌握的基础理论课，它提供了从微观到宏观的融资理论和实务、金融调控方法，使之了解整个国民经济资金运行的基本框架，并针对现实经济和管理中出现的资金问题提出解决办法。金融学为理工类学生提供了科技成果转化为生产力所必须了解的融资渠道、方式和方法，使他们学会怎样与银行和其他金融机构打交道，如何为创新企业争取资金和运用资金。

自改革开放以来，我国的金融体制进行了巨大改革，取得了辉煌成就，这使我国的社会经济生活发生了根本变化。学习和了解有关金融的基本知识与基本原理，并结合国内外的金融实践进行分析和运用，已经成为当代大学生和各级各类干部必备的基本技能。

本教材正是在上述背景下编写的，它有五个特色：

(1) 内容全面。教材详细阐述了货币、信用、金融市场等金融学基础；介绍了商业银行、中央银行、信托、基金等金融机构的类型、业务与管理；阐述了通货膨胀、货币需求与供给；探索了金融创新、金融发展、金融监管等前沿问题。

(2) 易教易学。本教材在每章正文之前有内容提要、重点与难点介绍，每章之后有小结，指出了本章的基本概念，布置了复习思考题，便于教师教学，同时也便于学生学习和理解。

(3) 实用生动。每章都附有具有鲜明特点和实用性的金融案例，使教材活泼生动。

(4) 体系新颖。本教材附录是三个与金融有关的法律法规，使学生在掌握金融学知识的同时，学习法律知识，为进入社会实践打下基础。

(5) 数据新翔。本教材在论述中密切注意定量分析，数据丰富，力图采用最新资料，许多数据收集到2012年5月。

本书主要适用于财经类、管理类本、专科学生教学，也可适用于财经类、管理类高职高专学生使用，同时也可以作为各类干部金融学培训辅导教材。

本书由周浩明、米双红、龚治国、毛新平编著，周浩明（博士、副教授）负责全书的设计、编纂、统稿，米双红（教授、博士）负责审阅全书。编写工作分工如下：米双红编写第一、二章，周浩明编写第三、四、十一、十二章，龚治国（硕士、讲师）编写第五、九、十章，毛新平（硕士、讲师）编写第六、七、八章。

本书的编写和出版得到了东莞理工学院城市学院领导的大力支持和帮助，特别是得到了上海交通大学出版社张健等编辑的关心和帮助，在此一并表示诚挚的感谢！

编 者

2012年6月

目　　录

第一章 导 论

内容提要

金融学是以货币为中心(或主线),专门研究货币及与货币运行有密切联系的信用、金融机构、金融市场的历史发展和金融运行规律的一门学科。它是金融学专业的基础理论课,也是经济学类专业的必修课程。本章从金融学的产生与发展出发,论述了金融学的研究对象、研究内容与研究方法等内容。

重点与难点

本章重点是了解金融学的产生与发展;掌握金融学的研究对象;把握金融学的学科体系和基本内容,理解金融学的特点和方法。

第一节 金融学的产生与发展

金融学作为一门独立的学科,最早形成于西方,叫"货币银行学"(money and banking)。

信用活动与货币流通紧密联系构成金融活动,是近代资本主义经济发展起来以后的事情。在自然经济占优势的条件下,信用形式是高利贷,与此同时存在的主要是金属货币的流通,金属货币的铸造权通常是由政府垄断。这时,信用与货币流通之间的联系只分别涉及信用活动与货币流通的一部分;就整体来说,它们则是各自独立发展的。当资本主义经济发展起来后,现代银行产生了,银行成为国民经济中信用活动的中心,并在信用活动的基础上发行银行券和组织转账结算。银行券的流通和转账结算的开展,逐步代替并最终完全排除了金属铸币的流通。这样,流通中货币数量的变化则由银行信用的扩张或紧缩来调节,货币的运动则与信用关系中债权、债务的转移和消长结合在一起,最终形成了现代的金融活动。因此,20 世纪以前,货币大多以商品货币存在的方式。20 世纪以后,商品货币不断加深,货币信用理论有了一定的发展,至 20 世纪初西方国家开始形成了独立的以银行为中心,货币、信用、银行、国际金融为研究对象的货币银行学,其代表著作是 1914 年美国学者霍斯华茨的《货币与银行》,在一定意义上讲,霍斯华茨的《货币与银行》的问世代表了货币银行学科的兴起。

20 世纪初至第二次世界大战结束,世界经济由繁荣经历世界经济危机和两次世界大战,货币金融领域研究的重点开始向现实政策转移,中央银行制度的建立、通货膨胀传递机制、国际收支理论、货币供求的数量模型分析等,使货币银行理论走向一个新的高度。例如:甘末尔的交易方程式、费雪的交易方程式、马歇尔的现金余额方程式、庇古的剑桥方程式等。更为突出的是,1936 年凯恩斯出版了《就业利息和货币通论》一书,提出了有效需求这一新范畴,认为货币是非中性的,货币数量会对经济总量产生影响。国家干预理论逐渐占据主导地位,货币银行理论成为经济学研究体系的重要支柱。这一时期,储蓄、投资与经济增长之间的关系、货币政策的传导机制和效果衡量、货币供求与通货膨胀、利率的决定与信贷的作用机理成为货币银行理论的研究重点。第二次世界大战后，联合国、世界复兴开发银行、国际货币基金组织等国际机构的建立确立了新的世界经济秩序，各国经济得到迅速恢复和发展，货币银行理论从广度和深度都获得极大的扩展，基本原理、主要内容得到补充和完善，如计量模型分析方法广泛应用，货币主义学派等迅速崛起，金融市场、银行等金融中介机构理论不断完善，利率理论得到发展。货币金融的学科体系、基本架构进一步丰富和发展。

20 世纪七八十年代，西方主要工业国家失业率上升，物价上涨，经济进入滞涨时期，石油危机、布雷顿森林体系的崩溃等加剧了世界经济的动荡，货币政策理论、通货膨胀理论和国际货币体系的研究取得了重大进展。与此同时，金融创新理论、金融市场理论、国际资本流动理论、债务危机、发展中国家金融发展等引入货币金融体系。1990 年至 21 世纪初，金融风险和金融危机不断加剧，经济和金融一体化成为货币银行理论研究的重点，主要体现在：国际游资与资本市场稳定性分析、金融风险理论与金融安全性分析、金融信息化、银行监管理论、国际货币体系、国际政策协调分析等。

近代中国的金融学，是从西方介绍来的，有从古典经济学直到现代经济学的各派货币银行学说。马克思创立的金融理论，在中华人民共和国建立前，已有所传播，一是通过《资本论》等马克思主义著作的翻译；一是把苏联的教材加以改编（如李达的《货币学概论》）。中华人民共和国建立后，在马克思主义金融理论的指导下，并参照苏联的学科体系，分别就资本主义和社会主义两种社会制度的金融问题，相应地建立了“资本主义国家货币流通与信用”和“社会主义国家货币流通与信用”两门金融理论学科。20 世纪 50 年代末期以后，“货币信用学”的名称逐渐被广泛采用。这时，开始注意对资本主义和社会主义两种社会制度下的金融问题进行综合分析，并结合中国实际提出了一些理论问题加以探讨，如人民币的性质问题，货币流通规律问题，社会主义银行的作用问题，财政收支、信贷收支和物资供求平衡（财政、信贷、物资、外汇的综合平衡）问题，等等。不过，总的来说，在这期间，金融学没有受到重视。自 20 世纪 80 年代以来，金融学的建设进入了新阶段，一方面结合实际重新研究和阐明马克思主义的金融学说，另一方面则扭转了完全排斥西方当代金融学的倾向并展开了对它们的研究和评介；同时，随着经济生活中金融活动作用的日益增强，特别是 2007 年西方金融危机后，金融学科在我国受到了广泛的重视。这就为以中国社会主义特色为背景的金融学创造奠定了坚实的基础。

总之，货币银行理论随着社会经济的发展不断丰富和完善，了解货币银行理论的发展，对于把握货币银行理论、探索金融发展乃至经济发展的内在规律具有重要的意义。

第二节 金融学的研究对象

金融是现代经济的“血液”，没有金融就没有现代经济。

金融学是以货币为中心（或主线），专门研究货币及与货币运行有密切联系的信用、金融机构、金融市场的历史发展和金融运行规律的一门学科。在现代市场经济中，每一个家庭或个人、各类经济单位几乎每天都要接触货币，都要同金融打交道；任何商品都需要用货币来计价，任何购买都要用货币来支付；人们与以银行为代表的金融机构有各种经济关系，如存款、取款、付款，申请各种生产经营性贷款或消费贷款，办理各种保险，购买有价证券，等等；报刊、电视、电台每天都要报道股票行情、外汇牌价、借贷利率等各种金融信息。总之，现代社会的一切经济活动都要借助货币信用形式来完成，一切经济政策和调控措施也都要通过货币金融手段来发挥作用。在这种经济社会里，货币、信用、金融机构、金融市场、货币需求与供给、金融调控与监管、金融稳定与发展等金融学所包括的基本范畴具有极端的重要性，金融学就是专门研究这些范畴的学科。因此，只有通过学习金融学，才能掌握、理解和分析研究这些重要的金融范畴。

金融学是金融学专业学生的专业基础课，它所提供的关于货币的起源与本质、信用制度、利息来源与本质、信用制度、利息来源与利息决定、货币供给与需求、通货膨胀与紧缩、金融创新与经济发展的一般理论，为学习其他专业课和分析现实经济、金融问题提供了理论基础和方法论指导。它介绍的是关于中央银行、商业银行、金融市场的相关运行机制、具体操作方式和相关业务，为了解现实金融运行提供了入门钥匙。它的研究方法为研究现代经济、金融活动提供了广阔的视野和科学的分析方法。

金融学是其他经济类、管理类专业学生必须掌握的基础理论课，它提供了从微观到宏观的融资理论和实务、金融调控方法，使之了解整个国民经济资金运行的基本框架，并针对现实经济和管理中出现的资金问题提出解决办法。金融学为理工类学生提供了科技成果转化为生产力所必须了解的融资渠道、方式和方法，使他们学会怎样与银行和金融机构打交道，如何为创新企业争取资金和运用资金。

第三节　金融学的学科体系与研究内容

一、金融学的学科体系

如果说理论经济学是整个经济科学的门户的话，那么，金融学就是整个金融科学的门户。要学好金融专业课，必须首先学好金融学；要学好金融学，必须首先学好理论经济学。如果不掌握理论经济学的基本理论，就很难真正学好金融学，并进而学好金融专业课，如银行信贷管理学、金融市场学、商业银行经营管理学、中央银行学、国际金融学等。

金融学在金融科学体系中的地位可以用八个字来概括，这就是“承前启后，继往开来”。这里的“前”和“往”，指的是“理论经济学”；“后”和“来”指的是金融专业课。可见，金融学处在中介的位置上，是联系理论经济学和金融专业课的纽带和桥梁。

金融学在金融科学体系中的重要地位，如图 1－1 所示。

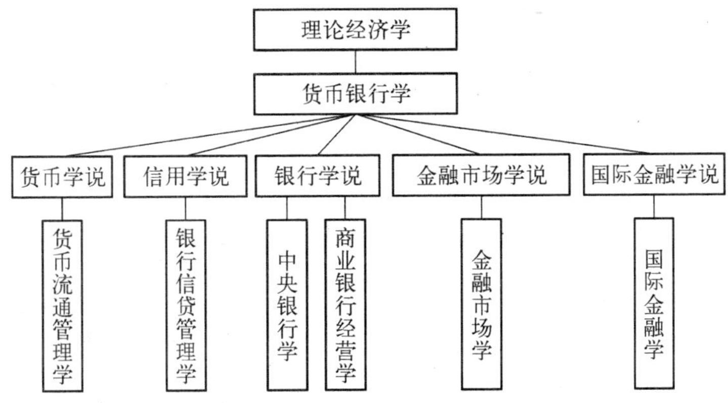

图 1－1　金融学在金融科学体系中的地位

事实上，从金融学承前启后、继往开来的地位中，也可以从侧面认识到学习金融学的重要意义。

二、金融学的研究内容

根据金融学的研究对象，金融学的研究内容主要包括：

（一）货币的本质与职能

货币的起源、形态、职能和货币制度是金融学的逻辑起点。货币是商品经济发展的产物，作为一般等价物，具有价值尺度、流通手段、储藏手段、支付手段和世界货币这五种职能。为了有效地控制或调节货币的供应和流通，各国政府确立了货币制度，对本国货币的本位货币以及流通货币与本位货币的兑换率、本国货币与外国货币的汇率、国际收支的调节和储备各资产的供应等问题的安排。

（二）货币的流通与价格——信用和利息问题

信用调剂不同货币所有者间的余缺，克服了货币循环在社会中不同类型货币单位存在的时间与空间上的不平衡，提供和创造流通手段和支付手段，实现了现在消费与未来消费相交换。而信用是以偿还和付息为条件的价值单方面让渡，借方在约定的时间内必须归还本金并支付利息。因此，作为资金的价格——利息调节着经济交易活动，使资源配置达到最优。

（三）货币金融体系

一般而言，一国的货币金融体系包括金融市场和金融机构两部分。货币金融运行要求有相应的场所，为资金供应者和资金需求者进行资金融通，由此产生金融市场，并逐渐成熟和发展。货币市场、资本市场、金融衍生市场日益完善，金融创新不断。作为经营货币的特殊企业——金融机构（包括银行类金融机构和非银行类金融机构），则是货币政策的一个传导通道，中央银行的监管成为必要。

（四）货币供求理论

货币供求理论是货币金融理论中最核心的内容之一。货币需求从宏观角度与微观角度分析货币需求的动机、构成和数量；货币供给研究货币供给量的形成机制、运行机制和调控机制，包括货币的涵盖范围、货币的供给方式、影响货币供给量的因素以及货币管理当局对货币供给量的控制等。而不论是通货膨胀还是通货紧缩，都会对社会经济造成巨大的损害。因此，货币政策成为中央银行为实现一定的经济目标，运用各种政策工具调节和控制货币数量和货币价格，进而影响宏观经济的各种方针和措施的总和。

（五）金融风险管理

风险管理已成为现代金融管理理论的支柱之一。风险分析和管理是各类金融机构所从事的全部业务和管理活动中最核心的内容；金融监管则成为各国金融与经济安全稳定的重大问题之一。经济金融全球化则进一步要求人们将金融监管问题的考察视野扩展到金融的所有领域和超越国界的范围。

第四节 金融学的特点和方法

一、金融学的特点

金融学作为整个金融学科的基础，与别的金融课程有着显著的区别。这种区别体现在三个方面：基础学科、覆盖面广、概论性质。

（一）基础学科

金融学作为金融学科的基础和门户，是进一步学习金融专业课程必不可少的理论准备。

（二）覆盖面广

这主要体现在金融学的研究领域大体分为货币、信用、金融机构、金融市场、金融创新、金融发展、金融监管等方面，涉及货币运动的方方面面。作为基础学科的金融学要为后继的金融专业课如中央银行学、金融市场学、商业银行经营管理学、国际金融学等提供分析前提。这是由金融学在金融学科体系中处于"承前启后"的地位所决定的。

（三）概论性质

金融学的概论性质是中外金融学界所公认的。香港大学经济系饶余庆教授在其著名的《现代金融学》一书的前言中写道："由于本书属于概论性质，不可能对所有有关问题都作深入和详尽的分析。"美国经济学家钱得勒、哥尔特菲尔特在合著的《金融学》前言中告诉读者："这不是一本关于货币与银行的全面论述。即使篇幅几倍于此，也不能说可以完整无遗地论述在货币和银行领域中积累下来的在理论、法律、制度、经验以及历史方面浩瀚的资料。而且，我们也不认为迫使初学者费力去弄通这门渊博而复杂题目的百科全书式的论述是适当的。"

二、金融学的研究方法

学习金融学，必须掌握金融学的研究方法。

（一）历史方法与逻辑方法相结合

任何事物的发展过程，都包含着历史和逻辑两个方面。相应的，对任何事物都可以采取历史和逻辑的方法加以研究。

所谓历史方法，就是遵循历史的顺序，把握历史现象的基本线索，把握它的内在联系，从而揭示历史发展的必然性的研究方法。按照历史方法进行科学研究时，要按照历史方法的特点遵循两条原则：一是有序性原则；二是完整、具体、详尽的原则。就金融学而言，历史方法有多处表现。比如货币的演进要按照货币出现的历史顺序介绍实物货币、金属货币、代用货币、信用货币等；介绍国际货币体系也要按照历史的顺序介绍金本位下的国际货币体系、金汇兑本位下的国际货币体系、布雷顿森林体系、牙买加体系等。历史方法的一个重要特点在于它要处处跟随事物发展的自然过程。

逻辑方法，就是撇开历史的具体形式，撇开历史发展的曲折历程和偶然因素，从理论形态上来揭示它的必然性和发展规律，并以逻辑的形式把事物的历史进程再现出来的研究方法。

逻辑方法与历史方法不同，它不需要时刻追随历史发展的进程，它往往忽视历史进程中的偶发因素，在某种情况下，甚至可以离开历史发展的具体时间顺序，从事物发展的较高形态上考察事物运动的本质和规律。逻辑方法在金融学中有广泛的应用，一个最为大家熟知的事例是马克思在研究货币的起源和本质问题中对它的应用。货币的产生是一个历史的过程，马克思在分析中坚持了历史的顺序，从简单价值形式分析起，最后到货币形式。他没有处处跟随历史，而是运用理论抽象，分析商品交换中的矛盾发展状况，最后很自然地令人信服地揭示出了货币产生的必然性和其本质。

逻辑是抽象的历史，历史是生动的逻辑。历史方法和逻辑方法是统一的，科学研究过程中两者往往互相依存、互相渗透、互相补充。

（二）规范方法和实证方法相结合

金融学是随着社会经济发展而产生和发展的，对其的研究已形成一个庞大复杂的研究体系，货币的本质、利息与利率、金融市场和金融中介、货币的供求理论、通货膨胀和通货紧缩、金融风险与金融监管等理论，经济学家运用逻辑推理和经验总结的方法规范分析了相关理论的历史发展背景及其运行机制、经济效应等，为把握货币金融内在运行机理，促进经济发展起到重要的推动作用。然而，历史规律的总结和逻辑推理需要实证检验。在规范分析的同时，实证分析利率、金融中介货币创造、金融市场融资功能、货币供求与经济发展关系等，更深入地理解货币金融理论。

（三）宏观分析和微观分析相结合

金融学从宏观的视角分析社会经济发展所需的货币总量和货币供给量的形成、运行和调节，从而确定均衡的货币量。但微观主体的持币动机、持币行为等决定着货币的供求关系。只有宏观分析和微观分析的结合才能更好地理解货币供求理论，实现均衡货币量。

（四）理论联系实际

金融学介绍了货币金融活动的基本知识、运行机制和经济效果等。这些都是在历史检验总结和逻辑推理的基础上产生和发展的，而且，理论的产生与特定的社会经济背景直接相关，是特定时期经济现象的反映。因此，理论学习必须联系实际，运用理论解释现实，结合现实改进理论，为经济发展提供实践指导。

本 章 小 结

1. 金融学是以货币为中心(或主线)，专门研究货币及与货币运行有密切联系的信用、金融机构、金融市场的历史发展和金融运行规律的一门学科。

2. 霍斯华茨的《货币与银行》的问世代表了金融学科的兴起；随着社会经济的发展，货币银行理论不断丰富和完善。

3. 金融学是金融学专业学生的专业基础课，它所提供的关于货币的起源与本质、信用制度、利息来源与本质、信用制度、利息来源与利息决定、货币供给与需求、通货膨胀与紧缩、金融创新与经济发展的一般理论，为学习其他专业课和分析现实经济、金融问题提供了理论基础和方法论指导。

4. 金融学具有三个特点：基础学科、覆盖面广、概论性质，研究方法丰富。

重要基本概念

金融学

复习思考题

1. 简述货币银行学科的产生和发展历史。
2. 金融学的研究对象是什么？
3. 简述金融学在学科体系中的地位。
4. 金融学的研究内容是什么？

第二章　货币与货币制度

内容提要

货币与货币制度是金融学中最基本的两个范畴，是学习和领会货币金融领域中一切重大问题的出发点。货币是固定的充当一般等价物的特殊商品，它是社会商品经济发展到一定阶段的产物。它的产生经历了简单的、偶然的价值形式，扩大的价值形式，一般价值形式，货币形式四个阶段，具有价值尺度、流通手段、支付手段、储藏手段、世界货币等职能。货币制度是国家以法律形式确定的货币体系和货币流通的组织形式。我国的人民币是信用本位制。

重点与难点

本章的重点是了解货币的性质；掌握货币的职能；理解货币的制度及构成要素；了解货币本位制的演变与发展。难点是理解货币的产生过程及形态演变。

第一节　货币的起源与性质

一、货币的起源

研究货币的产生是理解货币本质的关键。从历史资料中可以看到，货币的出现是与交换的发展联系在一起的。然而，关于货币的产生人们在认识上还存在很大分歧，由此形成了不同的货币起源说。如中国古代先秦时期曾十分盛行“先王制币说”，认为货币是先圣为解决民间交换困难而创造出来的；司马迁则认为货币是用来沟通产品交换的手段，是为适应交换需要自然产生的。在西方，流行过认为货币是由国家先哲创造出来的“创造发明说”；或是人们为了解决直接物物交换困难而共同选择出来的“共同选择说”；或是为了保存、计量和交换财富而产生的“保存财富说”等。

19 世纪 40 年代，马克思在继承和批判资产阶级古典学派有关货币理论基础上，从商品和商品交换开始，运用历史和逻辑的方法，用完整的劳动价值理论第一次对货币问题作了系统的理论阐明，揭开了“货币之谜”。马克思认为，货币是商品生产和商品交换发展的必然产物，是商品经济内在矛盾的必然结果。

随着社会生产力的发展，出现了社会分工和私有制，劳动产品转化为专门为交换生产的商品。商品的交换比例是由凝结在商品中的一般人类劳动，即商品的价值决定的。在原始公社阶段，每个公社共同体内部虽然不存在交换关系，但公社之间则可以让渡物品所有者。由于那时生产力极为低下，不会经常有剩余的东西可用来交换，同时也没有出现分工，因此，交换发生非常偶然。不过，只要发生交易，就有价值表现问题。例如：1 把石斧＝半只羊，则羊就成为石斧的等价物。由于价值表现纯属偶然，所以马克思把这个阶段称为简单的、偶然的价值形式。

随着社会分工的出现，共同生产逐渐被个人生产代替，私有制的出现使个人之间的交换日益发展。这时，一种物品不再非常偶然地和另一种物品发生交换关系，而是经常地和多种物品交换，于是一种物品的价值就会由许多种其他物品表现出来。例如：

$$1\text{只羊}=\begin{cases}2\text{把石斧}\\40\text{尺布}\\50\text{斤谷子}\end{cases}$$

对于一种物品的价值可由多种商品表现出来，而所有物品都可成为表现其他物品等价物的情况，马克思称之为扩大价值形式。

当进入交易领域的物品越来越多、交换行为越来越频繁，日益增多的物品进入频繁的交易过程，必然会有某种物品进入交换的次数较多，使许多物品的价值都用这种物品的价值表现，这种物品就成为其他物品表现价值的材料，成为所有物品的等价物，使它具有可以和所有物品直接交换的能力。这样，直接物物交换就让位于媒介的间接交换。例如：

$$\left.\begin{matrix}2\text{把石斧}\\40\text{尺布}\\50\text{斤谷子}\end{matrix}\right\}=1\text{只羊}$$

在通过媒介的间接交换中，用来表示所有物品价值的媒介品，马克思称之为一般等价物；用一般等价物表现所有商品的价值，马克思称之为一般等价形式。

当一般等价物相对固定在某一种商品上时，就出现了货币形式。价值形式从一般价值形式转化为货币价值形式，并没有发生本质的变化，其不同之处在于一般价值形式中，一般等价物是不固定的，而货币价值形式中的一般等价物是固定的。可见，马克思在劳动价值论的基础上，从对交换的历史分析中得出：货币是固定充当一般等价物的特殊商品。

货币的出现，促进了商品交换的发展。从微观层次上看，它满足了个人和企业效用最大化的需要；从宏观层次上看，它满足了经济体系中交易费用节约的需要。

二、货币的本质

从价值形态的发展演变过程中可以看出，货币最初是商品，货币产生的根源在于商品本身。但是货币不是普通的商品，而是在一个相对大的市场范围内长期固定的充当一般等价物的特殊商品，并体现一定的社会生产关系。这就是货币的本质性规定。

(一) 货币是固定充当一般等价物的特殊商品

首先，货币是一种商品，具有商品的共性，即都是用于交换的劳动产品，都具有价值和使用价值。这是货币能够与其他商品相交换的基础。其次，货币与普通商品不同，它是一种特殊商品。其特殊性在于它具有一般等价物的两个基本特征。货币是衡量和表现其他一切商品价值的材料，能够与其他一切商品直接交换。第三，货币作为一般等价物具有相对稳定性，在空间（市场范围）、时间及人们的观念中都具有相对稳定性，不会轻易发生变化。

（二）货币体现了一定的社会生产关系

货币作为一般等价物，无论是表现在金银或其他某种商品上，还是表现在某种价值符号上，都只是一种表面现象。货币与其他商品的交换其实质是两种劳动的交换。生产商品的劳动是私人劳动，而货币代表了社会必要劳动，一种商品在市场上交换到了货币，就证明生产它的私人劳动转化成了社会劳动。所以，货币作为一般等价物反映了商品生产者之间的劳动交换关系，体现着产品归不同所有者占有，并通过等价交换来实现他们之间的社会联系，即社会生产关系。在历史发展的不同阶段，货币反映着不同的社会生产关系。

第二节 货币的职能

货币的职能是指货币作为一般等价物所固有的功能，是货币本质的体现，也是人们运用货币的客观依据。从历史和现实的发展状况看，货币具有五项职能：价值尺度、流通手段、储藏手段、支付手段和世界货币。

一、价值尺度

货币在衡量商品价值时，执行着价值尺度职能。执行价值尺度的货币本身必须有价值；本身没有价值，就不能用来表现、衡量其他商品的价值。货币在执行价值尺度时，人们可以从观念语言中用货币来衡量商品的价值，而不需要现实的货币存在。商品价值的货币表现就是价格。由于各种商品的价值大小不同，用货币表现的价格也不同。为了便于比较，就需要一个货币计量单位，称为价格标准。价格标准最初是以金属重量单位命名的，如中国的“两”，后来由于国家以较贱金属代替贵金属作为币材，使货币单位的名称和金属重量单位名称相脱离。

价值尺度和价格标准是两个完全不同的概念。两者的区别是：第一，价值尺度是在商品交换中自发形成的，并不依靠国家权力，而价格标准则是为价值尺度服务的一种技术性规定，它由国家法律确定。第二，货币作为价值尺度代表一定量的社会劳动，以此来衡量不同商品的价值，而货币作为价格标准，规定一定的金属量，用来衡量货币金属本身的量。第三，货币作为价值尺度，它的价值随着劳动生产率的变动而变动，而价格标准单位本身金的含量，是不随劳动生产率的变动而变动的。两者的联系是货币的价值尺度依靠价格标准来发挥作用。因此，价格标准是为价值尺度服务的。

二、流通手段

流通手段又称为交易媒介，即货币在交易中发挥媒介的作用。货币作为流通手段，改变了过去商品物物交换的形式，即 W—W，使商品交换分为买卖两个环节，即 W—G 和 G—W，货币这个媒介的出现，是商品生产史上的一次飞跃，以货币为媒介的间接交换取代原始的以物易物的直接交换，挣脱了在时间、空间上的束缚，使商品交换获得更加公平、高效的发展。但是，在新的基础上加深了商品经济的内在矛盾。

货币作为交换媒介的意义在于货币是交换能力最强的商品，当人们持有货币时，他们所关心的并不是货币本身，而是货币的购买力，即它是否能够买到价值相当的商品。货币的这一特点为纸币的发行以及电子货币的广泛使用提供了可能。纸币并不存在商品所具有的使用价值,它仅仅是纯粹的价值表现形式。但是,只要纸币所依赖的法权和国家信用是可靠的,纸币所含的价值是稳定的、明确的,那么它就比商品形式的货币更加适于充当交换媒介。同样的道理,电子货币在现代社会也受到普遍的欢迎。

三、储藏手段

货币暂时退出流通领域,被人们作为财富或价值形式持有或积累而处于相对静止状态,这就是货币的价值储藏功能。

虽然,通常人们更愿意以股票、债券等金融资产或房地产、金银饰品这些实物资产作为积累财富的主要方式。但是,在这些资产被持有和交易的过程中,不可避免地会涉及市场风险和交易成本。而持有货币不仅可以减少这些风险和费用,还节省了交易中花费的时间和精力。另外,只要通货膨胀维持在一个较低的水平上,货币的价值基本上是稳定的。因此,货币作为价值储藏工具具有交易成本低和价值相对稳定的特点。

在不同的货币流通时代,货币作为价值储藏手段的作用不尽相同。在足值的金属货币流通时代,金属货币有自身的价值,储藏货币就是储藏财富;而一定数量的金属货币被储藏意味着同等数量的真实的价值退出流通。因此,货币储藏具有自发调节货币供求的能力,即"蓄水池"功能。在不足值的信用货币流通的情况下,不论是用现金方式还是用存款方式储藏货币,都不意味着有相应数量的真实价值退出流通。这时,人们储藏货币并不是储藏财富,而是储藏购买力。当通货膨胀水平相对较低,并十分平稳时,信用货币可以被储藏起来;而当通货膨胀率很高时,信用货币的价值会下降,人们就不愿意储藏货币;在极端情况下,纸币变成了废纸,完全丧失了价值,人们就会拒绝货币。

四、支付手段

当货币执行交换媒介职能时,一般包含两个方面的内容:一方面是商品的转移,即商品从卖方转交给买方;另一方面则是货币的转移,即货币从买方支付给卖方。交易过程以交货付款的完成而告终,要求一手交钱,一手交货。

如果单独考察付款的过程就会发现,它的价值转移并非一定得伴随着商品运动,货币可以脱离商品作单方面的转移,也就是说"交货"与"付款"在时间或空间上可以分离。这时,货币仍是交易媒介,但同时也执行着支付手段的职能。如商品买卖中的预付款或延期支付、雇主对员工的工资支付、企业向政府支付税款等,在这些支付活动中,货币都承担着支付手段的职能。

货币支付手段的出现,克服了货币作为流通手段,要求一手交钱、一手交货的局限性,进一步促进了商品交换,推动了信用关系的发展。从这个意义上说,货币作为支付手段的职能非常重要,并不亚于其交易媒介职能。但是,货币作为支付手段也使商品经济的矛盾进一步恶化。在信用制度发达的国家中,商品生产者之间的债权、债务关系普遍存在,一个商品生产者的偿债能力往往受到其他厂商是否能按期偿还对他的债务的影响。商品生产者之间相互欠债,形成复杂而庞大的信用链,当一个当事人出现财务困难时,往往会产生多米诺骨牌效应,引发多个债务人的连锁反应,甚至会导致全社会的信用危机。

五、世界货币

当今世界各国经济频繁交往,而在国际交往中也离不开货币。当货币超越了国界,在国际市场上发挥一般等价物作用时，就执行了世界货币的职能。在金属货币时期，执行世界货币职能的是黄金、白银这样的足值货币。在信用货币制度下，国际间的交往不再使用金银，但国际上并不存在真正统一发行和流通的“世界货币”，因此，只能靠部分国家的货币，如美元、英镑等代行其责，这些货币都是可自由兑换的货币，其币值相对稳定，同时在国际贸易和国际支付中被人们普遍接受，其使用范围从一国延伸到全世界，从而执行了世界货币的职能。人们将这类货币称为国际货币。

上述货币的五大职能并非各自独立，它们具有内在的联系，是货币作为一般等价物的本质反映。正如马克思所指出的：货币是价值尺度和流通手段的统一，它们是货币的两大基本职能，其他职能是在这两个职能基础上发展起来的。货币是价值的载体，价值表现是货币其他职能在逻辑上的前提条件。所有商品首先要借助货币的价值尺度来表现和衡量其价格，然后才能进一步地实现交换。而交换媒介是货币所特有的，正因为货币具有交换媒介的职能，可以作为流通手段随时购买商品，这才使货币有了储藏手段的职能。也正是由于货币的价值储藏职能，商品买卖的过程得以分离，才使得货币具有作为支付手段的功能。伴随着经济国际化和全球化的进程，国际间的贸易和支付越来越普遍，货币的世界货币职能应运而生，在国际市场上发挥了一般等价物的作用。

第三节 货 币 形 态

货币的本质特征是不会改变的，但是货币存在的具体形式却是随着社会经济的发展而不断变化的。在一定时期使用什么类型的货币材料，不是由人们主观意志决定的，是客观发展的必然。

一、货币形态变化的原因

从古代到现在，很多物品都充当过货币。决定货币形态更替变化的主要原因是商品生产和交换的发展、科学技术的进步和社会经济关系的发展。

（一）商品生产和交换的发展是决定货币形态发展的主要原因

货币是适应商品交换的需要而产生的。商品交换的需要决定于生产能力、生产规模、商品生产者的需求等多种因素。随着生产规模的扩大，可用于交换的产品数量增加、单位商品的价值量增大、交换频率加快、交换的地区范围扩大、交换过程和时间延长等。这些因素使得商品生产者对货币材料的属性要求越来越高，如货币材料的质地、形状、使用的方便性，价值保存的便利性，流通费用等。如果原有的货币材料在交换过程中失去了社会普遍可接受性，那么，必然就会出现一种新的、更具普遍接受性的货币材料来代替，引起货币形态的变化。

（二）科学技术的进步是货币形态变化的技术支撑

商品生产和交换的发展对货币形态的新需求只是货币形态变化的客观原因，要使这种客观需求变为可能，还需要有一定的技术作支撑。从历史发展来看，新的货币形态总是首先出现在科技文化最发达的国家或地区。如历史上最早出现的纸币——中国北宋的“交子”，与古代中国的造纸技术与印刷术发明有密切联系。而信用货币，特别是电子货币却最早出现在西方发达国家。可见，科学技术进步为货币形态的发展提供了可能性。

（三）社会经济关系的发展是货币形态发展的重要条件

社会关系的发展包括人们对信用关系和法制关系的认识及相关制度的建设。如代用货币和信用货币的出现就是基于人们的信用观念、信用制度和相关法律的逐步健全和完善。

二、货币的各种形态

随着交换的发展，科技和社会的进步，货币的形态经历了由低级到高级，从具体到抽象的演化过程。从货币的发展史来看，它大致经历了四种形态，即实物货币、金属货币、代用货币和信用货币。

（一）实物货币

实物形态的货币是人类历史上货币形态的最初阶段，那时货币尚处于雏形。在世界各地，各种不同类型的商品都充当过货币。

不论是古书还是考古出土的文物都显示，早在公元前 2000 年，中国的夏朝就已经开始以贝类作为货币。在世界上的其他地方，如古波斯，古印度等地都有用牛、羊作为货币的记载。盐块、茶砖、象牙、兽皮等商品也曾经充当过交换的媒介。在公元 10～14 世纪的一段时间里，胡椒成为欧洲的主要货币形态，它甚至被用于借贷。尽管充当实物货币的商品五花八门，但它们在不同程度上具备着一些作为货币的共同特点，如价值高、易分割、易保存和携带方便等。在这方面，贝的特点最为突出。首先，贝来自沿海地区，却被地处中原的夏、商所使用，根据考古发掘显示，贝在当时是一种重要的装饰品，还可以用来避邪，因此具有较高的使用价值。其次，作为计量单位，它可分可合，又便于携带，坚固耐用，是一种较好的货币形态。与此相比，牛和羊这些牲畜作为货币的优势则不那么明显，虽然它们的价值也很高，便于携带，但不易分割是它们最大的缺点。不过，在当时的社会经济发展水平低下的情况下，这些缺陷尚可以被接受。

以某种普通商品作为货币，应具备以下条件：能被普遍接受、价值稳定、轻便以便于携带、耐久以便于保存、各部位价值均等且可以分合。但实际上绝大多数实物货币并不能够很好地满足上述条件，不能成为核算记账的统一标准和良好的价值储藏手段，因而严重阻碍了商品生产和商品交换的发展。由于金属比其他任何商品更适宜扮演货币的角色，加之随着生产力的发展，金属的开采冶炼技术为人们逐步掌握。所以，几乎所有的国家最后都选择某种金属（主要是金、银和铜）作为货币。

（二）金属货币

在实物货币的发展过程中，金、银、铜等贵金属以其独有的特性和优点逐步成为货币舞台上的主角，成为固定充当一般等价物的商品。

马克思曾经指出“金银天然不是货币，但货币天然是金银”。其意义是指金银等贵金属所固有的物理特性使其非常适合充当货币，如数量稀少、价值高，易于分割和保存，不易腐蚀等。因此，金银从普通商品转变为固定充当一般等价物的货币商品有一定的必然性。

最初的金属货币并不是以铸币的形态出现，而是以条、块等自然状态流通的。它们的计量单位往往就是金属的重量单位,因此在每次交易中都要对金属块称重和鉴别成色,有时还要按照交易额的大小对金属块进行分割,这给交易带来很多麻烦。为了交易的方便,一些有声望的商人开始在金属块上打上自己的印记,以自己的信誉保证金属块的质量,这就是金属铸币的雏形。随着金属铸币的工艺日益发展成熟,铸币越来越精美。后来,各国将铸币权收归国有,规定铸币只能由国家造币厂按一定的标准来铸造。

据历史记载,中国早在商代后期和西周时期就开始有了用铜制造的金属铸币的雏形"布",此后铜币在中国流通了 2 000 年的时间。而在西方主要国家金属铸币则主要是以金币、银币为主。金属铸币的使用节省了交易的时间,提高了交易效率。需要指出的是,铸币在使用的过程中由于自然磨损或是在铸造过程中由于人为地降低标准(减少重量或降低成色),都可能会导致货币的交换价值大于其实际价值。当市场上同时存在足值和不足值的货币时,实际价值高的货币会被人们储藏起来,退出流通领域,而留在流通领域充当交换媒介的则是那些实际价值较低的劣币,这就是著名的"劣币驱逐良币"的现象,或被称为"格雷欣法则"。

(三) 代用货币

由于金属货币比较沉重,在运输的过程中也不太安全,因此,随着交易量的增加和交易范围的扩大,一种代替金属货币行使货币职能的纸币开始出现。如中国的银票、西方国家早期的银行券。

中国是世界上最早使用纸币的国家,早在北宋时期,就有大量用纸印制的货币——交子。在《马可波罗行记》中有相关的介绍"大汗国中商人所至之处,用此纸币以给偿用、以购商物、以取其货币之售价,竟与纯金无别"。生动地说明了当时中国人使用纸币的情形。

在纸币使用之初,通常可以随时足额地兑换金属货币,这时的纸币本质上不过是金属货币的代表物,以纸币代替金属货币流通不仅避免了金属货币在流通中的自然损耗,而且纸币的制造费用低,运输方便。因此,到 19 世纪末 20 世纪初,纸币已经在世界范围内得到广泛使用。但是,随着现代市场经济的发展,金本位制度的崩溃,纸币的性质发生了改变,纸币的发行量开始大大超过流通中的金属货币需求量,纸币不再代表足额的金属货币,代用货币被信用货币所代替。

(四) 信用货币

随着生产力的发展,社会分工越来越细,商品的交换越来越频繁,交易量成倍增长,金属货币渐渐不能满足作为交换媒介的要求。另外,随着银行制度的发展,信用关系越来越普遍,信用货币也应运而生。自 20 世纪 30 年代经济危机以后,所有的西方国家都停止使用金属货币,而改为全面实行纸币流通,并将纸币发行权收归国家。与前面所讲的代表金属货币流通,可以随时兑换足值金属货币的代用纸币不同,信用纸币自身并没有价值,它的发行不用任何商品准备,不代表任何贵金属。

信用纸币是以发行者(在现代社会主要是中央银行)信用为基础,通过立法的形式赋予其支付和偿还能力的货币,是一种不兑现纸币。

随着银行业的发展、社会经济的进步,信用货币的形态变得多种多样。除了国家发行并强制使用的纸币和辅币、中央银行发行的银行券之外,还有建立在商业银行信用基础上的非法偿货币或存款货币,如可签发支票的存款,以及商业票据等。

（五）电子货币

自20世纪70年代以后，由于电子技术迅速发展的推动，货币形态出现了新的发展，出现了一种无形货币——电子货币。电子货币是指储存在电子计算机中的存款货币，实际上是一种电子自动转账系统。根据商品交易或其他各种经济行为的需要，存款货币的持有人可随时对电子自动转账系统发出指令，完成各种交易所需要的货币转移。电子货币的出现，改变了人们对货币的认识、使用货币的传统习惯和方式，通过中央电子计算机和终端机以及通信卫星、电话、电视、电传等组成的电子通讯网络，就可以使银行客户在办公室、家里，甚至大街上从银行提款、向银行存款或要求银行提供各种服务。电子货币是现代高科技技术与商品经济高度发达的产物，是货币作为支付手段不断发展变化的集中体现，极大地方便了人们的生活，有力地推动了社会经济的发展。但同时也带来了一些新问题，如安全保密、风险防范等问题。

第四节　货币制度

一、货币制度的形成和发展

货币制度是指一个国家以法律形式规范国家货币流通的结构、体系和组织形式的一种制度安排，简称“币制”。它反映了国家通过对货币实行控制以实现政策目标的意图，是一国货币主权的反映。因此，建立一种有秩序、稳定、可控制的货币制度是各国政府共同追求的目标。

在前资本主义时期，金属货币流通在相当长的时期内占有重要地位。世界各国曾先后出现了铸币。最初铸币有各种各样的形状，并且由于自然经济情况和政治上的割据，造成铸币权分散，铸币名目繁多，铸币重量和成色也不统一，极大地妨碍了商品交换的进一步发展。同时，统治阶级利用铸币的铸造发行权，有意识地不断减轻铸币的重量，降低成色，使铸币的实际价值和名义价值相脱离，从而造成贬值。

由于铸币流通的分散性和变质性，前资本主义社会的货币流通长期处于分散混乱状态。货币流通的混乱无序不利于正确计算成本、价格和利润，也不利于形成广泛而稳定的信用关系，从而阻碍了商品经济的发展和统一大市场的形成，尤其是在资本主义生产关系确立之后，这种阻碍作用更为突出。于是，新兴资产阶级在掌握国家政权之后，以法律形式对货币流通作出了种种规定，从而形成了相对统一的、完整的、稳定的货币制度。

二、货币制度的构成要素

一般来说，货币制度的基本内容包括：币材的选择，货币单位的确定，本位币与辅币的确定，规定货币的法偿能力，通货铸造、发行和流通的管理以及发行准备六个方面。

（一）币材的选择

货币制度中第一个要解决的问题是货币材料的选择问题。虽然币材的使用最后是以法律的形式确定下来的，但往往反映出客观现实中已经存在的货币形式。

人们在描述货币制度时，常常用“本位制”来表示货币制度最根本的特征。一旦规定了以某种或几种商品作为法定币材，就将该货币制度称为相应商品的本位制。例如，以黄金作为货币材料的货币制度称为金本位制，以白银作为货币材料的货币制度称为银本位制，而以黄金和白银同时作为货币材料的货币制度则称为金银复本位制。

历史上币材的选择受到当时社会经济发展水平的制约。在西方国家，一般是先以白银为货币金属，随着金矿的大量开采，逐步过渡到金银复本位制。到 19 世纪末 20 世纪初，世界上主要的工业国家普遍实现了单一币材的金本位制，以黄金作为货币制度的基础，铸造和使用金币。但是，金本位实行的时间并不长，到了 20 世纪 30 年代，各国逐步转向不兑现的信用货币制度，金属货币的痕迹日渐淡化。20 世纪 70 年代之后，各国政府在法律中去除了以任何商品或贵金属充当币材的规定。从此，币材的选择不再是货币制度最重要的因素。

（二）货币单位的确定

货币单位的确定包括了两方面的含义：一是货币单位的名称，如美元、英镑、欧元等；二是货币单位的价值。在贵金属时代，通常以金属的重量单位作为货币单位，币值的确定是依据货币金属的重量和成色。而到了不兑现纸币流通时代，货币和贵金属相分离，价值单位和自然单位的关系就发生了很大的变化，但在货币与黄金完全脱钩之前，币值的确定仍然以确定本国货币单位的含金量为主。如美国的货币单位为美元，1934～1971 年，美元的法定含金量定为 1 美元含纯金 0.888 671 克。

在 20 世纪 70 年代黄金“非货币化”之后，各国货币不再规定含金量，币值确定的重点转变成如何确定和维持本国货币与外国货币的合理比价，即汇率。

（三）本位币与辅币的确定

本位币又称为主币，是由国家造币厂以法定货币材料按照一定规格铸造的铸币，是一国法律确认的价格标准，是流通中的基本通货。现在流通中不兑现的钞票，也沿用了本位币的称谓，其含义不过是表示它是国家承认的标准通货。

本位币的最小规格通常是一个货币单位，如 1 美元、1 欧元或 1 元人民币等。辅币则是在主币以下，供日常零星交易或找零使用的通货，其面值要小于主币的面值。如美元的辅币为美分，1 美元等于 100 美分。辅币多由贱金属铸造，铸造权由国家垄断，为非足值通货。

（四）规定货币的法偿能力

在现代货币制度下，货币的发行由中央银行垄断，因此，国家会通过法律对货币的支付能力进行规定。如果法律规定某种货币可以无限制地用于清偿债务、购买商品、支付劳务、缴纳税款等交易中，并且交易一方所支付的货币数量不受限制，交易的另一方不得拒绝接收，则这种货币被称为无限法偿货币，也就是说，它具有法律赋予的有无限制的偿付能力。在金属货币时期，本位铸币就是无限法偿货币。在现代信用货币制度下，无限法偿货币指的是不可兑现的中央银行的银行券。有限法偿货币主要是针对辅币而言的，辅币由国家铸造，可以与主币自由兑换，但在一次支付中，如果超过规定数额，收款人有权拒绝接收。

（五）通货铸造、发行和流通的管理

通货的铸造主要是针对金属货币而言的，即本位币和辅币的铸造。本位币的面值与金属本身的实际价值是一致的，是足额货币。它可以自由铸造、自行熔化，在流通中磨损超过一定

磨损公差的本位币不能再次进入流通领域，但可以向指定单位兑换新币。而辅币通常是由较贱的金属铸造，它所包含的实际价值低于其名义价值。辅币不能自由铸造，只准国家铸造，为了防止辅币充斥市场，造成劣币逐良币的现象，通常国家规定辅币为有限法偿货币。

在不可兑换的信用货币时代，信用货币(这里指通货，即钞票和辅币)是依靠国家权力及国家信用强制流通的价值符号，通货的自由铸造权力被取消，通货的发行由中央银行垄断，对货币流通年限的规定取代了磨损公差的规定，但本位币的无限法偿性依然存在。

(六) 发行准备

货币的发行准备制度是指一国政府规定货币发行时必须以一种或几种金属资产作为货币的准备，从而将货币的发行与该国所拥有的某种或几种金属资产联系起来，起到稳定货币币值的作用。不同的货币制度下的发行准备制度是不同的。在金属货币流通的条件下，货币的发行通常以贵金属金或银作为准备。在现行的信用货币制度下，货币的发行已与贵金属脱钩，传统意义上的发行准备(硬约束)不复存在，但各国货币发行仍需遵循一定的原则(软约束)，即便从技术层面上中央银行可以无限制地发行货币(或支持货币创造)，但事实上它也不会这么做，如果没有相应的货币需求，滥发货币的结果只会造成通货膨胀，从而受到客观经济规律的惩罚。

三、货币制度的演变

从全世界范围的货币发展历史过程看，货币制度相继经历了银本位制、金银复本位制、金本位制和信用本位制四个大的阶段。

(一) 银本位制

银本位制是最早实行的货币制度，也是实施时间最长的制度。在这种货币制度下，白银作为货币金属，银币成为主币。然而由于白银的单位价值小，且价值不稳定，随着经济的迅速发展和金矿的大量开采，到19世纪中期，白银逐渐被价值更高的黄金所替代，不过在金本位完全确立之前，在西欧出现了很长一段金、银并行流通的时期。

(二) 金银复本位制

金银复本位制盛行于16～18世纪的欧洲，在这种货币制度下，政府明令金、银都是法定币材，黄金和白银同时作为本位币，同样可以进行自由的铸造，同样具有无限法偿的能力。金银复本位制下最关键的问题是确定金和银的比价，根据金银比价确定方法的不同，复本位制又可以分为平行本位制、双本位制和跛行本位制。

(1) 平行本位制。平行本位制是指金银两种货币的比价按照其所含金属的实际价值完全由市场机制进行自发的调节。国家对两种货币之间的比价不进行任何干预。平行本位制的优点是符合价值规律且简便易行，但是，由于市场上的商品是同时用两种货币标价，而这两种货币的价值又随着市场供求的变化而变化，在金银相对价值不稳定的时期，往往会造成市场的混乱。

(2) 双本位制。为了改善这种情况，国家试图通过规定金币和银币的兑换比率，使金银的比价法律化来实现物价的稳定，这种货币制度就是金银双本位制。双本位制实施并不十分成功，由于政府定价经常滞后于市场的定价，不能及时地反映金银的实际比值，容易造成劣币逐良币的现象。在相当长的一段时间里，由于银币的实际价值低，金币的价值高，人们纷纷将金币储藏起来，市场上充斥着银币，双本位制便成了事实上的单本位制。

(3) 跛行本位制。为了解决这一问题，有些国家不仅规定金银币兑换的固定比价，而且规定金币可以自由铸造而银币不再允许自由铸造，将银币降至附属地位。这就是所谓的跛行本位制，它标志着货币制度从此开始向金本位制过渡。

(三) 金本位制

金本位制是以黄金作为本位币的一种货币制度。根据货币制度与黄金联系的密切程度，金本位制又可分为三种类型，即金币本位制、金块本位制以及金汇兑本位制。

1. 金币本位制

从 1816 年英国首先开始实行金币本位制到 20 世纪初第一次世界大战结束，西方主要资本主义国家大多实行了金币本位制。从历史上看，它对各国经济和国际市场的发展都起到了很大的推动作用。

金币本位制是一种典型的金本位制度。在这种制度下，金币可以自由铸造、自由熔化，同时流通中的辅币和其他价值符号可以自由兑换金币。金币自由铸造和熔毁制度使得金币的价值与其含金量保持一致，且流通中金币的数量可以根据商品市场上对货币需求的变化而进行自发的调节，从而确保了商品流通的顺利进行和经济的稳定。而规定流通中的辅币和价值符号可以自由地兑换金币，也就意味着这些辅币和价值符号如纸币、银行券等拥有充足的黄金准备，从而确保了价值的稳定，有效地防止了物价的波动。此外，在金币本位制下，黄金可以自由输入输出。实行金币本位制的国家之间根据含金量的大小来确定货币兑换的比率，这个比率称为金平价。当市场汇率因供求关系变化而偏离金平价时，黄金的自由流动可以起到限制汇率水平波动幅度的作用。

由于金币本位制下货币的对内和对外价值都能在一个相当长的时间内保持稳定，这就为有关国家的经济发展提供了一个良好的宏观环境。它不仅促进了各国经济和世界贸易的发展，同时也促进了银行业和信用制度的发展。但是，金本位制度也存在自身固有的缺陷。随着商品经济和贸易的极大发展，有限的黄金产量越来越不能满足流通中对货币的需求，各国为争夺黄金而纷纷取消黄金的自由流动和自由兑换。这不仅造成了黄金储备分布不均衡，同时也动摇了金币本位制的基础。在第一次世界大战结束后，各国相继放弃了金币本位制转而采用金块本位制和金汇兑本位制。

2. 金块本位制

金块本位制是指中央银行以金块为准备发行纸币的货币制度。在这种制度下，金币不能自由铸造和流通，流通中使用纸币，纸币规定了含金量，但不能无限制自由兑换黄金，纸币兑换黄金存在一个最低限额。例如，英国 1925 年规定兑换金块的最低限是 1 700 英镑。这样做的目的是让一般公众不再持有黄金，从而将黄金储备集中于政府手中，以便解决金币本位制下黄金储备不足导致的货币供不应求的问题。实际上，在金块本位制下货币的发行是一种以部分商品加部分信用为基础的制度。由于货币的发行不再需要足额的黄金准备，必将导致货币的发行量远远超过黄金的储备量，因而容易引起通货膨胀和物价上涨。

3. 金汇兑本位制

金汇兑本位制是指本国在无力维持金币本位制或金块本位制的情况下，以实行金币或金块本位制的国家的货币为准备，发行银行券，从而建立本币与黄金的间接联系的货币制度。在这种制度下，本币虽仍规定有法定含金量，但在国内不能直接兑换黄金，只能兑换实行金币或金块本位制国家的外汇，通过外汇在一定的限制条件下间接兑换黄金。为了维持货币的稳定，中央银行必须储备大量的该种外汇，这会导致本国经济以及国内宏观经济政策等方面受到有关国家的制约。

(四) 信用本位制

在20世纪30年代的世界经济危机之后，金本位制度彻底结束，任何形式的金本位制都不复存在，取而代之的是不兑现信用货币制度。信用本位制是以国家法权和信用为基础的货币制度。在这种制度下，国家以法律的形式赋予不可兑现的纸币或银行券以无限法偿的权力。虽然各国的中央银行仍持有相当数量的黄金和外汇储备，但这里的黄金已经退出了流通领域，纸币的发行与黄金并无任何关系。在信用本位制下，国家可以按照本国经济发展的需求来自行控制货币发行量，不再受金银产量或其他国家经济发展的制约。正因为如此，一国的货币政策对该国宏观经济发展能起到非常重要的作用。如果一国放松银根，向市场上投入大量的信用货币并超过了实际需求量，可能会导致物价飞涨，出现通货膨胀。相反，如果一国紧缩银根，导致市场上流通的信用货币不能满足需求，则可能出现物价下降，通货紧缩的情况。因此，在信用货币制度下，有效地控制信用货币供给，确保货币流通量适应经济发展的需求，确保币制稳定和物价稳定，是中央银行一项重要的政策目标。

四、国际货币体系

当商品和服务的交易突破了国境的限制，那么，作为交换媒介和支付手段的货币就不再只是一个主权国家内部的问题，国际经济交往要求在更大的范围内建立规范和稳定的货币流通和国际支付清算体系，这就产生了国际货币体系问题。

所谓的国际货币体系是确定国与国之间货币、金融关系的一个制度性框架。一个完整的国际货币体系主要包括以下内容：确定在国际交易中充当基础价值交换货币的关键货币；确定国际汇率制度；确定国际储备资产；确定国际收支的调节制度；等等。

随着各国货币制度的演变，国际货币体系也大致经历了三个主要阶段：即国际金本位制度阶段、布雷顿森林体系阶段及牙买加体系阶段。

(一) 国际金本位制度

自1816年英国使用金本位制开始，直到19世纪70年代金本位制进入鼎盛时期，欧美一些主要的资本主义国家都先后在国内实行了金本位制。在此基础上，逐步形成了以金本位制度为基础的国际货币体系，称为国际金本位制。由于各国的货币制度都规定了以金币为无限法偿货币，可以自由铸造、自由熔化，并规定黄金为货币发行的准备，可以自由输出输入国境，因此，黄金自然而然地充当了国际货币。在金本位制下，各国规定了本国货币的含金量，各国货币之间的汇率由金平价决定，实际汇率虽然会受到外汇市场供求关系的影响而发生波动，但随着黄金在国际间的自由流动，偏离金平价的幅度是非常有限的。因此，国际金本位制下的汇率制度是一种严格的固定汇率制度。它是在各国实行金本位制的背景下，在国际经济交往中自发形成的体系，国际“安排”的色彩不浓。

从第一次世界大战到第二次世界大战之间，世界经济处于十分动荡的阶段。金块本位和金汇兑本位制代替了金币本位制，相应地形成了金汇兑本位制下的国际货币体系。在这个国际货币体系下，各国的货币依然规定有含金量，但本币不可以自由兑换成黄金，而是通过兑换某一强国的货币，如美元、英镑，与黄金建立间接联系。因此，此时的汇率制度实际上是一种盯住汇率制度。

(二) 布雷顿森林体系

第二次世界大战后世界政治经济格局发生了巨大的变化，美国取代英国占据了世界经济体系的中心地位。为了重建战后国际货币体系，1944 年 7 月，在美、英的主持之下，召开了由 44 个国家参加的布雷顿森林体系会议，通过了《国际货币基金组织协定》，建立了一个永久性的国际金融机构——国际货币基金组织(IMF)，并确立了以美元为中心的国际货币体系，为确保该体系的顺利运转，协定中做出了一系列具体的规定。可以说，布雷顿森林体系是一种典型的通过国际合作方式建立的国际货币体系。布雷顿森林体系的核心是"双挂钩"模式，即美元与黄金挂钩，各国货币与美元挂钩。美元与黄金直接挂钩，指的是各国确认 1 盎司黄金等于 35 美元的官价，美国政府承诺以官价随时兑换各国央行要求兑换的黄金。其他国家的货币虽然也规定有含金量，但不能直接兑换黄金，只能通过含金量的对比确定本国货币与美元的汇率，即与美元挂钩。"双挂钩"模式确立了黄金与美元并列的储备体系，美元也成为最主要的储备资产和国际货币。在布雷顿森林体系下，各成员国之间实行可调节的盯住汇率制度。汇率由货币含金量的对比来确定，称为法定平价。

当成员国货币的含金量变动大于 10%时，必须经过 IMF 的批准；而各国汇率只能在法定平价上下 1%的范围内浮动，如果超过规定的上下限，各国中央银行有义务进行干预，直至汇率回到规定的波动限度之内。

布雷顿森林体系的建立符合当时的世界经济形势。二战结束初期，美国在世界经济中处于绝对主导地位，使得美元成为唯一有能力在国际范围内行使支付手段和交换媒介功能的货币。因此，布雷顿森林体系的兴衰与美国经济发展的趋势有着密切的联系。随着战后各国经济的恢复，美国的国际经济地位相对衰弱，直接影响到美元的地位。世界经济和国际贸易的发展对国际清偿力的需求不断增长，要依靠美国国际收支逆差形成的美元输出来满足，但是，长期大量的国际收支逆差又损害了美元作为国际货币所需的清偿信心。美元陷入了一种进退两难的局面，这在理论上被称为"特里芬两难"。美元的困境直接表现为美国的黄金储备下降，美元兑换黄金的官价难以维持，在国际市场上遭到大量抛售，各国中央银行尽管多次对美元进行分别或联合的干预，但仍无济于事。经过一段时间的支撑，到了 20 世纪 70 年代，布雷顿森林体系终于走向了末路。

(三) 牙买加体系

布雷顿森林体系瓦解以后，国际金融形势动荡不安。各国政府纷纷放弃了以美元为中心的盯住汇率制度，转而实行浮动汇率制。黄金逐步退出了流通领域，仅仅作为一种非货币的储备资产存在。各国都希望建立一种新的稳定的国际货币体系以结束国际货币领域中的无序状态，经过多方努力，最终在 1978 年建立了牙买加体系。

与布雷顿森林体系相比，牙买加体系除了保留 IMF 以外，其他内容有很大的改变。首先，由于各国政府普遍采用了信用货币制度，黄金不再是各国货币的平价基础，也不再用于国际间债权债务的清偿，因此，黄金成为非货币资产。其次，成员国可以自行选择并决定汇率制度，从而使已经存在的浮动汇率合法化。最后，由于特别提款权的使用，加上德、法、英等欧洲国家以及日本的经济复苏，其货币的国际地位增强，多元化的国际货币体系取代了以前美元一枝独秀的局面。

多元化的储备体系和灵活的汇率制度在一定程度上解决了布雷顿森林体系存在的矛盾，促进了世界经济和贸易的发展，但这种国际货币体系的复杂性也在一定程度上加剧了国际金融市场的矛盾。伴随着各国货币制度的改革，关于国际货币体系发展方向的探讨从未间断过。

(四) 区域货币体系———从欧洲货币体系到欧元

区域性货币体系是指在一定地域内的国家和地区，在货币领域实施国际协调，并最终形成统一的货币体系。欧洲货币体系的建立是区域性货币一体化成功的首例，是国际货币体系改革在区域范围内推进的一种有益的尝试，是国际金融领域中的一个重大事件。

欧洲货币体系于 20 世纪 70 年代末建成，主要包括三部分内容：首先，建立欧洲货币单位(ECU)，这是欧洲货币体系的核心。其次，实行稳定的汇率机制。根据该汇率机制的安排，每一个参加国都规定本国货币与欧洲货币单位的固定比价。稳定汇率机制通过各国货币当局在外汇市场上的强制性干预使各国货币汇率的波动限制在允许的幅度内，从而实现区域内汇率机制的稳定。欧洲货币体系的第三个核心内容是建立欧洲货币基金。根据规定，各成员国必须将其黄金和外汇储备的 20%交给欧洲货币基金，从而形成了实力雄厚的为稳定市场所必需的共同储备。

进入 20 世纪 80 年代以后，欧洲货币体系各成员国逐步摆脱了经济的内外危机，要求积极推进欧洲联盟的建设和欧洲货币一体化的进程。经过一系列的讨论后，于 1992 年 2 月签署了一份在欧洲货币一体化道路上具有里程碑意义的条约——《马斯特里赫特条约》。条约制定了实现欧洲经济货币联盟的具体时间表和阶段目标。

1995 年 12 月，马德里欧盟首脑会议明确制定了向单一货币过渡的方案和时间，并将未来欧洲货币的名称正式确定为“欧元”，再次推动了欧洲经济与货币联盟的进程。

经过 1991 年 12 月到 1998 年 12 月长达 7 年的准备期，1999 年 1 月 1 日开始进入过渡阶段。在这一时期，欧元与各成员国原有货币之间的汇率被固定下来，欧洲中央银行开始履行制定统一货币政策的职责，欧元开始在货币市场、银行间市场、支付清算系统使用，但欧元的纸币和硬币尚未投入流通。从 2002 年 1 月 1 日开始，欧元正式启用，并于 2002 年 7 月 1 日成为欧元区内唯一的法定货币，欧洲统一货币正式形成。

欧元的实现，不仅使欧洲的面貌发生了深刻的变化，而且对整个金融领域格局的改变，乃至世界政治、经济的发展产生了深远的影响。在超越国家的范围内建立单一货币是一个大胆的实验，这对于货币制度的研究产生了很大的冲击。欧元的诞生也刺激了世界上其他国家和地区，如亚洲对于建立区域性货币的探讨和关注。但是，2012 年的希腊危机对欧元的发展蒙上了一层阴影。

五、中国的货币制度

（一）中国货币制度的发展

在中国，自东汉以后1 000多年的时间里，铜钱一直是流通中的主要货币。金银虽然也具备一定的货币职能，但主要是储藏职能。在人们的日常交易活动中，绝大多数使用的是铜钱。直到唐朝以后，随着银矿开采量的增大，白银作为货币的职能才越来越明显，民间使用白银的范围也越来越广。直到明英宗正统元年（1436年）开始，白银才以法律的形式正式确定为法定货币。到了清朝，虽然没有明确地宣布以白银为本位币，但上至中央财政，下到民间交易大多使用白银。因此，清朝实际上推行的是以白银为主、铜钱为辅的货币制度。

但是，随着西方资本主义列强的经济入侵，以及中国封建经济的衰弱，一直以来沿用的以银两为基础的货币制度出现了严重的问题。白银成色不统一，流通于中国的外国银元不下几十种，民族资本银行和外商银行发行的银行券同时流通等问题，使得清末货币的使用出现了极度的混乱。1914年，中国北洋政府颁布的《国币条例》中规定：货币的单位为“圆”，含纯银23.977克。国民党政府1933年采取了“废两改元”的措施，统一了计价和流通的标准。1934年美国实行了白银政策，世界银价暴涨，中国白银大量外流造成货币流通的极度紊乱。1935年，在英美操纵下，实行了“法币改革”，放弃银本位制度，规定中央银行发行的钞票为法定货币，有无限法偿能力，法币可以无限制地买卖英镑和美元，以保持币值的稳定。法币改革实行不久就遇到了抗日战争和解放战争，再加上国民党政府实行通货膨胀的政策，到1948年法币贬值到几乎成了一张废纸。同年年底，国民党政府宣布再次实行币制改革，发行“金圆券”，规定金圆券的发行要有十足的准备，并以1∶300万的比例收兑法币。金圆券虽然规定了含金量，但不能兑现，实际上是不兑现的银行券，金圆券发行1年以后又成了废纸。之后国民党政府又发行了银元券，但也同样短命。

（二）人民币货币制度

解放战争全面胜利之后，新中国政府于1948年成立了中国人民银行，并同时发行了中华人民共和国的法定货币——人民币。规定人民币是信用货币，包括现金和存款，与金银完全脱离关系。2003年我国修订了《中华人民共和国人民银行法》（以下简称《人民银行法》），以便加强对人民币的管理，维护人民币的信誉，稳定金融秩序。该法律对人民币的法偿能力、货币单位、发行权限和流通等方面做出了具体规定，其内容主要包括：

1. 法偿能力

中华人民共和国法定货币为人民币，以人民币支付中华人民共和国境内的一切公共和私人的债务，任何单位和个人不得拒收。金银不得计价使用，准许个人持有，禁止外币流通使用，严禁伪造、变造人民币。禁止出售、购买伪造、变造的人民币。

2. 货币单位

《人民银行法》规定人民币包括纸币和硬币，它的单位为元，人民币辅币单位为角、分。

3. 发行权限和流通

人民币由中国人民银行统一印制、发行。中国人民银行发行新版人民币，应当将发行的时间、面额、图案、式样、规格予以公告。中国人民银行设立人民币发行库，在其分支机构设立分支库,分支库调拨人民币发行基金,应当按照上级库的调拨命令办理。任何单位和个人不得违反规定,动用发行基金。任何单位和个人不得印制、发售代币票券,以代替人民币在市场上流通。同时规定残缺、污损的人民币,按照中国人民银行的规定兑换,并由中国人民银行负责收回和销毁。

案例 1　战俘营里的货币

二战期间,在纳粹的战俘集中营中流通着一种特殊的商品货币：香烟。当时的红十字会设法向战俘营提供了各种人道主义物品,如食物、衣服、香烟等。由于数量有限,这些物品只能根据某种平均主义的原则在战俘之间进行分配,而无法顾及到每个战俘的特定偏好。但是人与人之间的偏好显然是会有所不同的,有人喜欢巧克力,有人喜欢奶酪,还有人则可能更想得到一包香烟。因此这种分配显然是缺乏效率的,战俘们有进行交换的需要。

但是即便在战俘营这样一个狭小的范围内,物物交换也显得非常不方便,因为它要求交易双方恰巧都想要对方的东西,也就是所谓的需求的双重巧合。为了使交换能够更加顺利地进行,需要有一种充当交易媒介的商品,即货币。那么,在战俘营中,究竟哪一种物品适合做交易媒介呢？许多战俘营都不约而同地选择香烟来扮演这一角色。战俘们用香烟来进行计价和交易,如一根香肠值 10 根香烟,一件衬衣值 80 根香烟,替别人洗一件衣服则可以换得两根香烟。有了这样一种记账单位和交易媒介之后,战俘之间的交换就方便多了。

香烟之所以会成为战俘营中流行的“货币”,是与它自身的特点分不开的。它容易标准化,而且具有可分性,同时也不易变质。这些正是与作为“货币”的要求相一致的。当然,并不是所有的战俘都吸烟,但是,只要香烟成了一种通用的交易媒介,用它可以换到自己想要的东西,自己吸不吸烟又有什么关系呢？我们现在愿意接受别人付给我们的钞票,也并不是因为我们对这些钞票本身有什么偏好,而仅仅是因为我们相信,当我们用它来买东西时,别人也愿意接受。

? 思考题：一件物品作为货币,它应具有哪些特征？

案例 2　“亚元”时代会到来吗？

欧洲货币体系的建立,尤其是欧元的成功启用,引发了人们关于在其他区域实行统一货币体系可能性的讨论。尤其是随着亚洲区域内贸易和投资活动日趋活跃,一体化的程度逐步加深,以及美、欧货币给亚洲地区货币带来的升值压力,各方对于“亚元”的期望和呼吁日渐强烈。

事实上,早在 2003 年,有“欧元之父”之称的诺贝尔经济学奖得主蒙代尔就曾建议设立由亚洲地区某一组货币组成的共同货币,争取在每个国家不放弃本币的情况下,能让一种叫做“亚元”的区域性货币在亚洲流通。而 2006 年年初,亚洲区域性经济一体化办公室主任河合正弘在接受媒体访问时表示,“2006 年早些时候,亚洲开发银行将推出一个由一揽子亚洲货币组成的概念性的货币单位,以促进区域合作的发展。”他称,亚行正在研究如何以东盟 10+3 共 13 个国家的货币为基础,推出一种新的货币单位,包括如何设定每种货币的权重。

一石激起千层浪,这一言论再次掀起了关于建立“亚元”的争论高潮。很多人对于在亚洲建立统一的货币“亚元”的前景感到乐观,认为统一的货币安排可以促进亚洲货币区域内的贸易和投资,对于亚洲经济的繁荣和稳定十分重要。但同时也指出,欧元是经历了50年的努力过程后形成的,因此亚元的形成道路也将可能是曲折而漫长的,目前尚难以预测其形成的具体时间,但亚洲可以借鉴欧盟的经验,并通过自己的努力循序渐进地推进亚洲统一货币的建立。

对于亚元构想也存在着相反的声音。有些人认为,目前在亚洲地区实施单一货币还不现实。虽然亚洲区域合作已逐步加深,但国家和地区之间政治、经济关系依然复杂。区域内各经济体的经济发展水平和经济体制差别太大,亚洲有世界上最贫穷的国家,而日本的GDP占世界的25%以及亚洲金融资产的60%。在这种情况下,不要说实现货币的统一,就是协调相互间的货币政策难度都很大。

另一个重要的问题是,目前亚洲还没有一个较为坚挺的货币可以代表亚洲成为亚元的主导货币。虽然,作为亚洲最具经济实力的日本一直认为日元应在亚洲货币中起主导作用,但又得不到亚洲其他国家和地区的认同。也有人建议以中国货币作为主导货币,但中国目前的经济实力还不如日本,有学者认为此举只会让中国陷入同邻国的政治争夺而无法自拔,对中国的经济发展没有太大的好处。同时,在亚洲大多数国家和地区的货币与美元挂钩,无形中形成了对美国以及美元的依赖,美国出于对自身利益的考虑,对建立亚洲货币一直持反对意见。总之,实现亚洲单一货币虽然具有丰富的现实意义和潜能,其真正实施还需要区域内各个国家和地区的支持。它在未来区域货币合作中究竟能发挥多大的作用,还取决于区内各经济体对它的态度。因此,即使是宣布建立亚洲货币单位时间表的亚行,也只是将其设置为用于观察亚洲汇率变化的一个指标体系。通过对这一汇率指标体系的分析,了解货币单位成员国汇率相对于美元或欧元的变化趋势,以及亚洲货币单位成员自身汇率的变化规律,并不涉及外汇市场干预和国与国之间的清偿与结算。

? 思考题:结合希腊危机,分析如果要推出“亚元”,要注意哪些问题?

本章小结

1. 货币是充当一般等价物的商品,是价值尺度和流通手段的统一。它反映一定社会的生产关系。

2. 货币具有价值尺度、流通手段、储藏手段、支付手段和世界货币五大职能。各职能之间并非各自独立,而是具有内在的联系性,是货币作为一般等价物的本质的反映。

3. 随着交换的发展和社会经济的进步,货币的形态经历了实物货币、金属货币、代用货币、信用货币乃至电子货币的演化过程。

4. 货币制度是指一国政府以法律的形式对货币的发行、流通的组织和调节等问题进行的规定。它的基本内容包括:币材的选择,货币单位的确定,本位币与辅币的确定,规定货币的法偿能力,通货铸造、发行和流通的管理以及发行准备等。从货币发展的历史过程看,货币制度相继经历了银本位制、金银复本位制、金本位制以及信用本位制四大阶段。

重要基本概念

货币	价值尺度	流通手段	支付手段
储藏手段	电子货币	本位币	货币制度
无限法偿	平行本位制	双本位制	劣币驱逐良币
跛行本位制	金币本位制	金块本位制	金汇兑本位制

复习思考题

1. 货币是如何产生的?
2. 如何理解货币的本质?
3. 货币的职能有哪些? 如何理解它们的相互关系?
4. 货币制度的基本要素是什么? 如何理解货币制度与国际货币体系的关系?
5. 你认为无现金的时代会马上到来吗? 为什么?

第三章　信　　用

内容提要

信用是以还本付息为条件的一种资金运动形式。它是随着商品经济的发展而逐步发展起来的。本章在阐述信用概念与特征的基础上，介绍了信用形式的发展阶段，从高利贷信用到现代信用；分析了现代信用主要形式如商业信用、银行信用、政府信用、消费信用等，指出商业信用是现代信用的基础，银行信用是现代信用的核心形式，消费信用则体现出快速发展的态势，对现代经济的发展发挥着越来越重要的作用。

重点与难点

本章的重点是掌握现代信用的主要形式、它们各自的优点与缺点及其在现代经济中的地位与作用。难点是理解信用形式演变与发展的规律，理解高利贷信用产生的条件、历史作用及其在现代经济中仍然存在的社会经济基础。

第一节　信用概述

一、信用的概念

信用的本来含义是诚实守信的意思，即指一个组织或者个人能够履行诺言而取得他人或社会的信任。后来，这个概念被广泛地借用与延伸，成为许多学科的基本概念。经济学中对信用的解释是："信用是以还本付息为条件的让渡资本的使用权的经济行为。"

人类历史发展到今天，"信用"这个词已经包含着极其丰富的内涵。对信用的真正含义的认识，仁者见仁，智者见智，可以从不同的角度进行探究，在通常意义上，我们至少可以从两个角度来理解"信用"。

从伦理道德层面看：信用主要是指参与社会和经济活动的当事人之间所建立起来的、以诚实守信为道德基础的"践约"行为。

从经济学层面看：信用是指在商品交换或者其他经济活动中授信人在充分信任受信人能够实现其承诺的基础上，用契约关系向受信人放贷，并保障自己的本金能够回流和增值的价值运动。

本教材采用的定义是经济学中的解释，信用是以还本付息为条件的让渡资本的使用权的经济行为，是一种特殊的资金运动形式。

二、信用的构成要素

商品经济发展到一定阶段就产生了信用。信用是一种借贷行为，是以偿还和付息为条件的价值单方面让渡。其具体表现形式是：货币或商品的所有者将其货币或商品暂时贷放给借者使用，借贷双方约定期限，借者到期归还，并支付给贷者一定的利息。信用的基本特征是偿还性，这是信用与其他价值运动形式的不同之处，也是各种社会形态下信用所共有的特征。

信用是从属于商品货币关系的一个经济范畴，它不是某个社会形态所特有的。但是，在不同的社会制度下，信用反映着不同的生产关系。前资本主义社会的信用的主要形式是高利贷信用。在资本主义社会，信用得到了充分发展，信用形式多样化，各种金融工具被广泛利用。这些信用形式和金融工具的应用，促进了社会经济的迅速发展。建立社会主义市场经济，同样需要利用信用和金融工具。

构成一个信用活动要具备以下三个要素：

(1) 信用关系。信用这种借贷行为的成立，至少要有两个当事人：一个是借入的债务人，另一个是贷出的债权人。由债权人与债务人构成的债权债务关系就成为信用关系。离开了信用关系，信用就难以形成。

(2) 时间间隔。商品赊销是产生信用的基础，商品赊销就是先有商品作单方面的价值运动，后有货币作单方面的价值运动，商品与货币的运动存在着时间间隔。没有时间间隔的适当配合，就无所谓信用。时间间隔最短是一天，最长是多久需要由债权人与债务人通过谈判来决定。

(3) 书面契约。债权债务的信用关系的确立，可以采取口头承诺形式，也可以采取书面契约形式。口头承诺形式尽管简便、灵活，但难以维护债权人的正当权益；书面契约形式确立的信用关系，不仅可以维护债权人的正当权益，而且可以转移债权债务。没有书面契约，信用关系难以发展。

三、信用的基本特征

信用含有信任和借贷两层含义，分为社会学和经济学范畴，信用的这一本质内涵，决定信用具有下列基本特征。

(一) 信用具有社会性

(1) 信用的社会性体现在社会心理因素上。信用是以信任为前提和基础的。对受信人的信任实际上是授信人对信用关系所具有的安全感，它是一种社会心理因素，因为安全感并非凭空产生，而是依赖于受信人的资信，取决于授信人的理性判断，因此，它是一种特殊的社会心理现象。

(2) 信用体现一种社会关系。信用不仅是个体行为，而是发生在授信人和受信人之间的社会关系。成千上万的授信人和受信人发生信用关系，行为主体时而是授信人，时而是受信人，身份在不断变换。如银行在吸收存款时，是受信人，与存款客户发生信用联系；银行在发放贷款时，则为授信人，与贷款客户发生信用联系。这充分体现信用错综复杂的社会关系。随着信用的发展，信用内涵及其表现形式愈加丰富，信用作为一种社会关系也愈加复杂。在现代社会，信用关系逐步深入到社会生活每一个角落，尤其是经济领域。可以说，现代市场经济实质上是由错综复杂的信用关系编织而成的巨大社会关系网络。

(3) 信用的社会性对经济发展和社会生活的影响越来越大。随着时代的发展，信用始终处于发展变化之中。不同的时代，信用有不同的表现形式，人们对信用有着不同的看法。在当今社会，传统的信用观念发生了急剧变化，人们对信用的理解不断深化。信用前所未有地影响着经济发展和社会生活，成为一种越来越重要的社会关系。

（二）信用具有伦理和文化特征

信用本来属于伦理学范畴，体现为一种约束人们行为的道德准则。信用不仅仅是一种社会关系，也不仅仅是一种交易方式，它更是人类社会的一种价值观。诚实守信得到社会的推崇和信任，失信则将受到谴责和孤立。当人们都认同并遵守这种价值观和道德准则的时候，社会信用环境就会优化，失信的行为就会减少。

就信用的文化特征来看，不同的文化背景对信用具有不同的理解。在中国传统文化背景下，借债始终被认为是在不得已的情况下做出的选择。人们常常将债务称为“饥荒”，即只有到了饥荒的时候才可以借债。在消费上，将“寅吃卯粮”视为“恶习”，主张禁欲节俭和量入为出。在西方文化背景下，情况则大为不同，人们对透支习以为常，超前消费成为普遍现象。尽管信用的产生是人类社会发展的共同规律，“诚实守信”是人类普遍认同的美德，但是，不同的文化对信用的理解存在差异，体现出信用的文化特征。

（三）信用具有偿还和付息性

经济学和金融学范畴中的信用，其基本特征是偿还和付息，即信用是一种借贷行为，借贷的条件是到期要按时偿还本金，并支付使用资金的代价——利息。在这里，信用是价值运动的特殊形式，所有权没有发生转移，而改变了资金使用权。首先，通过信用方式融通资金，促成了资金的再分配和利润率的平均化。生产资金固定在特定的自然形态上，只能用于一定的用途，不能自由转移。但闲置的货币资金都可以通过信用方式聚集起来投放到任何产业，使资金在各产业之间进行再分配，从利润较低的产业转向利润较高的产业，因而促成了各产业利润率的平均化，并自发调节着各产业间的比例关系。其次，信用加速了资本的集中和积累。大资本通过银行信贷的支持，使其在竞争中加速了对中小资本的吞并，使资本更加集中。同时信用把各企业零散的、用做积累的利润汇合为巨额货币资本，用于支持追加资本扩大再生产的企业，加快了资本的积累过程。最后，信用可以节省流通费用，加速资本的周转。信用工具的广泛使用，节约了现金流通及其相关的各项费用，也加速了商品的销售过程，节省了商品保管、运输等费用。

信用的这一特征与信用的社会性、信用的伦理和文化特征紧密相关，资金融通存在一定风险，以信用方式融通资金的风险更大，授信者不仅要考虑能否获得相应的利息收入，而且还要分析本金能否收回的风险。由于授信在前，收回本金和获得利息收入在后，期间要经历或长或短的时间。为了确保资金的安全，获得利息收入，授信者势必要在授信前对受信主体进行资信评估，对于资信好的企业和个人，才敢于提供资金融通，而对于资信不好、有不良记录的企业和个人，则不能提供资金融通。由此可见，作为社会道德范畴的信用是作为经济和金融范畴的信用的基础和前提。这也说明，为什么在社会信用环境缺失的情况下，信用资金规模会出现萎缩。

四、信用在现代经济中的作用

信用在现代经济中具有积极与消极双重作用。

(一) 信用的积极作用

信用的积极作用主要表现在：

(1) 现代信用可以促进社会资金的合理利用。通过借贷，资金可以流向投资收益更高的项目，可以使投资项目得到必要的资金，资金盈余单位又可以获得一定的收益。

(2) 现代信用可以优化社会资源配置。通过信用调剂，让资源及时转移到需要这些资源的地方，就可以使资源得到最大限度的运用。

(3) 现代信用可以推动经济的增长。一方面通过信用动员闲置资金，将消费资金转化为生产资金，直接投入生产领域，扩大社会投资规模，增加社会就业机会，增加社会产出，促进经济增长；另一方面，信用可以创造和扩大消费，通过消费的增长刺激生产扩大和产出增加，也能起到促进经济增长的作用。

(二) 信用的消极作用

信用对经济的消极作用主要表现在信用风险和经济泡沫的出现。

(1) 信用风险。信用风险是指债务人无法按照承诺偿还债权人本息的风险。在现代社会，信用关系已经成为最普遍、最基本的经济关系，社会各个主体之间债权债务交错，形成了错综复杂的债权债务链条，这个链条上有一个环节断裂，就会引发连锁反应，对整个社会的信用联系造成很大的危害。

(2) 经济泡沫。经济泡沫是指某种资产或商品的价格大大地偏离其基本价值，经济泡沫的开始是资产或商品的价格暴涨，价格暴涨是供求不均衡的结果，即这些资产或商品的需求急剧膨胀，极大地超出了供给，而信用对膨胀的需求给予了现实的购买和支付能力的支撑，使经济泡沫的出现成为可能。

第二节 信用形式的发展

信用产生之后，与其他的经济范畴一样不断地由低级向高级发展。从借贷的客体形态发展来看，最早的是实物借贷，随着商品货币经济的发展，信用发展到了货币借贷。实物借贷与货币借贷在很长的历史阶段相互并存，但有主次之分。先是实物借贷为主，辅之以货币借贷；后来商品货币关系有了发展，货币成为借贷的主要对象，辅之以实物借贷。在自然经济占主导地位的前资本主义社会里，货币借贷一直未能全然排除实物借贷。只有当商品货币关系占主导地位时，实物借贷才丧失其存在的基础。在现代的一些信用关系中，往往也涉及商品，如赊销商品延期支付的信用形式，这像是实物借贷。但就其债权债务的内容来看，却总有一定的货币金额，而且最终要支付货币，所以宜归属货币借贷的范围。

从生产方式的发展与信用的联系角度来考察，最早的信用是高利贷信用，这是在自给自足的自然经济占主导地位下的信用，资本主义以前的信用，主要是高利贷信用。当生产方式从封建社会过渡到资本主义社会，自给自足的自然经济解体，商品货币关系占主导地位时，信用就由高利贷信用发展到了资本主义信用。当生产方式从资本主义过渡到社会主义，信用也由资本主义信用过渡到了社会主义信用。我国社会主义经济由过去的单一计划经济，发展到有计划的商品经济，现在明确提出了要建立社会主义市场经济。在社会主义市场经济下，就信用的形式特征和利率水平的决定方面来看，社会主义信用与资本主义信用是相同的，所以有人把这两种信用统称为“现代信用”。

一、高利贷信用

高利贷信用是最古老的信用形态，是通过贷放货币或实物以收取高额利息为目的的一种信用关系。高利贷信用在奴隶社会和封建社会是占主导地位的信用形式。

（一）高利贷信用的特点

1. 利率高

高利贷的利率一般年利率在36%以上，借款100元，一年要支出36元以上的利息。个别的利率可达100%～200%。我国历史上高利贷年利一般都达100%，而且是“利滚利”，即借款100元一年后要还200元，如果到期不能归还，第二年要还400元，第三年就是800元。

高利贷信用之所以有这样高的利息，是由当时的经济条件决定的。由于前资本主义是自给自足的自然经济，劳动生产力水平低，生产规模小，小生产者一般都经受不住意外事故的冲击（如天灾人祸），一旦遇到意外事故，就无法维持原来的简单再生产，无法维持生活。在这样的情况下，小生产者（农民和其他小手工业者）就不得不向放高利贷者借钱或实物，以维持生产和生活。放高利贷者正是看到了借者为了维持生存这一点，就无情地抬高利率。如果借钱的人不是为了生活和生存，而是向资本主义生产方式那样，借钱是为了投资，获取利润，那么贷款的利率高了，使得投资的利润大部分或全部被高利贷的利息侵吞，借钱的人就不借了，贷款的利率自然也高不上去。

高利贷借者除了小生产者以外，也有一些破落的奴隶主和封建主，他们是为了维持奢侈的生活，其利息是最终要转嫁到小生产者身上。高利贷的债权人主要是商人，特别是货币经营商人、奴隶主和地主。

2. 剥削重

高利贷的利息来源于奴隶和小生产者的剩余劳动及一部分必要劳动。小生产者借用高利贷所支付的利息，是他们直接以自己的剩余劳动或必要劳动产品支付的。奴隶主和封建主借用高利贷所支付的利息，同样是奴隶和小生产者的剩余劳动或必要劳动产品。因为奴隶主和封建主不劳动，他们所支付的利息，归根到底是对奴隶和小生产者的压榨和剥削。由于高利贷利息来源不仅要包括劳动者所创造的全部剩余劳动，还包括一部分必要劳动。这与利息只是剩余价值的一部分的资本主义利息比较，其剥削程度更重。

3. 非生产性

前面已经提到，高利贷的借者，无论是统治者还是小生产者，他们借用高利贷主要用于非生产支出。统治者借高利贷主要是为了维持其奢侈的生活，小生产者借高利贷是为了其基本的生活需要。这与资本主义借贷资本的用途以及社会主义信用资金的用途有着明显的区别。

（二）高利贷信用的作用

1. 高利贷信用促进了自给自足的自然经济的解体和商品货币关系的发展

在前资本主义社会，劳动生产力水平低，人们的劳动产品主要是满足自己的消费，用于交换的比率很低，自给自足的自然经济占主导地位。但是，由于高利贷的盘剥，小生产者为了归还高利贷，就不得不把劳动的产品拿到市场上去卖，这就提高了劳动产品的交换比率，促使了自给自足的自然经济的解体和商品货币关系的发展。

高利贷信用对生产力有破坏作用。由于高利贷的利息太高，不但阻碍着小生产的发展，而且使得大量的小生产者破产(因为要变卖生产资料归还高利贷)，无法维持原有的简单再生产，造成生产萎缩，生产规模缩小。

2. 高利贷信用在生产方式向资本主义过渡中有着双重的作用

一方面，从客观上看，高利贷信用为资本主义生产方式的到来提供了两个基本前提条件：一是集中了大量的资本，二是提供了雇佣工人队伍。由于高利贷的盘剥，使得放高利贷者手中集中了大量的资本，这些资本有可能投入到资本主义生产方式中去。同时，也是因为高利贷的盘剥，使得大量的小生产者破产、失业，成为无业游民。这些人在法律上是自由的，而财产上是一无所有的，他们不得不出卖自己的劳动力来维持生活，这就为资本主义生产方式提供了雇佣工人。另一方面，从主观上看，放高利贷者也要尽量维持封建社会的生产方式，维护高利贷的存在基础，因为最适宜高利贷存在和发展的经济条件是小生产占优势地位的封建社会的生产方式。所以，高利贷者必然力图阻碍生产方式由封建社会向资本主义社会过渡。

(三) 资产阶级反对高利贷的斗争

由于高利贷的高额利息侵吞了经营者的大部分甚至是全部利润，同时又极力维护高利贷存在的基础，阻止资本主义生产方式的发展，这是新兴资产阶级所不能允许的，他们必定要起来与高利贷做斗争。

这种斗争并不是一般地反对借贷关系，而是要借贷关系服从资本主义发展的需要。其斗争的焦点就是要使得利息率降低到平均利润率以下。同样的资本要获得同样的利润，借贷的利息也要符合这个规律的要求。这种斗争的手段最初是法律，就是用法律来限制利息率。例如英国 1545 年为 6%，1714 年又把上限降到 5%。当高利贷垄断了信用事业时，任何降低利率的法令都只能在一时一地起些作用，并不能真正动摇其垄断地位的根基。这种斗争最有效的手段，就是建立资产阶级自己的股份银行，通过银行集中大量的社会闲散资金，支持资本主义经济的发展。资本主义比较早的典型股份银行是 1694 年在英国建立的英格兰银行。英格兰银行的建立就标志着高利贷垄断地位的结束和资本主义现代信用关系的建立。

(四) 中国历史上的高利贷信用

我国历史上的高利贷信用具有三个特点：

(1) 产生早，较发达。早在西周时期(公元前 1066～前 771 年)，高利贷信用就已出现。到了春秋、战国、秦、汉时期，放款收息的事已较普遍。唐、宋以来又有发展，明代中叶以后至清代，高利贷信用更加活跃，国民党政府时期的高利贷十分猖獗。高利贷信用就是在小生产者不断破产的基础上生存、发展的。

(2) 利率高，剥削重。我国历史上高利贷的利息率很高。年利率在 30%～40%是比较低的，自汉代以来就有“倍称之息”的说法，有的时期高达 200%～300%。国民党政府时期的“印子钱”、“九扣十三归”、“驴打滚”，利息率高得出奇。高利贷者之所以能够如此残酷盘剥，是因为：第一，地主、商人、高利贷者三位一体地从事高利贷剥削，受到统治阶级的庇护和支持，以致索取任何额度的利息都不受限制；第二，借款者借钱是为了获得购买手段和支付手段，没有讨价还价的余地;第三,在自然经济条件下,高利贷资本的供给总是赶不上需求。这样,“高利贷者除了货币需要者的负担能力或抵抗能力外,再也不知道别的限制。”

(3) 种类繁多,主要用于非生产性支出。我国历史上的高利贷,按照借贷对象来分,有货币借贷和实物借贷;按借贷期限来分,有 1 年以上的长期借贷、1 个月以上的短期借贷和 1 个月以内的临时借贷;按抵押物品来分,有抵押借贷和无抵押借贷,在抵押借贷中又分为房屋、土地、农作物乃至人身等各种抵押。奴隶主、封建主借取高利贷是用于非生产性支出,小生产者借取高利贷也主要用于非生产性支出。

(五) 我国现代高利贷现象

1. 现阶段高利贷的基本状况

我国在实行高度集中的计划经济条件下,高利贷曾一度销声匿迹。改革开放以来,随着经济生活的日渐活跃,在我国很多地方高利贷又死灰复燃,并有日趋蔓延之势。当前,全国各地农村均存在不同形式、不同手段的“高利贷”现象。除了经济条件落后、资金匮乏的农村,城市的高利贷也从来没有灭绝。现代银行作为高利贷的掘墓人,在目前的我国,作用发挥得尚不彻底。

2. 现阶段我国高利贷存在的原因

目前个人要从银行贷到款,除了房贷、车贷等消费类贷款,其他的个人贷款一般都要求有抵押物,虽然有少数银行提供不需要任何抵押物的信用贷款,但只面对银行认定的一些特定优质客户。银行的高门槛拦住不少人。正常、公开的渠道筹不到钱,民间借贷甚至一些地下高利贷就有市场。另外,由于多数民营企业实力薄弱,一些正规的金融机构担心借给民企的钱会变成坏账,所以也不敢轻易与企业合作。因此,一些小型企业在发展过程中,当急需资金而又无法从银行取得的时候,他们只能通过借高利贷来“渡过难关”。

对农村来说,由于国有银行相继退出县域经济,只有信用合作社可以提供贷款。这远远不能满足他们的融资需求。银行和信用社为避免“坏账”,在放贷时往往倍加小心,他们一般都谨慎放贷。比起银行贷款来,高利贷条件灵活、手续简便快捷,时间不像银行卡得那么紧,往往可以拖延几天或续贷。因此,农民更倾向于高利贷借贷而不是银行贷款。中国金融体制改革滞后于经济增长,正规金融发展滞后,为非正规金融提供了很大的生存和发展的空间。

3. 现阶段高利贷的社会影响

由于高利贷有主体分散,个人价值取向、风险控制无力等特点。高利贷活动不可避免地会引发一定的经济和社会问题。一些利率奇高的非法高利贷,经常出现借款人的收入增长不足以支付贷款利息的情况。当贷款拖期或者还不上时,出借方经常会采用不合法的收债渠道,如雇佣讨债公司进行暴力催讨等。于是,因高利贷死亡、家破人散、远离他乡、无家可归的现象数不胜数。由于民间“高利贷”利率普遍高于银行基准利率,受利益驱动。一部分人便将自有资金用于民间借贷,对地方金融机构(尤其是农村信用社)吸收存款造成很大压力。又由于其贷款机制灵活、便利,也在一定程度上造成对银行信贷的冲击。另外由于民间“高利贷”多为私人之间的协议,大多没有信贷担保和抵押,而且对借款人的资信仅凭个人的主观判断,主观性和随意性很强,对风险的产生也无从控制,因此隐藏了极大的风险。如果借款人不能归还贷款,对贷款人来说打击是巨大的甚至是终身的,因而极易冲击正常的金融秩序。

从更长期来看,高利贷的活跃,则反映出金融体制改革的滞后和利率市场化的迫切需求。

长期以来，我国金融体系保持了银行主导金融体系、国有资本主导银行体系的格局，银行体系迟迟未能对民营资本开放，银行体系依然处于“半垄断”状态。虽然近年来出现了担保公司等新型融资机构，但受制于资金来源，这些机构难以发挥显著作用。银行体系半垄断状态下，竞争并不充分，大量中小型企业的融资需求长期边缘化，一旦遇到货币紧缩，中小企业常常面临“缺水”之困。

在中国市场体系初步建立、经济微观主体市场化、金融交易急剧增长的情况下，利率市场化迟迟不启动，导致了资源配置的严重扭曲。目前，中国依然保持着3%左右的存贷利差，全球罕见。最初，保持银行高利差，可以帮助银行体系积累利润和资本实力，冲销历史遗留的坏账。但长期保持高利差，使得银行能轻松“坐着挣钱”，不利于银行管理效率的提升，也导致银行成为公众存款的“分利者”而非价值创造者。

金融是现代市场经济的血液。金融体系的市场化，是市场经济良性运转的前提条件。只有放松金融管制，降低银行业进入壁垒、打破国有垄断，加快利率市场化步伐，消除负的实际利率，才能真正对高利贷起到釜底抽薪之效。

二、现代信用

现代信用是以生产性为基本特点的信用方式，不仅在发达的工业化国家，就是在发展中国家，债权债务关系的存在，都是一种极为普遍的现象。其最基本的两种方式是商业信用和银行信用。

（一）现代信用活动的特征

（1）信用关系业已成为现代经济中最普遍、最基本的经济关系。

（2）在现代经济、信用活动中，风险与收益是相互匹配的。

（3）现代信用活动中，信用工具呈现多样化的趋势。

（4）现代信用活动越来越依赖于信用中介机构及其服务，不仅间接融资活动要通过信用中介来完成，直接融资也离不开信用中介机构的服务。

（二）实现现代信用的基础

实现现代信用所要求的基础主要包括四个方面：

（1）信用关系普遍化。经济生活中多种信用形式全面规范，各经济主体都可以通过相应的信用形式授受信用，信用关系成为全社会最普遍、最基本的经济关系。

（2）信用习惯良好化。全社会成员在经常性的信用活动中具有明确的信用价值理念和是非价值评判，由于整个社会普遍具有良好的守信习惯与自觉意愿，宏观信用氛围良好。

（3）信用机制严密化。各种信用活动都纳入具有强大约束力和制衡力的信用规则下运行，信用秩序井然，信用自动维护机制严密、先进。

（4）信用体系完备化。社会信用体系齐备并规范运作，高效运作，覆盖面宽广，富有权威性，各系统之间紧密相连，有机结合，相互支持，运转正常。在此理想的宏观信用背景下，现代社会还具有完备的信用体系。

（三）现代信用体系的构成

现代信用体系主要包括四大系统：

(1) 信用中介机构系统。由银行等多种信用中介机构组成。

(2) 信用服务机构系统。由专门提供与信用活动相关的多种服务性机构组成。

(3) 信用管理机构系统。由对信用活动进行监督、管理、协调的官方或民间机构组成。

(4) 社会征信系统。主要包括信用档案系统、信用调查系统、信用评估系统、信用查询系统、失信公示系统等。

(四) 现代信用活动中的主体

现代信用活动中的主体主要有四类,它们分别是:

1. 个人

个人是指一切有个人收入与支出的居民个体,而不论其性别、民族、从事何种职业。在信用活动中,个人如果把资金存入银行等金融机构,就成为信用关系中的债权人;个人如果从银行等金融机构借入资金购房购车等,就成为信用关系中的债务人。在信用活动的主体中,个人作为主体之一,总体而言,一般是资金供给大于资金需求,成为银行等金融机构的主要融资对象,它将大量资金存入银行,成为银行负债业务的主要来源。

2. 企业

在日常经营过程中,企业经常需要借入资金,购买原材料、机器设备,支付工人工资等;同时,企业总也存在一部分闲置资金可供贷出。比如,企业经常获得销售等收入,而不需要立即支付,它就可以存入银行;企业在积累的折旧基金购买设备、机器、建设厂房前,通常也会存入银行,这些都成为银行等金融机构信用资金供给的重要来源。在资金供给与资金需求方面,如果把企业作为一个整体来看待,通常是资金需求超过资金供给,所以,企业是信用活动中主要的债务人。

3. 政府

政府也是一个有货币收入与货币支出的经济行为主体,它的货币收支主要体现为财政收支。当政府财政收入大于财政支出时,形成财政盈余,政府将其存入银行等金融机构,就成为信用关系中的债权人;当政府财政收入低于财政支出时,就会形成财政赤字,此时,政府往往会通过发行政府债券来弥补财政赤字,就成为信用关系中的债务人。

4. 金融机构

作为信用关系中间媒介的金融机构,它一方面有自己的经营收入和日常支出,另一方面还有一种债权债务关系。银行等金融机构从个人、企业、政府那里吸收资金,从而形成债务;它又向个人、企业、政府发放贷款,形成债权。总体而言,金融机构是信用主体中最大的债务人与债权人。

第三节 现代信用的主要形式

现代信用的种类很多,根据发出信用的主体和表现形式不同可分为:商业信用、银行信用、政府信用、消费信用等。

一、商业信用

商业信用是指企业之间以赊销商品和预付货款等形式提供的信用。这种信用的具体表现形式很多，如赊销商品、委托代销、分期付款、预付定金、按工程进度预付工程款、延期付款等。

商业信用是最早产生的一种信用形式，当商人之间的商品交换发生延期支付，货币执行支付手段的职能时就已经产生了。在大规模的商品经济产生后，特别是进入资本主义社会后，商业信用就迅速发展起来。

商业信用有如下特点：

(1) 目的的盈利性。它是在以盈利为目的的经营者之间进行的，是经营者互相以商品形式提供的直接信用。

(2) 规模的有限性。商业信用是经营者之间对现有的商品和资本进行再分配，不是获得新的补充资本。商业信用的最高界限不超过全社会经营者现有的资本总额。

(3) 流转方向的限制性。商业信用有较严格的方向性，往往是生产生产资料的部门向需要这种生产资料的部门提供，绝不能相反。例如，面粉商—面包商—批发商—零售商。严格遵循社会生产销售程序，遵循社会总生产的循环。因此，商业信用能力有方向局限性，一般只在贸易伙伴之间建立。

(4) 信用关系的链条性。在经营者有方向地互相提供商业信用的过程中，形成了连环套的债务关系，其中一环出现问题，很容易影响整个链条，出现类似三角债的问题，严重者可引起社会经济危机。

(5) 分散性与短期性。商业信用具有一定的分散性，且期限较短。经营者根据自己的经营情况随时可以发生信用关系，信用行为零散，信用期限一般很短，大多数不超过六个月。

二、银行信用

银行信用，就是银行和各类金融机构以货币形式向社会各界提供的信用。银行信用是在商业信用发展到一定程度以后产生的。它的产生对商品经济的发展起着巨大的推动作用，标志着信用制度更加完善。

银行信用具有以下特点：

(1) 信用形态的货币性。银行信用是以货币形态提供的间接信用，调动了社会各界闲置资金，并为社会各界提供信用。不受方向制约，不受数量限制，范围广，规模大，期限长。

(2) 信用接受程度的广泛性。信用性强，具有广泛的接受性。一般说来银行是信誉最好的信用机构，它的很多债务凭证具有最广泛的接受性，被视为货币充当流通手段和支付手段。

(3) 信用监管的可控性。信用的发生集中统一，可控性强。社会资金以银行为中心集散，易于统计、控制和管理。

由于银行信用克服了商业信用的局限性，大大扩充了信用的范围、数量与期限，可以在更大程度上满足经济发展的需要；同时，以银行为中介，银行信用中断了企业之间的债务链条，在促进经济活动的同时，稳定经济发展。因此，银行信用受到世界各国的重视及商业活动的推崇，成为当今世界最主要的信用形式。

三、政府信用

政府信用是指政府以债务人身份，借助于债券等信用工具向社会各界筹集资金的一种信用方式。政府信用的主要表现形式是发行公债，在金融市场上借入资金。

政府信用的主要特点：

(1) 目的单一，旨在借款。政府信用是政府调剂政府收支不平衡的手段，是弥补财政赤字的重要渠道。一般来说，政府支大于收可通过三条途径解决，即增税、举债和货币发行。增税立法程序复杂，易引起社会不满；增发货币易导致通货膨胀；以债券形式举债是较好的解决方法。

(2) 用途单一，旨在公益事业建设。如修筑道路、水利，发展科教事业等，为发展经济创造良好的社会环境与条件。取之于民，用之于民。

(3) 信用性强，信用风险小，安全性高。

(4) 日益成为调节经济的重要手段。很多国家和地区，通过在金融市场上买进和卖出政府发行的各种证券工具，调节货币供应，影响金融市场资金供求关系，从而调节社会经济活动。目前，世界各国政府信用有增无减，日益庞大。

四、消费信用

消费信用是指经营者或金融机构以生活资料为对象，向社会消费者提供的信用。一般表现为赊购、赊销、分期付款、延期付款、消费贷款等。

在前资本主义时期，当商人向消费者个人赊销商品，消费信用就开始产生了，但一直到20世纪后半期起，才大行其道。20世纪60年代是消费信用的快速发展时期，其原因主要有三个：一是凯恩斯需求管理思想得到认同，各国政府大力鼓励消费，以消费带动生产；二是二战后世界各国经济稳步增长，人们收入大幅度提高，对消费信用有巨大的需求；三是厂商与金融机构信用风险控制能力的增强，它们减少了对消费信用风险的顾虑，从而使消费信用迅速发展起来。

消费信用的主要特点：

(1) 扩大需求，提高消费，刺激经济发展，缓解消费者有限的购买力与不断提高的生活需求的矛盾。

(2) 是有力的促销手段，可开拓销售市场，促进商品生产和流通。

(3) 给经济增加了不稳定的因素，容易造成需求膨胀。在经济繁荣时，消费信用扩大，商品销量增加；萧条时，消费信用萎缩，商品销售更加困难，经济更加恶化。一个国家和地区消费信用是否存在，是否广泛以及规模大小应视客观情况来决定，不应由政府用行政手段指令，主要取决于社会公众的消费习惯、消费心理、消费行为和消费能力。

由此可见，消费信用是一种刺激消费需求的方式，也是促进生产发展的一种手段。适度地发展消费信用，可以扩大商品销售，减少商品积压，促进社会再生产；也为大量银行剩余资本找到了出路，提高了资本的利用效率；同时，提高了居民的消费水平。当然，消费信用的规模不能太大，否则容易引发生产与消费的虚假繁荣，引发激烈的通货膨胀。

五、其他信用

目前，很多版本的《货币银行学》教科书认为，除上述四种信用形式之外，还存在其他一些信用形式，它们不能归到这四种信用形式中，应单列。这些信用形式主要包括：

民间信用，指社会公众之间以货币形式提供的信用。它的主要存在形式有：直接货币借贷；通过中介人进行的货币借贷；以实物作抵押取得借款的“典当”等。民间信用的主要特点：

信用的目的既为生产，又为生活；期限较短，规模有限；自发性和分散性较强；风险性较大；利率较高。民间信用存在的基础是商品经济的发展和社会贫富不均，以及金融市场与其他信用形式不发达。民间信用是商业信用与银行信用的补充。

租赁信用，是经营者之间以盈利为目的，出租设备和工具，收取租金的一种信用形式。租赁信用的表现形式是融资租赁、经营租赁和综合租赁。租赁信用有利于加速设备更新，减少一次性资金投入，扩大再生产规模，促进科学技术尽快转化为生产力，正被越来越多的企业运用。租赁业因此被称为“未来产业”，得到迅速发展。

国际信用，即国际信贷，是指国际间的借贷关系，是信用的各种形式在地域上的发展和扩大。主要表现形式是：国际商业信用、国际银行与国际金融机构信用、政府间信用。国际信用的方式与特点即各种信用表现形式的方式与特点，与上面所述一致，不需赘述。随着世界经济一体化发展，国际信用关系无论在深度和广度上都将进一步发展，形式也将日益多样化。

证券投资信用，是指经营者以发行证券的形式，向社会筹集资金的一种信用方式。这种信用的主要表现形式是：生产销售性企业或公司、商业金融机构向社会发行债券、股票和股票配股。从信用实质上看，证券投资信用与政府信用相同，只是发出信用者不同，前者是企业，后者是政府，但参与者都是社会公众。因此，如果政府信用是一种独立的信用形式，那么证券投资信用也应该是一种独立的信用形式。证券投资信用的广泛开展要求金融市场的建立和发展。随着现代金融市场的进一步发展，证券投资信用将会越来越受到人们的重视。

案例1　荷兰人坚守信用

1596年，荷兰的一个船长带着17名水手，被冰封的海面困在了北极圈的一个地方。8个月漫长的冬季，8个人因为冻饿与疾病而死去了。但荷兰商人却做了一件令人难以想象的事情，他们丝毫未动别人委托给他们运输的货物，这些货物中就有可以挽救他们生命的衣物和药品。冰冻时节结束了，幸存的商人终于把货物几乎完好无损地带回荷兰，送到委托人手中。荷兰人有充分的理由权变，他们可以先打开托运箱，把能吃的东西吃了，等到了目的地，可以加倍偿还托运者。任何人都会同意这种人道的做法。但是，荷兰人没有这样做。他们把商业信用看得比自己的生命更重要。他们用生命作代价，守住信用，创造了传之后世的经商法则。在当时，荷兰本来只是个100多万人口的小国，却因为商誉卓著，而成为海运贸易的强国，福荫世世代代的荷兰人。

? 思考题：坚守信用有哪些代价与利益？

案例2　居民应慎用消费信用卡

2011年以来，手头缺钱的市民能够感受到向银行贷款的“困难”，继保单抵押贷款现象出现后，调查发现利用多张信用卡套现来周转资金的市民也多了，出现了许多的“以卡养卡”族。但“以卡养卡”族只单纯地看到了一笔取之即来的现金流，却忽略了随之而来的循环利息以及因此而可能产生的滞纳金、罚息等。银行信用卡中心的数据显示，持多张信用卡的持卡人比单张卡持卡人更易冲动消费，有的人甚至完全不考虑自己的偿还能力。而一旦被银行列入黑名单，将会限制其未来申办按揭贷款等个人融资业务。持卡人大多数在申请贷款的时候才发现自己在“黑名单”上一部分原因就是逾期还款，偶尔的懒散造成了麻烦的后果。银行相关人员表示：“为了降低运营成本，只有客户在连续 3 次恶意拖欠贷款的情况下，他们才会通知客户。”但每月都去还款却因不知月息调整没有还清的客户，不在恶意拖欠范围内，他们不予提醒。银行目前的个人信用评估系统是通过电脑程序自动管理的，执行的标准比较严格，客户晚还款一天，或者仅拖欠 1 元钱，都会产生难以消除的不良信用记录。而逾期还款，信用要用两年重塑。银行相关人士称：“在个人信用报告上，一般显示的是信用卡最近 24 个月的还款记录。即使销了卡，逾期还款记录 5 年内会一直保留在他的个人信用报告里。如果想要销掉信用卡相关的逾期记录，就要继续使用至少 24 个月，而且在此期间要做到消费后按期还款，这样才会在个人信用报告里给银行留下最近一段时期按期还款的良好印象。”

思考题：消费信用带给你哪些便利与麻烦？

本章小结

1. 信用的本来含义是诚实守信的意思，即指一个组织或者个人能够履行诺言而取得他人或社会的信任。经济学中对信用的解释是：“信用是以还本付息为条件的让渡资本的使用权的借贷行为。”

2. 信用活动的形成必须具备三个要素：信用关系、时间间隔、书面契约。信用行为的成立，至少要有两个当事人：债务人与债权人。时间间隔最短是一天，最长是多久需要由债权人与债务人通过谈判来决定。书面契约形式确立的信用关系，不仅可以维护债权人的正当权益，而且可以转移债权债务。没有书面契约，信用关系难以发展。

3. 信用形式是不断演变发展的。它以信用的物质形式划分，经过了从实物信用到货币信用两个阶段；以信用关系的形式划分经过了从高利贷信用到现代信用两个阶段。

4. 现代信用的种类很多，根据发出信用的主体和表现形式不同可分为：商业信用、银行信用、政府信用、消费信用等。其中，商业信用是现代信用的基础，银行信用是现代信用的核心形式，消费信用则体现出快速发展的态势，对现代经济的发展发挥着越来越重要的作用。

5. 现代信用形式除上述四种主要形式外还有民间信用、租赁信用、国际信用、证券投资信用等补充形式。

重要基本概念

信用	信用要素	高利贷信用	现代信用
商业信用	银行信用	政府信用	消费信用

复习思考题

1. 什么是信用？它有哪些基本要素与特征？
2. 信用形式的发展经过了哪些阶段？
3. 高利贷信用产生的条件是什么？它有哪些历史作用？
4. 现代信用有哪些主要形式？各自有什么特点？

第四章　利息与利息率

内容提要

本章在界定利息概念的基础上，指出了利息的本质；分析了利率的概念、类型、计算公式；阐述了影响利息率水平的主要因素；指出了利率在现代经济中的作用及其发挥作用的条件。

重点与难点

本章的重点是掌握利息率的类型、计算公式与决定因素，了解利息率在现代经济中的作用。难点是理解利息的本质、利息率理论。

第一节　利　　息

一、利息的概念

利息(interest)是伴随着信用关系的发展而产生的一个经济范畴，并构成了信用的基础。我们在研究信用时已经指出，在信用活动中货币所有者在一定条件下贷出货币资本的使用权，货币使用者到期偿还借款时还必须支付一定的增加额，这个增加额就是利息。例如，某生产商为了扩大生产规模从货币所有者手中借到期限为一年的100万元货币资本，到期偿还借款时，共支付给货币所有者105万元，其中多出本金的5万元就是利息。因此，利息从债权人角度看是货币所有者因为贷出货币而从借款人手中取得的报酬；从债务人角度看是使用借贷资本的代价，是货币使用者在偿还借款时大于本金的那部分金额。

利息是一个普遍存在的经济范畴。早在远古时代，出现借贷行为时，利息作为一种占有使用权所付的报酬就已经出现了。当时，利息的支付以实物形式进行，如谷物、布匹等。随着商品经济的发展，利息的支付才逐渐过渡到货币形式上来。在资本主义社会，利息因为职能资本家和货币资本家的存在而普遍存在，利息表现为借贷资本家因贷出货币资本而从职能资本家那里获得的报酬。正如马克思指出的："只有资本家分为货币资本家和产业资本家，才使一部分利润转化为利息。一般来说，才创造出利息的范畴；并且，只有这两类资本家之间的竞争，才创造出利息率。"在社会主义社会，以公有制为主体的多种所有制形式并存，使各经济主体之间成了各种各样的信用关系。其中，利息所依存的资金借入方与贷出方之间形成的最基本的关系，使得利息的普遍存在成为必然。

二、利息的来源与本质

利息的来源与本质问题是把握本章内容的基本立足点，也是研究利率理论的出发点。利息和信用一样，在不同的社会生产方式下，它所反映的经济关系也不同。考察利息的本质，即其所反映的经济关系，必须结合其来源进行分析。

（一）利息的来源

在奴隶社会或封建社会，利息以高利贷利息为主要表现形式。高利贷者的贷款对象有奴隶主、地主及小生产者。如果高利贷的借入者是小生产者，利息显然来源于小生产者劳动所创造的价值；如果高利贷的借入者是奴隶主或地主，由于奴隶主和地主是不参加任何生产的寄生阶级，因此，利息来源于奴隶或农奴、小生产者所创造的，被高利贷者无偿占有的剩余劳动价值，甚至包括一部分必要劳动价值。高利贷利息因此也遭到著名学者亚里士多德及教会的反对，他们认为利息是"违反自然的"、"不公正的"、"罪恶的"。因此，高利贷的利息体现了高利贷者同奴隶主或封建地主共同对劳动者的剥削关系。

在资本主义制度下，利息是借贷资本运动的产物，但在借贷资本的运动表现形式中，资本主义生产关系被掩盖了，货币被贷放出去一定时间后，带着增值的价值回到出发点，仿佛货币自身有了增值的能力。如果从借贷资本的整个运动过程中进行考证，可以发现资金要使用到再生产过程才会形成增值。借贷资金首先用于购买生产资料和劳动力，并在再生产过程中使二者结合起来，创造出新产品，这个新产品的价值包括两部分：一部分是成本，即耗费的生产资料价值和劳动者的个人必要劳动创造的价值；另一部分是利润，即劳动者的剩余劳动所创造的价值。就全社会来讲，剩余价值转化为平均利润，这个平均利润当然不能由职能资本家独占，而是分割为两部分：一部分是借贷资本家出让货币的使用权而获得的利息；另一部分是职能资本家所获得的企业利润，企业利润在数量上就是平均利润和利息的差额。因此，资本主义制度下，就全社会而言，利息来源于平均利润，体现了资本家对无产者的剥削关系。

在以公有制为主体的社会主义市场经济中，以资金借贷为核心的信用得到进一步发展，与此相联系的利息范畴也广泛存在。利息来源于国民收入或者社会财富的增值部分，对这部分增值的价值将根据社会主义国家发展的利益进行再分配。

（二）利息的本质

在揭示利息本质过程中，西方存在着许多理论，各经济学派从不同立场、不同角度出发，阐述了自己的观点，其中较有影响的有"资本生产力论"、"节欲论"、"时间偏好论"以及"流动性偏好论"等。

1. 资本生产力论

资本生产力论（capital productivity theory）由法国经济学家萨伊首次提出。他认为，资本具有像自然力一样的生产力，利息是资本生产力的产物。资本的生产力经常与自然力的生产力混在一起，共同为生产提供服务。因此，当借款人借用了资本的生产力从事商品生产后，其生产价值的一部分必须支付报酬给资本的生产力。

资本生产力论虽然把利息解释为资本的产物，但是，由于萨伊不懂得生产要素与活劳动在价值形成过程中的作用，错误地认为资本的生产力能够增加所生产的产品数量，能够生产出新价值。这显然否定了劳动价值论，因而是错误的。

2. 节欲论

节欲论（abstinence theory）由英国的西尼耳首创。西尼尔认为人类社会存在三种生产要素：一是人类的劳动；二是与人力无关的自然要素；三是节欲，即牺牲眼前的消费欲望。他认为"劳动"是工人放弃自己的安乐和休息所做的"牺牲"，对于这种"牺牲"的报酬是"工资"。节欲是比资本更为基础的生产要素，因为资本来源于储蓄，储蓄又来源于节欲。他强调，资本由储蓄形成，而增加储蓄就要减少人们目前的消费，这需要人们忍受额外牺牲。因此，利息就是资本家通过节欲，节制当前的享受，把资本出借给他人而获得的一种对未来享受节制的报酬。

节欲论是对资本主义制度进行的最露骨的辩护，它掩盖了利息的本质，马克思在批判节欲论时曾指出："这真是庸俗经济学'发现'的不可超越的标本！它用阿谀的词句来替换经济学范畴。"

3. 时差利息论

时差利息论(time preference theory)又称为"时差论"。其代表人物是奥地利的庞巴维克。他把物品分为两类：一类是现在就能满足人们消费欲望的物品，叫做"现在财货"；另一类是现在不能而只有将来才能满足人们欲望的物品，叫做"未来财货"。他认为，人们多忽视将来而重视现在，对现在财货的评价高于对未来财货的评价。对当前财物与将来同样财物估价的差异，就是"时间偏好"。由于人们主观估价的不同，现在财货通常要比同一类和同一数量的未来财货具有更大的价值，其中的价值差额就是利息。

4. 流动性偏好论

流动性偏好论(liquidity preference theory)由凯恩斯提出所谓"流动性偏好"，也称"灵活偏好"，是指人们喜好以流动性强、周转灵活的货币资产来保存财富，以应付不时之需的一种心理倾向。凯恩斯认为，利息是"在一特定时期以内，人们放弃货币周转灵活性的报酬"。凯恩斯比较了债券与货币两种资产形式，认为债券形式的资产虽然能获得一定的收益，但债券持有者必须在持有债券期间放弃货币的使用权，这不仅给债券持有者带来一定的不便，而且也可能蒙受财产损失。持有货币虽然不能给人们带来收益，但货币是唯一有直接流动性的灵活资产，可供持有者在任何时间方便地使用，人们为了交易的动机、预防的动才和投机的动机，总愿意保持货币在手中，以便随时使用，这就是对货币流动性的一种偏好。借贷和投资等于把这种灵活性转让给他人，贷方要求索取放弃货币流动性的代价，借方则宁愿以支付利息为代价，以取得这种灵活性。利息就是放弃这种灵活性的报酬。利息率的高低则取决于人们视灵活性偏好强弱的心理评价。

5. 剩余价值论

剩余价值论是由德国经济学家马克思提出来的。

西方经济学家关于利息来源与本质的理论观点，虽然都有一定的合理性，但它们有一个共同的弱点，仅仅停留在表面现象的解释上，不注重经济关系的分析，没有从根本上分析利息的真实来源，从而回避和歪曲了利息的本质特征，割裂了利率水平与再生产的联系。

马克思认为，利息是平均利润的一部分，而平均利润是剩余价值的转化形式，平均利润分割为利息和企业利润，实质上是剩余价值在借贷资本家和职能资本家之间的分割。因此，利息就其本质而言，是剩余价值的一种特殊表现形式，既体现着借贷资本家和职能资本家共同剥削雇佣工人的经济关系，又体现着借贷资本家和职能资本家之间共同瓜分剩余价值的经济关系。

第二节　利率的定义及类型

一、利率的定义

利率(interest rate),即利息率的简称,是用百分比表示的一定时期内利息额与本金的比率。利率是衡量利息数量大小的尺度,用以反映利息水平的大小和高低。在实践中,利率是一个比利息更有意义的经济指标。并且,利率总是表现为一个既定的、明确的量。因为,利息额在总利润中所占的比重虽然是贷者和借者在再生产过程之外通过竞争决定的,但是,由于货币具有可以向任何商品转化的特点,其投向不受地区、部门和企业的限制,因而这种竞争是在货币所有者和货币使用者这两类人之间进行的,而不是由个别竞争决定的。此外,影响利率的因素相当复杂,这些因素综合作用的结果使利率总表现为一个既定的、明确的量。

二、利率的类型

利率是一个非常庞大的系统,按照不同的标准可以划分出多种多样的利率类别。例如:年利率、月利率和日利率;长期利率和短期利率;名义利率和实际利率;公定利率和市场利率;固定利率和浮动利率;基准利率和差别利率;一般利率和优惠利率等。划分类别有利于表明各类利率的特征,认识各类利率之间和各类利率内部的联系,从而更好地分析问题、说明问题。需要注意的是,各类利率之间和各类利率内部都有一定的联系,并相互制约,它们之间保持着相对的结构,共同构成一个有机整体,从而形成一国的利率体系。下面对几种主要的利率类型进行介绍。

(一) 年利率、月利率和日利率

根据计算利息的期限单位不同,利率可分为年利率、月利率和日利率。年利率是以"年"为单位计算利息,月利率是以"月"为单位计算利息,日利率是以"日"为单位计算利息,习惯上称为"拆息"。通常年利率按本金的百分之几(%)表示,又叫年息几厘几毫,月利率按本金的千分之几(‰)表示,又叫月息几厘几毫。日利率按本金的万分之几(‱)表示,又叫日息几厘几毫。如果按每月 30 天计,三者之间的关系可以表示为

$$年利率=月利率\times 12=日利率\times 360$$

例如,某一笔贷款,本金为 100 元,每年利息为 7.2 元,即年利率为 7.2%,则月利率为 6‰(月利率=年利率/12=0.072/12=0.006);日利率为 2‱(日利率=年利率/360=0.072/360=0.000 2)。

(二) 长期利率和短期利率

按信用行为期限长短,可以将利率划分为短期利率与长期利率。短期利率一般指借贷时间在一年以内的利率,包括存款期在一年以内的各种存款利率、贷款期在一年以内的贷款利率和期限在一年以内的各种有价证券利率。长期利率一般指借贷时间在一年以上的利率,包括期限在一年以上的存款、贷款和各种有价证券利率。

利率的高低与期限长短、风险大小有着直接的联系。一般而论,短期利率低于长期利率。

因为，期限越长的投资，市场变化的可能性越大，借款者经营风险越大，贷者遭受损失的风险也越大，故要求的利率也越高；尤其在现代纸币流通条件下，通货膨胀是一种普遍现象，时间越长通货膨胀率上升的幅度可能越大，只有利率较高才能使贷款者避免通货膨胀的损失。但在不同种类的信用行为之间，由于有种种不同的信用条件，对利率水平的高低不能简单地进行对比。

（三）名义利率和实际利率

按利率真实水平，利率可以分为名义利率与实际利率。名义利率是包含了通货膨胀因素的利率，是以名义货币表示的利率，也即我们平时所说的利率。例如，我们说存款利率为3.25%，这个利率就是名义利率。实际利率是指物价不变从而货币购买力不变条件下的利率，是名义利率剔除通货膨胀因素以后的真实利率。在经济活动中，区分并认真计算名义利率和实际利率，对每一个经济部门都有重要意义与实际作用。因为在纸币流通的条件下，纸币代表的价值量随纸币数量的变化而变化，当流通中纸币数量超过市场上的货币需要量时，单位纸币实际代表的价值量必然下降，这也使得在借贷过程中，债权人不仅要承担债务人到期无法偿还本金的信用风险，还要承担因通货膨胀而引起的货币贬值的风险。将利率划分为名义利率和实际利率，正是从这个角度出发，使借贷双方有效规避后一种风险，保证信用活动正常运行。

与名义利率相比，实际利率能够更好地反映资金借贷活动的动力，能更准确地说明金融市场银根的松紧，对经济产生实质性的影响，但通常在经济管理中，能够操作的只是名义利率。名义利率与实际利率的划分，为分析通货膨胀下的利率变动及其影响提供了依据与工具，便利了利率杠杆操作。自从人们发现名义利率与通货膨胀率之间存在着密切联系以后，计算实际利率就成为可能。通常情况下，名义利率扣除通货膨胀率即可视为实际利率。用公式表示为

$$r = i - p \tag{4-1}$$

式中，r 代表实际利率，i 代表名义利率，p 代表通货膨胀率。例如，当名义利率为 10%时，如果通货膨胀率为 4%，则实际利率为 6%。

式(4-1)对实际利率和名义利率之间的计算只是一个粗略的估算，而更准确的计算表达应为

$$i = (1 + r)(1 + p) - 1 \tag{4-2}$$

即

$$r = (1 + i)/(1 + p) - 1 \tag{4-3}$$

根据名义利率与实际利率的比较，对实际利率的计算结果通常会出现三种情况：当名义利率高于通货膨胀率时，实际利率为正利率；当名义利率等于通货膨胀率时，实际利率为零；当名义利率低于通货膨胀率时，实际利率为负利率。

（四）固定利率和浮动利率

按借贷期内利率是否浮动，利率可以分为固定利率与浮动利率。固定利率指在整个借贷期限内，利息按借贷双方事先约定的利率计算，而不随市场上货币资金供求状况而变化。固定利率的最大特点是利率不随市场利率的变化而变化，有简便易行、易于计算借款成本等优点。

适用于借贷期限较短或市场利率变化不大的情况，但在借贷期限较长或市场利率波动较大的时期，则不宜采用固定利率。因为固定利率一旦由双方协定，就不能单方面变更。在此期间，通货膨胀和市场借贷资本供求状况的变化，会使借贷双方都可能承担利率波动的风险。因此，在借贷期限较长、市场利率波动频繁的时期，借贷双方往往倾向于采用浮动利率。

浮动利率又称为可变利率，是指借贷期限内，随市场利率的变化情况而定期进行调整的利率。适用于借贷时期较长、市场利率多变的借贷关系，也多用于较长期的借贷及国际金融市场。浮动利率调整期限和作为调整基础的市场利率的选择由借贷双方在借款时议定。例如，欧洲货币市场上的浮动利率，调整期限一般为三个月或半年，调整时作为基础的市场利率大多采用伦敦市场银行间三个月或半年的拆借利率。浮动利率能够灵活反映市场上资金供求的状况，更好地发挥利率的调节作用。同时，由于浮动利率可以随时予以调整，利息负担同资金供求状况紧密结合，有利于减少利率波动所造成的借贷双方承担的利率风险，从而克服了固定利率的缺陷，但由于浮动利率变化不定，使借贷成本的计算和考核相对复杂，利息负担也可能加重。

（五）官定利率、公定利率和市场利率

按利率的决定方式，可以分为官方利率、公定利率和市场利率。官定利率又称为“法定利率”，是一国货币管理部门或中央银行所规定的利率，是国家实现宏观调节目标的一种政策手段。例如，中央银行对商业银行和其他金融机构的再贴现和再贷款利率。

公定利率是由非政府金融行业自律性组织确定的各会员必须执行的利率。通常由银行公会确定的各会员银行必须执行的利率就是公定利率的主要形式，如香港银行公会定期公布和调整并要求会员银行执行的存贷款利率。

市场利率是按照市场规律而自由变动的利率，即由借贷资本的供求关系直接决定并由借贷双方自由议定的利率，包括借贷双方直接融资时商定的利率、金融市场上买卖各种有价证券的利率。它是资金供求状况的标志，资金供大于求时，利率下降；反之上升。市场利率的变化非常灵敏地反映借贷货币资金的供求状况，是国家制定利率的重要依据。国家根据货币政策的需要和市场利率的变化趋势，调整利率，调节资金供求，以实现调节经济的目标。

在现代经济生活中，利率是对经济进行间接控制的重要杠杆，为了使利率水平的波动体现政府的政策意图，各国几乎都形成了官定利率、公定利率与市场利率并存的局面，三者之间有密切关系。一方面，市场利率的变化能灵敏反映出借贷资本的供求状况，是制定官定利率、公定利率的重要依据；另一方面，市场利率又会随公定利率、官定利率的变化而变化。

官定利率和公定利率在一定程度上反映了非市场的强制力量对利率形成的干预，代表着政府的货币政策意志，其升降直接影响借贷双方对市场上利率变化的预期，进而影响信贷供给的松紧程度，并使市场利率随之升降。但是，市场利率又要受借贷货币资金供求状况等一系列复杂因素的影响，并不一定与公定利率和官定利率的变化相一致。

（六）基准利率和差别利率

按照利率的制定和作用，可以分为基准利率与差别利率。

基准利率是指在多种利率并存的条件下起决定作用的利率。当它变动时，其他利率也相应发生变化。因此，了解这种关键性利率水平的变动趋势，也就了解了全部利率体系的变化趋

势。基准利率，在西方国家通常指中央银行的再贴现率和短期资金市场利率，如美国联邦基金利率。在我国，主要是指中央银行对各金融机构的贷款利率。

差别利率是指针对不同的贷款种类和借款对象实行的不同利率，一般可按期限、行业、项目、地区设置不同的利率。我国实行的差别利率主要有存贷差别利率、期限差别利率和行业差别利率。实行差别利率是运用利率杠杆调节经济的一个重要方面。利率水平的高低直接决定着利润在借贷双方的分配比例，影响借款者的经济利益，对国家支持发展的行业、地区和项目实行低利率贷款，有利于支持产业结构的调整和经济协调发展。

优惠利率是差别利率的有机组成部分，即对国家支持的贷款种类和借款对象实行优惠的低利率贷款。例如，有些国家为了支持本国产品出口，对出口商或进口商实行优惠利率贷款。优惠利率与银行自身的短期经营效益相矛盾，但有利于整体经济协调、稳定地发展，这正是银行赖以生存和发展的基础，因而实行优惠利率与银行的长期利益是一致的。此外，国家为了减少银行的经营损失也可对某些贷款实行贴息贷款，财政部门也可给银行一定的税收优惠或财政补贴。

按照不同的标准，利率还可以划分为许多种类。例如：按照借贷主体的不同可以划分为中央银行利率、商业银行利率、非银行利率；按照利率是否具备优惠性质，可以划分为一般利率与优惠利率等。由于划分标准本身可以是交叉的，故一种利率可能同时具备几种性质。

第三节　利率的度量

一、单利

单利是指以本金为基数计算利息，所生利息不再加入本金计算下期利息。在单利条件下，假设年利率为 i，那么 1 元本金在第 1 年末的本利和为 $1+i$，根据单利定义，第 1 年末所生利息不再加入本金计算下一期利息，则第 2 年末本利和为 $1+2i$，以此类推，第 n 期的利息为 i，期末的本利和为 $1+ni$，因此，单利的计算公式可以表示为

$$I_n = Pin \tag{4-4}$$

$$S_n = P + I_n = P + Pin = P(1+in) \tag{4-5}$$

其中，I_n 表示第 n 期利息总额；P 表示本金；i 表示年利率；n 表示时间（或计息期数）；S_n 表示第 n 期本金与利息之和。

由式(4-5)可见，在单利利率为常数的条件下，当期利率是时间的递减函数，随着时间的推移，当期利率越来越低。因为，时间越往后，利息的积累越多，而这些利息不再产生利息，所以当期利率越来越低。

二、复利

在现实中，更有意义的往往是复利。复利也称利滚利，计算时，要将每一月利息加入本金一并计算下一期的利息。

在复利条件下，假设年利率为 i，那么 1 元本金在第一年末的本利和为 $(1+i)$，根据复利的定义，第一年末的本利和可作为第二年的本金进行投资，可获取利息 $i(1+i)$，再加上年初的本

金$(1+i)$，即得到第二年末的本利和为$(1+i)^2$；第二年末的本利和作为第三年的本金进行投资，可获取利息 $i(1+i)^3$，再加上年初的本金$(1+i)^2$，即得到第三年的本利和为$(1+i)^3$。依此类推，第 n 年末的本利和应为$(1+i)^n$，因此，复利的计算公式可以表示为

$$S_1 = P + P \times i = P(1+i)$$
$$S_2 = P(1+i) + P_i(1+i) = P(1+i)^2$$
$$S_3 = P(1+i)^2 + P_i(1+i)^2 = P(1+i)^3$$
$$\cdots\cdots$$
$$S_n = P(1+i)^{n-1} + P_i(1+i)^{n-1} = P(1+i)^n \tag{4-6}$$

式中，P 表示第一年初的本金；i 表示年利率；n 表示时间；S_n表示以复利计算的第 n 期的本利和。

第四节　利率决定理论

利率决定理论主要研究利率的决定因素及其在利率决定中的作用方式，由于经济学家们对这些问题认识不同，形成不同的利率决定理论。

马克思的利率决定理论是建立在对利息来源与本质的分析基础上，马克思认为利息量的多少取决于利润总额，利率取决于平均利润率，平均利润率是利率的上限，下限应该是大于零的正数，利率总是在零和平均利润率之间，受借贷资金供求关系的影响而上下波动。西方经济学家的利率决定理论主要是从供求关系分析，认为利率是由供求平衡点所决定的，他们之间的主要分歧在于是什么供求关系决定利率。但由于分析问题的角度不同，各种学说的内容与结论也不尽相同。下面我们就来做一个简单的介绍。

一、马克思利率决定理论

马克思的利率决定理论是以剩余价值在不同资本家之间的分割作为起点的。马克思揭示，利息是贷出资本的资本家从借入资本的资本家那里分割来的一部分剩余价值，而利润是剩余价值的转化形式。利息的这种质的规定性决定了它的量的规定性，利息量的多少只能在利润总额的限度内，利率取决于平均利润率。正如马克思所说："因为利息只是利润的一部分，所以，利润本身就成为利息的最高界限，达到这个最高界限，归职能资本家的部分就会等于零。"可见，平均利润率构成了利率的最高界限。至于利率的最低界限，从理论上说，是难以确定的，它取决于职能资本家与借贷资本家之间的竞争。但不管怎样总是大于零的正数，否则借贷资本家就不会把资本贷出。因此，利率的变化范围在零与平均利润率之间。当然，也不排除偶尔出现利率超过平均利润率的特殊情况。

在马克思的利率决定理论中，他还指出，利润率决定利率，从而使利率在决定过程中具有以下特点：

(1) 随着技术发展和资本有机构成的提高，平均利润率有下降趋势，从而使平均利率出现同方向变化的趋势。但由于存在其他影响利率的因素，如社会财富及收入相对于社会资金需求的增长速度、信用制度的发达程度等，可能会加速或抵消这种变化趋势。

(2) 平均利润率虽有下降趋势，但这是一个非常缓慢的过程，而就一个阶段考察，每个国

家的平均利润率则是一个相对稳定的量。相应的,平均利率也具有相对的稳定性。

(3) 由于利率的高低取决于两类资本家对利润分割的结果,因而使利率的决定具有很大的偶然性,无法由任何规律决定。相反,传统习惯、法律规定、竞争等因素,在利率的确定上都可以直接或间接起作用。

二、古典利率理论

古典利率理论流行于19世纪末至20世纪30年代西方经济学中,其基本观点认为利率是由储蓄和投资所决定的,即由资本的供给和资本的需求两方所决定的。代表人物有庞巴维克、费雪和马歇尔。

庞巴维克(Bohm-Bawerk,1851～1914年)在边际效用理论的基础上创立了“时差利息论”。该理论认为利息的产生和利率的高低,都取决于人们对于等量的同一商品在现在和将来的两个不同时间内主观评价的差异。为此庞巴维克将商品分为两类:“现在财货”和“将来财货”。“现在财货”是直接满足现在欲望的商品,“将来财货”是满足将来欲望的商品。由于人们具有时间的偏好,所以人们对“现在财货”的评价优于对“将来财货”的评价。这种心态由三种原因造成:

(1) 现在与将来在心理上和实际上的差别。如人们目前有迫切需要,同时预期将来经济会比现在发展更快,因此将来可供使用的物品数量一定会比现在增多,从而使未来消费的边际效用下降。

(2) “现在财货”如果用于资本形成,就能使生产能力提高,从而生产出更多的“将来财货”。此外,某些“现在财货”的价值会随着时间的延长而自然增加,如树木、家畜、酒等。

(3) 人们对未来估计不高。如人的生命有限,寿命长短也不能确定,因此未来难以预期,只有目前的物品才是切实可靠的。总之,由于人们心理上的时间偏好,使人们对“现在财货”的评价总是高于对等量的“将来财货”的评价。因此,等量的同一商品,在不同时间由于人们的评价不同而产生了价值上的差异,即所谓商品价值的“时差”。价值时差的存在,要求“现在财货”在同“将来财货”进行交换时,或者说债权人现在贷出的“现在财货”与债务人将来归还的“将来财货”进行交换时,债务人必须付与债权人等于这个差价的“补偿”。庞巴维克认为,这种“补偿”就是利息。庞巴维克实际上是从供给的角度,提出利息是人们延期消费而提供资本所获得的报酬。

费雪在庞巴维克的基础上,进一步从供求方面分析利息的形成,认为利息的产生取决于两类因素:一是心理的因素,即人们心理上或主观感受上认为“现在财货”优于“将来财货”的时间偏好,这种偏好又称为“人性不耐”。他认为人们现期不消费而宁愿为将来的消费积累更多资本的忍耐心,即自愿放弃消费或自愿储蓄的倾向就决定了资本的供应。二是客观因素,即“投资机会”。费雪认为,人们都可利用资本来获得收入,而资本有许多不同的用法,对这许多不同用法的选择,就叫做“投资机会”。人们可以在一系列的“投资机会”中为其资本选择最佳的用法,这就决定了对资本的需求。这两大因素的交互作用就决定了利率水平。

马歇尔则运用“供求均衡原理”来解释利率的决定,认为利息是资本需求与资本供给达到均衡时的价格。资本的需求决定于资本的边际生产力。资本的供给取决于抑制现在消费而对未来享受的“等待”。利率就由资本的供求双方共同决定。

总之,以庞巴维克、费雪及马歇尔等人为代表的西方古典经济学家认为,利率决定于资本的供给和需求，这两种力量的均衡就决定了利率水平。

古典利率理论具有以下特点：

(1) 古典利率理论的基本特点是从储蓄和投资等实物因素来讨论利率的决定，并且认为通过利率的变动，能够使储蓄和投资自动地达到一致，从而使经济始终维持在充分就业水平。

(2) 古典利率理论是一种局部均衡理论，即认为储蓄数量和投资数量都是利率的函数，而与收入无关。储蓄与投资的均等决定均衡利率。利率的功能仅仅是促使储蓄与投资达到均衡，而不影响其他变量。

(3) 古典利率理论是实际的利率理论，即储蓄由“时间偏好”、“忍欲”、“人性不耐”、“等待”等实际因素决定，投资则由资本边际生产力等实际因素决定。利率与货币因素无关，利率不受任何货币政策的影响，因此古典利率理论又可称为非货币性的利率理论。

(4) 古典利率理论使用的是流量分析方法，是对某一段时间内的储蓄量与投资量的变动进行分析。

三、流动性偏好利率理论

20 世纪 30 年代西方经济大危机，摧毁了以利率自动调节为核心的古典利率理论。凯恩斯的利息理论应运而生。流动性偏好利率理论是凯恩斯发表的《就业、利息与货币通论》的基本理论之一。凯恩斯认为，利率属于货币经济范畴，而不属于实物经济范畴。他完全否定马歇尔首倡的储蓄投资利率论，极力主张利率是由货币量的供求关系来决定的。在资本主义经济大危机背景下产生的凯恩斯经济理论对古典利率理论提出了尖锐批评。

首先，凯恩斯认为，将利息看成是等待或者延期消费的报酬是根本错误的，因为等待或者延期消费本身并不一定能够带来利息收入。如果储蓄者仅仅是以持货币的方式持有他对未来消费的支配权的话，他就不能获得任何利息收入。因为，货币最富于流动性，在任何时候都能转化为其他财产，只有当他愿意将手中的货币换成债券，从而在一定时间内丧失对这笔货币的灵活控制权时，他才能获得利息收入。因此，利息不是等待或延期消费的报酬，而是在一定时期内放弃货币、牺牲周转灵活性，或称流动性的报酬。

其次，凯恩斯认为，古典利率理论将储蓄和投资看作是两个独立的因素，这个因素的相互作用决定利率。这种理论不但在实际上难以论证，并且在逻辑上不能成立。因为在非充分就业的条件下，投资的增加将引起收入的增加，而储蓄是和收入正相关的，因此储蓄与投资是两个相互依赖的变量，而不是两个独立的量，不可能独立地变动。储蓄和投资两者之中只要有一个因素变动，收入必定会动。这样，根据储蓄和投资曲线并不能得出均衡的利率水平，因为当投资的预期收益率上升，引起投资曲线向右上方移动时，随着收入的增加，储蓄曲线将向右下移动(即在每一个利率水平上，人们的意愿储蓄量增大了)，这时候古典利率理论难以说明新的均衡利率将在哪一点上，因为要知道均衡利率，就必须知道储蓄曲线的位置，而要知道储蓄曲线的位置，就必须知道收入，而收入又取决于投资。投资又取决于利率，因此推理的结果是，要知道利率是多少，必须先知道利率是多少，这显然是自相矛盾的。

凯恩斯认为，既然利息是牺牲流动性的报酬，那么利率便是人们对流动性偏好，即不愿将货币贷放出去的程度的衡量。因此，利率是一种价格，但它并不是投资和储蓄趋于均衡的价格，而是使公众愿意以货币的形式持有的财富量(即货币需求)恰等于现有货币存量(即货币供给)的价格。当利率过低时，人们愿意持有的货币量将超过现有的货币供给量；反之，利率若高于均衡水平，则有一部分货币成为多余，没有人会愿意持有它。所以，利率纯粹是一种货币现象，它取决于货币的供给和需求。

凯恩斯提出，利率水平主要取决于货币数量和人们对货币的偏好程度。所谓“灵活偏好”是指公众愿意持有货币资产的一种心理倾向。货币作为一种特殊的资产，具有完全的流动性和最小的风险性，持有货币虽然在持有期内不能为持有者带来收益，但它却能随时转化成其他商品。因此，当人们考虑持有财富的形式时，对货币资产具有流动性偏好。凯恩斯进一步把引起灵活偏好的动机划分为交易动机、预防动机和投机动机。

凯恩斯“流动性偏好”利率理论具如下特点：

(1) 凯恩斯的利率理论完全是货币的利率决定理论。他主要是从货币供求的均衡或变动来分析利率水平的决定或变动的，认为利率纯粹是货币现象，与“时间偏好”、“忍欲”、“等待”及“资本边际生产力”等实际因素无关，而只与“流动性偏好”等货币因素有关。

(2) 货币可以影响实际经济活动水平，但只是在它首先影响利率这一限度内，即货币供求的变化引起利率的变动，再由利率的变动改变意愿投资支出，从而改变 GNP 水平。

(3) 凯恩斯的利率理论是一种存量理论，即认为利率是由某一时点货币供求量所决定的。

第五节　利率变动的决定与影响因素分析

确定合理的利率水平是运用利率杠杆调节经济的关键环节。然而，确定利率水平并不是人们的单纯主观行为，必须遵循客观经济规律的要求，综合考虑影响利率变动的各种因素，并根据经济发展和资金供求状况灵活调整。

一、经济因素

(一) 平均利润率

平均利润率是决定利率的基本因素。因为，就全社会来讲，利息最终来自再生产过程创造的利润，如前所述，利息不过是平均利润的一部分，利润分解为两部分：一部分是作为企业自有资本和经营报酬的企业主收入；一部分是作为企业借入资本报酬的利息收入。平均利润率决定着利润总量，也必然制约着利息总量。在资本总量一定时，平均利润率的高低决定着利润总量，平均利润率越高，利润总量越大，利息总量才能增加；反之，利息总量便会减少。当借贷资本的数量一定时，利息额越大，则利率越高，因此平均利润率是决定利率的基本因素。

利率通常在 0 和平均利润率之间摆动。因为，一般说来利率不能低于 0，如果低于 0，借贷资本所有者就不愿将他的资本贷出去，而宁可把它保留在手中。同时，一般情况下，利率不会与平均利润率恰巧相等，也不会超过平均利润率。如上所述，利息只是利润的一部分，这样，利润本身也就成为利息的最高界限。如果利率高于或等于平均利润率，借贷利息就会高于或等于平均利润，借贷资本的需求无利可图就不愿意借款了。

(二) 市场资金的供求和竞争

市场资金的供求和竞争是影响利率的直接因素。利率在 0 和平均利润率之间处于动态变化状况。其变化的高低取决于市场资金的供求和竞争程度。一般说来，在其他条件不变的情况下，市场资金供不应求，竞争激烈，利率会上升；市场资金供过于求，竞争缓和，利率会下降。影响市场资金的供求因素主要是全社会货币供求和暂时闲置资金的多少。

在利润率一定的情况下，贷者和借者之间的竞争决定着利率的高低。这种竞争不是个别企业之间的竞争，而是以借者为一方与以贷者为一方之间的竞争。对贷者来说，他们关心的只是按期收回资本并尽可能多地占有平均利润；对于借者来说，他们只希望以尽可能低的利率获得所需要的资本，以便占有更多的平均利润，这种贷者和借者之间的对立，除了由竞争决定的分割规律之外，没有别的分割规律。但是，这种竞争的结果，即利率的高低，是由借贷资本的供给和需求状况决定的。借贷资本的供给大于需求，利率下跌，借者可以支付较少的利息；借贷资本需求大于供给，利率上升，贷者可以占有更多的利润。

（三）经济周期状况

一般而言，经济周期包括“危机、萧条、复苏、繁荣”四个往复循环的阶段，各阶段货币资本的供求状况和利率的变化情况各不相同。

危机阶段，商品滞销，物价暴跌，生产下降，工厂倒闭，工人失业，支付手段极端缺乏，许多工商企业由于商品销售困难而不能按期偿还债务，使得资本家都不愿意再以赊销方式出售商品，而要求以现金支付，导致对现金的需求急剧增加，而借贷资本供给减少，不能满足借贷资本需求增大的需要，使利率急剧上升到最高限度。

萧条阶段，危机刚过，物价已跌到最低点。一方面，产业资本不再进一步收缩，借贷资本大量闲置；另一方面，生产企业由于信心不足，不愿增加生产投资。购买生产资料和支付工人工资所需要的货币减少，交易量减少，整个社会生产处于停滞状态，与此相适应，借贷资本的需求减少，借贷资本供大于求，导致利率下降到最低程度。

复苏阶段，投资逐渐增长，物价回升，交易逐渐增加，市场容量逐渐扩大，对借贷资本的需求开始增长。同时，由于这个阶段信用周转灵活，支付环节畅通，借贷资本充足，借贷资本的供给大于需求，没有导致利率明显上升，借贷资本的需求在低利率情况下得到满足。

繁荣阶段，生产迅速发展，物价稳定上升，利润急剧增长，新企业不断建立，对借贷资本的需求增大，但是，由于这时信用周转灵活，资本回流加快，商业信用扩大，对借贷资本需求的增长会被这些因素所抵消，利率还是维持在较低水平上。随着生产规模的继续扩张，借贷资本需求日益扩大，特别是信用投机的出现，使借贷资本需求继续增加，利率不断上升，此时利率虽已提高到平均利润率水平，但由于对借贷资本的需求还在增大，利率再度上升。

从经济周期不同阶段利率呈现的不同变化，可以看到，借贷资本的供求状况不是由借贷双方的主观愿望决定的，而是由社会再生产状况决定的。因此，社会再生产状况是影响利率变化的决定性因素。

（四）物价水平

目前，各国流通的货币均是信用货币，存在着通货膨胀的可能性。通货膨胀所引起的物价上涨，货币贬值，不仅造成借贷资本本金贬值，而且也会使利息额的实际价值下降而造成利息贬值。就借款者来说，由于物价上涨，货币贬值，如果名义利率不变，经过一定时期后归还欠款时，等于实际利率下降了，减少了实际归还的货币量，得到了好处。贷款者则遭受相应的损失，并且通货膨胀越严重，物价上涨率越高，贷出者的损失越严重。因此，物价水平在一定程度上要影响实际利率水平，为了弥补本金损失并保证实际利息不致下降，在确定利率时，既要考虑物价上涨对借贷资本本金的影响，又要考虑它对利息的影响。在通货膨胀时期计算实际利率应加上预期物价变动因素综合分析，并采取提高利率水平或采用附加条件等方式来减少通货膨胀带来的损失。

利率与物价的变动具有同向运动的趋势，因为要保持利率水平高于物价上涨率，就必须在物价上涨时调高利率；此外，物价上涨是有支付能力的社会需求大于商品供给量的表现，要稳定物价就必须控制需求，而调高利率、紧缩通货是控制需求的重要方面。

（五）税收

依照国家税法，对不同的利息收入实行不同的税收政策，征收与否和税率高低直接影响到实际利率水平。例如，我国对商业银行的存款利息收入征税，税前利率与税后利率就产生了差别。国家税法对其他利率投资，如债券投资、汇率投资等也实行不同的税收政策。比如，对购买并持有国债的利息收入就可以免税，但买卖国债的利息收入则需征税。这些区别也影响到实际利率水平。在西方国家，通常将利息作为征税的对象。从税收方面看，投资者更注重的是税后利息收入，因而是否对利息征税对利率的高低有重要影响。

二、政策因素

20 世纪 30 年代西方经济大危机过后，世界各国普遍推行国家干预经济的政策，利率不再是完全随借贷资本的供求状况自由波动，而必须受国家的控制和调节。利率水平、利率结构的确定和设计，是政府以利率杠杆调节经济的具体运用。政府可以对支持的产业和地区采取低利率政策，相反则用高利率政策来限制。政府要实行扩张的经济政策可适当调低利率，反之则提高利率。这一系列的方针政策又可以法律形式固定，以增强其权威性。

此外，货币政策、财政政策、汇率政策等其他非利率经济政策的实施对经济发展速度、经济结构、资金流向、货币资金供求状况等都产生直接影响，因而也必然成为影响利率的重要因素。其中，又以货币政策对利率变化的影响最为直接和明显。货币政策主要包括存款准备金率、再贴现率、公开市场业务，通过运用该政策可影响市场利率，达到扩张或紧缩银根的目的。以中央银行调整再贴现率为例，再贴现率的调整必然影响借贷资本市场的利率。因为当再贴现率上升时，各商业银行及其他金融机构向中央银行取得资金的成本就会提高。这些金融机构为了保持利润不变，不得不相应提高贷款利率，从而促使市场利率上升。若中央银行降低再贴现率，商业银行及其他金融机构资金成本的下降会使它们降低贷款利率，从而使市场利率下跌。同样，中央银行运用公开市场业务操作或调整存款准备金率等，都可以引起利率的变动。

三、制度因素

制度因素主要指利率管制下的利率状况。在一国经济非常时期或在经济不发达的国家，利率管制是直接影响利率水平的重要因素。利率管制的基本特征是政府有关部门直接制定利率或利率变动的界限。由于利率管制具有高度行政干预和法律约束力量，排斥各类经济因素对利率的直接影响，因此，尽管许多发达的市场经济国家也实行利率管制，但范围有限，且一国非常时期结束时即解除管制。相比之下，发展中国家由于经济贫困、资金严重不足，多实行利率管制以促进经济发展，防止过高利率对经济带来不良影响。同时，在一定时期内实行利率管制，也有利于抑制较严重的通货膨胀，配合全面的经济控制。

四、国际因素

对利率产生重要影响的国际因素主要包括国际利率水平、国际经济环境、外汇储备和利用外资政策等。

一般说来，国际利率水平对国内利率的影响是通过资金在国际间的移动实现的，并且各国利率水平的相互影响是通过汇率的变化表现出来的。当国内利率水平高于国际利率水平时，使该国货币对于其他国家货币的汇率上升，会导致对该国货币需求的增加，外国货币资本就会向国内流动，而其他国家的货币注入该国后，相对增加了该国的货币供应，又促使利率趋降，这不仅有利于改善国际收支状况，而且也改变了货币市场上资金供求状况，而货币流出国因货币供应相对减少，导致利率趋升。反之，当国内利率水平低于国际利率水平时，不仅外国资本要流出，而且本国资本也会流出，同样会改变货币市场上资金供求状况。不论国内利率水平高于或低于国际利率水平，在资本自由流动的条件下都会引起货币市场上资金供求状况发生变化，因而必然引起国内利率变动。此外，利率对国际收支的影响又会进一步影响本国通货的对外价值，直接影响本国的对外贸易。

随着国际金融市场一体化的程度越来越高，国际金融市场的变化势必将影响国内金融市场的波动。假如一国资金大量流出，则该国货币资金可供量减少，在其他条件不变的情况下，利率必然上升。反之，若外部资金大量涌入，则会增加本国资金的可供量，在其他条件不变的情况下，利率必然下降。

此外，一国利率水平的高低还受该国外汇储备和利用外资政策的影响。如果需要大量的外汇储备引进外资，一般要适当地提高利率。如果一个国家外汇储备充裕、引进外资量少，一般就不需要提高利率水平。

其他影响利率变化的国际因素还有银行成本、国际协议、利率管理以及习惯和法律传统等，对于这些因素我们不再详加论述。

五、其他因素

（一）利率的风险程度和期限结构

利率作为借贷资金的“价格”是投资预期收益的主要测算指标。债权人贷出资金以后，资金从投放到收回需要一定的时间，这段时间内由于各种不可预测因素的出现，可能产生各种风险，如违约风险、通货膨胀风险、机会成本风险、流动性风险等。在各项融资活动中，其所承担的风险大小是不同的。作为承担风险的补偿，债权人理所当然要根据风险程度，要求债务人付给不同的报酬。一般而言，风险程度与利率水平成正比，即风险越大，利率水平越高；风险越小，利率水平越低。

另外，利率的期限结构对利率水平也有直接影响。一般而言，长期资金收益率要高于短期资金收益率，即期限与利率水平高低呈正比，期限越长，利率水平越高；期限越短，利率水平越低。在实践中，也存在着错位情况，即短期利率反而超过长期利率，这主要受特殊市场因素的影响。从总体趋势看，长期利率要高于短期利率。

（二）市场主体行为因素

市场主体对利率的影响主要体现在理性与非理性市场行为的影响。在市场化条件下，市场主体拥有一定的利率决定权，其市场行为的理性与非理性将对一定区域、一定时期的利率产生显著影响。理性的行为促进资金的合理定价，而非理性的行为导致资金非合理定价。此外，各种风俗习惯、公众的兴趣爱好等社会因素也会影响到利率水平。

总之，现代市场经济的环境错综复杂，许多因素都与利率息息相关。利率的总体运动，主要受平均利润率、资金供求状况、经济活动周期、物价、货币政策、利率管制、国际利率水平的影响。从微观因素考察，期限、风险、担保品、信誉、预期等因素也都会对利率的变动产生影响。

第六节　利率的一般功能与作用及其发挥

一、利率的一般功能与作用

（一）利率的一般功能

利率之所以作为经济杠杆发挥重要的作用，关键在于它的经济功能。一般说来，利率具有以下经济功能。

(1) 中介功能。所谓“中介”，就是事物之间的联系环节。利率的中介功能具体表现在三个方面：首先，它联系了国家、企业和个人三方面的利益，其变动将导致三方利益的调整；其次，它沟通了金融市场与实物市场，特别是两个市场上不同利率之间的联动性，使金融市场和实物市场之间相互影响，紧密相关；再次，它连接宏观经济和微观经济，利率的变动可以把宏观经济的信息传达到微观经济活动去。

(2) 分配功能。利率具有对国民收入进行分配与再分配的功能。首先，利率从总体上确定了剩余价值的分割比例，利息的高低直接影响到企业收入的大小，而影响到企业收入和利息收入之间的分配比例，使收入在贷者和借者之间进行初次分配。其次，利率对整个国民收入进行合理的再分配，存款利率的高低直接影响到储蓄规模的大小，从而制约着消费和积累分配的比例，通过调整消费和储蓄比例，可使盈余部门的资金流向短缺部门。同时不同的存款利率结构，影响到不同期限的储蓄规模和不同时期的分配状况，不同的贷款利率结构影响资金在不同地区、不同行业的再分配等。

(3) 调节功能。利率的调节功能主要是通过协调国家、企业和个人三者的利益来实现的。它既可以调节宏观经济活动，又可以调节微观经济活动。对宏观经济的调节，主要是调节供给和需求的比例，调节消费和投资的比例关系等；对微观经济的调节，主要是调节企业和个人的经济活动，使之符合经济发展的要求和国家的政策意图。

(4) 动力功能。实现一定的物质利益是推动社会经济发展的内在动力。利率通过全面、持久地影响各经济主体的物质利益，激发他们从事经济活动的动力，从而推动整个社会经济的发展。

(5) 控制功能。利率可以把那些关系到国民经济全局的重大经济活动控制在平衡、协调、发展所要求的范围之内。例如，通过利率的调整，控制信贷需求，进而影响投资规模、物价等。总之，合理的利率有利于进行有效的宏观控制，从而保证国民经济良性循环。

（二）利率的作用

在现代市场经济中，利率发挥作用的领域十分广泛。宏观方面，对货币的需求与供给、对物价水平的升降、对国民收入分配的格局、对汇率和资本的国际流动，对经济增长和就业等，利率都是重要的经济杠杆。在微观方面，对个人收入在消费与储蓄之间的分配、对企业的经营管理和投资的积极性等方面，利率的影响非常直接。

1. 利率在宏观经济活动中的作用

(1) 利率能够调节社会资本供给。一般而言，生产的发展会带动资本需求的扩大，足够的资本供给是生产发展的必要条件。马克思曾经指出："随着银行制度的发展，特别是自从银行对存款支付利息以来，一切阶级的货币积蓄和暂时不用的货币，都会存入银行。小的金额是不能单独作为货币资本发挥作用的，但它们结合成巨额，就形成一个货币力量。"这说明，通过调节利率，能够调节国民储蓄水平，调节借贷资本的供给，调节银行集中借贷资本的能力，调节储蓄向投资转化的程度。在其他条件不变的情况下，利率提高，国民储蓄率上升，借贷资本增多，社会资本供给就增加；反之，社会资本供给就会减少。在现实经济生活中，利率对社会资本供给的调节作用较为明显，但利率升降对借贷资本数量增减的影响是有限的。这是因为，一国的资本供给最终决定于生产的发展和积累的扩大，以及国民收入水平。在正常情况下，资本供给的利率弹性较低或很低。

(2) 利率可以调节投资。在西方经济发达国家，投资的利率弹性很高，说明投资和利率状况密切相关。利率对投资在规模和结构两方面都具有调节作用。因此，利率降低，职能资本家贷款成本降低，投资成本相对减少就会增加投资，从而使整个社会投资规模扩大；利率提高，就会增加职能资本家的贷款成本，投资成本也相应增加，投资就会减少，整个社会的投资规模相应缩小。所以，利率的升降与社会投资规模的大小呈反向变化。由于利率是资本的"价格"，它的变动影响资本的流向和数量，并影响投资的结构。这样，国家政府可以利用利率对资本流动所起的导向作用，通过实行差别利率政策，影响资本的流向。为了支持某些有发展前途的新兴产业和重点部门，对其实行较低的优惠利率政策，从而使这些部门的职能资本家以较低的成本获得所需的货币资本，促使其发展。反之，对那些需要限制发展的部门，实行较高的利率，则可以缩小其生产规模，限制其发展。总之，通过调整利率水平和利率结构，就可以在一定程度上调节投资总量和投资结构，协调各部门比例关系，合理调整产业结构，使社会经济结构更趋合理。

(3) 利率可以调节社会总供求。要达到经济持续增长的目标，必须保证社会总需求与社会总供给不断变动，处于一种动态平衡。社会的总供给与总需求的均衡是通过货币总需求与总供给的平衡来实现的，利率则是调节货币供给与需求的重要杠杆。比如经济过热，通货膨胀时，中央银行提高贴现率，从而提高商业银行贷款成本，减少借款额度，并相应收缩对客户的贷款和投资，导致全社会货币供给量缩小；反之，调低贴现率，导致全社会货币供应量扩大。从宏观上看，货币供求的平衡促成社会供求的平衡，达到稳定物价、发展经济的目的，同时随着贴现率的调整，市场利率也会相应变化，起到平衡经济的作用。

(4) 利率可以实现对经济的导向和传递作用。现代经济是以金融交易不断扩大、金融资产不断增加为主要特征的，金融资产的流向引导生产要素的流向，金融资产总是倾向于利率高、收益好的部门、企业和经济活动。在整个经济运行过程中，利率之所以能起到金融导向作用，从内因看，利率作为资金的“价格”具有统一性、同质性，它能促使资金和资源广泛流动；从外因看，利率以及资金是金融市场的重要组成部分，国内外各种经济因素及有关政策的变化，都可能引起利率变动，而利率作为社会经济的晴雨表，又可以通过金融市场迅速而广泛地将这些信息传递给投资者及有关方面。因此，利率在很大程度上影响着经济决策，并由此影响经济运行及其结果。

(5) 利率可以稳定物价。利率对稳定物价的作用是通过以下途径实现的：① 调节货币供应量。当流通中的货币量大于商品流通所决定的货币需要量时，单位纸币必然贬值，商品价格就会上涨。利率的高低直接影响银行的信贷总规模，而信贷规模又直接决定货币供应量。当流通中的货币量超过货币需要量时，调高贷款利率就能收缩信贷规模，减少货币供应量，促使物价稳定。② 调节需求总量和结构。在商品经济中，国民收入分配都是以货币形式进行的价值分配，客观上存在着分配后形成的有支付能力的社会需求与商品可供量在总量和结构上不相适应的可能性，潜藏着危及物价稳定的因素。运用利率杠杆把由于种种原因形成的待实现的购买力以存款形式集中到银行，并在总量和结构上进行调节，对实现供求平衡和物价稳定有重要作用。③ 增加有效供给。利率对稳定物价的作用还可以从商品生产和供应方面表现出来。当要降低某种商品价格时，可以降低生产这种商品的企业的贷款利率，以增加企业收入，促使企业扩大生产，增加商品供应量，使其价格下跌。

2. 利率在微观经济活动中的作用

对企业而言，利率能够促进企业加强经济核算，提高经济效益。因为企业利润＝销售收入－(产品成本＋利息＋税金)。在通常情况下，产品成本和税金是相对稳定的。如果企业的销售收入不变，企业的利润就取决于应付利息的多少，而利息的多少，又与企业占有信贷资金的多少、占用的时间长短以及利率高低有关。企业占有信贷资金多，占用时间长，利率高，则需要支付的利息就多，所得利润就少；反之亦然。如果利率变动，利润大小也随之变动。企业作为最大可能利润的追求者，就会加强经营管理，加速资金周转，努力节约资金的使用和占用，提高资金使用效益。

对个人而言，利率影响其经济行为。一方面，利率能够诱发和引导人们的储蓄行为，合理的利率能够增强人们的储蓄愿望和热情，不合理的利率会削弱人们的储蓄愿望和热情。因此，利率的变动，在某种程度上可以调节个人的消费倾向和储蓄倾向。另一方面，利率可以引导人们选择金融资产。人们在将收入转化为金融资产保存时，通常会考虑资产的安全性、流动性与收益性。在金融商品多样化的今天，在保证一定安全性与流动性的前提下，主要由利率决定的收益率的高低往往是人们选择时着重考虑的因素。在这种情况下，金融商品的利率差别成为引导人们选择金融资产的有效依据，人们会通过金融商品的利率比较来确定自己的选择。

二、利率作用发挥的环境与条件

在经济学中，无论是微观经济学部分还是宏观经济学部分，基本模型中利率几乎都是最重要的、不可缺少的变量之一。基本原因在于，对于各个可以独立决策的经济人——企业、个人以及其他——而言，效益最大化是最基本的准则，而利率的高低直接关系到他们的利益。在利益约束机制下，利率也就有了广泛而重要的作用。然而，在现实生活中，利率作用往往因为受到一些人为的因素或非经济因素限制而不能充分发挥。这些限制因素主要有利率管制、授信限量、经济开放程度、利率弹性等。

第一，利率管制。即国家对直接融资和间接融资活动中的利率实行统一管理。管理机构根据宏观经济发展的要求和对金融形势的判断，制定各种利率，各金融机构都必须遵守和执行。利率管制作为国家宏观经济管理的一种手段，具有可控制性强、作用力大的特点，但也可能因制定的利率水平不恰当或调整不及时，而限制利率作用的发挥。

第二，授信限量。在一些国家中，如果借贷出现供不应求的现象，而银行又不愿或难以用提高利率的方式阻止过度需求时，通常可以采用"授信条件和限量"的措施，包括授信配给制，首期付款量、质押品、分期还款量等。这种授信限量导致信贷资金的供求矛盾进一步激化，黑市猖獗，使银行利率与市场利率之间的距离不合理地扩大，阻碍了利率机制正常发挥作用，引起整个利率体系结构和层次的扭曲。

第三，经济开放程度。经济开放程度取决于两个方面：资金流动自由度与市场分割。在一国经济中，如果政府实行严格的外汇管制，限制资本的流出流入，将导致该国利率体系失去与世界利率体系的有机联系，使得利率体系失去汇率效应。同样，在一国经济中，如果资金流动受到各种限制，金融市场处于一种分割状态，不能成为有机的统一市场，利率体系各组成部分之间也将会失去有机联系，导致整个利率体系失去弹性，限制其作用的发挥。

第四，利率弹性。利率弹性表示利率变化后，其他经济变量对利率变化的程度。某一变量的利率弹性高，表示该变量受利率影响大，对利率变动反应灵敏，利率的作用能够充分发挥。例如，投资的利率弹性和货币需求的利率弹性较高时，只要轻微的利率波动，便会引起投资量的变动和货币需求的变化，对真实经济产生较大的影响。反之亦然。

可见，要使利率在现代市场经济中充分发挥作用，必须具备以下条件：

1. 市场化的利率决定机制

市场化的利率决定机制指利率不是由少数银行寡头协定或政府人为决定，而是通过市场和价值规律机制，由市场供求关系决定。由市场决定的利率能够真实灵敏地反映社会资金供求状况，并通过利率机制促使资金合理流动，缓和资金供求矛盾，发挥筹集资金、调剂余缺的作用。

2. 灵活的利率联动机制

利率体系中，各种利率之间相互联系、相互影响，当其中的一种利率发生变动时，其他利率也会随之上升或下降，进而引起整个利率体系的变动，这就是利率之间的联动机制。各种利率当中，尤以基准利率变动引起的变化最为明显。利率对经济调节作用的发挥离不开灵活的利率联动机制。

3. 适当的利率水平

过高或过低的利率水平都不利于利率作用的发挥。利率水平过高，会抑制投资，阻碍经济的发展与增长；利率水平过低，又不利于发挥利率对经济的杠杆调节作用。因此，各国金融管理部门或中央银行都十分重视利率水平的确定。尤其对发展中国家来说，在市场化利率决定机制形成的过程中，应逐步确定适当的利率水平，一方面能真实反映社会资金的供求状况；另一方面使资金借贷双方都有利可图，从而促进利率对社会总需求、物价、收入等因素作用的发挥。

4. 合理的利率结构

利率水平的变动只能影响社会总供求的总体水平，而不能调整总供求的结构和趋向，也不能调整经济结构、产品结构以及发展比例等。合理的利率结构包括利率的期限结构、利率的行业结构以及利率的地区结构，可以体现经济发展的时期、区域、产业及风险差别，弥补利率水平变动作用的局限性，通过利率结构的变动引起一系列的资产调整，从而引起投资结构、投资趋向的改变，使经济环境产生相应的结构性变化，促进经济的持续、稳定发展。

案例1 茅于轼认为利率市场化是解决小微企业融资难的利器

由腾讯大成网主办的“2012四川中小微企业融资峰会”启动以来，得到了政府部门及社会各界的广泛支持和关注。数百家中小微企业踊跃报名参会，首场线下培训会吸引了近200家企业代表参会。著名经济学家、天则经济研究所所长茅于轼也给予本次活动高度评价，并于5月4日对“中小微企业融资”的相关热门话题接受了腾讯大成网的独家专访。

提问：您认为中小微企业融资难，“难”在哪几个方面？

茅于轼：“中小微企业融资难”难在没有抵押担保很难借到钱。即使有抵押担保，手续麻烦，救不了急需。借高利贷比较方便，但是利息率太高。

提问：您认为中国的中小微企业目前存在的主要风险是什么？是信用风险、市场风险，还是宏观的政策环境的风险？

茅于轼：相比之下信用风险并不大。据我所知，民间借贷的坏账率很低，一般在1%左右，低于大银行的坏账率。在中央频繁调整经济政策时，政策环境的风险大大增加。这是企业家最害怕的。

提问：那么，针对中小微企业融资的主要瓶颈，您认为有什么行之有效的解决途径？中小微企业何时才能“不差钱”？

茅于轼：实行金融业的根本改革，让民间资本进入金融业，实现公平竞争，改善资金的配置，利息率市场化。

? 思考题：你认为利率市场化难在何处？

案例2 循环利息“还不完”

有经验的持卡人都知道，信用卡取现的一般利率是万分之五，如果及时还上应该也不算很“贵”吧？但家住杨浦的张先生大叹并非如此。

2012年4月14日和4月16日，因急用现金，张先生持信用卡通过ATM分别取款2 000元，信用卡取现每日利息是万分之五。张先生的信用卡已经绑定其借记卡可自动还款，每月17日出账单，次月5日自动还款。4月17日的账单显示，本期还款额4 046元，除了4 000元本金，还有两次取现手续费共40元，循环利息6元。在5月5日还款日之前，张先生到银行柜台向绑定的借记卡账户中存了 3 800 元现金，加上账户中原有的 500 多元，共 4 300 多元。

张先生本来以为借记卡上的钱足够还款了，但让他感到不解的是，5 月 17 日的当月信用卡对账单上显示，产生了 34.05 元的循环利息。蹊跷的是，张先生在 4 月份取现之后，至 5 月份账单日期间，他并未使用这张信用卡进行任何消费，为何信用卡还会显示欠银行利息呢？

信用卡取现的利息自取现当天开始计算，而且是复利。张先生开通了绑定的借记卡自动还款功能，自动还款只能扣除账单日（每月 17 日）之前的利息，账单日之后的利息只能计算到下月记账日。也就是说，5 月 5 日张先生的借记卡自动还款，只还了 4 月 17 日账单日之前的利息。而信用卡的取现利息每天都在产生，4 月 18 日至 5 月 5 日之间这段时间，信用卡仍然在以每日万分之五的复利进行增长，这部分利息就会体现在 5 月 17 日的账单上，为 34.05 元。

而张先生还并非多张卡持卡人，试想一下，如果以一个“以卡养卡”族手持五张以上信用卡循环借钱将产生多少利息?!

? 思考题：你认为信用卡合理的日利息率应该是多少？为什么？

本章小结

1. 利息是资金的借出者因放弃资金的使用权而获得的报酬或者资金的借入者为获得资金的使用权而付出的代价，它的本质是生产者所创造的剩余价值。

2. 利率是利息率的简称，它是用百分比表示的一定时期内利息额与本金的比率。利率按照不同的标准可以划分出多种多样的利率类别。例如：年利率、月利率和日利率；长期利率和短期利率；名义利率和实际利率；公定利率和市场利率；固定利率和浮动利率；基准利率和差别利率；一般利率和优惠利率等。

3. 利率的计算方式有单利与复利两种方式。单利的计算公式是 $S_n = P(1+in)$，复利的计算公式是 $S_n = P(1+i)^n$。

4. 利率决定理论主要研究利率的决定因素及其在利率决定中的作用方式，主要的利率决定理论有马克思的利率理论、古典利率理论、凯恩斯的流动偏好理论。

5. 影响利息率水平的因素有很多，主要有经济因素、政策因素、制度因素、国际因素、风险因素等。其中，经济因素又有平均利润率水平的高低、经济周期状况、物价水平、税收水平等。

6. 利率在社会经济生活中具有非常重要的作用，它可以发挥一系列功能，包括沟通经济主体之间的相互联系、调节经济主体的收入、实现经济主体的利益调节、促进社会经济发展、协调与控制国民经济经济等。

7. 利率作为经济杠杆，其作用的发挥需要具备一系列条件，这些条件包括市场化的利率决定机制、灵活的利率联动机制、适当的利率水平、合理的利率结构等。

重要基本概念

利息　　利息率　　单利　　复利　　名义利率

实际利率　　官定利率　　公定利率　　市场利率　　固定利率
浮动利率　　基准利率　　差别利率　　一般利率　　优惠利率
时差利息论　流动偏好论　剩余价值利息论

复习思考题

1. 什么是利息？其本质是什么？
2. 利息率可以依据哪些标准分类？
3. 主要的利率理论有哪些？
4. 影响利息率水平的主要因素有哪些？
5. 利息率有哪些功能与作用？

第五章　金融机构体系与金融市场

内容提要

金融机构与金融市场是商品经济发展的产物。金融机构为社会经济发展和再生产的顺利进行提供金融服务，是全社会的信用中介。金融机构体系大体上由四类不同的机构组成，即中央银行、商业银行、专业银行和非银行金融机构。在商品经济条件下，随着商品流通的发展，生产日益扩大和社会化，社会资本迅速转移，多种融资形式和种类繁多的信用工具的运用和流通，导致金融市场的形成。金融市场在市场机制中扮演着主导和枢纽的角色，发挥着极为关键的作用。本章简述了金融机构的构成；金融市场的功能及发展趋势；货币市场与资本市场的构成。

重点与难点

本章重点是了解金融机构体系的构成；掌握金融市场的主体与功能，金融市场的发展趋势；熟悉货币市场和资本市场的基本运行。本章难点是熟悉资本市场的运行。

第一节　金融机构体系

金融机构是专门从事各种金融活动的经济组织，是金融活动的具体组织者。它为社会经济发展和再生产的顺利进行提供金融服务，是全社会的信用中介。

一、金融机构的含义

金融机构是指专门从事各种金融活动的经济组织。其主要为社会经济提供以下服务：通过各种负债业务聚集社会闲置资金，又通过各种资产业务将资金分配给资金短缺的部门，促成资金盈余者和资金短缺者之间的资金融通；将从市场上获得的金融资产改变成各种能满足特定需求的更易于接受的资产形式提供给顾客，如能提供组合投资的基金股份或分散风险的保险产品等；帮助客户创造金融资产并把这些金融资产出售给其他市场参与者；自营交易金融资产；代表客户交易金融资产；为其他市场参与者提供投资建议；管理其他市场参与者的投资组合等。

金融机构按其所从事的金融活动和业务特点的不同，分为中介性金融机构和非中介性金融机构。中介性金融机构包括商业银行、储蓄银行、信用合作社等存款性机构和保险公司、养老基金、共同基金和金融公司等非存款机构。非中介性的金融机构有证券公司、投资银行和提供其他金融服务的机构。按其对货币运行及社会经济的影响程度不同，分为从事宏观金融活动的金融机构和从事微观金融活动的金融机构。从事宏观金融活动的金融机构主要是中央银行。从事微观金融活动的金融机构包括商业银行、储蓄银行、信用合作社、保险公司、信托投资公司、养老基金、共同基金、金融公司、证券公司、投资银行和提供其他金融服务的机构。

二、金融机构存在的原因

金融机构是伴随商品货币经济而产生并服务于商品货币经济的信用经营机构。在商品货币经济条件下，由于各经济主体所处的经济周期不同，有些经济主体当期收入大于当期支出，处于盈余状态，另一些经济主体当期支出大于当期收入，处于赤字状态，就产生了调剂余缺的需求。由于各经济主体在经营中对风险的承担和厌恶程度不同，又产生了转嫁风险的需求。如果没有金融机构，各经济主体之间直接调剂资金余缺或规避风险往往存在各种问题。

（一）克服信息不对称可能造成的融资障碍

信息不对称是指借贷的一方对另一方不充分了解，从而影响作出准确决策。比如，对于贷款项目的潜在收益和风险，借款者通常比贷款者更了解。由于信息不对称，使这种借贷很难达成。信息不对称有两种情况不利于这种余缺调剂的借贷达成：一是逆向选择，发生在借贷之前，指那些极可能遭遇财务危机的人寻找并取得贷款的趋向。这些人往往借款意愿强烈，愿意为获得的资金支付相对较高的利息率，所以这些人往往最容易取得贷款，而这种贷款又是最容易发生风险的贷款，由于逆向选择使贷款可能招致损失风险，贷款人可能不发放任何贷款，即使市场上有风险较低的贷款机会。二是道德风险，发生在贷款之后，由于贷款人无法了解借款人使用贷款的准确信息，借款人有可能不按借款用途使用借款，而去从事那些高收益、高风险的活动，使贷款可能不能归还，由于道德风险降低了贷款归还的可能性，贷款人可能决定不发放贷款，使融资借贷不能达成。金融机构作为经营信用的专门机构，它们拥有处理信息不对称以及与此相关的逆向选择和道德风险方面的问题的机制和能力，比如它们建立有广泛的信用档案，对贷款人的存款、收入、财产、借债及贷款等以往的信息都比较了解，同时它们又有严格的贷款监控机制。相比个体间直接借贷，金融机构能够作出合理的贷款决策，建立完善的贷款监督机制，降低信息不对称带来的风险。

（二）降低交易成本，提高融资效率

与所有经济交易一样，金融交易也有交易成本。由于信息不畅，各经济主体要完成借贷活动，需要花费大量的时间和费用，比如由于各经济主体资金余缺在数量、时间等方面不一致，双方都要不断地进行寻找，会花费大量的时间和费用。在具体发生借贷行为时，为了维护各自的利益，双方都会寻找专业机构拟订借贷契约，既增加了费用又花费了时间。金融机构作为中介机构，一方面以存款方式聚集众多资金盈余者的资金，又以贷款的方式贷给资金短缺者，可以克服借贷双方因数量、时间等方面不一致而花费的时间和费用。同时由于多边借贷的规模优势，可以由专业部门拟订标准化的贷款合同用于多个贷款项目，减少交易成本，对借贷双方都有利。

（三）加强风险管理

各经济主体一对一的借贷，投资及经营风险很大，很难做到多样化选择。金融机构可以通过多样化经营来降低风险，比如投资基金通过投资组合来降低投资风险；银行及其他金融机构通过多样化经营，可以提高资产的流动性，降低借贷风险；保险公司通过销售对未来损失的担

保品，使经营者锁定风险；投资银行、投资基金、证券公司等机构在市场上通过衍生金融工具的套期保值交易，帮助投资者将风险转嫁给比较愿意承担它的投资者。通过金融机构提供多样化的金融服务，帮助各经济主体进行风险管理，降低经营中的风险。

（四）增强金融工具的流动性

金融机构发行的间接金融工具相比直接金融工具，其不仅变现容易，而且受市场价格波动影响小，具有较大的流动性。

三、金融机构体系

在现代经济社会中，金融机构种类繁多，构成一个复杂的金融机构体系。所谓金融机构体系，是指构成这一体系的各类银行和其他金融机构的职责分工和相互关系。一个国家建立什么样的金融机构体系，和该国的经济发展水平、经济体制、货币信用发达程度有着十分密切的关系。由于各金融机构对货币运行的影响程度不同，各国对金融机构监管的宽严程度不同，按此标准，各国一般将金融机构分为银行金融机构和非银行金融机构两类。

（一）银行金融机构

1. 中央银行

中央银行是金融机构体系的核心机构，统筹管理国家的金融活动，控制货币供给，制定并实施国家的货币金融政策，是调控整个国民经济运行的国家宏观调控机构之一。

中央银行是货币信用经济发展的产物，其职能和作用也随着货币信用经济的不断发展而得以拓展和完善。作为发行的银行，中央银行垄断货币发行，调节货币供应量，参与公开市场业务，不以盈利为目的，负责制定并实施国家的货币金融政策；作为银行的银行，中央银行为各银行及其他金融机构提供金融服务，办理它们之间的票据结算，充当它们的最后贷款人，发挥着稳定金融体系的作用；作为政府的银行，中央银行接受政府委托，代理国库，代表政府参与国际金融活动，充当政府的金融顾问，并代表政府监督调控经济金融活动。

2. 商业银行

商业银行又称存款货币银行，是以经营工商企业存款、贷款为主要业务，以盈利为主要经营目标，综合性、多功能的金融机构，是存款性金融机构中最重要的一种机构，也是最早出现的金融机构。早期的商业银行主要是吸收活期存款并主要为工商企业提供短期贷款的金融机构。随着商品经济的不断发展以及金融业竞争的加剧，商业银行突破原有的经营范围和分工，也办理各种长期贷款和投资，提供各种金融服务，成为综合经营各种金融业务的“现代金融百货公司”。几乎参与了金融市场的所有活动。作为资金的需求者，商业银行利用其提供支票转账等特殊服务吸收社会大量闲置资金，参与同业拆借，也发行金融债券等。作为资金供给者，商业银行主要通过贷款和投资提供资金。此外，商业银行还可以通过派生存款的方式创造存款货币，对社会资金的供求产生影响。

商业银行一方面为工商企业和居民提供金融服务，也同工商企业和居民发生着直接广泛的联系；另一方面，又与中央银行发生业务往来关系，接受中央银行的政策监控，所以，商业银行成为中央银行实施货币政策调控的重要传导窗口。在各国金融体系中，商业银行以其机构数量多、资产总额比重大、业务覆盖面广等特点，始终居于其他金融机构不能替代的重要地位。

3. 专业银行

专业银行是经营指定范围内的业务和提供专门性的金融服务的机构。专业银行的存在是社会分工的发展在金融领域中的表现。由于社会分工的发展,要求银行必须具备某一方面的专门知识和技能,提供专门性金融服务,以适应社会经济发展的需要。所以,专业银行的业务方式有别于商业银行,有特定的服务对象。主要包括:

(1) 投资银行。投资银行是专门办理工商企业的长期信贷和投资,满足企业对固定资本追加需要的专业银行。与商业银行不同,投资银行的资金来源主要依靠发行自己的股票和债券来筹集,有时也根据业务需要从其他银行取得贷款,也吸收定期存款,但这些并不构成其资金来源的主要部分。投资银行的主要业务最初是为企业推销发行中长期债券和股票,帮助企业融通长期资本,随着资本市场的发展,投资银行的业务范围越来越广泛。目前投资银行的业务除了有价证券的承销外,也从事有价证券的自营买卖,对企业的股票、债券进行直接投资,为企业提供中长期贷款,并对企业提供投资与购并的咨询服务,也从事基金管理和风险资本管理等活动。现在,投资银行已成为资本市场最重要的金融机构,无论在一级市场还是二级市场上都发挥着重要作用。

(2) 储蓄银行。储蓄银行是指专门以居民储蓄存款为主要资金来源,并主要为居民个人提供金融服务的专业银行。其服务对象以家庭为主,资金来源主要是居民储蓄,资金运用主要是提供消费信贷,发放住宅抵押贷款,也购买政府债券、企业债券或公司股票进行投资,或将资金转存入商业银行。近年来,有些储蓄银行也从事商业银行业务,为中小企业提供少量的商业贷款等。

(3) 开发银行。开发银行是专门为满足经济建设长期投资的需要而设立的专业银行。其主要是通过对国家的一些大型开发性建设项目提供长期资金融通以促进经济和建设的发展。这类项目一般投资量大,时间长,见效慢,风险大,一般商业银行无力承担,也不愿承担。为了支持本国经济的开发与建设,各国一般都由政府出资建立专业的开发银行,其经营不以盈利为目的,但在财务上自负盈亏。开发银行的资本由政府提供,还可以发行金融债券筹措资金,其业务重点随政府产业政策的变化而不断调节,属于政策性金融机构。

(4) 进出口银行。进出口银行是通过金融渠道支持本国对外贸易发展的专业银行。各国政府为了鼓励本国商品出口,增强本国商品的出口竞争能力,都由政府设立专业的进出口银行。进出口银行的资金来源由政府提供,还可以发行金融债券筹措资金,其业务宗旨主要是通过提供优惠的出口信贷增强本国的出口竞争能力,同时,也执行本国政府的对外经济政策,属于政策性金融机构。

(5) 农业银行。农业银行是向农业提供信贷的专业银行。由于农业受自然因素影响大,生产周期比较长,经营风险比较大,行业利润相对比较低,所以经营农业信贷也就具有风险大、期限长、收益低等特点。商业银行和其他金融机构一般都不愿承做这方面的业务。为了扶持农业的发展,许多国家专设了以支持农业发展为主要职责的农业银行。农业银行属于政策性金融机构,其资金来源由政府拨款,有的也发行各种债券或股票筹措资金,也有的以吸收客户的存款和储蓄来筹措资金。农业银行贷款几乎涵盖了农业生产方面的一切资金需要。有的国家对农业银行的某些贷款给予利息补贴、税收优待等。

（二）非银行金融机构

非银行金融机构是银行机构体系以外的从事金融活动的机构。这些机构以特殊的方式吸收资金，并以特有的方式运用资金，为社会提供特定的金融服务。这类金融机构包括保险公司、信用合作社、养老基金、投资基金、信托公司、金融公司、证券公司等。

1. 保险公司

保险公司是专门经营保险业务的金融机构。保险是集合有同类性质危险的多数人的资金建立保险基金，分散其中少数人可能遭受的损失，保险公司是保险活动的组织者。

保险公司主要有人寿保险公司和财产保险公司两类。人寿保险公司是为人们因遭到意外伤害、疾病、死亡而造成经济损失提供保险的金融机构，其业务包括人寿保险、健康保险、意外伤害保险等业务。财产保险公司是为企业或居民提供财产意外损失保险的金融机构，其业务包括财产损失保险、责任保险及信用保险等。保险公司的资金来源主要是投保人缴纳的保险费，其中人寿保险公司的资金来源长期而且稳定，其资金运用以追求高收益为目标，主要投资于资本市场的金融工具，包括中长期债券、股票、投资基金等，成为市场主要的资金供给者，也是市场上最大最活跃的机构投资者。财产保险公司也有长期大量的资金来源，由于财产损失比人的死亡更难预测，而且每年都不同，所以财产保险公司比人寿保险公司要求拥有流动性更大的资产结构。所以其资金主要投资于货币市场的金融工具，如国库券等，也投资于优质的中长期债券等。

保险公司作为金融中介机构，其业务活动实质是帮助公众将一种资产转化为另一种资产或保障，保险公司将收取的保险费投资于股票、债券及各类金融资产上，并运用这些金融资产所得的收益来支付保单中所规定的权益。实质上是保险公司将股票、债券和其他金融工具等资产转化成了提供一系列服务的保险单，使投保人通过这种转化，享受到在极其困难的情况下的一种可以预期的经济保障。

2. 养老基金

养老基金是通过向受雇者或自雇者出售以契约性协议为形式的次级证券，在参与人退休后向其提供津贴支付的专门机构。雇主、工会和其他相关群体常常设立养老基金。相比个人积攒退休基金，养老基金有其优越的方面。首先，养老基金比个人更能有效地管理资金，它们可以积少成多达到规模效益，减少交易成本，进行多样化经营分散投资，并拥有金融实践经验；其次，养老基金投资可以享受税收减免。主要的大公司、各级政府机构以及其他组织都为其雇员提供退休金计划，雇主从雇员的工资中扣除退休金并将其划给养老基金，雇员得到一份保证退休时每月有一定收入的合同。由于每年支付的养老金可以较精确地预测，这样养老基金就可以将大量稳定的资金投资于长期证券，包括股票、各种债券和长期抵押贷款等获取收益。

与保险公司一样，养老基金作为金融中介机构，其业务活动实质是向公众提供了另一种保护，即退休收入保障。养老基金将收取的养老金投资于股票、债券及其他金融资产上，并运用这些金融资产所得的收益来支付参与人退休后的津贴，实质上是养老基金将股票、债券和其他金融工具等资产转化成了提供养老退休金合同，使参与人通过这种资产的转化，享受到在退休后每月有一定收入的经济保障。

3. 投资基金

投资基金是通过向中小投资者出售基金股份或基金受益凭证募集资金，并将所获得资金投资于多样化证券组合以获取稳定的股息和资本增值的金融中介机构。作为金融中介机构，投资基金也具有资产转换职能，它通过出售基金股份或基金受益凭证将社会分散的中小投资者的资金集中起来，形成巨额资金，进行大规模组合投资，取得比一般投资者更高的收益。通过这种资产转换，投资基金使小额投资者能够得到规模投资，降低投资交易成本和多样化投资组合降低投资风险的好处。投资基金目前已经成为金融市场重要的机构投资者。

4. 金融公司

金融公司也叫财务公司，是指通过发行商业票据、股票、中长期债券或从银行借款获取资金，对个人和企业发放小额贷款，满足借款人特定融资需要的金融机构。与商业银行不同，金融公司是大额借款小额贷款，而且其资金来源主要不是吸收存款。各国对这种机构几乎不加管制，使其业务经营比商业银行更加灵活。金融公司有三种类型：

(1) 销售金融公司。主要为企业产品的销售提供融资，包括向消费者发放贷款，以便他们从特定的零售商或制造商那里购买商品，或者为这些产品的零售商存货提供融资。这种金融公司常与大企业结合在一起，它们要么为这些需融资商品的制造厂商所拥有，要么为向其购买这些商品的零售商所拥有，为推销这些商品而提供融资。消费者使用这种融资，比在商业银行办理消费信贷更便捷。

(2) 消费者金融公司，也叫小额贷款公司。主要为消费者提供购买家具、家用设备及房屋装修等的小额贷款，或者为消费者提供已到期的小额债务的再融资。消费者金融公司发放的大多数贷款是针对那些无法在商业银行及其他金融机构获得贷款的消费者，其索要的利率比一般的利率高。

(3) 企业金融公司。是通过购买企业应收账款而给企业提供融资。这种金融公司也从事设备租赁业务，它们应企业的要求，购买设备，并以事先商定的租金和租期将设备租给客户，为企业提供融资服务。

5. 信托公司

信托公司是以代人理财为主要经营内容，以受托人身份管理和运用信托财产的金融机构。信托公司的业务活动范围非常广泛，几乎涉足所有金融领域的业务。目前信托公司的业务内容主要有：

信托业务，如信托存款、信托贷款、信托投资等；

委托业务，如委托存款、委托贷款、委托投资等；

代理业务，如代理保管、代理收付、代理有价证券的发行和买卖、信用担保等；

咨询业务，如资信咨询、项目可行性咨询、投资咨询和金融咨询等；

兼营业务，如金融租赁、证券业务等；

外汇业务，如外汇信托存贷款、投资以及在境内外发行和代理发行、买卖和代理买卖外币有价证券等。

6. 证券公司

证券公司是主要从事各种有价证券经营及相关业务的金融机构。其主要业务是充当投资者买卖证券的经纪人和自营买卖的证券交易商。近年来，由于金融业竞争的加剧，证券公司也开始从事有关商业银行的业务，如信用卡业务、发放贷款业务等。

7. 信用合作社

信用合作社是由同一地区的小商品经营者或农民组成的一种互助合作的金融组织。这种金融组织在农村叫农村信用合作社，在城市叫城市信用合作社。其主要业务是吸收社员的储蓄存款，为社员提供利率较低的优惠贷款。其资金来源主要是社员缴纳的股金、吸收的存款及借入资金，资金运用主要是为社员提供短期生产贷款及消费贷款，此外部分资金还用于购买政府债券进行投资，也有提供以有价证券和不动产为抵押的中长期贷款。

(三) 现代金融机构体系的发展趋势

1. 业务趋同

市场竞争使金融机构要不断创新业务，提供多样化金融服务来吸引客户，各金融机构都通过提供新的金融服务来进入彼此的传统市场扩大利润。服务多样化使不同金融机构的功能日益模糊，银行、保险、证券、信托及其他金融机构的传统行业区分逐渐消失，以至于在一定程度上区分不同的金融机构变得越来越困难。

2. 兼并重组

随着金融业激烈竞争的不断加剧，为了降低经营成本、扩大市场份额、增强竞争实力，出现了各金融机构跨行业、跨地区、跨国界的兼并收购。通过兼并收购，联合多种金融资源以形成大的金融企业集团，更加有效地利用现有的管理人才、劳动力、资产设备及市场，达到规模经济效益。兼并重组的结果使独立的金融机构数量日益减少，而规模更大、组织更复杂的巨型复合型金融机构控制市场的寡头垄断特征日益明显。

3. 国际化

国际经济的一体化发展，使金融发展出现了国际化趋势。各金融机构跨国设置分支机构越来越多，计算机信息技术的广泛应用，使金融业务的国际融合也变得容易起来，使所有的金融机构都处在一个共同的市场，竞争相同的客户，距离和地理位置不再像过去那样保护着金融机构并将它们与金融体系中的需求与供给力量分隔开，金融配置资源的效率也越来越高。伴随着金融的全球化发展，金融管制的国际合作趋势也会加强，使各国金融监管的法律法规出现同一化趋势，各国金融机构在经营中都面临着相同的管制法规。

4. 电子化

随着网络、通信业的发展，金融机构电子化业务比重逐年上升。近年，银行电子化发展迅速，几乎所有的商业银行都开通了网上银行和手机银行，并且通过各种优惠条件吸引客户使用。事实上，电子化银行既能降低银行的经营成本，又能方便银行客户各项业务的办理。是一件值得发展的创新，但是，电子化银行安全也是一个值得关注的问题。

5. 传统银行在融资服务中的地位逐渐下降

金融创新的不断发展，使传统银行在筹资方面的成本优势和在贷款方面的收益优势逐渐丧失，银行在融资服务中的作用逐渐下降。而投资基金等机构投资者由于能提供个性化的金融服务，通过组合投资，其成本优势和收益优势逐渐显现，在融资服务中的地位不断提高。

第二节　金融市场概述

金融市场是随着资本主义经济的发展而形成和发展起来的。最早的证券交易所是1613年设立的荷兰阿姆斯特丹交易所。第二次世界大战以后，由于美国经济实力的增强和美元中心地位的形成，美国纽约金融市场替代英国伦敦金融市场，成为世界最大的金融市场。随着国际贸易的发展，资本输出和输入及国际间货币流动的增加，资本主义国家的国内金融市场逐渐国际化，形成很多国际金融市场。进入20世纪60年代后，又逐渐形成了不受任何国家金融当局控制的真正的国际金融市场，如欧洲货币市场，并获得迅速发展。

一、金融市场的内涵与基本特征

（一）金融市场的内涵

金融市场是商品经济发展导致信用形式多样化的产物，是指以金融资产为交易对象而形成的资金供应者和资金需求者进行资金融通的场所。其具体含义为：金融市场是一个进行金融资产交易的场所，这个场所既可以是一个有形的场所，也可以是一个无形的场所；金融市场中的交易对象是金融资产，它是指一切代表未来收益或资产合法要求权的凭证；金融市场包含了金融资产在交易过程中所产生的各种运行机制，如价格机制、发行机制、监督机制等。金融市场在整个市场体系中居于核心地位。

（二）金融市场的基本特征

与商品市场相比，金融市场有三个明显的特征：

(1) 金融市场上商品的单一性和价格的相对一致性。

在金融市场上，交易对象不是具有各种各样使用价值的商品，而是单一的货币形态的资金商品。资金商品无质的差别性，只有单一的“使用价值”———获得收益的能力。利息率以资本商品“价格”的面貌出现，受市场利润率的制约，并由于竞争而趋向于一致。总之，商品的单一性和价格的相对一致性是金融市场的一个重要特征。

(2) 金融市场具有非物质化交易的特征。

在商品市场上，买方一般要求取得物品实体，交易活动必定以标的商品在物质上转手作为终点。但在金融市场上，金融产品的交易可以非物质化。金融商品交易的非物质化首先表现为金融要求权(如股票)的转让并不涉及其发行企业相应份额资产的实际转移；其次，即使在“纸张”上，金融商品的交易也不一定要实际转手，在有些情况下，金融商品交割表现为结算和保管中心的双方账户上的证券数量和现金储备额的变动。

(3) 金融商品交易的非物质化使得这些交易可以完全凭空进行。

金融商品交易的非物质化方便了金融市场上的“买空卖空”行为。没有金融商品的人可以在金融市场上卖出该商品。他们只需在金融市场上进行一次反向业务或以现金结算差价，便不必提供或出售有关金融商品。

二、直接融资与间接融资

在任何一个经济中，都会有一些资金盈余单位，同时又有一些资金短缺单位。它们可以是个人、家庭或者企业，也可以是政府。盈余单位有多余的资金，而它们并不想在当前作进一步的开支；而赤字单位想要作更多的开支，但又缺少资金，计划不能实现。资金盈余单位和资金短缺单位之间存在着合作的可能，也就是盈余单位可以以一定的条件把暂时不用的资金交给短缺单位去使用，并获得相应的回报。这种资金在这两类单位之间实现有偿的调动，就是资金的融通，简称为金融。在经济生活中，资金的融通方式分为两种，一种是直接融资；另一种是间接融资。

（一）直接融资

由赤字单位直接向盈余单位发行自身的金融要求权，其间不需经过金融中介机构，或虽有中介人，但明确要求权的仍是赤字单位和盈余单位本身，双方是直接对立当事人，这种资金融通的方式称为直接融资。金融要求权是一种金融资产，通常采取有价证券的形式，可以转让，具有流动性。这里的"中介人"是在盈余单位和赤字单位之间起帮助寻找资金融通单位并迅速敏捷地转送金融要求权的作用，本身并不卖出或买进金融要求权，如股票和债券融资。

（二）间接融资

盈余单位和赤字单位无直接契约关系，双方各以金融中介机构为对立当事人，即金融机构发行自身的金融要求权，换取盈余单位的资金，并利用所得的资金去取得对赤字单位的金融要求权，这种资金融通的方式称为间接融资。这里的"金融中介机构"也是起从盈余单位向赤字单位"输送"资金的作用，但盈余单位获得的是金融中介机构发行的金融要求权，而不是赤字单位的要求权，因此，双方各以金融中介机构为对立当事人，如贷款融资。

直接融资和间接融资的结合，共同构成金融市场整体，也就是说，统一的金融市场是由资金的直接融通和间接融通两部分构成的，如图 5－1 所示。这两种融资形式相辅相成、相互促进，但因不同的时期、经济发达的程度、市场发育的程度不同而有不同的侧重。在商品经济不发达的时代和地区，资金融通是以私人之间的直接借贷为主；随着商品经济的发展，以金融机构为中介的间接融资逐渐占据主导地位；而在现代商品经济高度发达、追求资金高效调度的西方国家，直接融资的重要性又重新上升。

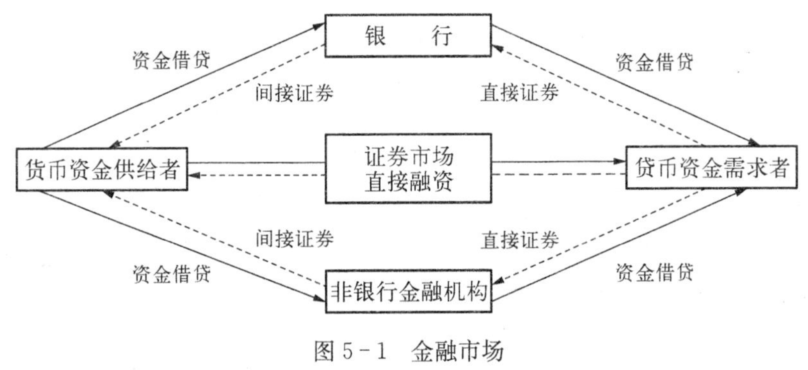

图 5－1　金融市场

三、金融市场的构成要素

金融市场同其他商品市场一样同样存在市场交易双方、交易对象、中介机构、交易形式和市场管理。一般把它们称之为金融市场主体、金融工具、中介机构、金融市场的组织形式和金融市场管理，是构成金融市场的基本要素。

（一）金融市场主体

金融市场主体即金融市场的交易者，一般包括政府部门、工商企业、金融机构和个人。

(1) 政府部门。是金融市场的监管者、调节者和资金需求者。首先,政府各部门通过制定各种法律、法规、条例、制度来监管金融市场的运行,使其运行过程符合国家经济发展的长远目标;其次,中央银行通过在金融市场上公开买卖有价证券来调节金融市场的货币供应量,从而达到调节经济的政策目标;再次,中央政府和地方政府是金融市场上的资金需求者。它们通过发行政府债券来筹集资金,进而弥补财政赤字和进行基础设施建设等。

(2) 工商企业。是金融市场上的资金需求者和资金供给者。在工商企业的生产经营活动中,其资金量呈现不断流动状态,进而产生资金的短期性、中期性、或长期性的盈余或短缺。调节工商企业资金余缺除了通过银行等金融机构进行外,还可以通过金融市场来进行。一方面,当工商企业产生资金盈余时,它们可以通过金融市场投资产生收益,达到融出资金的效果;另一方面,它们可以通过发行债券、股票,卖出其所持有的有价证券等手段达到融入资金的效果。

(3) 金融机构。是指从事各类金融活动的组织,主要包括商业银行、保险公司、投资基金、证券公司、期货经纪公司等。这些金融机构通过在金融市场上借入资金、贷放资金、投资、包销证券、买卖外汇、投机、套期保值等活动使得金融市场的各项功能得到充分发挥。

(4) 个人。一方面,个人投资者通过购买各类有价证券、期货合约、外汇等金融工具实现投资或投机目的,进行资金的融出;另一方面,他们也可以通过抵押、变现其所持有的各类金融资产进行资金的融入,达到筹资的目的。

此外,在开放的金融市场中,金融市场主体还包括国外投资者,如我国的 QFII 基金。

金融市场主体的多寡及相互关系是衡量金融市场是否发达的重要标志。足够、多元化的金融市场主体及其相互间的竞争,有利于促进金融市场的深度、广度和弹性,使交易活动不至于“一边倒”,降低“系统性风险”。

(二) 金融工具

金融工具是指在金融市场中可交易的金融资产,是用来证明贷者与借者之间融通货币余缺的书面证明,其最基本的要素为支付的金额与支付条件,可分为基本金融工具和衍生金融工具。基本金融工具主要指票据、债券、外汇、股票等,衍生金融工具主要指期货合约、期权合约等。

(1) 票据。是指出票人自己承诺或委托付款人在见票时,无条件支付一定数量资金并可以流通转让的有价证券。票据按信用关系的不同,可分为汇票、期票(本票)和支票。

(2) 债券。是指依照有关法律发行,附有一定票面利息率和本息偿付日期,反映债权债务关系的凭证。债券按发行主体的不同可分为政府债券、公司债券和金融债券;按利息支付方式的不同分为累息债券、附息债券和零息债券;按募集方式可划分为公募债券和私募债券;按附权方式可分为可转换债券和附认购权债券等。

(3) 外汇。是指在国际结算时能被各国接受的、在国际金融市场上可以自由买卖的货币。它主要包括美元、日元、欧元、英镑、外币有价证券、外币支付凭证和其他外汇资金等。

(4) 股票。是股份公司在筹集资本时向出资人公开或私下发行的、用以证明出资人的股本身份和权利,并根据持有人所持有的股份数享有权益和承担义务的凭证。投资者通过持有股票可获得其价格增值收益和分红派息收益。

(5) 期货合约。是一种标准化合约,它能降低交易成本,并成为套期保值者和投机者的交易工具,实现规避风险和投机获利的目的。

许多西方经济学家认为，金融工具的数量多少，是反映一国金融是否发达或经济发展水平高低的重要标志。

（三）金融市场的价格

金融市场的价格即利率，是金融市场的基本构成要素之一。利率从宏观来说是一个重要的经济变量和政策变量，从微观来看同交易者的实际收益密切相关，自然备受关注。金融工具种类繁多，不同的工具都有自己的利率，但又受市场机制的共同作用而呈同向变化。

（四）金融市场的组织形式

金融市场的组织形式是金融市场主体进行金融工具买卖的一个关键环节，是金融市场不可缺少的一个重要系统，它一般有两种形式，即拍卖方式和柜台交易。

(1) 拍卖方式。是指在固定场所进行有组织的集中交易方式，并通过公开竞价来确定交易价格。其中，公开竞价的方法有两种：一种是由出售者通过各种手势或高声叫价报出金融工具的卖出价，通过买入者的激烈竞争，报出买价，最终将金融工具卖给出价最高的购买者；另一种是通过计算机的自动撮合，按价格优先和时间优先的原则实现金融工具的自动交易。价格优先原则是指在金融工具的成交过程中，价格较高的买入申报优先于价格较低的买入申报；价格较低的卖出申报优先指先卖或者卖出价优先于价格较高的卖出申报；市价买卖申报优先于限价买卖申报。时间优先原则是指在金融工具的成交过程中，同价位申报，依照申报时间顺序来决定优先顺序，即先提出报价的交易者优先成交。拍卖方式亦可分为单向拍卖和双向拍卖。单向拍卖的交易一方为一个交易单位，而另一方则是一个交易群体，即存在一批进行购买或出售金融工具的交易者。当单个交易单位报出买价或卖价后，由群体单位交易者相互竞争竞相提高买入价或压低卖出价格，直至最终单个交易单位将金融工具卖给出价最高的一群体交易单位中的购买者，或从出价最低的一群交易单位中的卖出者买回金融工具。双向拍卖的交易双方均为群体交易单位，交易双方在进行竞价时，买方会不断提高其买入价而卖方则不断降低其卖出价，从而使买价和卖价不断趋近，直至最终成交。拍卖方式的一个显著特点是，交易双方都是通过在交易所中拥有会员资格的经纪商接受其买卖委托、在交易所内完成金融工具的交易。

(2) 柜台方式。是通过中介机构在交易所以外来完成各类金融工具的交易。金融工具的买卖双方分别同中介机构进行交易，即买入方从中介机构手中买回所需的金融工具或卖出方将金融工具卖给中介机构，交易价格一般由中介机构报出，并根据市场交易状况和交易者的接受程度而进行调整。因此，这种交易方式亦称为双价制。一般情况下，中介机构所报出的买入价比卖出价略低，其价差部分则是中介机构的盈利。

随着通信、网络技术的发展，许多柜台方式都借助于通信手段完成交易，不再需要固定场所，也不需要场外接触。

（五）金融市场管理

金融市场管理是指政府为维护金融市场的正常秩序而进行的管理。它主要包括信息披露管理、金融业务管理、金融机构管理、对外国参与者的管理、通过金融市场运用货币政策管理来控制一国的货币供应。政府管理金融市场主要是为了防止证券发行人隐蔽相关信息欺骗投资者，促进金融证券交易的公平进行，提高金融机构的稳定性，对外国参与者在国内市场和机构的行为加以约束，对经济活跃程度加以控制，以形成一个高效率、低成本的有序竞争的金融市场。

上述金融市场各要素之间是紧密联系、互相促进、相互影响的。其中，金融市场主体与客体是最基本的要素，只要有这两个要素存在，金融市场便会形成；而金融市场价格、组织方式及金融市场管理则是自然产生的或必然伴随的。这些要素共生共存，互相促进，金融市场才更发达、更高效。

四、金融市场的分类

金融市场是一个由许多相互独立但又相互关联的市场组成，可按照不同的标准加以划分。

（一）按金融工具的期限可分为货币市场和资本市场

货币市场是交易期限在1年以内的短期金融工具的市场，其作用是满足交易者对资金的流动性需求。货币市场包括银行短期信贷市场、银行同业拆放市场、商业票据市场、银行承兑汇票市场、可转让大额定期存单市场等。这类金融工具偿还期较短，流动性较高，风险较小，通常在流通领域起到货币的作用。资本市场是指金融工具期限在1年以上的长期金融市场，其作用是满足中长期的投资需求和政府弥补财政赤字的资金需要。这类金融工具偿还期长，流动性较低，因而风险较大，但可以为持有者带来较高的收入。

（二）按资金的融通方式可分为直接融资市场和间接融资市场

直接融资市场是指资金供给者直接向资金需求者进行融资的市场。如企业通过发行债券和股票方式进行融资。间接融资市场是指通过银行等信用中介的资产负债业务来进行资金融通的市场，例如存贷款市场。在间接融资市场上，资金所有者将资金贷放给银行等信用中介机构，再由信用中介机构将资金转贷给资金需求者。直接融资市场和间接融资市场的差别并不在于是否有中介机构介入，而在于中介机构介入的作用和特征。

（三）按金融工具的交割期可分为现货市场和期货市场

现货市场一般是指在成交后1至2日内立即付款交割的市场。期货市场则是按成交时所规定的特定日期进行交割。金融期货交易的种类主要包括国债期货、股票价格指数期货、外汇期货、黄金期货等。

（四）按资产发行和流通的特征可分为一级市场、二级市场、第三市场和第四市场

资金需求者将金融资产首次出售给公众时所形成的交易市场称为一级市场，也叫初级市场或发行市场。证券发行后，各种证券在不同的投资者之间买卖流通所形成的市场即为二级市场，又称流通市场或次级市场。一级市场是二级市场的基础和前提，没有初级市场就没有二级市场；而二级市场是一级市场存在与发展的重要条件，无论从流动性上还是从价格的确定上，一级市场都要受到二级市场的影响。第三市场是原来在交易所上市的证券移到场外进行交易所形成的市场。第四市场是投资者和证券的出卖者直接交易形成的市场。第三和第四市场形成的主要原因是机构投资者在证券交易中所占的比例越来越大，它们之间的买卖数额巨

大，因此希望避开经纪人直接交易，以降低成本。二级市场的规模和发展程度是衡量金融市场发达与否的重要标志。

（五）按照金融交易的场地和空间可分为有形市场和无形市场

有形市场是指有固定地点、组织严密、集中交易金融工具的证券交易所。无形市场是指证券交易所外进行的金融资产交易的总和，本身没有固定场所，通过电话、电传、电报、电脑网络等进行的金融交易活动，如证券的场外交易、资金拆借、外汇交易等。随着网络通信业的发展，越来越多的金融交易通过无形市场来进行。

（六）按照资金的融通范围可分为国内金融市场和国际金融市场

国内金融市场包括全国性金融市场和地方性金融市场，融资范围限于国内。全国性金融市场是指在全国范围内进行金融交易的市场，地方性国内金融市场是指在一个城市或者一个经济区域进行金融交易的市场。国际金融市场的融资范围则超越国界，如国际借贷、外汇买卖、黄金交易等，构成了国际金融市场融资活动的内容。离岸金融市场也是国际金融市场的一部分。离岸金融市场又称为“境外金融市场”，指非居民之间从事国际金融业务的场所。它可以不受市场所在国家法规的管辖，并享受税收优惠，资金出入境自由。

（七）按发展阶段可分为原生工具市场和衍生工具市场

原生工具一般是指传统金融工具，如股票、债券、存单、货币等，这个名称是相对于衍生金融工具而言的。所谓衍生金融工具是指由原生性金融商品或基础性金融工具创造出的新型金融工具。它一般表现为一些合约，这些合约的价值由其交易的金融资产的价格决定。衍生市场是各种衍生金融工具进行交易的市场。自20世纪70年代以来，为适应风险管理的需要，衍生工具得到迅速发展，迄今已成为一个品种繁多、结构复杂的大“家庭”。

五、金融市场的功能

（一）资金积累功能

金融市场的资金积累功能是指促使储蓄转化为投资，促进投资增长的功能。储蓄向投资的转化称为资本形成，资本形成在一个国家的经济增长和经济发展中起着重要的作用。可以说，储蓄向投资的转化及其转化效率直接影响到一个国家的投资水平和经济增长率。发展中国家经济发展的主要限制因素之一就是发展中国家广泛存在着资金短缺现象。对于这些国家来说，从国家内部发展储蓄，聚集资金对经济发展是十分重要的。而完善的金融市场为充分满足人们的储蓄和投资偏好提供了必要的条件，从而促进了储蓄的形成和增长。首先，这是由金融市场的交易对象——金融工具的特点决定的。以金融工具表示的金融资产往往要比实物资产具有更强的流动性和收益性。并且，金融工具如股票、债券等可以将大额投资划分为小额投资，而且随时可以流通转让，从而能够吸引短期、小额、零散的资金不断“聚集”，形成长期、巨大、集中的资金。其次，金融市场上多样化的金融工具也为满足人们不同的风险收益偏好提供了必要的条件。不同的投资者可根据不同的收入、消费、风险偏好选择各不相同的金融工具，从而最大限度地积累资金，实现储蓄向投资的转化。

（二）资金分配功能

金融市场的分配功能是指金融市场能促进资金合理流动，实现资源优化配置和有效利用的功能。金融市场是资金融通的场所。在一个健康和健全的金融市场上，通过各种金融资产的交易形成了各种金融资产的价格，即资产收益率。如在同业拆借市场上，这种收益率表现为银行同业拆借利率；在票据市场上，表现为贴现率；在债券市场上，表现为债券收益率；在股票市场上，表现为股票的价格。在金融市场上，通过各种金融资产的价格或收益率的变化，引导了资金的流向，使资金在各部门、各个产业和各个行业之间重新组合、重新配置，从而提高了资金的总体配置效率。因为，为了实现自身经济利益的最大化，投资者必然将资金投向盈利水平高、风险小的部门和企业，而筹资者则要在实现融资目标的前提下选择成本相对较低的融资渠道。于是，金融市场上的资金自然流向经济效益高、发展潜力大的部门和企业。金融市场优胜劣汰的竞争结果，就是使有限的社会资金向着使用效率最大化的方向发展，真正实现了资金的优化配置。

（三）经济调节功能

金融市场对于宏观经济具有重要的调节作用。金融市场是市场体系的重要组成部分。金融市场价格的波动和变化是经济变动的晴雨表，可以及时反映经济活动的走势。例如，票据业务量的变化能够反映全社会商品劳务交易结算情况；股票市场则能够反映企业经营状况和社会经济景气状况等，因此，通过金融市场价格的变化，一方面，金融市场通过其资源配置功能，对微观经济部门效率的提高起到积极促进作用，进而有效提高整个宏观经济的运行质量；另一方面，金融市场是政府实施宏观经济政策的重要环节和渠道之一。中央银行通过金融市场，运用再贴现和公开市场业务等货币政策工具，向金融市场注入货币或回笼货币，调节货币供给量，对经济起到刺激或平抑作用。此外，财政政策的实施也和金融市场紧密相连，政府通过国债的发行与运用，对宏观经济进行引导和调节。

（四）反映功能

金融市场历来被称为国民经济的“晴雨表”和“气象台”，是国民经济的信号系统，其反映功能表现为：① 金融市场是反映微观经济运行状况的指示器。② 金融市场所反馈的宏观经济运行方面的信息，有利于政府部门及时制定和调整宏观经济政策。③ 金融市场有着广泛而及时的收集和传播信息的通信网络，整个世界金融市场已联成一体，从而使人们可以及时了解世界经济发展变化情况。

六、现代金融市场的发展趋势

目前，世界各国金融市场的发展日新月异，并呈现出以下趋势。

（一）金融市场全球化

随着经济全球化的不断发展，金融市场也呈现全球化趋势。金融市场全球化意味着全世界的金融市场整合成一个国际性的大市场。任何一个国家企业的融资可以不限于本国的金融市场，投资者也可以不仅仅投资于国内金融市场中的金融商品。金融市场全球化形成的主要因素包括各国金融管制的放松、技术的进步和金融市场主体的机构化。全球化竞争促使各国政府不断开放本国的金融市场，放宽对金融市场各项业务的管制，以利于本国的金融机构有效地参与竞争，也被称为金融自由化。其主要内容有：取消利率上限、取消外汇管制；减免外国投资所征收的税收；允许外国人购买国内证券；允许外国人在国内发行债券；允许外国商业银行在国内参与当地借贷市场的业务活动；允许外国投资银行和商业银行参与国内市场股票、债券的发行和交易业务等。技术进步已经大大提高了全球金融市场的效率和整合程度。电信技术的进步将全世界的投资者联系在一起，他们的指令可以在数秒钟内传递到世界的任何地方；电脑技术的进步，加上先进的电信系统可以把证券交易的实时价格和其他重要信息传递给世界各地的投资者，便于投资者密切监控全球市场，随时分析相关信息对其投资组合风险收益水平的影响状况；明显改进的计算能力使得投资者可以根据实时市场信息操作，筛选出投资机会，并通过电信系统迅速发出指令，取得效益。市场主体的机构化是指金融市场已经从小额投资者为主转化为以机构投资者为主，金融机构日益成为投资的主体。金融机构更愿意使资金在国际间移动以改进投资组合，获得更多的收益和较低的风险。上述这些因素都从不同方面加强了金融市场全球化趋势。

（二）金融业务综合化

这是指一些大型金融机构能经营多种金融业务，为客户提供综合服务。这是金融市场发展的一种新形态，人们称之为“超级金融市场”。此外，20 世纪 90 年代以来，各国银行业、证券业间掀起了一轮新的兼并浪潮，一批实力雄厚的金融机构应运而生，客观上亦形成了经营不同产品、不同业务的综合性金融机构。

（三）金融创新多样化

作为金融改革的一个重要方面，金融创新的潮流在 20 世纪 80 年代以来势不可挡，主要表现在国际金融业务创新的势头方兴未艾，金融市场交易的技术创新日新月异。美国率先将商品期货交易技术运用于金融业务中，随后，金融期货、期权、货币互换、利率互换等金融衍生工具不断出现，为金融市场参与者稳定投资收益，降低筹融资成本等提供了更为灵活方便的手段。

（四）金融资产证券化

所谓金融资产证券化是指各种有价证券在资本总量中所占的比重不断增大的过程。主要表现在两个方面：一方面是指通过在资本市场和货币市场上发行证券举债的现象日益增加，经济主体筹集资金可以直接通过金融市场而不需要向银行申请贷款或透支；另一方面是指把已经存在的信贷资产集中起来并重新分割为证券进而转卖给市场上的投资者。这项技术运用于金融市场已经多年，许多已经呆滞的资产通过证券化技术被重新盘活，许多因风险不容易控制不能实行市场融资的项目得以实现，许多因筹资者或资金需求者和投资者都相对分散的项目也通过证券化技术实现了资本市场融资。如在美国金融市场上，已经被证券化或正在尝试证券化的金融资产就有：居民住宅抵押贷款、私人资产抵押贷款、汽车销售贷款、其他各种个人消费贷款、学生贷款、商业房地产抵押贷款、人寿健康保险单、各类工商业贷款等。资产证券化减少了货币资本运行过程中的许多中间环节和流动成本，减少了金融机构的浪费和损失，增强了资本流动性,提高了资本效率,使资本的作用得到更大的发挥。

第三节 货 币 市 场

货币市场是指以短期金融工具为媒介进行的期限在一年以内的融资活动的交易市场,具有低风险和高流动性的特征。低风险是指短期金融工具的市场价格波动幅度较小,其收益率表现相对平稳。高流动性是指货币市场金融工具容易变现,并且投资者的本金在变现时不易遭受损失。货币市场的参与者主要是各类金融机构、政府、企业和货币市场的专业人员(如经纪人、交易商和承销商等)。货币市场的功能是调剂暂时性的资金余缺,也是中央银行进行公开市场操作,贯彻货币政策的主要场所。从交易品种而言,货币市场可分为银行同业拆借市场、商业票据市场、大额可转让定期存单市场、银行承兑汇票市场、贴现市场、国库券市场、回购协议市场、货币市场共同基金市场等若干个子市场。

一、银行同业拆借市场

(一) 银行同业拆借市场的产生

银行同业拆借市场随着中央银行体制的产生而产生,既是金融管理的需要,也是商业银行盈利的要求。具体来看,法定准备金制度的实施是银行同业拆借市场产生的根本原因。在法定准备金制度下,各个银行必须向中央银行缴纳一定比例的法定存款准备金。但由于清算活动以及日常收付数额的变化,总会出现有的银行准备金不足,有的银行准备金多余的情况。于是,准备金多余的银行把超额准备金运用出去以获利,而准备金不足的银行则必须借入资金以补充短缺。由此产生的买卖超额准备金而形成的市场就是银行同业拆借市场。因此,同业拆借市场是商业银行及其他金融机构之间的临时性资金调剂的市场,一般都通过各商业银行在中央银行的存款账户进行,主要是相互买卖它们在中央银行的超额准备金存款余额。银行同业拆借市场最早产生于美国,目前该市场中金融机构之间所进行的短期资金融通已经不仅仅限于弥补或调剂准备金头寸,或限于一日或几日的临时性资金调剂。银行同业拆借市场当今已经发展成为各金融机构弥补资金流动性不足和充分运用资金进行有效的资产负债管理的市场机制。

(二) 银行同业拆借市场的特点

(1) 资金的期限比较短。一般是 1 天、2 天或一个星期,最短也可能是几个小时,或隔夜拆借。目前,银行同业拆借市场已经从临时调剂性市场变成了短期的融资市场,成为各金融机构弥补短期资金不足、进行短期资金运用、解决或平衡资金流动性和盈利性矛盾的市场。

(2) 银行同业拆借市场的拆借活动有着严格的市场准入条件。一般在金融机构或某类金融机构之间进行,而非金融机构包括工商企业、政府部门及个人或非指定的金融机构,不能进入拆借市场。有些国家或者在某些特定的时期,政府也会对进入这一市场的金融机构进行一定的限制。如,只允许商业银行进入,进行长期融资的金融机构不能进入;只允许存款性金融机构进入,不允许证券、投资、信托、保险机构进入等。

(3) 交易手段比较先进，交易手续比较简便，成交时间也较短。银行同业拆借市场的交易主要采取电话协商的方式进行，是一种无形市场；达成协议后，就可以通过各自在中央银行的存款账户自动划账清算；或者向资金交易中心提出供求和进行报价，由资金交易中心进行撮合成交，并进行资金交割划账，如图 5-2 所示。

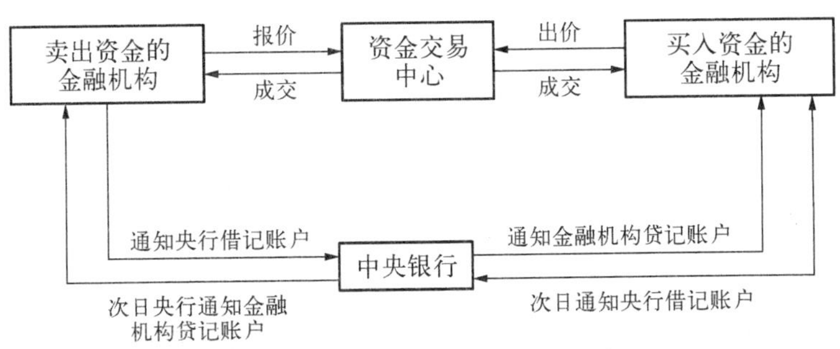

图 5-2　银行同业拆借交易简图

(4) 交易金额较大，且一般不需要担保或抵押，完全是一种协议和信用交易关系。双方都以自己的信用担保，并严格遵守交易协议。

(5) 银行同业拆借市场的利率是一种市场化很高的利率，能够充分灵敏地反映市场资金供求的状况及变化。一般情况下银行同业拆借利率要低于中央银行的再贴现利率。由于是信用交易，其利率也会略高于同等条件下回购市场利率。

银行同业拆借市场利率是比较典型的市场利率，其中伦敦银行同业拆借利率(LIBOR)是国际金融市场上借贷利率的基础。而国内银行同业拆借利率则是上海同业间拆借利率(SHIBOR)，该利率较好地反映了我国信贷资金的供求状况，是我国目前比较有代表性的市场利率。

二、商业票据市场

(一) 商业票据的产生和发展

商业票据是一种短期无担保的在公开市场上发行的期票，它代表了发行公司应付的还债义务。最初，商业票据的发行是为公司筹集短期的季节性资金和营运资金，为信用级别高的公司提供了一种比银行借款成本更低的筹资途径。从 20 世纪 80 年代以后，商业票据的发行成为提供过渡性融资的手段之一。例如，一个公司需要一笔长期资金来建造厂房或购买机器设备，该公司不必马上开始筹集所需的长期资金，而是可以选择发行商业票据，从而推迟发行债券或股票的时间，直到资本市场上出现有利的融资条件。

商业票据和国库券一样，也是一种贴现凭证，也就是说，它是按照低于面值的价格售卖的。但是由于风险、缴纳所得税和流动性等原因，商业票据的收益率要高于同期的国库券的利率。

20 世纪 60 年代末，商业票据开始与商品、劳务的交换相分离，成为一种建立在信用基础上的单纯的债权债务关系。之后，商业票据市场得到了迅猛的发展，在全球范围内不断扩大。商业票据市场之所以能够得到迅速的发展，主要是源于其不同于其他融资工具的一些特点。无论对发行者还是投资者而言，商业票据都是一种理想的金融工具。

（二）商业票据融资的优点

对于发行者来说，用商业票据进行融资具有以下主要优点：

(1) 成本较低。商业票据一般由大型企业发行。有些大型企业的信用级别要高于某些中小型银行，商业票据的发行人可以获得成本较低的资金。又由于其中减少了银行放贷从中赚取的一部分利润，一般来说，商业票据的融资成本要低于市场上短期借贷的成本。

(2) 具有灵活性。可以根据发行机构与经销商的协议，在某一段约定的时间内，发行机构根据自身资金的需要情况，以及证券市场的状况，不定期不限次数地发行商业票据。

(3) 提高发行公司的声誉。由于商业票据的发行都是经过评级机构认真审查，评出的信用卓著的大型企业，因此商业票据的发行本身在市场上就是发行机构信用的标志，从而提高自己的声誉。

对于投资者而言，投资于商业票据能获得比银行短期存款更高的利息收益，又具有比存款更高的流动性。通常情况下，商业票据的风险也比较小。

虽然商业票据市场是一个巨大的融资市场，但它的二级市场并不活跃，交易规模很小。这主要是因为：第一，商业票据的期限都非常短，直接销售的商业票据平均偿还期仅为 20～40 天，经销商销售的商业票据的平均偿还期通常为 30～45 天；第二，典型的商业票据的投资者都是采用购买—持有的政策，在经济状况发生改变的时候，投资者可以把它卖给经销商，或直接由发行机构回购，大多数情况下，并不需要二级市场增强商业票据的流动性；第三，商业票据是高度异质性的票据，在期限、面值、利率等条款中均有所不同，交易中存在很多的不便。

三、可转让大额定期存单市场

（一）可转让大额定期存单的产生

可转让大额定期存单于 1961 年由花旗银行创设。当时市场利率上涨，但是按规定，商业银行对活期存款不付利息，定期存款的利率又受“Q 条例”上限限制，低于市场利率。在这种情况下，各大企业纷纷把闲置的资金从银行账户中提取出来，投资于国库券、商业票据等短期证券，从而使商业银行的存款大为减少，形成了所谓存款非中介化——“脱媒”现象。作为扩大存款规模、稳定资金来源的对策，纽约花旗银行率先发行可转让大额定期存单，同时取得一些大证券经纪人的支持，为可转让大额定期存单提供二级交易市场，其他银行也陆续发行。大额可转让定期存单的创新，使得存单的购买者可以根据资金状况买进或卖出，调节自己的资产组合，具有较大的吸引力。同时，使得银行从被动等待顾客上门存款变为主动发行存单以吸收资金，更主动地进行负债管理和资产管理。因此，可转让大额定期存单市场发展迅速。后来，英国、日本等国家的银行也先后开办了此项业务。

（二）可转让大额定期存单的特点

可转让大额定期存单是存单的一种，但是又区别于普通的定期存款。具体的区别有以下五点：

(1) 定期存款记名，不能转让，不能在市场上流通；可转让大额定期存单不记名，可以转让，可以在市场上流通，这是二者最基本的区别。

(2) 定期存款金额不固定；可转让大额定期存单金额一般较大，并且一般为整数。

(3) 定期存款规定虽然名义上不能提前支取，但在承受利息损失的基础上，实际上是可以提前支取的。可转让大额定期存单不可以提前支付，存单持有人需要资金时，只能够在二级市场上转让出售兑现。

(4) 定期存款的时间较长，一般在1年以上。可转让大额定期存单则主要是短期的，多在1年以内，最短的仅为14天。

(5) 定期存款的利率主要是固定的。可转让大额定期存单的利率有固定的，也有浮动的。

(三) 可转让大额定期存单市场的发展

在美国，可转让大额定期存单有着非常活跃的二级市场。90%的可转让大额定期存单是由大银行发行的，其余则为中小银行发行。这种货币市场工具的投资者多为企业。企业在确保资金安全性和流动性的前提下，投资于可转让大额定期存单，可以将自身资金的支出日期和可转让大额定期存单的到期日期相联系，这为企业闲置资金的有效利用提供了途径。当企业遇到其经营状况的临时波动时，也可以通过可转让大额定期存单的二级市场将存单出售。金融机构、政府机构、外国政府机构及个人也是可转让大额定期存单的主要投资者。

可转让大额定期存单的成功不仅有力地支持了美国银行资产负债业务的扩张，而且使商业银行的经营思想发生变化，由注重资产管理开始转为负债管理。目前，随着银行经营环境和策略的转变，可转让大额定期存单的结构变得日益复杂，一些新型的可转让大额定期存单正在崛起。如美国发行的“与市场相联系的存款单”，既可以享受联邦存款保险公司10万美元本金的保险，又可以提供各种各样的收益率。

四、银行承兑汇票市场

银行承兑汇票市场就是以银行承兑汇票为交易对象，通过发行(出票)、承兑、贴现进行融资的市场，是以银行信用为基础的市场。但是应该明确的是，并非所有已经开具的银行承兑汇票都是进入市场流通的。鉴于银行承兑汇票的开立多是与国际贸易有关的，此处仅以在国际贸易中银行承兑后的五种情况为例，说明在什么时候银行承兑汇票真正地进入银行承兑汇票市场。银行承兑后可能出现下面五种情况：

(1) 开具银行承兑汇票后，将汇票归还出口商，由出口商保留，到期向承兑行收款。

(2) 出口商收到承兑汇票后，请出口国的银行贴现，出口国银行保留票据，用自己的资金进行贴现。

(3) 出口商委托出口国的银行在寄单的同时，请进口国的银行在承兑后代为贴现，承兑行用自己的资金贴现。

以上三种情况，汇票都没有真正进入银行承兑汇票市场流通。

(4) 在第二种情况下，出口国银行将汇票转向金融市场贴现，到期由投资者向承兑行贴现。

(5) 在第三种情况下，承兑行将汇票转向金融市场贴现，到期由投资者向承兑行贴现。

以上两种情况，银行承兑汇票才是真正地进入银行承兑汇票市场流通了，其中进口国和出口国的银行都没有使用自身的资金，而是利用承兑行的信用作担保，向金融市场筹措资金以资助这一笔进出口业务，对借款人(出口商)、银行、投资者都是有利的。

从借款人的角度来说。首先，如果采用传统的银行贷款，要在贷款行保留一定的补偿性余额，等同于变相提高了借款的成本，而采用银行承兑汇票则可以避免这一成本的发生。其次，对于那些没有足够的规模和信誉，不能发行商业票据的小企业而言，银行承兑汇票在一定程度上可以解决他们的资金困难。

从银行的角度来说，提供这类服务，可以收取一定的手续费，又不用使用自己的资金，提高了银行的效益。并且，由于银行承兑汇票是建立在银行信用基础上的，拥有广泛的二级市场，可以使银行的资产负债多样化，以降低风险。

从投资者的角度来说。银行承兑汇票具有收益性、流动性和安全性的特征，并且其收益率也要高于同期的国库券利率。由于银行承兑汇票的承兑行对汇票承担不可撤销的付款责任，投资于银行承兑汇票的违约风险是较小。

银行承兑汇票是一种非常优良的短期信用工具，它安全性强，有合理的利息收入，有公开的贴现市场，能随时在市场上出售，具有高度的流动性，因此，是一种具有相当吸引力的短期投资对象。

五、贴现市场

贴现是票据持有者将未到期的票据交给银行，银行按票据面额扣除自贴现日到到期日利息后付款给票据持有人的行为。假设票据的票面金额为 50 000 元，3 个月后到期，贴现率为 6%，则银行要从票据面额中扣除 750 元(50 000×6%×3/12)，只支付给持票人 49 250 元。贴现既是一种票据买卖和资产转移，同时也是银行的一种短期贷款。

贴现市场的主要参与者是商业银行、贴现所和作为最后贷款人的中央银行。贴现的票据主要是银行承兑汇票和商业票据，此外还有国库券和短期债券。一般情况下，工商企业直接向商业银行贴现，商业银行可向中央银行要求再贴现，商业银行处于中心地位。中央银行作为最后贷款人，通过调整再贴现率，可以实现间接调控宏观经济、执行货币政策的目的。但在英国有所不同，英国的工商企业需要资金时，是向私营的贴现所要求贴现，贴现所资金不足时可向存款银行或英格兰银行请求贷款或再贴现，因此，私人的贴现所在英国贴现市场上居于中心地位。

六、国库券市场

国库券市场即短期国债(1 年期以下)的发行和流通市场，是利率最低、风险最小、流动性最强的市场。

(一) 国库券发行市场

在发行市场中，国库券是以折价的方式发行的，到期时按照票面金额还本，票面金额和发行价格的差额就是国库券持有者的利息收入。

国库券的发行定价方式包括两种，单一价格拍卖方式和多价格拍卖方式。单一价格拍卖方式就是在拍卖中，所有中标者付出的价格相同。在多价格拍卖方式中，存在竞争性出价方式和非竞争性出价方式两种出价方式。在竞争性出价方式中，拟购买国库券者要将其要购买的数量和愿意支付的价格在规定时间之前报至中央银行，再由中央银行汇总后按出价的高低排序，进行售卖，直至足额完成为止。大经纪人、商业银行、保险公司、证券公司多采用这种方式。

在非竞争性出价方式中，拟购买国库券者以竞争性出价方式竞出的平均价格购买。通常小额投资者采用这种方式。在多价格的拍卖方式中，通常要先从发行总额中扣除非竞争性出价方式购买的国库券数量，剩余的国库券再由大投资者竞价购买。

（二）国库券交易市场

在交易市场中，国库券由于其自身的安全性（无违约风险）、收益的稳定性、市场的广泛性以及高度的流动性的优势，受到了投资者极大的欢迎。投资者可以随时将国库券变现、交易；也可以利用国债作为抵押品进行回购和反回购，灵活地运用资金。此外，国库券的交易市场也是政府进行宏观调控的重要场所。中央银行通过增加或减少国库券的发行、流通，以及调整国库券的利率和贴现率，来执行其货币政策。

国库券的交易并不一定等到国库券发行完毕之后才开始进行。如美国的WI（When-Issued）交易就是在拍卖消息宣布之后到拍卖完成之前，对已宣布拍卖但尚未拍卖的国库券进行交易。这种交易方式有利于发行者和投资者双方发现价格。WI交易意味着国库券交易向前延伸到发行过程之中，国库券一级市场和二级市场的界限不再是很清晰的了。

（三）国库券利率

国库券利率是一种非常重要的利率，在一定范围和一定程度上起着基准利率的作用，反映货币市场上的供求状况和筹资成本。另外，它一般被看成是无风险利率，可以作为测算其他有价证券风险程度和价值的基本依据，也可以作为其他金融工具利率确定的基础。其他金融工具按照与国库券风险程度的差别，在国库券利率基础上，上浮一定的百分点，作为投资者承担较高投资风险的补偿。

七、回购协议市场

（一）回购协议的含义

回购协议是指在货币市场上出售证券的同时，出售证券的一方同意在约定的时间按约定价格或约定的利率重新购回该项证券的协议。回购协议虽然表现为买卖证券的形式，但实质上是一笔以证券为抵押品的短期资金融通，出售证券的一方就是资金的借入者，买入证券的一方就是资金的借出者。与回购协议相对应，还有一种称为逆向回购协议，事实上它是一个事物的两个方面。在回购协议中，卖出证券取得资金的一方同意按照约定期限和约定价格购回所卖出的证券；在逆向回购协议中，买入证券的一方同意按照约定期限和约定价格出售其买入的证券。通常根据交易中主动的一方来决定这笔交易应该叫做回购协议还是逆向回购协议。当一个自营商预测市价将下降时，他可以采用逆向回购协议的办法，向一个客户购入证券，同时在市场上出售，一段时间后，市价下降了，他可以用较低的价格从市场上买回证券，并将证券按原来约定的较高价格卖给对方，从中赚取价差。反之，当他预测市价将上升时，他可以采用回购协议的办法，将自己持有的证券卖给客户，同时以所得资金在市场上购回同样的证券。一段时间后，市价上升了，他可以将证券按较高价格在市场上出售，同时用该笔资金向客户按原约定的较低价格购回证券，从而赚取差价。

（二）回购市场的特点

（1）流动性强。回购协议主要以短期为主，最长的回购期限一般不超过1年。我国回购市场上，最长的不超过4个月，其中期限为3天、7天、14天的交易最为活跃。

（2）安全性高。这是由市场自身的性质决定的。回购协议的交易场所是经国家批准的规范性场内交易场所，只有合法的机构才可以在场内进行交易，交易的双方以出让或取得证券抵押权为担保进行资金拆借，交易所作为证券抵押权的监管人承担相应的责任。回购交易的对象是经货币当局批准的最高资信等级的有价证券。可以说，回购交易几乎是无风险交易。

（3）以机构参与者为主。回购协议市场的参与者主要是银行、非银行金融机构、企业和政府。对于商业银行来说，利用回购协议融入的资金不属于存款负债，不用交纳存款准备金。由于大型商业银行是回购市场的主要资金需求者，回购交易具有非常明显的优势，这些银行往往利用回购市场作为筹集资金的重要场所。

第四节 资 本 市 场

资本市场是指经营一年以上长期资金借贷业务或进行中长期金融工具的发行与交易的市场，也称为长期资金市场。融资目的主要是解决中长期投资性资金的供求需要，筹措的资金主要用于补充固定资本，扩大生产能力及国家长期建设项目的投资等。资本市场的基本功能是实现并优化投资与消费的跨期选择。按市场工具来划分，资本市场通常由股票市场、中长期债券市场、抵押贷款市场组成。

一、股票市场

股票市场是指股票发行和交易的场所。股票市场由两个相互联系的市场：股票发行市场和股票流通市场组成。

（一）股票发行市场

股票发行市场的运作过程通常由咨询与管理、认购与销售两个阶段构成。

1. 咨询与管理

这是股票发行的前期准备阶段，发行人须听取投资银行的咨询意见并对一些主要问题做出决策，主要包括：

（1）发行方式的选择。股票发行的方式一般可分为公募和私募两类。公募是指面向市场上大量的非特定的投资者公开发行股票，必须按有关规定向管理部门和市场披露财务报表及相关信息，供投资人决策时参考。私募则只向少数特定的投资者发行股票，其对象主要有个人投资者和机构投资者两类。私募手续简单，费用低廉，但不能公开上市。

（2）选定承销商。许多公司都与某一个特定承销商保持稳定的关系，承销商为这些公司发行股票提供必要的金融服务。但在某些场合，公司通过竞争性招标的方式来选择承销商，这种方式有利于降低发行费用，但不利于与承销商保持稳定牢固的关系。承销商除了销售股票外，还为股票的信誉作担保，这是公司试图与承销商保持良好关系的根本原因。

（3）准备招股说明书。招股说明书是公司公开发行股票的计划书面说明，是投资者认购股票的主要依据。招股说明书必须包括财务信息和对公司经营历史的陈述、高级管理人员的状况、筹资目的和使用计划，以及公司其他的一些重要问题等。

(4) 发行定价。定价是股票发行中非常重要的环节，承销商在为公司作价值评估和股票定价时要考虑多种因素。股票发行价定在什么价位，常常要考虑市场的接受程度，所以时机的选择很重要。为了吸引投资者，价格既不能定得太高，也不能太低。

2. 认购与销售

发行公司完成准备工作之后即可按照预定的方案着手发售股票。对于承销商来说，就是执行承销合同认购股票，然后售给投资者。通常方式有三种：

(1) 包销。包销是指承销商以低于发行价的价格把股票全部买进，再出售给投资者，这样承销商就承担了在销售过程中股票价格下跌的全部风险。承销商所得到的买卖差价是对承销商所提供的咨询服务以及包销风险的报偿，也称为承销折扣。

(2) 代销。代销指承销商许诺尽可能多地销售股票，但不保证能够完成预定销售额，任何没有出售的股票可退给发行公司。这样，承销商不承担发行风险。

(3) 余额包销。先以代销的方式尽可能多地销售股票，如果还有剩余，则承销商认购剩余全部股票。一方面，发行公司仍能保证资金的筹集；另一方面，也降低了承销商的风险，现在股票的发行许多都采用这种发行方式。

(二) 股票流通市场

1. 股票上市的条件

股票流通市场是投资者之间买卖已发行股票的场所，通常可分为有组织的证券交易所和场外交易市场。并非所有的股票都可以在证券交易所上市交易，股票进入证券交易所挂牌买卖，须受严格的条件限制。例如，我国《公司法》规定，股份有限公司申请其股票上市，必须符合下列条件：

① 股票经国务院证券管理部门批准已向社会公开发行，不允许公司在设立时直接申请股票上市。② 公司股本总额不少于人民币 5 000 万元。③ 开业时间在 3 年以上，最近 3 年连续盈利。④ 持有股票面值人民币 1 000 元以上的股东不少于 1 000 人，向社会公开发行的股份须达到公司股份总额的 25%以上，公司股本总额超过人民币 4 亿元的，其向社会公开发行股份的比例为 15%以上。⑤ 公司在最近 3 年内无重大违法行为，财务会计报告无虚假记载。⑥ 国务院规定的其他条件。

2. 股票交易程序

股票交易程序是指投资者从开户、买卖股票到股票与资金交割完毕的全过程。

① 开户。投资者在证券商或经纪人处开立委托买卖股票的有关账户，并在商业银行签订第三方托管协议。② 委托。委托是指投资者在办理规定的手续后让证券商或经纪人代理股票买卖的行为。③ 受理和执行委托。证券商在受理委托后，应立即通知驻场交易员，由场内交易员进行整数交易。在证券交易中股票的买卖是以“竞价买卖”的方式进行，遵循价格优先、时间优先和市价委托优先原则。④ 清算。清算是指根据成交记录，计算确定参加交易的各方在交易中资金和股票数量变动的过程。⑤ 交割。交割是指股票买卖双方互相交付资金和股份的行为。

事实上，大部分投资者现在都选择网上委托交易，简单易用，效率高。

（三）股票价格指数

描述股票市场总体价格水平变化的指标称为股票价格指数，简称为股价指数。股价指数是即期股价与基期股价相比的相对变化数。它的编制通常以某一时点为基期，选择若干种股票在基期的价格水平作为100（或为1 000），然后用即期股价与基期股价相比，计算出升降的百分比，就是即期的股价指数。世界上重要的股票价格指数包括：道琼斯工业股价指数、金融时报富时股价指数、日经225股价指数、香港恒生股价指数。我国的股价指数主要有上海证券交易所综合股价指数和深圳证券交易所成分股价指数。

二、中长期债券市场

债券市场是资本市场的另一基本形态，其发行和交易的债务工具与权益工具有着本质的区别，因而债券市场的特点也与股票市场有所不同。

（一）债券发行市场

债券的发行与股票类似，不同之处主要有发行合同和债券评级两个方面。同时，由于债券是有期限的，因而其一级市场多了一个偿还环节。

1. 发行合同书

发行合同书是说明公司债券持有人和发行债券公司双方权益的法律文件，由受托管理人代表债券持有人监督合同书中各条款的履行。债券发行合同书中的各种限制性条款占很大篇幅，有限责任公司一旦资不抵债而发生违约时，这些限制性条款就是用来设法保护债权人利益的。

2. 债券评级

债券违约风险的大小与投资者的利益密切相关，也直接影响着发行者的筹资能力和成本。为了较客观地估计不同债券的违约风险，通常需要由中介机构进行评级。目前最著名的两大评估机构是标准普尔公司和穆迪投资服务公司，它们根据各公司的财务和清偿状况划分其所发行债券的级别。在具体等级的表示上，穆迪投资服务公司和标准普尔公司有所不同。从Aaa（或AAA）到C级信用等级依次降低，代表违约风险依次上升。以标准普尔评级为例，AAA—A债券统称为A级债券，即高级债券，它们的本金和收益的安全性大，受外部因素影响程度较小，其中的AAA级债券为最高级别，信用最高，因此发行成本最低；BBB—B级债券统称为B级债券，又称为“投资家的债券”，这些债券受经济中不稳定因素的影响，投资有一定的风险，收益水平可能较高，对那些甘愿冒些风险购买收益较高的债券的投资者来说特别具有吸引力；而CCC级及其以下债券属投机级债券，还本付息的可能性极低，俗称为“垃圾债券”，从正常的投资角度来看，没有什么价值。

3. 债券的偿还

债券的偿还一般可分为定期偿还和任意偿还两种方式。① 定期偿还。是在经过一定宽限期后，每过半年或一年偿还一定金额的本金，到期时还清余额。这一般适用于发行数量巨大且偿还期限长的债券，但国债和金融债券一般不使用该方法。② 任意偿还。任意偿还是债券发行一段时间以后，发行人可以任意偿还债券的一部分或全部，具体操作可以用新债偿旧债，也可在二级市场上买回予以注销。

(二) 债券的二级市场

债券的二级市场与股票类似。

三、抵押贷款市场

抵押贷款是为个人或企业购买住房、土地或其他不动产而发放的贷款,以那些不动产或土地充当贷款的抵押品。抵押贷款市场是资本市场最活跃的部分,数量庞大,并且涉及巨大的公共利益。

近年来,抵押贷款证券的开发是抵押贷款市场最重要的发展。由于抵押贷款期限和利率各异,因而,若在二级市场上作为证券进行交易其流动性不高。为促进抵押贷款发展,1970年,美国政府全国抵押贷款协会(GNMA)设计了一种能够起转换作用的以抵押贷款为依据的证券,把一批标准化的抵押贷款捆在一起,担保其本息的支付。按照这样的办法,可以把一批经 GNMA 担保的抵押贷款合成一个组合(比如说 100 万美元),作为一项证券出售给第三方,通常是像养老基金那样的大型机构投资者。当个人对这种由 GNMA 担保的抵押贷款向金融机构清偿付款时,后者就将款项转给这种证券的所有者,即按全部付款总额送交一纸支票。因为由 GNMA 担保付款,这种转换性证券的违约风险很小,因而颇受欢迎。

但是,2007 年次贷危机的爆发,对抵押贷款证券化的一些问题敲响了警钟。金融创新可以降低风险,增加金融工具的流动性,但监管不到位反而会扩大风险,进而带来危机。

案例 1　中国养老基金的国际投资

在中国养老基金进入国际市场投资的初期阶段,对养老基金国际投资适用严格数量限制规则是必要并且可行的。

社保基金、企业年金和个人自愿养老保险基金这三大养老基金支柱,由于其养老保障性质、养老保障地位的不同,国际市场投资损益形成后果的不同,因此在实行数量限制规则时,对这三大养老基金支柱的国际投资应适用差别化的数量限制安排。一般而言,第一养老基金支柱即社保基金在国家整个养老体系中占有第一重要的地位,其国际市场投资损益状况对整个国家养老保障状况的影响重大,因此对第一基金支柱应实行比较严格的数量限制;第二养老基金支柱即企业年金在国家养老体系中占有次重要的地位(对第一支柱起重要的补充作用),因此对第二基金支柱应实行次严格的数量限制;第三养老基金支柱在国家养老体系中起着补充或再补充的作用,因此对第三基金支柱则可实行比较宽松的数量限制。

对三大养老基金支柱适用有差别的数量限制安排,可以达到三个目的:

第一,充分考虑到了三大养老基金支柱在国家养老体系中的地位差别、在资产负债管理和风险收益特征上的不同要求,有助于降低和控制整个养老体系面临的风险。

第二,为监管机构观察和比较三大养老基金支柱不同数量限制政策所产生的不同经济社会效应的机会,从而可以根据国内外市场环境变化情况和养老基金管理人自身能力的变化情况,适时修正和调整数量限制政策。

第三,为将来某一时期我国养老基金国际化,由适用数量限制规则稳步地向适用谨慎人规则过渡提供了循序渐进的途径。一般而言，原本实行比较宽松的数量限制规则的个人自愿养老保险基金将率先适用谨慎人规则；紧接着，原本实行次严数量限制规则的企业年金将在参考前者成功经验的基础上也采取谨慎人规则；最后，在前两者成功经验的基础上，第一养老基金支柱也最终取消数量限制，稳步地转向实行谨慎人规则。

无论是从养老基金的投资收益还是从监管实效和演变趋势来看，谨慎人规则都是养老基金投资监管模式的较优选择。因此，当前我国对企业年金基金投资监管实行的数量限制应当随着年金规模的不断扩大和资本市场发育的逐步成熟，有计划、有选择地加以放宽。有研究表明，当养老基金资产达到一国GDP的5%时，就可以放宽对养老基金投资的数量限制；当养老基金资产达到一国GDP的20%时，就可以允许养老基金投资于国外资产。

在将来，中国养老基金积累较丰富的投资经验，特别是国际市场投资经验，并且自身具备了较强的国际投资风险控制能力的时候，就可以逐步放松对养老基金国际投资的数量限制。数量限制逐步放松的前提是，养老基金管理人自身从事国际投资的谨慎管理能力有了相应的提高。从全过程来看，数量限制规则逐步放松的过程，自始至终应该就是养老基金管理人自身从事国际投资的谨慎管理能力不断提高的过程。(资料来源：国际金融报)

? 思考题：养老基金在做投资时应如何规避风险？

案例2 上海国际金融中心

经过20年来的建设，上海目前已经成为国内最大的同业拆借市场、外汇交易市场、票据贴现市场、证券和保险市场；同时，住房抵押市场、商品期货市场、白银市场(甚至黄金市场)等也已经成为全国最规范的交易中心。

严格地说，上海国际金融中心目标的提出还只是20年前的事。然而，在党中央和国务院一系列重大政策的支持下，经过四个五年计划的奋斗，上海国内金融中心的框架已经基本形成，表现在上海市金融改革与发展已远远走在全国前列，金融服务体系已经初步形成。这主要体现在：

(1) 金融机构加速凝聚，机构体系不断完善。截至2011年，各类中外金融机构加速集聚上海，上海金融机构体系不断完善，集聚效应逐步显现，已发展成为我国具有重要影响的资金和资产管理中心，对外辐射和资源配置能力显著提高。

(2) 金融市场体系不断健全，规模明显扩大，功能逐步增强。“十一五”时期，在上海证券交易所、上海期货交易所、中国外汇交易中心、银行间货币与债券市场、上海黄金交易所快速发展的同时，中国金融期货交易所、银行间清算所也先后落户上海，贷款转让市场启动运行、股权托管交易机构挂牌成立，上海金融市场体系正趋向健全，金融市场服务功能进一步拓宽，成为国内乃至国际上少数几个金融市场较为完备的城市之一。

(3) 金融业融通资本，服务经济的功能进一步体现。“十一五”时期，上海企业通过贷款和直接融资筹集的资金总量超过2.3万亿元，较好地满足了上海经济平稳发展的需要。其中，中外资金融机构本外币贷款新增额为1.74万亿元，比“十五”时期增长86.5%，在金融业融资总量中所占比重约为七成。

根据上海市编制“十二五”规划的总体部署，上海市金融办会同相关部门进行了“十二五”期间上海国际金融中心建设规划的研究和编制，经过未来几年的努力，预计到“十二五”末上海国际金融中心建设将实现以下指标：

(1) 金融市场规模显著扩大。预计到 2015 年，上海金融市场交易额达到 1 000 万亿元左右；主要金融市场规模保持或进入世界同类市场前列，其中：股票交易额和市值进入全球前 3 位，商品期货交易量保持全球前 2 位，债券市场余额进入全球前 3 位，黄金市场现货交易量保持全球第 1 位，金融衍生产品交易量进入全球前 5 位，外汇市场交易规模年均增长 30%，票据市场和信贷转让市场得到进一步发展。

(2) 金融国际化程度明显提高。预计到 2015 年，参与上海金融市场的境外投资者规模显著扩大；上海金融市场成为跨国公司和境外优秀企业直接融资的重要场所；上海证券交易所主要指数、上海大宗商品期货价格的国际影响力显著提升，上海银行间同业拆借利率成为境内外人民币资产定价的主要基准利率，人民币汇率中间价成为境内外人民币交易定价的主要基准汇率；进一步提高在沪外资金融机构资产总额的市场份额，保持并进一步提高在沪外资银行并表资产总额在全国外资银行资产总额中的比例以及在沪外资保险公司保费收入在全国外资保险公司中的比例。

(3) 金融服务功能明显增强。预计到 2015 年，上海金融市场直接融资额占社会融资规模比重达到 22%左右；管理资产规模年均增长 15%以上，达到 30 万亿元左右。

(4) 金融发展环境明显优化。预计到 2015 年，上海金融从业人员达到 32 万人左右，国际化高端金融人才和新兴金融领域的人才明显增加；金融发展环境的国际竞争力明显增强，金融法律、税收、监管等与国际惯例接轨程度明显提高。

思考题：上海市应该如何结合自身特点，推进上海国际金融中心的建设？

本章小结

1. 金融机构是专门从事各种金融活动的经济组织，是金融活动的具体组织者。它为社会经济发展和再生产的顺利进行提供金融服务，是全社会的信用中介。可分为银行类金融机构和非银行类金融机构。

2. 金融市场是商品经济发展导致信用形式多样化的产物，是指以金融资产为交易对象而形成的资金供应者和资金需求者进行资金融通的场所。资金的融通有两种方式，一是直接融通，二是间接融通。两种融资形式相结合，共同构成金融市场整体。两者相辅相成，相互促进。

3. 金融市场由主体、客体、价格及组织方式等要素构成。金融市场最常见的分类是按时间期限划分为货币市场、资本市场。金融市场在经济系统中具有转储蓄为投资功能、配置功能、调节功能和反映功能。

4. 货币市场是 1 年期以内的短期金融工具及交易所形成的供求关系及其运行机制的总和。就交易品种而言，可分为银行同业拆借市场、商业票据市场、大额可转让定期存单市场、银行承兑汇票市场、贴现市场、国库券市场、回购协议市场、货币市场、共同基金市场。

5. 资本市场通常指的是期限在 1 年以上的资金融通活动的总和。按市场工具来划分，资本市场通常指股票市场、债券市场、抵押贷款市场。

重要基本概念

金融机构	金融机构体系	金融市场	金融工具
直接融资	间接融资	债券	股票
同业拆借	回购协议		

复习思考题

1. 金融机构本系是如何构成的?
2. 金融机构的发展趋势如何?
3. 金融市场的功能是哪些?
4. 什么是直接融资和间接融资,它们的区别是什么?
5. 金融市场的发展趋势如何?
6. 货币市场和资本市场各具有什么特征? 它们各包括哪些子市场?
7. 我国为什么要发展资本市场?

第六章　商 业 银 行

内容提要

本章主要介绍商业银行的产生与发展的历史过程，简述商业银行的性质、职能以及组织形式，重点分析了商业银行的业务经营，特别是资产业务与负债业务，介绍了商业银行的管理模式并指出了现代商业银行的金融创新方向。

重点与难点

本章的重点是掌握商业银行的性质与职能、商业银行的业务以及商业银行的经营管理。难点是理解商业银行的金融创新方向。

第一节　商业银行的产生和发展

一、现代商业银行的产生

英文 Bank 源于意大利文 Banca 或者 Banco。原意为存放钱财的柜子，后来泛指专门从事货币存、贷和办理汇兑、结算业务的金融机构。

从历史上看，银行起源于意大利。早在 1272 年，意大利的佛罗伦萨就已出现一家巴尔迪银行，稍后于 1310 年又有佩鲁齐银行设立。后因债务问题，这两家银行于 1348 年倒闭。到 1397 年，意大利又设立了麦迪西银行。10 年后又成立了热那亚圣乔治银行，这些银行都是一些富有家庭为经商方便而设立的私人银行。具有近代意义的银行则是 1587 年建立的威尼斯银行。中世纪的威尼斯凭借其优越的地理位置而成为著名的世界贸易中心，各国商人云集于此。为了顺利地进行商品交换，商人们需要把各自携带的大量的各地货币兑换成威尼斯地方货币，于是就有专门的货币兑换商出现，从事货币兑换业务。随着商品经济的发展，货币收付的规模也日益扩大，各地商人为了避免长途携带大量金属货币带来的不便和危险，便将用不完的货币委托货币兑换商保管，后来又发展到委托货币兑换商办理支付和汇兑。而货币兑换商则借此集中了大量货币资金。当货币兑换商发现这些长期大量集存的货币余额相当稳定，可以用来发放高利贷、获取高额利息收入时，货币兑换商便从原来被动接受客户委托保管货币转而变为积极主动揽取货币保管业务，并通过降低保管费和不收保管费，到后来还给委托保管货币的客户一定的好处，保管货币业务便演变成存款业务了。同时，货币兑换商根据经验，改变了以前实行全额准备，以防客户兑现提款的做法，实行部分准备金制度，其余所吸收的存款则用于贷款取息。此时，货币兑换商也就演变成了集存、贷款和汇兑支付、结算业务于一身的早期银行了。当时的威尼斯银行也就应运而生。与此同时，在英国则出现了由金匠业等演变为银行业的过程。1653 年英国建立了资本主义制度，英国的工业和商业都有了较大的发展。工商业的发展需要有可以提供大量资金融通的专门机构与之相适应。金匠业在原来为统治者提供融资服务、经营债券、办理贴现等业务的基础上，又以自己的信誉作担保，开出代替金属条块的信用票据，并被人们广泛接受，具有流通价值。至此，更具近代意义的银行便产生了。

1694 年为了同高利贷作斗争，以维护新生的资产阶级发展工业和商业的需要，在英国政府支持下由私人创办了一家股份制银行——英格兰银行，并规定英格兰银行向工商企业发放低利率(利率约为 4.5%～6%)贷款，大大低于当时高利贷银行 20%～30%的水平，有力地支持了工商业发展。英格兰银行是历史上第一家股份制银行，也是现代银行业产生的象征。它的建立标志着资本主义现代银行制度的正式确立，同时也标志着现代商业银行的产生。在此之后，西方各国纷纷效仿，相继建立了各自的商业银行。由于这种银行资本雄厚、规模大、利率低，管理手段先进，能够大量为企业提供信用资本，从而极大地推动了资本主义经济的发展，成为现代银行的主要形式。

二、中国商业银行业的发展

(一) 现代商业银行的出现和初步发展

中国出现的第一家现代意义上的商业银行是 1845 年英国丽如银行在广东开设的分行，此后各资本主义国家的银行相继在中国开设分行。中国自办的第一家商业银行则是 1887 年在上海设立的中国通商银行。该银行的设立标志着中国现代银行业的产生。中国通商银行名义上是商办的，但实际上受清政府和官僚资本控制。1904 年在北京成立的官商合办的户部银行是中国最早的中央银行。1907 年设立交通银行，同为官商合办性质。1908 年户部银行改称大清银行，1912 年改组为中国银行，仍为中央银行性质的官商银行。此后，随着民族资本主义工商业的发展，私人银行业开始有了较快发展。国民党统治时期，中国的金融业主要为官僚资本所控制。当时主要的金融机构有：国民党直接控制的“四行二局一库”，“四行”指中央银行、中国银行、交通银行和中国农民银行，“二局”指中央信托局和邮政储蓄汇业局，“一库”指中央合作金库；官商合办的“小四行”，指中国通商银行、四明银行、中国实业银行和中国国货银行；间接受官僚资本控制的、属于江浙财团的“南三行”，即浙江兴业银行、浙江实业银行和上海储蓄银行；以及俗称“北四行”的盐业银行、金城银行、中南银行和大陆银行等。此外，还有为数众多的中小银行。它们也程度不同地受到官僚资本的控制。

(二) 改革之前的我国商业银行体制

新中国成立之前，在共产党领导下的根据地已建立了一批银行，并发行了自己的货币。1948 年 12 月 1 日，中国人民银行在石家庄成立，同时开始发行人民币。新中国成立后，接管了国民党政府设立的国家银行和官僚资本银行，并通过公私合营完成了对私营金融业的改造，建立起以人民银行为主体的国家银行体系。这种银行体系由于是建立计划经济的产物，因此也表现出与计划经济完全相符的特点，即：

第一，大一统性。虽然形式上也曾有其他的金融机构存在，但实际上全国只有一家银行——中国人民银行。它的分支机构按行政区划逐级设立，由总行统一领导和指挥。中国人民银行既是宏观管理机构，又是微观经营实体。

第二，非独立性。中国人民银行作为政府的一个部门，其任务是执行国家的经济政策，以保证实物计划的完成,即所谓“物资随着计划走,资金、信贷随着物资走”,银行只是充当国民经济各部门的会计和出纳,对经济的调节作用非常有限。

(三) 商业银行体制的改革

随着经济体制改革的进行,原有的银行体制越来越无法适应形势发展的需要,因此,从1979 年开始,中国的银行体制展开了一系列改革,并逐渐建立起多层次的银行体制。改革从设立独立经营,实行企业化管理的专业银行开始。1979 年 2 月中国农业银行恢复,随后中国银行和中国建设银行也分别从中国人民银行和财政部分设出来。1984 年 1 月 1 日,中国人民银行正式成为中央银行,同时成立中国工商银行,负责办理原由人民银行办理的全国工商信贷业务和城镇储蓄业务。至此,原来的“大一统”银行体系转化成了由中央银行和四大专业银行分立的双层银行体系。四大专业银行的业务初始有较为明确的分工,但以后逐渐重叠。1993 年 11 月,中共十四届三中全会进一步作出了将专业银行转变为国有独资商业银行以及成立三家政策性银行(中国农业发展银行、中国进出口银行和国家开发银行),使政策性业务和经营性业务分离。1994 年,三家政策性银行正式成立,专业银行向商业银行的转化迈出了实质性的步伐。

除四大国有商业银行外,从 1986 年开始,国家又陆续批准恢复或新组建了一批商业银行,主要有:交通银行、中信实业银行、光大银行、招商银行、深圳发展银行、华夏银行、广东发展银行、福建兴业银行、上海浦东发展银行、中国民生银行等。此外,在原来城市信用合作社的基础上,还组建了一批城市合作银行(后纷纷改名为城市商业银行,如东莞银行等)。

三、现代商业银行的发展趋势

随着现代商业银行在资本主义国家的建立,在资本主义发展到帝国主义阶段时,商业银行发生了大规模集中的现象,尤其是 20 世纪 80 年代以来,西方商业银行的业务和经营范围发生了深刻的变化,商业银行集中化、全能化、多元化、电子化和国际一体化的趋势非常明显。

(一) 集中化

资本主义工商业的发展,竞争的加剧,在第二次世界大战后,银行集中化的趋势非常明显。随着生产的集中,出现了垄断性质的大企业。这样,生产的集中导致了银行的集中。因为大企业对贷款的需要量大,期限长,客观上需要大银行提供信用;同时工业生产的集中也使游资集中于银行,从而给银行提供了大量的存款,有利于大银行的形成。因此,许多国家的银行业主要为少数几家大银行所控制,例如德国的银行业主要集中在德意志银行、德累斯顿银行和商业银行这三家大银行手中;美国在 1953～1978 年的 25 年间,被合并的银行也达 3 819 家之多。进入 20 世纪 90 年代以后,银行业集中化的进程更是不断加速,银行间并购浪潮风起云涌,而且所涉及的金额巨大,以至形成了一些巨型银行。日本在 80 年代末,经济陷入萧条,金融业面临严重危机时,为摆脱困境,放松了金融管制,出现了大规模的银行购并浪潮。如第一银行和劝业银行合并为第一劝业银行;三井银行和太阳神户银行合并为樱花银行等。在 1995 年,日本三菱银行和东京银行合并组成东京三菱银行,其资产额达 7 014 亿美元,一跃成为世界第一大银行。美国银行业在 90 年代也开始了大量的并购活动。1994 年 8 月,美国废除了限制商业银行跨州设立分支行的《麦克法登法案》;1995 年 5 月,美国又解除了不许商业银行经营证券业的限制。

进入 20 世纪 90 年代以来，欧洲银行业也发生了新的变化。1992 年，香港汇丰银行收购英国米兰银行九成以上的股份，组建成汇丰银行持股公司，一跃成为全球十大银行之一。1995 年，巴林银行被荷兰国际集团收购。同年 10 月，英国四大银行中的劳合银行与英国信托储蓄银行合并，组建成劳合—信托储蓄银行集团公司，成为英国最大的商业银行。银行业的合并不仅使银行的规模越来越大，使全球金融市场的竞争日益进入垄断竞争的时代，而且使银行业、证券业与保险业的界限日益模糊。这样，商业银行越来越朝着全能化、多元的方向发展。

（二）全能化

20 世纪 30 年代资本主义世界经济危机爆发后，英国、美国、日本等开始对商业银行的业务范围进行严格限制，从而形成了一种职能分工型的银行体制。在这种体制下，法律对各种金融机构的业务范围进行具体分工，其中最重要的是银行业和证券业分离，商业银行不能从事股票和公司债券的承销和交易，主要办理短期工商业贷款业务。与此同时，欧洲大陆的德国、奥地利和瑞士等国则继续奉行全能银行体制，即商业银行可以不受限制地从事各种类型的存款、贷款以及全面的证券业务。但由于这两种银行体制究竟孰优孰劣一直没有定论，所以，这种状况一直持续到了 20 世纪 70 年代，这时商业银行的业务范围发生了很大变化，不仅经营短期和长期贷款，还开发了许多新的中间业务和表外业务。特别是进入 20 世纪 80 年代以后，随着金融创新、金融自由化的发展，商业银行已经通过各种途径渗透到证券、保险等各个行业。可见，职能分工型银行体制已逐渐向全能型体制转变。从 1986 年开始，英国重新允许商业银行进入投资银行领域。日本在 80 年代中期也出现了一些银行业和证券业混业经营的情形。随着 1993 年 4 月日本《金融制度改革法》的出台，使银行与证券业混业经营成为定局。而在 1997 年的亚洲金融危机中，日本银行业遭到重创，从此更进一步放松了对金融机构业务范围的限制。在美国，商业银行与投资银行的相互渗透发展得更快。1986 年 1 月，美国联邦储备银行批准日本住友银行股份有限公司向高德曼、萨克斯投资银行投资 5 亿美元，首开了美国战后商业银行插足投资银行业的先例。1995 年，美国联邦众议院银行委员会废除了大萧条时期禁止商业银行和投资银行合并的《1933 年格拉斯—斯蒂格尔法案》，允许大的商业银行和投资银行合并，形成新的金融集团，以增强竞争优势。以上这些事件意味着各国金融业之间的界限日益模糊，世界各国正朝着全能型银行体制迈进。

（三）电子化

科学技术日新月异，每天都在改变着我们的生活，尤其在金融业体现得更为突出。借助于迅速发展的计算机技术，银行自动化服务项目不断被开发出来，极大地方便了人们的生活。目前已广泛使用的银行自动化服务，如安放在银行大厅、商场、购物中心、机场、车站等地方的存取款支付机、自动柜员机、售货终端机等。这些为人们的购物消费、存款、取款、转账、查询等提供了很大的便利。除此之外，个人网上银行业务、企业网上银行业务、电话银行业务、信用卡等的普及也是归功于计算机的广泛应用。20 世纪 60 年代后期，计算机技术的发展大大降低了信用卡的经营成本，促进了信用卡的广泛使用。最早由美洲银行开办的由维萨公司发行的维萨卡和银行协会发行的万事达卡已经成为全球性的信用卡。现在我国招商银行也发行了在全球使用的金葵花信用卡。计算机技术还引起了银行内部业务处理和银行资金转账系统的革命。大量的银行业务，如记账、运算、审核、传递、清算、交割等都通过电脑进行，不仅大大提高了效率，而且减少了许多人为的失误。通过计算机处理中心及众多的电脑终端联结而成的电子资金转账系统，使银行与客户之间、银行与银行及其他金融机构之间的资金划拨瞬间就可以完成。目前世界上最重要的电子资金转账系统有美国的“联邦储备支付系统”(Fed Wire)，美国纽约的“银行同业收付系统”(CHIPS)，英国的“票据交换所自动收付系统”(CHAPS)，以及由全球50多个国家和地区的1 000多家银行组成的国际性银行资金清算系统——全球银行间金融电讯协会(SWIFT)。

(四) 国际化

20世纪70年代以来，银行业的国际化趋势蓬勃发展，令人瞩目。以美国为例，在1960年只有8家银行在国外设有分支机构。而到20世纪90年代初，已经有100多家银行在国外设立了近1 000家分行或附属机构，资产总额高达5000亿美元。与此同时，欧洲、日本的一些银行也纷纷在美国设立了分支机构，它们在美国吸收了约10%的美国存款，而提供的贷款是美国银行贷款总额的20%左右。银行业的国际化主要有两方面的原因。首先是由于国际贸易的迅速发展，使得银行的国际业务，如贸易融资、国际结算、跨国投资等发展迅猛。随着战后国际经济交往的日益频繁，尤其是国际间的商品和资本流动迅速增长，跨国公司急剧增加，使银行的各项国际业务都有了很大发展，这在客观上就要求银行把自己的服务网络延伸到国外，为国内企业的发展提供便利条件。银行国际化的另一个原因是由于欧洲货币市场自20世纪50年代产生以来得到了迅速发展，使得越来越多的银行把吸引海外存款作为重要的资金来源。因为在欧洲货币市场上经营灵活，可以节约某些因管制引起的成本，而且还可能会有某些税收优惠，而且欧洲货币市场上的存款利率比较高，贷款利率却较低，这种优势吸引了大量的资金借贷者，许多国内的资金也转移到这个市场上来。这样，各国银行为了获取国际游资，便争相在各大国际金融中心，如纽约、伦敦、芝加哥、苏黎世、东京等设立分支机构，这种趋势大大加快了银行业国际化的步伐。

第二节　商业银行的性质、职能和组织形式

一、商业银行的性质

(一) 商业银行是企业，具有企业的一般特征

商业银行必须具备业务经营所需的自有资本，并达到管理部门所规定的最低资本要求；必须照章纳税；实行自主经营、自担风险、自负盈亏、自我约束；以获取利润为经营目的和发展动力。

(二) 商业银行是特殊的企业——金融企业

商业银行的经营对象不是普通商品，而是货币、资金，商业银行业务活动的范围不是生产流通领域，而是货币信用领域，商业银行不是直接从事商品生产和流通的企业，而是为从事商

品生产和流通的企业提供金融服务的企业。

（三）商业银行是特殊的银行

商业银行作为特殊银行，首先表现在经营性质和经营目标上，商业银行与中央银行和政策性金融机构不同。商业银行以盈利为目的，在经营过程中讲求营利性、安全性和流动性原则，不受政府行政干预。其次商业银行与各类专业银行和非银行金融机构也不同。商业银行的业务范围广泛，功能齐全，综合性强，尤其是商业银行能够经营活期存款业务，它可以借助于支票及转账结算制度创造存款货币，使其具有信用创造的功能。

二、商业银行的职能

（一）信用中介职能

信用中介是商业银行最基本、最能反映其经营活动特征的职能。这一职能的实质，是通过银行的负债业务，把社会上的各种闲散货币集中到银行里来，再通过资产业务，把它投向经济各部门；商业银行是作为货币资本的贷出者与借入者的中介人或代表，来实现资本的融通，并从吸收资金的成本与发放贷款利息收入、投资收益的差额中，获取利益收入，形成银行利润。商业银行成为买卖"资本商品"的"大商人"。商业银行通过信用中介的职能实现资本盈余和短缺之间的融通，并不改变货币资本的所有权，改变的只是货币资本的使用权。

（二）支付中介职能

商业银行除了作为信用中介，融通货币资本以外，还执行着货币经营业的职能。通过存款在账户上的转移，代理客户支付，在存款的基础上，为客户兑付现款等，成为工商企业、团体和个人的货币保管者、出纳者和支付代理人。以商业银行为中心，形成经济过程中无始无终的支付链条和债权债务关系。

（三）信用创造功能

商业银行在信用中介职能和支付中介职能的基础上，产生了信用创造职能。商业银行是能够吸收各种存款的银行，和用其所吸收的各种存款发放贷款，在支票流通和转账结算的基础上，贷款又派生为存款，在这种存款不提取现金或不完全提现的基础上，就增加了商业银行的资金来源，最后在整个银行体系，形成数倍于原始存款的派生存款。商业长期以来，商业银行是各种金融机构中唯一能吸收活期存款，开设支票存款账户的机构，在此基础上产生了转账和支票流通。商业银行以通过自己的信贷活动创造和收缩活期存款，如果没有足够的贷款需求，存款贷不出去，就谈不上创造，因为有贷款才派生存款；相反，如果归还贷款，就会相应地收缩派生存款。收缩程度与派生程度相一致。因此，对商业银行来说，吸收存款在其经营中占有十分重要的地位。

（四）金融服务职能

随着经济的发展，工商企业的业务经营环境日益复杂化，银行间的业务竞争也日益剧烈化，银行由于联系面广，信息比较灵通，特别是电子计算机在银行业务中的广泛应用，使其具备了为客户提供信息服务的条件，咨询服务、对企业“决策支援”等服务应运而生，工商企业生产和流通专业化的发展，又要求把许多原来的属于企业自身的货币业务转交给银行代为办理，如发放工资，代理支付其他费用等。个人消费也由原来的单纯钱物交易，发展为转账结算。

（五）调节经济职能

调节经济是指商业银行通过其信用中介活动，调剂社会各部门的资金短缺，同时在央行货币政策和其他国家宏观政策的指引下，实现经济结构、消费比例投资、产业结构等方面的调整。此外，商业银行通过其在国际市场上的融资活动还可以调节本国的国际收支状况。

商业银行因其广泛的职能，使得它对整个社会经济活动的影响十分显著，在整个金融体系乃至国民经济中位居特殊而重要的地位。随着市场经济的发展和全球经济的一体化发展，现在的商业银行已经凸显了职能多元化的发展趋势。

三、商业银行的组织形式

（一）内部组织形式

大多数商业银行都是按照公司法组织起来的股份银行，其组织结构大致相仿，一般可分为4个系统，即：决策系统、执行系统、监督系统和管理系统。

1. 决策系统

决策系统主要由股东大会和董事会以及董事会下设的各种委员会构成。

股东大会是商业银行的最高权力机构，由全体股东组成，股东大会有权听取和审议银行的一些业务报告，并有权提出咨询，有权对银行的经营方针、管理决策和各种重大议案进行表决。

董事会。商业银行董事会是由股东大会选举产生的决策机构。各银行董事会的人数依银行规模大小不同而定。美国规定每家商业银行的董事至少要有5人，多则可达25人，董事的任期一般1～3年不等，可连选连任。

商业银行董事长由董事会决定。由于董事长在银行中处于举足轻重的地位，所以这一职位通常由那些具有较强的预测能力和交际能力，并与政府有较密切的人士担任，以便为银行的发展提供有利条件。

商业银行董事会负有以下一些重要的职责：① 确定银行的经营目标和经营决策；② 选择银行高级管理人员；③ 设立各种委员会或附属机构，以贯彻董事会决议，监督银行的业务经营活动。主要的委员会有：执行委员会，又叫常务委员会。这是决策机构中最重要的部门，负责从事各项研究，并向董事会提出报告和方案。贷款委员会，又叫贴现委员会。其主要任务是确定各种贷款的规模、审批大额贷款、决定银行利率水平等。考评委员会，负责定期或不定期地考核银行各级工作人员的成绩并向董事会提出报告。

在履行上述职责的过程中，董事们负有法律责任。如果发现董事因管理不善和失职等违法行为而造成经济损失时，要追究董事的法律责任，有的还要作出经济赔偿。

2. 执行系统

商业银行的执行系统由总经理（行长）和副总经理（副行长）及各业务职能部门组成。

总经理（行长）的职责是执行董事会的决定，组织银行的业务活动。也有些商业银行实行董事会制，即董事会既是董事会首脑，又是银行内部的首脑，总经理只是董事长的助手。

在总经理(行长)的领导下,商业银行一般设置若干个副总经理(副行长)以及业务、职能部门。以一个中型银行为例,在其内部可设置贷款、信托与投资、营业、会计、人事和公共关系及开发研究等部门。通常由银行的高级副总经理(副行长)主管贷款业务,在高级副总经理(副行长)领导下,有两个副总经理分别主管工商贷款和其他贷款业务。由 1 名副总经理(副行长)主管信托投资。由 1 名副总经理(副行长)主管营业,包括柜台业务、会计、保管和其他业务。由人事部经理主管人事工作,包括行员培训等。由公共关系部经理负责对外联络工作。

一般把商业银行的贷款、信托与投资、营业、会计等部门称为业务部门,专业经办各项银行业务,而把商业银行的人事、公共关系等部门称作职能部门,主要负责内部管理,协助业务部门开展经营活动。

3. 监督系统

商业银行的监督系统由股东大会选举产生的监事会及银行的稽核部门组成。

监事会由监事组成。银行监事一般都是具有丰富的银行管理经验人员。他们熟悉银行业务的各个环节,能及时发现银行经营活动中存在的问题。监事会的职责是对银行的一切经营活动进行监督和检查。监事会的监察稽核委员会的职责是对银行的一切经营活动进行监督和检查。监事会的检查比集合委员会的检查更具有权威性,它除了检查银行执行部门的业务经营和内部管理之外,还要对董事会制定的经营方针和重大决策、规定、制度及其执行的情况进行检查,一旦发现问题,可以直接向有关部门提出期限改进的要求。

4. 管理系统

商业银行的管理系统由 5 个方面组成:① 全面管理。由董事长、总经理(行长)负责,主要职责是确定银行目标、业务计划和经营预测,并制定政策、指导、控制及评价分支机构及银行业务、职能部门的工作;② 财务管理。由副总经理(副行长)负责,主要职责是负责银行筹资及成本管理、现金管理等。并制定财务预算,进行财务控制,进行审计、税收和风险管理;③ 由人事部门负责,主要职责是招募员工、培训职工、进行工作和工资审评、处理劳资关系;④ 经营管理。由总经理(行长)负责,主要职责是根据银行确定的计划和目标,安排组织各种银行业务,分析经营过程中出现的各种问题,保证银行经营安全;⑤ 市场营销管理。由总经理(行长)、副总经理(副行长)及有关业务、职能部门负责人共同参与,主要职责是分析消费者行为及市场变动状况,确定市场营销战略,开展广告宣传、促销和公共关系,制定银行服务价格,开发产品和服务项目。

(二) 外部组织形式

受国际、国内政治、经济、法律等多方面因素的影响,世界各国商业银行的组织形式可以分为单一银行制、分支银行制和集团银行制以及连锁银行制。

1. 单一银行制

单一银行制是指不设立分行,全部业务由各个相对独立的商业银行独自进行的一种银行组织形式,这一体制主要集中在美国。优点:首先,可以限制银行业的兼并和垄断,有利于自由竞争;其次,有利于协调银行与地方政府的关系,使银行更好地为地区经济发展服务;此外,由于单一银行制富于独立性和自主性,内部层次较少,因而其业务经营的灵活性较大,管理起来也较容易。缺点:首先,单一制银行规模较小,经营成本较高,难以取得规模效益;其次,单一银行制与经济的外向发展存在矛盾,人为地造成资本的迂回流动,削弱了银行的竞争力;再次，单一制银行的业务相对集中，风险较大。随着电子计算机推广应用的普及，单一制限制银行业务发展和金融创新的弊端也愈加明显。

2. 分支银行制

分支银行制又称总分行制。实行这一制度的商业银行可以在总行以外，普遍设立分支机构，分支银行的各项业务统一遵照总行的指示办理。分支行制按管理方式不同又可进一步划分为总行制和总管理处制。总行制即总行除了领导和管理分支行处以外，本身也对外营业；而在总管理处制下，总行只负责管理和控制分支行，本身不对外营业，在总行所在地另设分支行或营业部开展业务活动。优点：实行这一制度的商业银行规模巨大，分支机构众多，便于银行拓展业务范围，降低经营风险；在总行与分行之间，可以实行专业化分工，大幅度地提高银行工作效率，分支行之间的资金调拨也十分方便；易于采用先进的计算机设备，广泛开展金融服务，取得规模效益。缺点：容易加速垄断的形成，实行这一制度的银行规模大，内部层次多，从而增加了银行管理的难度。但就总体而言，分支行制更能适应现代化经济发展的需要，因而受到各国银行界的普遍认可，已成为当代商业银行的主要组织形式。

3. 集团银行制

集团银行制又称为持股公司制银行，是指由少数大企业或大财团设立控股公司，再由控股公司控制或收购若干家商业银行。银行控股公司分为两种类型：① 非银行性控股公司，它是通过企业集团控制某一银行的主要股份组织起来的，该种类型的控股公司在持有一家银行股票的同时，还可以持有多家非银行企业的股票；② 银行性控股公司，是指大银行直接控制一个控股公司，并持有若干小银行的股份。

4. 连锁银行制

连锁银行制又称为联合银行制。它是指某一集团或某一人购买若干独立银行的多数股票，从而控制这些银行的体制。在这种体制下，各银行在法律地位上是独立的，但实质上也是受某一集团或某一人所控制。

第三节　商业银行的业务

一、商业银行的资产负债表

在各类金融机构中，商业银行以其业务范围广泛、业务量大而被称为“金融百货公司”。但在分业经营模式下的商业银行，其基本业务活动仍由负债业务、资产业务和其他业务共同组成。其中，负债业务和资产业务反映在银行的资产负债表中。在这一节中，我们通过对商业银行主要业务活动的介绍和分析，了解商业银行在整个金融运转中的作用。通过资产负债表，可以了解商业银行业务活动的概貌。

项　　目		
资产		
现金		
存放央行款项		

续 表

项　　目		
存放同业		
拆放同业		
贷款		
减：呆账准备		
应收款项		
投资		
减：不良资产处置损失专项准备		
固定资产净值		
在建工程		
其他资产		
资产总计		
负债		
存款		
同业存款		
同业拆放		
借入款项		
汇出款项		
应付款项		
其他负债		
负债合计		
所有者权益		
实收资本		
资本公积		
盈余公积		
未分配利润		
所有者权益合计		
负债及所有者权益合计		

二、商业银行的资产业务

商业银行通过负债业务获得相应的资金来源后，在保证安全性、流动性的前提下，需要对资金进行运用，以获得盈利性目标。而资金运用的方向、数量就形成了商业银行的资产结构。商业银行的资金运用主要是用于购买可以带来收入的资产。其中贷款和证券投资在西方商业银行几乎占了银行资产的85%以上。另外还包括了现金资产、固定资产等其他资产。

(一) 现金资产

现金资产可以作为准备金,也可以预防提取存款,还可以用来满足新的贷款需求。现金资产包括通货和铸币(由于这笔资金在营业时间之外是存放于银行的现金库房之中的,所以也被称为库存现金)、在中央银行的存款、在其他商业银行的存款及在途待收的现金项目。

(1) 库存现金,是指商业银行保存在现金库房中的现钞和铸币。库存现金的主要作用是商业银行用来应付客户提现和银行本身的日常零星开支。

(2) 在中央银行存款,指商业银行存放在中央银行的资金,即存款准备金。在央行存款由两部分构成:一是法定的存款准备金;二是超额准备金。法定存款准备金是按照法定比率向央行缴存的存款准备金,即将吸收存款的一部分按央行规定的比率保存在中央银行。超额准备金有广义和狭义之分,广义的超额准备金是指商业银行吸收的存款中扣除法定存款准备金以后的余额(即商业银行可用资金);狭义的超额准备金则指在存款准备金账户中,超过了法定存款准备金的那部分存款。商业银行在央行存款的目的一方面是达到法定准备金要求,另一方面是通过央行的票据交换系统便利票据结算。

(3) 存放同业存款,是指商业银行存放在代理行和相关银行的存款。商业银行在其他银行保持存款的目的是为了便利银行在同业之间开展代理业务和清算收付。

(4) 在途资金,也称托收未达款。指最近存入银行但还没有贷记于该行在央行的存款账户的支票总价值。

目前在西方国家,现金资产占总资产的比重约5%左右,我国约为10%。

(二) 贷款

贷款是商业银行作为贷款人按照一定的贷款原则和政策,以还本付息为条件,将一定数的货币资金提供给借款人使用的一种借贷行为。贷款业务是商业银行的传统核心业务,也是商业银行最主要的盈利资产,是商业银行实现利润最大化目标的主要手段。贷款按照不同的标准可进行不同的分类。

1. 按贷款期限分类

按贷款期限分类,银行贷款可分为活期贷款、定期贷款和透支三类。活期贷款是指在贷款时不确定偿还期限,可以随时由银行发出通知收回资金的贷款。定期贷款是指具有固定偿还期限的贷款。定期贷款按照偿还期限的长短,又可分为短期贷款、中期贷款和长期贷款。短期贷款是指期限在1年以内(含1年)的各项贷款;中期贷款是指期限在1年以上5年以内的各项贷款;长期贷款是指期限在5年以上的各项贷款。定期贷款因其订明还款期限,一般不能提前收回。透支是指活期存款户依照合同向银行超额提取账户资金。

2. 按贷款的保障条件分类

按贷款的保障条件,银行贷款可分为信用贷款、担保贷款和票据贴现。信用贷款是指银行完全凭借客户的信誉而无须提供抵押物或第三者保证而发放的贷款。担保贷款具有一定的财产或信用作还款保证的贷款。根据还款保证的不同,具体分为抵押贷款、质押贷款和保证贷款。抵押贷款是指按规定的抵押方式以借款人或第三者的财产作为抵押发放的贷款;质押贷款是指按规定的抵押方式以借款人或第三者的动产或权利证书作为质物发放的贷款；保证贷款是指按规定的保证方式以第三人承诺在借款人不能偿还贷款时，按约定承担一般保证责任或者连带责任而发放的贷款。票据贴现是指银行应客户的要求，以现款或活期存款买进客户持有的未到期的商业票据的方式发放的贷款。贴现是贷款的一种特殊方式。

3. 按贷款发放的对象分类

（1）工商业贷款。这是商业银行的主要贷款形式，约占贷款总额的 1/3 左右，用于企业补充流动资金，更新设备，扩大生产规模的资金需要。工商贷款的主要形式有：① 普通限额贷款。是商业银行与企业签订的一种非正式贷款协议，往往确定一个贷款限额，在这一限定内，企业可以随时得到商业银行的贷款支持，限定的有效期一般较短，如在美国一般为 90 天以下。② 备用信贷承诺。是一种正式的，并且有法律效力的贷款协议，商业银行与企业签订正式的贷款合同，商业银行承诺在指定期限以及限额内，向企业提供相应的贷款。企业为此要向银行支付承诺费，承诺费一般为未使用部分或全部限额的 0.25%～0.75%。③ 循环贷款。也是一种正式的具有法律效力的协议。根据循环贷款协议，商业银行有义务满足企业在最高限额内的贷款要求。企业也必须支付承诺费，费用一般为未使用或全部限额的 0.5%～0.7%，循环贷款的期限一般为3～5 年，属中期贷款。④ 票据发行服务。指银行代理企业发行商业票据，当票据发行不理想时，商业银行则自行购入票据或向企业发放贷款以补足企业的资金需要。

根据工商业所需资金的具体用途，工商业贷款又可分为资金贷款、中期贷款、项目贷款等。营运资金贷款是补充流动资金的贷款，其还款来源主要是产品的销售收入。中期贷款大部分用于企业的设备购置和固定资产改造。项目贷款一般用于风险大、成本高的建设项目，如冶炼、化工和矿山等。

（2）不动产贷款。不动产贷款包括以民用建筑、农场、工商业财产为抵押的长期贷款；向建筑商提供的短期贷款，这种贷款一般是在房屋建成并出售之后进行偿还；另外还有住房贷款。房地产缺乏流动性并且伴有较高的利率风险和欺诈风险，银行发放固定利率的抵押贷款将面临在贷款发放后利率急剧上升的风险。

（3）消费贷款。消费贷款主要是贷放给个人用来购买消费品或支付劳务费用的。消费贷款又有直接和间接两种形式。直接消费贷款是指直接贷给消费者货币，约期一次归还或分期偿还，也可通过信用卡业务，采取随借随还的循环形式；间接消费贷款，是以资金融通给工商企业，通过赊销方式支持消费者以分期付款或推迟付款的形式购买消费品，也可以称为卖方信贷。

（4）其他贷款。指除以上三种放款之外的各种贷款。如对其他银行和金融机构的贷款；对农业的流动资金贷款或中长期贷款；对证券经纪人的贷款，以及对外国政府和官方机构的贷款等。

4. 按贷款的偿还方式分类

银行贷款按照其偿还方式的不同，可以分为一次性偿还和分期偿还两种方式。一次性偿还是指借款人在贷款到期日一次性还清贷款资本金的贷款，其利息可以分期支付，也可以在归还本金时一次性付清。分期偿还贷款是指借款人按规定的期限分次偿还本金和支付利息的贷款。

5. 按贷款质量分类

按贷款的质量和风险程度划分，银行贷款可分为正常贷款、关注贷款、次级贷款、可疑贷款和损失贷款五类。正常贷款是指借款人能够履行借款合同，有充分把握按时足额偿还本息的贷款；关注贷款是指贷款的本息偿还仍然正常，但是发生了一些可能会影响贷款偿还的不利因素，如果这些因素继续存在下去，则有可能影响贷款的偿还；次级贷款是指借款人依靠其正常的经营收入已经无法偿还贷款的本息，而不得不通过重新融资或拆东墙补西墙的办法来归还贷款，表明借款人的还款能力出现了明显的问题；可疑贷款指借款人无法足额偿还贷款本息，即使执行抵押或担保，也肯定要造成一部分损失；损失贷款是指在采取了所有可能的措施和一切必要的法律程序之后，本息仍然无法收回或只能收回极少部分。

（三）投资

投资是指银行用其资金购买有价证券的活动。银行购买的有价证券主要是政府债券、公司债券以及股票等。投资的主要是商业银行取得利润，分散风险，保持资产流动性以及控制其他企业或与其他企业保持密切关系。银行从事证券投资活动，更多的是从保持资产流动性方面考虑，因而，银行投资的证券一般都是信誉高、容易转让的证券。当第一线现金准备不足时，可以立即把这些有价证券出售变现，以应急需。当然，如果不需要动用，则可将这些有价证券用作获利手段。政府债券信誉较好，商业银行大多乐于投资，一般占证券投资的70%左右，特别是国库券，由于期限短（一般3～6个月）很受欢迎。其次是政府中长期债券、政府机构债券等。此外一些财力雄厚、信誉较高的公司债券也是商业银行的投资对象。综合性商业银行投资对象还有股票。但分业经营的商业银行往往不得投资于股票。西方国家银行证券投资是银行资产中的重要一项，几乎占了银行资产的1/4，其提供的收入大约占银行总收入的15%。目前我国商业银行投资占银行资产的比重还非常低，投资的对象也较单一，主要是国债。

（四）其他资产

其他银行资产包括银行的实物资产，如银行的建筑、计算机、自动提款机和其他设备等固定资产，另外还包括从有欺诈行为的借款人手中取得的附属担保物等。

三、商业银行的负债业务

从资金来源和资金运用的角度来看，形成银行资金来源的业务统称为负债业务，形成银行资金运用的业务统称为资产业务。商业银行的负债业务主要包括银行筹集的自有资本和吸收外来资金。

（一）银行资本

资本从会计学的角度来说，就是指资产总值减去负债总值后的净值，这个净值称所有者权益或产权资本或自有资金。银行资本的内涵较会计上的资本含义有所不同，除了所有者权益外，它还包括一定比例的债务资本。1988年7月，由西方12国的央行在瑞士通过的《巴塞尔协议》以及随后的《补充协议》将银行资本分成一级资本（或核心资本）和二级资本（或附属资本），一级资本由永久性的股东权益和公开储备组成。永久性的股东权益，包括已发行并完全缴足的普通股股本和永久性非累积优先股。公开储备指的是保留盈余和其他盈余，如股票发行溢价、保留利润、普通准备金和法定准备金的增加值等创造和相应增加的储备。对于合并列账的银行持股公司来说，核心资本成分中还包括不完全拥有的子银行公司中的少数股东权益。

二级资本又称为附属资本或债务资本，主要由未公开储备、重估准备、普通呆账准备金、普通贷款损失准备金、带有债务性质的资本债券、长期次级债券所组成。

（二）银行负债

1. 银行负债的构成

商业银行负债的构成主要由存款和其他负债两方面内容构成。

(1) 存款：存款是商业银行动员外来资金的主要形式，也是银行营运资金的最大来源，一般占商业银行资金来源的70%以上。商业银行为了满足存款人的多种需要，开办了各种各具特色的存款种类，而且随着经济发展和市场的变化，以及政府管制的放宽而不断创新。按不同的标准，可将存款分为不同种类，如按存款人的性质，可以分为个人存款、公司存款、政府存款和同业存款；按存储时间，可以分为短期存款和长期存款；按提取存款方式，可以分为活期存款、定期存款和储蓄存款。西方各国商业银行存款种类划分很灵活，各国银行划分标准也不尽相同。一般来说，常用的传统分类，是将存款分为活期、定期和储蓄三大类。

活期存款是指可由存户随时存取和转让的存款。它没有确切的期限规定，银行也无权要求客户取款时作事先的书面通知。持有活期存款账户的存款者可以用各种方式提取存款，如开出支票、本票、汇票、电话转账，使用自动出纳机或其他电传手段。但在各种取款方式中，最传统的是支票提款，因此活期存款在国外又称作支票存款。活期存款是商业银行的主要资金来源。在20世纪50年代以前，银行负债总额中的绝大部分都是活期存款；50年代以后，由于活期存款的利率管制及闲置资金机会成本的增加和存款工具创新等，使活期存款的比重有较大幅度下降，目前约占银行全部负债的30%左右。活期存款账户的客户，大多是工商企业和非盈利性单位（包括个人），存款的目的是为了结算便利，一般不计付利息。我国银行的或其存款主要来自企业单位存款，支付较低的利息。

定期存款是客户和银行预先约定存款期限的存款。存款期限在美国最短为7天，期限长的则可达5年或10年，利率视期限长短而高低不等，但都要高于活期存款。传统的定期存款要凭银行所签发的定期存单提取，存单不能转让，银行根据存单计算应付本息。目前各国的定期存款则有多种形式，包括可转让或不可转让存单、存折或清单等，定期存款原则上要到期才能提取，提前支款一般要支付较高的罚息。开立定期存款的客户，其主要目的是为了获得稳定、低风险的利息收入，同时还可以动产质押方式取得银行贷款。定期存款是银行稳定的资金来源，在银行负债总额中占有较大的比重。

对于储蓄存款的概念国内外有明显的差异。美国把储蓄存款定义为“存款者不必按照存款契约的要求，而是按照存款机构所要求的任何时间，在实际提取日前7天以上的时间，提出书面提款的一种账户”。在西方国家，储蓄存款多是一种以存折为存取凭证的存款，有一定的利息，不能使用支票，不能转账，故又称存折存款。我国的储蓄存款专指居民个人在银行的存款，其中又分储蓄活期、储蓄定期、储蓄定活两便等多种形式。政府机关、企事业单位的所有存款不能称为储蓄存款。

(2) 其他负债：除了从存款者那里获得资金以外，商业银行还可从其他渠道获得非存款性借款或债务，这主要包括：① 向同业借入资金。又称同业拆借，是资金不足的银行向超额储备的银行借入资金。这种借贷方式在美国称为“借入联邦基金”。同业拆借一般是短期的，如果需要，经双方同意可以续借。我国的同业拆借市场由1～7天的头寸市场和期限在120天内的借款市场组成,是在1996年开通的有形市场,目前发展势头良好。② 向中央银行再贴现或再贷款借入资金。再贴现指经营票据贴现业务的商业银行将其买入的未到期的贴现票据向中央银行再次申请贴现,又称向央行的间接借款。再贷款是中央银行向商业银行的信用放款,又称向央行的直接借款。在市场经济发达国家,再贴现是向央行借款的主渠道。目前我国向央行借款则主要采取再贷款这一方式。③ 通过发行金融债券,出售可转让的定期存单等金额资产,借入资金。④ 借入欧洲货币市场资金。一些大商业银行也可以在国际金融市场上借款,以扩大国内的放款和投资规模。⑤ 通过回购协议借入资金。回购协议指商业银行在出售证券等金融资产时签订协议,约定在一定期限后按约定价格购回所卖证券,以获得及时可用资金的交易方式。⑥ 临时资金占用。商业银行在办理一些中间业务过程中,可以占用一部分客户的资金,作为自己的资金来源。例如,通过办理代客买卖有价证券、代收款项、信用证、承兑票据等业务,占用客户的资金;通过同业间代理业务,占用同业和其他金融机构的资金。

2. 银行负债的作用

(1) 银行负债是银行开展资产业务的基础和前提。银行负债提供了银行90%以上的资金来源。银行负债的规模大小,制约着银行资产规模的大小;银行负债的结构包括期限结构、利率结构、币种结构等决定着资产的运用方向和结构特征,同时银行负债也是银行开展中间业务的基础。

(2) 银行负债是保持银行流动性的手段。只有通过负债业务,银行才聚集起大量可用资金,以确保合理贷款的资金需求和存款提取转移的资金需要,同时负债也是决定银行盈利水平的基础。

(3) 银行负债是社会经济发展的强大推动力。商业银行通过负债把社会的闲置资金集中起来,在社会资金存量不变的情况下,扩大了社会生产资金总量。

(4) 银行负债是银行同社会各界联系的渠道。社会所有经济单位的闲置资金和货币收支,都离不开银行的负债业务,银行负债是银行进行金融服务和监督的主要渠道。

四、商业银行的中间业务

前已述及,商业银行的四大基本职能是信用中介、支付中介、金融服务和信用创造。其中,支付中介和金融服务就是典型的中间业务。而信用创造则完全建筑在信用中介和支付中介的基础之上。现代银行业的竞争和发展,以开始突破传统存贷款业务信用中介为框架,以全面拓宽非信用中介的中间业务为主攻方向。

(一) 中间业务的概念

就广义的角度而言,除银行资本外,商业银行的一切业务都可称为中间业务。如资产负债表中最传统典型的存贷款业务,就是先吸收存款,后发放贷款,银行完全居间,因而是典型的信用中介。从狭义的角度考察,凡是资产业务、负债业务以外的一切业务都可称之为中间业务,也就是说,凡不能在银行资产负债表中直接反映出来的业务,都可归属于中间业务的范畴。商业银行在从事中间业务时,不直接作为信用活动的一方出现,不直接以债权人和债务人的身份进行资金交易,在一般情况下不动用或很少动用自己的资金,也不吸纳别人的资金为自己所支配,因而不形成或不直接形成银行的资产和负债,因此也就无法在银行的资产负债表中作直接的反映。

商业银行的中间业务可定义为：不在资产负债表内反映的，银行不动用或较少动用自己的资财，主要以中间人的身份替客户办理收付和其他委托事项，提供各类金融服务并收取手续费的业务。

（二）中间业务的分类

1. 按一般分类标准划分

按一般标准和尺度进行划分，大体有以下四种分类方法：

（1）按银行开展中间业务时的身份划分，可将中间业务分为委托性业务、代理性业务和自营性业务。

委托性业务是指银行在接受客户委托后以自己的名义开展业务的各类中间业务，如各种结算业务、信托中的各类委托业务等。在这些业务中，银行都是受当事人一方的委托，以受托人的身份参与的，通常银行只收取手续费，而对这些业务的后果不需负责。

代理性业务是指银行在接受客户委托后，以客户的名义开展业务的各类中间业务。如代理收付款、代发工资、代销国债、代办保险等。在这类业务中，由于银行只是按代理人的身份参与，要以客户（委托人）的名义并完全以客户的意愿和要求办理业务，所以一般不承担什么责任。

自营性业务是指银行作为当事人，直接主动地参与的各类中间业务。如担保业务、承诺业务、咨询评估业务、衍生工具交易业务等。在这些业务中，由于银行都是直接作为当事的一方参与的，因而需要承担与这些业务有关的一切风险责任。如评估虽然没有通常意义上的财产风险损失，但银行却要为评估的结果负全部责任。

商业银行在办理中间业务时所处的身份不同，决定了其所拥有的权力和应负的责任也不相同。代理业务所负责任最小，相应拥有的权力也最少，通常不需要承担什么后果，但也没有什么自主权，一切要按委托人的意志办。商业银行办理委托业务要受客户委托程度的限制，通常不承担风险损失的后果，由于是以银行自己的名义开展业务的，故要承担信誉损失的后果。商业银行办理自营业务所负的责任最大，要承担所有后果，但同时权力也最大，可自主经营。

（2）按是否与信用活动有关划分，可将中间业务分为信用性中间业务和非信用性中间业务。

信用性中间业务是指与所有同信用业务有关的中间业务，如担保业务、承诺业务、融资性中间业务、衍生金融工具业务等。这类中间业务同资产负债表内业务的关系很密切，有的是由资产负债业务派生出来的，可以看作是资产负债业务的延伸。由于这些中间业务在一定条件下可能会转化为表内业务，因而随时有可能对资产负债表的平衡带来冲击，也随时有可能造成额外的流动性需求和新的风险资产。

非信用性业务是指所有同信用业务没有关系的中间业务，如结算业务、各种管理性中间业务，以及咨询评估等业务。这类业务是银行为了增加利润、扩大业务范围而推出的，不会转化为表内业务，也不会形成新的风险资产。

由于信用性中间业务同货币所有权的经营行为有关，故特别受金融监管当局的注意，管制比较严密。而非信用性中间业务则不存在这个问题，故相对管制较松。

（3）按在从事中间业务时的位置划分，可将中间业务分为中介性中间业务和非中介性中间业务。中介性的中间业务需要同时处理、协调多个客户的关系，而非中介性的中间业务则只需处理单一客户的关系。

(4) 按服务对象划分，可将中间业务分为对外服务型中间业务和自我服务型中间业务。

对外服务型中间业务是为满足客户需要的中间业务。商业银行的绝大多数中间业务都是对外服务型的。银行开办这类中间业务可收取各种手续费，以实现盈利性目标为宗旨。

自我服务型中间业务是满足银行自身经营中需要的业务，如为减少和躲避风险而开展的衍生金融工具交易，就是为了实现安全性目标服务的；而承诺、承兑、期货、期权等中间业务，便于银行统筹安排资金，有利于流动性目标的实现等。

2. 按风险程度和功能性质分类

按风险程度分类，可把商业银行的所有中间业务基本概括为两大类：一类是基本没有经营风险或风险较低的中间业务；另一类则为有经营风险或风险度较高的中间业务。风险度较低的中间业务，包括上述委托性中间业务、代理性中间业务、中介性中间业务、非信用性中间业务、对外服务型中间业务等；而风险度较高的中间业务，则由自营性中间业务、信用性中间业务、非中介性中间业务和自我服务型中间业务等组成。可以认为，风险度较高的中间业务，基本等同于《巴塞尔协议》所规定的狭义的表外业务；除此之外的中间业务，则都可归入风险度较低的中间业务。

(1) 风险度较低的中间业务。

① 结算性中间业务。这是指银行为办理客户的债权债务关系而引起的货币收付业务。商业银行使用票据和汇兑、托收承付、委托收款等方式进行货币给付和资金清算，是典型的结算性中间业务。此外，如信用卡、进口押汇等，由于其主要功能是结算，故也可归入结算性中间业务。

② 管理性中间业务。这是指商业银行接受客户委托，运用其自身的职能及经营管理和信息技术的优势，为客户提供各种服务而引起的有关业务。如各种代理业务，包括代保管、代理理财服务、代理清债服务以及现金管理业务等。

③ 服务性中间业务。这是指银行为客户提供的咨询、评估、财务顾问、计算机服务等内容广泛的中间业务。由于这类业务不是以接受客户的全权委托为前提，而是银行的主动出售，因而不同于管理性中间业务，是纯粹的服务性中间业务。

(2) 风险度较高的中间业务。

① 担保性中间业务。这是指由商业银行向客户出售信用，或为客户承担风险引起的有关业务。如担保业务、承诺业务、承兑信用证业务等。这类中间业务往往是以信用业务的替代形式出现的，属于《巴塞尔协议》表外业务的范畴。

② 融资性中间业务。这是指银行向客户提供的传统信贷以外的融资性服务。如信托投资就是较典型的融资性中间业务。此外，如出口押汇业务、代理融通业务也可认为是一种融资性中间业务。

③ 衍生金融业务。这是指商业银行由于从事与衍生金融工具有关的各种交易而引起的业务，包括金融期货、期权、互换业务等。

第四节 商业银行的经营管理

商业银行是一个盈利性组织，与其他企业一样，盈利是商业银行经营的基本目标。但由于商业银行经营对象的特殊性，银行的经营活动还必须保证安全性和流动性。安全性、流动性和盈利性共同构成了商业银行的经营管理原则。这些原则贯穿于银行的各项业务活动，并在不同时期演化成银行的经营管理理论。

一、商业银行的经营管理原则

商业银行的经营管理原则为安全性、流动性和盈利性。它们强调的重点不同，在实施过程中也存在着一定的矛盾和冲突，如何在这些原则之间保持合理平衡，是银行管理者们最基本的难题。

（一）安全性

安全性是指避免和控制经营风险，保证银行资金安全的要求。银行业是一个风险高度集中的行业，商业银行在经营中面临各种风险，包括信用风险、利率风险、流动性风险、操作风险、市场风险、法律风险、国家风险等。各种风险都会影响银行的经营活动，并可能给银行带来损失。因此，在银行经营活动中，必须识别风险、规避风险、控制风险。安全性是银行经营活动中首先要考虑的一个问题。只有在安全性有保证的前提下，银行才可能筹集到资金，才能正常开展各项业务，才可能去追求最大的利润。虽然在一个高度变化的经济环境中，银行要想完全避免风险是不可能的，但商业银行从安全性原则出发，通过加强自身的管理，通过自身的预测能力，采取必要的避险手段来降低风险却是完全有可能的。

（二）流动性

流动性是指资产在不发生损失的条件下及时转变为现金的能力。坚持流动性原则的理由来自负债方面和资产方面。从负债方面看，因为银行靠负债经营，而负债大多是存款，存款者会随时到银行提取现款。如果银行一味追求利润而置流动性于不顾，那么，当存款户要求提款时，银行万一拿不出现金，就可能引起恐慌，使银行信誉下降，严重时还可能会引起存款者的挤兑风潮，导致银行停业或破产。经营中存在流动性风险，并可能给银行带来致命的后果。为了保证流动性，银行在经营活动中，一方面要力求使资产具有较高的流动性，另一方面必须力求使负债业务结构合理并保持有较多的融资渠道和较强的融资能力。从资产方面看，在银行业，当银行老客户提出贷款要求时，银行一般会尽快向其发放贷款，但如果此时银行告诉客户流动资金不足不能满足其要求时，银行老客户的“示范效应”将会消失，导致银行客户流失，银行将为此承受损失。因此，无论从资产方面还是负债方面都要求银行必须掌握一定数额的现金和流动性强的其他资产。现金是流动性最强的资产，银行保留的现金资产包括库存现金和法定准备金，称为银行的第一准备，是银行满足流动性需要的第一道防线。银行持有的短期证券，也具有较强的流动性，这些资产能在较短的时间内转变为现金，并且还具有一定的收益，这类资产称为银行的第二准备，是银行满足其流动性需要的第二道防线。

（三）盈利性

盈利性是指银行为其所有者获取利润的能力。商业银行作为经营性企业，获取利润是其最终目标，也是其生存的必要条件，因为只有获取了足够的利润，银行才能扩大自身规模，巩固自身信誉，提高自身竞争力，以在激烈的市场竞争中立于不败之地。从本质意义上讲，安全性、流动性和盈利性三者是统一的。只有在安全性有保障的前提下，银行才可能广泛开展负债活动，获得业务资金来源，也才能在经营中创造盈利，为股东增加价值；只有在保持较高的盈利水平的条件下，银行才能获得公众的认可，才可能增加资本的积累，增强抵御风险和履行付款责任的能力；只有在流动性有保证的背景下，银行才可能持续经营，为盈利奠定基础。如果银行贷款在安全性上出了问题，最终给银行带来损失，这势必影响银行的盈利，并可能对银行流动性构成威胁；如果银行流动性不佳，可能会迫使银行折价出售其优质资产，并因此蒙受损失；而盈利不佳的银行也很难得到公众的积极评价，使业务活动开展面临各种障碍。但在实际经营活动中，银行管理者经常面临的是盈利性原则与安全性原则、流动性原则相冲突的情形。通常，盈利性高的资产其风险也大，流动性也差，而安全性高、流动性强的资产其盈利性也有限。因此，银行必须在安全性、流动性和盈利性三者之间不断寻踪最佳平衡点，这也正是银行管理的艺术所在。

二、商业银行经营管理理论

从现代商业银行产生至今，商业银行走过了漫长的历史过程。在长期的经营实践中，银行管理理论也不断发展，经历了从资产管理到负债管理再到资产负债综合管理的变化，以适应不同经营环境的变化。

(一) 资产管理理论

资产管理是商业银行的传统管理办法。资产管理理论在银行管理思想中也长期占据着统治地位，这种情况一直持续到 20 世纪 60 年代。这种理论认为，银行的负债主要取决于存款人的选择，银行可作为的空间非常有限，银行增加收入和确保安全性、流动性的重点是对资产的有效管理。通过对银行资产结构的合理安排，银行才能实现安全性、盈利性和流动性的协调统一。因此，银行管理的重点是资产管理。在资产管理中，确保流动性和安全性是第一位的，尤其是流动性，因此，资产管理理论也被称为流动性管理理论。围绕如何提高资产的流动性，资产管理理论经历了不同的发展阶段。

1. 商业性贷款理论

商业性贷款理论也被称为真实票据理论，是在 18 世纪英国银行管理经验的基础上发展起来的，最早见于亚当·斯密的《国富论》。该理论认为，由于银行贷款的资金主要来自于存款，尤其是易于波动的活期存款，为应付存款人难以预料的提存，银行一定要保持资金的高度流动性，所有贷款必须是短期的和商业性的，是用于商品的生产过程和流通过程中的，是自偿性的。所谓自偿性是指在生产或购买商品时所借的款项，可以用生产出来的商品或出售商品的款项予以偿还。最主要的自偿性贷款是票据贴现和商品抵押贷款。商业性贷款理论的形成有其历史背景。在中央银行尚不存在或尚不承担最后贷款人的作用时，丧失流动性的银行很难继续经营。即使有了中央银行，按商业性贷款理论的要求发放贷款，对贷款的安全性和流动性也有非常积极的作用。进一步从货币政策的角度看，贷款随商业周期的变化而相应收缩、扩张，对保持货币流通的稳定有重要意义。但这一理论的缺陷也是不能忽视的。如果银行只发放具有自偿性的贷款，不仅无法满足社会多方面的信贷需求，而且对银行自身的发展也会极为不利。又由于短期资产的收益较低，银行只经营自偿性短期贷款业务，可能对银行的盈利产生不利影响。另外，自偿性贷款并不是没有风险，在经济萧条时期，即使是以商品作抵押的短期放款，仍可能由于买卖链条的中断而导致不良贷款。

2. 可转换理论

这种理论是美国的莫尔顿于1918年在《政治经济学杂志》上发表的“商业银行及资本形成”中提出的。该理论认为，为了应付提存所需保持的流动性，银行可以将资金的一部分投入具有二级市场交易的证券，这些生利资产能随时出售转换现金，这样，银行放款就可不再限于短期和自偿性。可转换理论的产生，同样有其特定的历史背景。该理论提出的时间，正值一战之后，美国因军费需要，大量发行公债，债券市场空前发展。而信用风险很小的公债，正是最易于转换为现金的生利资产。因此，银行投资于公债，不仅满足了政府发行的需要，也有益于银行流动性管理的改善。时至今日，银行流动性管理的主要资产仍以政府债券为主。但可转换理论并非无懈可击。当金融市场崩溃，证券行市大跌时，银行持有的政府债券也很难满足流动性管理的需要。

3. 预期收入理论

预期收入理论产生于20世纪40年代末。这一理论认为，一笔好的贷款，应当根据借款人预期收入或现金流量而制定的还款计划为基础，这样，即使银行发放一些长期的贷款，由于有借款人的预期收入作为保证，也不至于影响银行的流动性。显然，这一理论强调的不是贷款对象能否自偿，也不是担保品能否迅速变现，而是借款人是否有用于还款的预期收入。根据借款人的预期收入安排贷款的期限和还款方式，银行就能保持规律性的现金流入，维持高度的流动性，满足应付存款的提取和业务中其他方面的资金需求。根据这一理论，银行贷款的范围可以大大拓宽，中期商业放款、消费者分期付款的放款和不动产抵押贷款都可以经营，银行的贷款结构就此发生很大变化，盈利能力有较大提高。预期收入理论的问题在于借款人预期收入的判断有很大的主观性，受信息不对称的影响很大，并且由于经济波动的原因，预期收入最终能否实现也有很大不确定性。银行以预期收入为依据发放贷款可能隐含着不小的风险。

（二）负债管理理论

负债管理理论产生于20世纪60年代。当时，西方金融市场的突出现象是经济繁荣，通货膨胀率开始上升，利率因此上涨，社会对贷款需求强劲。而此时的商业银行在筹资方面面临严峻的市场压力。由于银行存款利率仍处于政府的严格管制之下，存款对公众的吸引力显著下降，存款流失，阻碍了资产业务的开展。在这一背景下，银行如果不积极筹措资金，将很难维持和发展。于是，迫于市场压力，银行开始将目光转向负债管理，通过在金融市场上主动寻找资金来满足自身资金需求。负债管理理论认为，银行的流动性不仅可以通过加强资产管理来获得，向外借款也可提供流动性。而商业银行以借入资金的方式来保持银行的流动性，不仅可以扩大资产规模，提高银行处理资金需求问题的灵活性，而且由于无需经常保有大量的高流动性资产，资金可以投入到更有利可图的资产上，这对银行的盈利无疑是有好处的。商业银行的负债管理活动可以分为两类。一类是合理利用现有的负债渠道，完善银行的负债结构，降低负债风险和负债成本。目前商业银行可选择的主动性负债渠道主要有：同业拆借、发行大额可转让存单、通过证券回购协议向大企业借款、从国际货币市场借款、向中央银行借款，以及发行金融债券等。这些途径各有其特点，银行管理者应根据具体情况，合理选择最有利的资金来源。另一类是积极进行金融创新，在法规所允许的范围内，尝试新的负债。实际上，20世纪80年代以来的大量金融创新集中在银行负债工具上。负债管理理论的出现及其在银行业的运用，丰富了银行经营管理的内容，为银行业务规模和范围的扩大创造了有利条件。但负债管理在扩大银行盈利的同时，也增大了银行的风险。各种主动型负债工具的期限通常很短，利用这些工具筹资要面临联系筹资的问题，这不仅使这些负债的成本难于控制，而且受金融市场波动的影响非常大。因此，过于依赖借款来满足放贷或流动性的需要很容易陷入资金周转不灵、利差不稳定的状况，不利于银行稳健经营。

(三) 资产负债综合管理理论

资产负债综合管理理论产生于 20 世纪 70 年代末 80 年代初。无论是资产管理还是负债管理，都只是从一个侧面来对待银行的盈利性、流动性、安全性，因此很难避免顾此失彼或重此失彼现象的发生。比如资产管理过于强调安全性和流动性，往往以牺牲盈利为代价，这不足以鼓励银行的积极进取；而负债管理过于侧重依赖外部借款，增大了银行经营风险。因此，人们日益认识到，一个能将盈利性、流动性和安全性三者组合推进到更协调合理、有效率的管理，应该是对资产和负债的并重的、综合性的管理。资产负债综合管理的基本思想是将资产和负债两个方面加以对照及作对应分析。一种较为简单的资产负债综合管理方法是资产分配法。它产生于 20 世纪 60 年代，强调根据各种资金来源的特点来确定资产的分配方向。例如活期存款的周转速度比较快，可以主要用于一级准备和二级准备这类高流动性资产；定期存款可以用作盈利性较高的资产；银行自有资本则用作长期投资。这种方法的好处在于，它通过周转速度和流动性这两个环节，将资产和负债有机地联系起来，使两者在规模和期限上保持一致。这比那种对所有资金来源都同等对待的方法有很大进步，但它仍是比较粗糙的。目前这种方法已经为许多商业银行所抛弃，各国商业银行普遍采用的是缺口管理法和资产负债比例管理法。

1. 缺口管理

所谓缺口是指银行的利率敏感性资产与利率敏感性负债的差额。缺口管理，是根据期限和利率等指标将资产和负债划分为不同类型，然后对同一类型的资产和负债之间的差额，即缺口(Gap)进行分析管理。以利率指标为例，银行的资产和负债可以划分为利率敏感型的和利率非敏感型。短期和浮动利率的资产或负债为利率敏感型的资产或负债。然后根据这两类资产负债的不同组合，银行可以有三种不同的缺口状态：零缺口、正缺口和负缺口。零缺口是利率敏感性资产数量等于利率敏感性负债数量，正缺口是利率敏感性资产数量大于利率敏感性负债数量，也称资产缺口，负缺口正好相反。零缺口意味着从银行账面上看，银行的盈利能力保持不变，因为无论利率是上升还是下降，资产收益的变化量总是与负债利息支付的变化量相等，二者相互抵消。因此，从理论上看，银行的收益可以满足不变。

2. 资产负债比例管理

资产负债比例管理则是通过一系列资产负债比例指标来对银行的资产负债进行监控和管理。它既可以作为银行的一种业务管理方式，也可以作为银行监管部门对银行进行监管的一种手段。我国商业银行从 1994 年开始实施资产负债比例管理，所使用的主要比例指标有资本充足率、存贷款比例、中长期贷款比例、资产流动性比例、拆借资金比例等。

案例 1 工商银行第五年蝉联全球“市值第一银行”

中国工商银行是中国最大的商业银行，中国四大国有商业银行之一，世界五百强企业之一，上市公司。上证A股：工商银行(601398)。中国工商银行(简称工行)成立于1984年。作为中国资产规模最大的商业银行，经过20多年的改革发展，中国工商银行已经步入质量效益和规模协调发展的轨道。2003年末资产总额近53 000亿元人民币，占中国境内银行业金融机构资产总和的近1/5。2003年英国《银行家》杂志按一级资本排序，中国工商银行名列全球1 000家大银行的第16位，连续五次入围美国《财富》全球500强，并被美国《远东经济评论》评为中国高质量产品(服务)十强。

截至2011年12月30的数据，工商银行连续第五年获得了“市值第一银行”。在全球市值十大银行榜(以下简称“银行十强”)上，中资银行有中国工商银行、中国建设银行、中国农业银行以及中国银行四家位列其中。全球市值十强公司榜(以下简称“全球十强”)中，有中国石油和中国工商银行两家中国企业。

根据5年来排名数据的变换可以发现，“这世间唯一不变的是变化本身”。特别是2008年的金融危机，很大程度上促成了世界经济格局和企业排名的变化，特别是中国工商银行脱颖而出，成长为全球盈利、市值、存款和品牌价值第一的银行。中国工商银行的稳步发展是中国银行业近5年来稳健发展的一个缩影。中国的银行业以其稳健的经营结构和较低的杠杆比例，不仅经受住了金融危机的考验，并继续保持了平稳增长的势头，在国际银行同业中独树一帜。结合排名数据可归纳出以下几点：

首先，从全球十强榜来看，呈现出区域分布多样化的核心特征，尤其是2008年“百年一遇”的全球金融危机的爆发更在相当程度上加快了全球经济多元化的势头。第一，全球十强分布的国家总体上趋于广泛。2006年，全球十强主要分布在美国、日本等国家；2010年，巴西、荷兰、澳大利亚及中国的企业已赫然在列。第二，在次贷危机爆发后的2009年和2010年，美国企业的上榜数量由2006年的5家分别降至4家和3家。第三，新兴市场经济体的企业实力明显增强。2006年，全球十强中有3家企业来自新兴经济体，2010年则有6家新兴市场经济体企业上榜，其中4家是中国企业，这与中国经济增长红利释放及中国经济地位迅速上升密不可分。

其次，区域分布多样化的变化特征反映了2006～2011年间全球经济多元化的发展趋势：一方面，主要国家的企业在全球十强榜单中的表现与该国全球经济地位的变化高度相关。根据国际货币基金组织的数据和预测，5年间，发达经济体的经济全球占比从2006年末的73.97%将降至2011年末的64.15%，上榜企业因此减少，一些欧洲和日本的企业更是彻底从榜单上消失。另一方面，新兴市场国家的企业在全球十强榜单中的表现与新兴市场经济的崛起高度相关。5年间，新兴市场经济体的经济占比从26.03%升至2011年末的35.85%。但值得高度注意的是，随着2009年美国经济逐步进入曲折复苏轨道，特别是在近来欧洲债务危机不断恶化、新兴市场经济增速有所放缓的背景下，美国经济以及美元的避风港效应不断显现，这直接体现在2011年全球十强中，美国企业的数量已然上升到7家。这从另一个侧面说明了，在全球经济重构的大背景下，美国依靠不断创新的高科技企业和资源性企业，试图重新占领全球经济新版图的制高点。

再次，银行十强和全球十强的变迁还反映了近5年来的行业发展趋势，即科技创新在决定全球经济增长中的地位不断突出，2011年全球十家中有4家是以“创新”著称的美国高科技企业。同时要看到的是，金融作为现代经济核心的重要作用进一步彰显：第一，伴随着金融综合化的不断发展，金融行业的资金融通功能大幅增强。第二，伴随着金融全球化的不断发展，新兴市场金融条件的大幅改善促进新兴市场经济的潜在增长水平不断上升，进而导致其对世界经济增长的鲶鱼效应不断增强。值得强调的是，虽然2008年爆发的次贷危机及其引发的全球金融危机减缓了2007～2009年间全球金融行业的发展速度，但金融企业依旧在全球十强中占据着重要地位。第三，资源约束对全球经济增长的重要性进一步彰显，能源供需矛盾的突出推动了能源价格在震荡中上涨，资源企业由此受益。

最后，银行十强榜的变迁亦遵循了前述的此消彼长规律。例如，发达国家的银行从6家降为5家，其中美国的银行从2006年的4家减少为2011年的3家，欧洲银行从2家降至1家，日本的银行则从榜单上消失；与此同时，来自新兴市场经济体的银行则从2006年的2家增至6家，中国的银行表现更是可圈可点，从3家增至4家。其中，中国工商银行(ICBC)的市值排名由上市之初的第5名不断攀升，在相继超越JP摩根、汇丰和美国银行之后，于2007年7月25日超越花旗成为全球市值最大的银行，并将“市值第一银行”的位置保持至今，截至2011年末，领先市值第4名的汇丰银行919亿美元

? 思考：中国工商银行市值连续5年全球第一说明了什么？市值第一等于实力第一吗？

案例2 浦发天津分行破解中小企业融资难题

近年来，浦发银行天津分行积极创新金融服务，支持中小企业特别是科技型中小企业发展。截至2011年末，天津浦发对科技型中小企业的授信余额近百亿元，向科技型中小企业的贷款发放占全行贷款发放总量的15%，科技型中小企业数量占该行全部授信客户数的58%。累计服务的科技型中小企业达到千余家。

一、搭建四大平台，破解企业融资瓶颈

为破解中小企业特别是科技型中小企业轻资产、抵押物缺乏等短板，浦发银行天津分行积极联合本市各级政府部门和园区，借政府扶植中小企业特别是科技型中小企业的东风，搭建四大平台努力解决企业融资瓶颈。

首先，浦发银行天津分行与天津市知识产权局合作建立了专利权质押融资平台。目前该平台已对17户科技型中小企业提供1.41亿元专利权质押融资支持，在全市专利权质押融资成功案例中占比超过50%。作为专利权质押融资平台的有效补充，浦发银行天津分行还与天津市、区工商局合作搭建商标专用权质押融资平台，为拥有驰著名商标企业提供创新金融服务。

其次，浦发银行天津分行与天津市科委合作共建了“免担保免抵押科技小额贷款平台”，模式是：天津科委将纳入科技计划项目、取得科技补贴的优秀科技型中小企业向浦发银行天津分行进行整体推荐，天津浦发对被推荐的企业给予单户不超过40万元的小额贷款支持。迄今，通过该平台，天津浦发已累计为4批总计151家初创期科技型中小企业发放小额贷款6 040万元，其中23家在该行实现了增放，增放金额达2.28亿元。

第三，浦发银行天津分行为各区县工业园区内科技型中小企业量身打造“科易贷”融资系列产品。2011年，十余家企业通过该平台获得1.7亿元授信支持。

第四，浦发银行天津分行还专门推出“科技小巨人融资模板”，不仅对天津市“小巨人”企业

予以信贷资源倾斜，还要求“专人专审、一周审结”。2011 年，在天津市立项的 6 批小巨人企业中，天津浦发服务支持的项目在同业中最多，累计发放金额超过 16 亿元。

二、创新金融产品，开拓企业融资渠道

搭建平台仅是破除融资瓶颈，近年来，浦发银行天津分行还积极发挥总分行联动的优势，借助浦发银行总行在金融创新领域的优势，不断推出新产品，满足不同特点企业多元化的融资需求。

2011 年，浦发银行天津分行在天津首推“天津滨海高新技术中小企业 2011 年度集合票据”，成为天津市首单中小企业集合票据。该票据为 5 家科技型中小企业提供人民币 1 亿元的中期融资，同时也为中小企业如何迈入直接融资市场提供了成功范例。与此同时，浦发银行天津分行还利用浦发银行总行直接股权基金业务部设在天津的优势，为科技型中小企业专门设计推出了股债结合融资服务模式。浦发银行天津分行利用客户资源与网络优势建立了项目库，将天津市一些有科技含量的高成长性企业纳入项目库内，为这些企业吸引直接股权基金投资打好实实在在的基础。截至目前，天津浦发已累计为 16 家企业提供了股债结合的融资支持，累计发放各类融资 2.7 亿元。通过探索股权投资中介与银行间接融资服务相结合的创新型金融服务模式，为科技型中小企业提供全面的、立体的综合金融服务。

三、优化机制流程，形成特色服务体系

为更好地服务科技型中小企业，浦发银行天津分行于 2009 年建立了专门服务科技型中小企业的“中小企业业务经营中心”，以实现全行性联动、专业企划管理、专职市场营销、专业风险控制的“一全三专”的模式，全面提升服务中小企业的服务水平和支撑水平。

同时，浦发银行天津分行借鉴硅谷银行模式，结合国内金融环境特点，建立科技支行，致力于整合政府的项目筛选作用、引导基金的引导扶持作用、PE 基金的民间投资作用和银行的融资功能四方面资源。今年，浦发银行天津科技支行将设立科技综合服务专区，引进私募股全基金、创投基金、科技小贷公司、科技担保公司、专利权评估等中介等机构，打造直接融资与间接融资相结合，股权与债权相结合的专业化、一站式科技金融服务超市。

为了充分利用科技支行的平台，浦发银行天津分行与天津市科委合作打造了天津科技金融服务中心，创造性地提出天津科技金融创新服务的“浦发模式”。科技金融服务中心是集政策支撑、金融支持、科技投资、中介服务等为一体的综合科技服务机构，设有创业者联合服务、股权投资服务和路演对接三大专区，提出全功能概念，为科技型企业提供“一站式”的综合服务；在产品设计上，突出股权融资、债权融资、投行产品“三结合”的特色服务。目前，浦发银行天津分行正努力将科技金融服务中心打造成为“创业者之家”，帮助科技型企业实现跨越式发展。

? 思考题：浦发银行天津分行破解中小企业融资难的思路给我们的启发有哪些？

本 章 小 结

1. 商业银行是商品经济发展的历史必然产物，最早产生于资本主义时期，最早的商业银行是英格兰银行。

2. 商业银行是以营利为经营目标的特殊企业。它在经济中发挥着信用中介、支付中介、信用创造和金融服务等作用。

3. 商业银行的组织形式主要有：内部组织形式和外部组织形式。内部组织形式一般可分为4个系统，即：决策系统、执行系统、监督系统和管理系统。外部组织形式主要有：单一银行制、分支银行制和集团银行制以及连锁银行制。

4. 商业银行的业务主要包括资产业务、负债业务和中间业务。资产业务主要有现金、信贷和投资等，负债业务主要有吸收存款同业拆借、中央银行借款等，中间业务主要有汇兑、代理、信用证等业务。

5. 现代商业银行的主要创新方向有：业务经营综合化、银行资产证券化、金融体系创新化、银行电子化。

重要基本概念

商业银行	商业银行职能	商业银行组织形式
商业银行业务	商业银行经营原则	金融创新

复习思考题

1. 商业银行有哪些职能？
2. 商业银行的组织形式有哪些？
3. 商业银行的业务主要有哪些？
4. 商业银行经营管理原则有哪些？
5. 你认为现代商业银行发展的新方向是什么？

第七章　中 央 银 行

内容提要

本章在阐述中央银行的性质和职能的基础上，介绍了中央银行体制，包括所有制形式、组织结构、管理体制，重点介绍了中央银行的主要业务，分析了中央银行的货币政策工具及其运用，最后介绍了中国人民银行及近年来货币政策实施情况。

重点与难点

本章的重点是中央银行的性质和职能、中央银行的主要业务、中央银行的货币政策工具。难点是中央银行的货币政策及工具的理解及其运用。

第一节　中央银行的性质和职能

一、中央银行的性质

中央银行的性质可以表述为：中央银行是国家赋予其制定和执行货币政策，对国民经济进行宏观调控和管理监督的特殊的金融机构。显然，中央银行的性质集中体现在中央银行是一个“特殊的金融机构”，具体说包括其地位的特殊性、业务的特殊性和管理的特殊性。

（一）地位的特殊性

目前世界各国几乎都设有中央银行，就其名称而言，不尽相同。有些国家的中央银行前面冠以国名，如英格兰银行、法兰西银行、墨西哥银行、西班牙银行等；有些则称为国家银行，如罗马尼亚国家银行、保加利亚国家银行、南斯拉夫国家银行、比利时国家银行、荷兰国家银行、瑞士国家银行等；有些称为储蓄银行，如美国联邦储蓄银行、南非联邦储蓄银行、新西兰储蓄银行、印度储蓄银行等；有些直接称为中央银行，如阿根廷中央银行、智利中央银行、乌拉圭中央银行、委内瑞拉中央银行、土耳其中央银行等。但就其所处的地位而言，都处于一个国家金融体系的中心环节，是全国货币金融的最高权力机构，也是全国信用制度的枢纽和金融管理最高当局。它的宗旨是维持一国国币和物价稳定，促进经济增长，保障充分就业和维持国际收支平衡。

（二）业务的特殊性

中央银行的主要业务活动虽然同样具有银行固有的办理“存、贷、汇”业务的特征，但其业务活动又与普通银行及一般金融机构不同，主要表现在其业务对象不是一般的工商客户和居民个人，及商业银行等金融机构；同时，国家还赋予中央银行一系列特有的业务权力，如垄断货币发行、管理货币流通、集中存款准备金、维护支付清算系统的正常运行、代理国库、管理国家黄金外汇储备等。

（三）管理的特殊性

各国虽然赋予中央银行各种金融管理权，但它与一般的政府管理机构毕竟有所不同：一方面，这些管理职能，无论是对各银行和金融机构的存贷、发行业务等，还是政府办理国库券业务，以及对市场发行和买卖有价证券业务等，中央银行都是以“银行”的身份出现的，而不仅仅是一个行政管理机构；另一方面，中央银行不是单凭行政权力行使其职能，而是通过行政、经济和法律的手段，如计划、信贷、利率、汇率、存款准备金、有关法律等去实现。中央银行本身不参与具体业务，而是对商业银行和其他金融机构进行引导和管理，以达到对整个国民经济进行宏观调节和控制；还有，中央银行在行使管理职能时，不偏向任何一家银行，而是作为货币流通和信用管理者的身份出现，执行其控制货币发行和调节信用的职能，从而达到稳定金融的目的。

二、中央银行的职能

中央银行的性质具体体现在其职能上。中央银行的职能，从不同的角度分析，可以有多种归纳分类。由于各国社会历史状况、经济和政治制度、金融环境等不同，所以中央银行行使其职能的程度也有所差异。从中央银行业务活动的特征分析，中央银行有发行的银行、政府的银行、银行的银行三大职能。

（一）中央银行是发行的银行

所谓发行的银行是指中央银行是国家货币的发行机构。它集中货币发行权，统一全国的货币发行。目前世界上除了少数国家（如美国、日本等）的铸币由财政部发行外，大多是由中央银行负责一国整个货币的发行。

（二）中央银行是政府的银行

所谓政府的银行是指中央银行与政府有密切的特殊关系，不论其表现形式如何，都是管理全国金融的国家机构，制定和贯彻国家货币政策的综合部门，代理国家执行国库出纳职能。具体表现在：

1. 代理国库，管理政府资金

中央银行通过代理政府的财政收支，执行国库出纳职能，管好政府资金，为政府服务。具体有：一是接受国库的存款。国家通常把暂时闲置的货币资金存入中央银行的活期存款账户，使中央银行成为国库现款中心。同时，这些资金也是中央银行的重要资金来源。二是为国库办理支付和结算业务。中央银行根据政府签发的支票，为它的供应者付款或转账，成为国库的出纳员。三是代理国库办理代收税款以及公债的认购、推销、还本、付息等。

2. 为政府提供信用

政府为了应付因财政支出急剧变动而出现短期的财政收入不足以抵补财政支出状况，往往借助于向中央银行借款来为其解决困境。这样，中央银行就成为弥补政府财政赤字的重要资金供应者。

3. 代表政府管理国内外金融事务

中央银行代表政府通过制定货币金融政策,加强对金融的管制。在具体实施中,中央银行一方面通过宏观金融管理来强化对经济的干预,求得物价和汇价的稳定;另一方面中央银行代表政府检查和监管各金融机构的业务活动,即有权检查监管各金融机构的业务经营和信用分配。

(三) 中央银行是银行的银行

所谓银行的银行是指中央银行一般不直接与工商企业发生业务来往,主要是以商业银行和其他金融机构为服务对象。具体表现为:

1. 集中存款准备金

按法律规定,商业银行和其他金融机构都要按法定比例向中央银行交存款准备金,即中央银行具有为各经营存款业务的金融机构集中保管一部分准备金的特权。中央银行集中保管存款准备金的本意是加强银行的清偿能力,增加货币供给弹性。如金融机构遇到资金周转发生困难时,通过中央银行加以调剂,既保障存款人的安全,又能防止银行发生挤提而倒闭。

2. 充当最后贷款人

中央银行作为商业银行和其他金融机构的最后贷款人,在商业银行和其他金融机构需要资金时,向其提供贷款支持。贷款方式主要是再贴现、再抵押或直接取得贷款。

所谓再贴现是指商业银行或票据贴现所等金融机构,把工商企业向自己贴现的合格票据(如国库券、短期公债、短期商业票据等)再向中央银行贴现而融通资金的一种方式。它是解决商业银行临时资金需要的方法,所以贷款的期限较短。票据再贴现是一种票据买卖行为。债权随着票据再贴现而转移到中央银行。作为中央银行调节信用的三大法宝之一的票据再贴现,各国有不同的规定和做法。如美国联邦储备银行对会员银行向其提供的贴现票据,认为是真实可靠而不超过 4 个月的,可以提供贷款。德国银行对金融机构发放期限不超过 3 个月的贷款,且规定有最高限额。意大利银行规定再贴现的额度,相当于商业银行负债额的3%~5%。

再抵押是以商业银行所提供的票据作抵押而发放的贷款。与再贴现相比,虽都是中央银行提供短期贷款的一种方式,但再抵押可以负担较少的利息,其票据债权仍属商业银行。同时,商业银行通常以政府有价证券作抵押向中央银行取得贷款。

3. 充当最后清算人

指中央银行通过票据清算中心为商业银行和其他金融机构相互间应收应付的票据进行清算。这一职能是在中央银行垄断货币发行集中保管准备金的基础上发展起来的。由于中央银行掌握货币发行权,集中保管准备金,所以各银行和金融机构都在中央银行开设有存款往来账户,这为中央银行主持银行间票据交换和差额清算提供了条件。中央银行将结算轧差直接增减各银行的准备金,手续简便,有利于加速自己周转,使中央银行成为全国的票据清算中心。

第二节 中央银行体制

一、中央银行的所有制形式

中央银行的所有制形式是指中央银行营业为基础的资本金的构成形式或所有制形式。但无论何种构成形式，中央银行的权力结构均由政府指派，并非由股东大会选举产生的，它不以营利为目的，其利润收入大多上缴国库，股东分红受到法令的严格限制。因此，中央银行的资本结构对中央银行的性质和业务活动不发生实际性影响。概括起来，世界各国中央银行的资本构成主要有以下几种类型。

(一) 国家所有制形式

目前大多数国家中央银行的资本金为国家所有，但这些资本并不是一开始建立就属于国家。它主要有两种途径：一是通过购买中央银行资本中原属于私人的股份而对中央银行拥有全部股权；二是在中央银行成立时，国家就拨付了全部资本金。一般说来，历史较悠久的中央银行大多为私营银行或股份银行演变而来，它们最初的资本金大多为私人投资或股份合作。为更好地行使中央银行职能，许多国家通过购买私人股份的办法逐渐实行了中央银行的国有化，如加拿大银行于 1938 年，法兰西银行于 1945 年，英格兰银行于 1946 年分别被本国政府将其全部股本收归国有。目前，世界上绝大部分国家的中央银行资本均为国家所有，并且中央银行的国有化已成为一种发展趋势。中国人民银行的资本全部由国家所有，《中国人民银行法》第 8 条规定:“中国人民银行的全部资本由国家出资，属于国家所有。”

(二) 公私混合所有形式

在这种资本组成类型中，国家拥有部分股份与民间股份混合所有，国家资本大多在 50%以上，非国家资本即民间资本包括企业法人和自然人的股份往往低于一半。如日本银行，政府拥有 55%的股份，民间持股为 45%；墨西哥中央银行，国家资本占 53%。在国家不拥有全部股份的中央银行中，法律一般都对非国家股份持有者的权利做了规定，如只允许有分取红利的权利而无经营决策权，其股份转让必须经中央银行同意后方可进行等。如日本银行规定，私股持有者每年享受的最高分红率为 5%。由于私股持有者不能参与经营决策，所以对中央银行的政策基本上没有影响。

(三) 集体所有制形式

在这类中央银行中，全部资本非国家所有，而是由其他股东投入，由法律规定执行中央银行职能。这类国家主要有美国、意大利和瑞士等少数国家。美国联邦储备银行的股本全部由参加联邦储备体系的会员银行所有，会员银行按自己实收资本和公积金的 6%认购所参加的联邦储备银行的股份。瑞士国家银行 1905 年创建时为联合股份银行，资本额为 5 000 万瑞士法郎，实收资本为 2 500 万瑞士法郎，其中多数股份由州政府持有，少数股份由私人持有，但必须是本国公民、本国公司企业或在瑞士建立总代表处的法人。瑞士政府不持有该银行的股份，但掌握其人事权，国家银行的董事大部分由政府指派。

(四) 无资本形式

指中央银行建立之初，根本没有资本，而是由国家授权执行中央银行职能。在世界上目前只有韩国的中央银行——韩国银行是唯一没有资本金的中央银行。在 1950 年韩国银行成立时，注册资本为 15 亿韩元，全部由政府出资。

（五）多国所有形式

指跨国中央银行的资本不为某一国家所独有，而是由跨国中央银行的成员国所共有。在跨国中央银行体制下，中央银行的资本金是由各成员国按商定比例认缴的，各国以认缴比例拥有对中央银行的所有权。

二、中央银行的管理模式

中央银行的管理模式在世界各国基本上是不同的，并不存在一个统一的模式，它取决于各国的社会制度、经济管理体制、商品经济发展水平、金融业的发达程度与管理水平、历史习惯等多种因素。归纳起来，大致有单一式中央银行制度、复合式中央银行制度、准中央银行制度和跨国中央银行制度四种类型。

（一）单一式中央银行制度

单一式中央银行制度是指一国建立单独的中央银行之后，使之全面行使中央银行职能的制度。世界上绝大多数国家都采用这种类型的中央银行制度。这种类型又分为两种情况：

(1) 一元式中央银行制度。指一国只设立一家统一的中央银行行使中央银行的权力和履行中央银行的全部职责，中央银行机构自身上下是统一的，机构设置一般采取总分行制，逐级垂直隶属。这种组织形式下的中央银行是完整标准意义上的中央银行，目前世界上绝大多数国家的中央银行都实行这种体制，如英国、日本等。中央银行的总行或总部通常都设在首都，根据客观经济需要和本国有关规定在全国范围内设立若干分支机构。如英国的中央银行——英格兰银行，成立于1694年，总行设在伦敦，在伯明翰、利物浦等8个城市设有分行。我国的中国人民银行亦采用这种组织形式。

(2) 二元式中央银行制度。指中央银行体系由中央和地方两级相对独立的中央银行机构共同构成。中央级中央银行和地方中央银行在货币政策方面是统一的，中央级中央银行是最高金融决策机构，地方级中央银行接受中央级中央银行的监督和指导。但在货币政策的具体实施、金融监管和中央银行有关业务的具体操作方面，地方级中央银行在其辖区内有一定的独立性，与中央级中央银行也不是总分行的关系，而是按法律规定分别行使其职能。这种制度一般与联邦制的国家体制相适应，如目前的美国即实行此种中央银行制度。

美国的中央银行被称为联邦储备体系，成立于1914年。在联邦一级设立联邦储备委员会，作为联邦储备系统的最高决策机构，并有专门为其服务的若干职能部门；在地方一级设立联邦储备银行。美国联邦储备委员会设在华盛顿，负责管理联邦储备体系和全国的金融决策，对外代表美国中央银行。美国联邦储备体系将50个州和哥伦比亚特区划分为12个联邦储备区，每一个区设立一家联邦储备银行。联邦储备银行在各自的辖区内履行中央银行职能，可以根据需要设立分行，现全国共有25家分行。

（二）复合式中央银行制度

复合式中央银行制度是指国家不单独设立专司中央银行职能的中央银行机构，而是由一家集中央银行与商业银行职能于一身的国家大银行兼行中央银行职能的中央银行制度。这种中央银行制度往往与中央银行初级发展阶段和国家实行计划经济体制相对应，苏联和1990年前的多数东欧国家即实行这种制度。我国在1983年以前也实行这种制度。

(三) 准中央银行制度

准中央银行制度是指国内没有真正专业化的、职能完备的中央银行,而是设立类似中央银行的金融管理机构执行部分中央银行职能,并授权若干商业银行执行部分中央银行职能中的中央银行制度。采取这种组织形式的国家主要有新加坡、沙特阿拉伯、阿拉伯联合酋长国等。在这类中央银行制度下,国家设立的专门金融管理机构其名称和职责在各国也有不同。如被称为“亚洲四小龙”之一的新加坡,其金融业比较发达,是重要的国际金融中心之一,但它没有中央银行,而是由两家不同的类似中央银行机构——通货委员会和金融管理局来共同行使中央银行职能。通货委员会成立于1967年,主要负责发行货币、保管准备金、储备外汇,以满足银行和其他各项职能,包括制定和实施货币政策、监督管理金融业、为金融机构和政府提供各项金融服务等;沙特阿拉伯设有金融管理局、阿拉伯联合酋长国设有金融局,都是类似中央银行的金融管理机构。这类准中央银行制度通常与国家或地区较小而同时又有一家或几家银行在一国一直处于垄断地位相关。

(四) 跨国中央银行制度

跨国中央银行制度是指由若干国家联合组建一家中央银行,由该中央银行在其成员国范围内行使全部或部分中央银行职能的中央银行制度。这种中央银行制度一般与区域性多国经济的相对一致性和货币联盟体制相对应。这种跨国的中央银行为成员国发行一同使用的货币和制定统一的货币金融政策,监督各成员国的金融机构及金融市场,对成员国的政府进行融资,办理成员国共同商定并授权的金融事项等。实行跨国中央制度的国家原先主要在非洲和东加勒比海地区,如西非货币联盟、中非货币联盟、东加勒比海货币区。德国法兰克福的欧洲中央银行,则是一家典型的具有重要影响的跨国中央银行,是世界上第一个管理超国家货币的中央银行。

随着世界经济的发展和联盟成员国经济金融一体化进程的加快,一种具有新的性质和特点的区域性货币联盟已经诞生。欧洲货币联盟的起源可以追溯至欧洲经济合作组织于1950年7月建立的“欧洲支付同盟”以及1958年取代该同盟的“欧洲货币协定”。“欧洲支付同盟”和“欧洲货币协定”虽然启动了欧洲货币联合的进程,但当时并未也不可能对欧洲货币一体化提出具体设想,当时的出发点主要是促进成员国经济和贸易的共同发展,真正将欧洲货币一体化提上日程则是在欧共体成立之后。1957年,德国、法国、比利时、荷兰、卢森堡、意大利6国共同签署了《罗马条约》,欧洲经济共同体宪章正式出台。1969年12月,欧共体正式提出了建立欧洲经济和货币联盟的主张并设计了时间表,但最初的10年进展并不顺利。1979年3月,当时欧共体的12个成员国决定调整计划,正式开始实施欧洲货币体系(European Monetary System, EMS)建设规划。1991年12月,欧共体12个成员国在荷兰北部小镇马斯特里赫特(Maastricht)共同签署了《政治联盟条约》和《经济与货币联盟条约》。《政治联盟条约》的目标在于实行共同的外交政策、防务政策和社会政策;《经济与货币联盟条约》则规定最迟在1999年1月1日之前建立经济货币联盟(Economic and Monetary Union, EMU),届时在该联盟区内实行统一的货币、统一的中央银行以及统一的货币政策。《马斯特里赫特条约》在获得各成员国会议批准后,于1993年11月1日生效,与此同时,欧共体正式更名为欧盟。1994年设立了欧洲货币局,1995年12月正式决定欧洲统一货币的名称为欧元(Euro)。1998 年 7 月 1 日欧洲中央银行正式成立,1999 年 1月1 日欧元正式启动。按照计划,1999 年至 2001 年为欧元启动的 3 年过渡期,欧元以非现金的方式流通;到 2002 年 1 月 1 日,欧元的钞票和硬币开始流通;2002 年 7 月 1 日后,欧元正式取代各国货币成为欧盟各成员国统一的法定货币,原有的各国货币全面退出流通领域。在欧盟 15 国中,除希腊、瑞典、丹麦和英国外,其余 11 国(法国、德国、卢森堡、比利时、荷兰、意大利、西班牙、葡萄牙、芬兰、奥地利、爱尔兰)成为首批欧元国。欧洲中央银行现设在法兰克福,首任行长由荷兰人威廉·杜伊森贝赫担任。

第三节 中央银行的业务

一、中央银行的资产业务

中央银行的资产是指中央银行在一定时点上所拥有的各种债权。中央银行的资产业务包括黄金外汇储备业务、再贴现和贷款业务、证券买卖业务。

(一) 中央银行的黄金外汇储备业务

1. 中央银行保管和经营黄金外汇储备的目的与意义

(1) 保管和经营黄金外汇储备的目的。

随着经济金融一体化、全球化进程的进一步加快,世界各国之间的经济往来越来越频繁,它包括商品和劳务的进出口、资金借贷、各种赠与和援助等,由此产生了国与国之间的债券债务关系。这种债权债务在一定时期内就需要用国际通用货币进行清偿,债务清算国际债权债务的手段就是黄金和外汇。

由于黄金和外汇是国际间进行清算的支付手段,各国都把它们作为储备资产,由中央银行保管和经营,以便在国际收支发生逆差时,用来清偿债务。

(2) 中央银行保管和经营黄金外汇储备的意义

① 稳定币制。为了保证经济的稳定,中央银行必须保持货币币值的稳定。为此,许多国家的中央银行都保留一定比例的国家黄金外汇准备金。当国内商品供给不足、物价呈上涨趋势时,就利用持有的黄金外汇储备从国外进口商品或直接向社会出售上述国际通货,以回笼货币,平抑物价,使币值保持稳定。

② 稳定汇价。在实行浮动汇率制度的条件下,一国货币的对外价值会经常发生变动。汇率的变动对该国的国际收支乃至经济发展产生重大影响。因此,中央银行通过买卖或卖出国际通货,使汇率保持在合理的水平上,以稳定本国货币的对外价值。

③ 调节国际收支。当国际收支发生逆差时,就可以动用黄金外汇储备补充所需外汇的不足,以保持国际收支的平衡。从结构看,当国际收支经常项目出现顺差、黄金外汇储备充足有余时,中央银行则可以用其清偿外债,减少外国资本流入。

2. 国际储备的种类构成

构成国际储备的主要是黄金、外汇和在国际货币基金组织的储备头寸及未动用的特别提款权。一个国家在保有上述国际储备时一般都需要考虑它们构成的比例问题。因为国家保有国际储备的最终目的是在必须使用时作为国际支付手段,这就要求国际储备必须具备安全性、收益性和灵活兑现性。

从长期趋势来看，黄金的价格稳中有升，因此它是保值的最好手段，具备安全可靠的特点。但是黄金的灵活兑现性不如外汇和特别提款权，同时保存黄金也没有收益，管理成本亦高。因此，目前世界各国的国际储备中，黄金所占比重正日益下降。

外汇资产的灵活兑现性是毋庸置疑的，而且管理成本低，有收益。但其风险性较其他两种国际储备资金大。汇率的变动，可能带来外汇贬值的损失，从而降低储备资产的实际价值，削弱本国的国际支付能力。

特别提款权是国际货币基金组织于 1969 年 9 月建立的一种储备资产和记账单位，与黄金、外汇资产相比是比较完美的，既安全可靠又灵活兑现。但由于目前各国还不能随意购入，因而不能成为主要的国际储备资产。

以上分析表明，各国中央银行在保有国际储备资产时，必须从安全性、收益性和灵活兑现性三个方面考虑其构成比例问题。其中，灵活兑现性问题最为重要。为了合理解决构成问题，目前各国中央银行的普遍做法是：努力改善国际储备构成，特别是实现外汇资产的多元化，以分散风险，增加收益，同时获得最大的灵活兑现性。

（二）中央银行的再贴现和贷款业务

1. 再贴现业务

（1）概念。

再贴现是指商业银行将通过贴现业务所持有的尚未到期的商业票据向中央银行申请贴现，中央银行据此以贴现方式向商业银行融通资金的业务。对于接受再贴现的中央银行，是付出资金，买进贴现票据；对于商业银行等进行再贴现的金融机构，是交付贴现票据，取得贴现资金。

（2）再贴现业务的一般规定。

① 再贴现业务开展的对象。只有在中央银行开立了账户的商业银行等金融机构才能够成为再贴现业务的对象。

② 再贴现业务的申请和审查。商业银行必须以已办理贴现的未到期的合法票据申请贴现。中央银行接受商业银行所提出的再贴现申请是，应审查票据的合理性和申请者资金营运状况，确定是否符合再贴现的条件。若审查都一致通过，商业银行则在票据上背书，并逐笔填制再贴现凭证，一并交中央银行办理再贴现手续。

③ 再贴现金额和利率的确定。

$$\text{再贴现实付金额}=\text{票据面额}-\text{再贴现利息}$$
$$\text{再贴现利息}=\text{票据面额}\times\text{日贴现率}\times\text{未到期天数}$$

再贴现利率是中央银行购进资产——票据的价格，也是商业银行获得临时可用资金的价格。在大多数国家，再贴现率是一种基准利率，其他各种利率依据再贴现的变动而调整。同时，再贴现率是一种官定利率，它是根据国家的信贷政策所规定的，在一定程度上反映着中央银行的政策意向。此外，再贴现率还是一种短期利率，因此，其对金融市场的影响具体体现在货币市场。通常，再贴现利率是采取定期挂牌的方式公布的。再贴现利率的调整，一般都作为实现货币政策的手段。

④ 再贴现票据的规定。商业银行等存款机构向中央银行申请再贴现的票据，必须是确有商品交易为基础的真实票据。这在许多国家的金融立法中都有明文规定。这样做的目的是为了便利商品和劳务的生产销售，不会引发通货膨胀。随着经济的发展，再贴现时已不再严格强调真实票据，未到期的政府国库券也可予以再贴现。

⑤ 再贴现的收回。再贴现的票据到期，中央银行通过票据交换和清算系统向承兑单位或承兑银行收回资金。若承兑单位账户存款不足，由承兑单位开户银行将原票据按背书行名退给申请再贴现的商业银行，按逾期贷款处理。

2. 贷款业务

(1) 概念。

中央银行的贷款业务是指中央银行采用信用放款或抵押放款的形式，对商业银行等金融机构和政府进行的贷款。它是中央银行的主要资产业务之一，也是中央银行向社会提供基础货币的重要渠道。

(2) 中央银行贷款的种类。

① 对商业银行的贷款。这是中央银行最主要的贷款种类。中央银行通常定期公布贷款利率。商业银行提出贷款申请后，中央银行将严格审查贷款的数额、期限等，有的还规定用途。一般借款都是短期，而且通常是以政府债券和商业票据作担保的抵押贷款。

② 对政府的放款。中央银行对政府的放贷一般是短期的，且多是信用放款。大致分三种情况：一是政府的正常借款，其放贷方式与对商业银行的放款方式大体相同；二是政府透支；三是债务投资性放款。中央银行在公开市场上购买的政府发行的国库券和公债，事实上都是在间接向政府提供贷款。

③ 对非金融部门贷款。少数中央银行的贷款业务也包括对非金融部门的贷款。如我国中国人民银行对老少边穷地区的特殊贷款。

④ 其他贷款。中央银行的其他放款包括对外国银行或国际性金融机构的贷款等。

(3) 中央银行贷款的基本原则。

中央银行经营放款业务有以下一些原则：

① 不以盈利为目的。中央银行发放贷款不以盈利为目的，而仅仅是为了实现货币政策目标。

② 当好最后贷款人。中央银行作为最后贷款人，是保障商业银行安全的客观需要，因而中央银行应尽量避免直接向个人和工商企业发放贷款，而应集中精力当好最后贷款人。

③ 以短期放款为主。中央银行一般不提供长期贷款。这是因为中央银行必须保持其资产的高度流动性，以便灵活而有效地调节和控制货币供应量。

④ 保持中央银行的相对独立性。为了保持在贷款业务中的独立性，中央银行应控制对财政的放款。

(三) 中央银行的证券买卖业务

1. 中央银行证券买卖的种类及业务操作

一般来讲，中央银行在公开市场上买卖的证券主要是政府公债、国库券以及其他流动性很高的有价证券。但是，由于各国国债不同，它存在着一些差别，如有些国家只允许中央银行买卖政府公债，而有些国家的中央银行还可以买卖地方政府债券以及在证券交易所正式挂牌上市的债券。

中央银行从事证券买卖业务都是通过公开市场进行的，这需要有一个完善的证券市场。一般中央银行不在一级市场买卖证券，只能在证券交易市场即二级市场买卖证券，这是保持中央银行相对独立性的客观要求。同时中央银行不买流动性差的证券，以保持资产的高度流动性。此外，中央银行还不买非正式或非挂牌的有价证券，这实际上是对证券质量的信誉，中央银行买卖这样的证券才能起到调节宏观经济的作用。

2. 证券买卖业务与贷款业务的异同

中央银行的证券买卖业务与贷款业务既有相同之处，也有不同之处。相同之处表现为：

(1) 融资效果相同。中央银行买进的证券实际上是用自身创造的负债来支付的，这相当于中央银行的发放贷款；而卖出证券则相当于收回贷款。

(2) 对货币供应影响相同。中央银行买进证券同发放贷款一样，都会引起社会的基础货币量的增加，从而导致货币供应量的成倍扩张；相反，中央银行卖出证券同收回贷款一样，会引起基础货币量减少，从而导致货币供应量的成倍收缩。

(3) 无论是证券买卖业务，还是贷款业务，都是中央银行调节和控制货币供应量的工具。

主要区别表现在：

① 资金的流动性不同。中央银行的贷款都是短期的，必须到期才能收回。证券业务则可以随时买卖，不存在到期问题。因此证券业务的资金流动性要高于贷款业务。

② 证券买卖相当于抵押贷款。证券买卖以证券的质量为依据，而中央银行贷款则以商业银行的信用为重要依据。

③ 中央银行贷款业务有利息收入，而证券买卖的收益主要是买进或卖出的价差收益。

④ 中央银行开展证券买卖业务对整个经济、金融环境要求较高，特别是必须有一个发达的金融市场，而贷款业务对经济、金融环境的要求较低。

二、中央银行的负债业务

(一) 中央银行货币发行业务

统一货币发行是中央银行制度形成的最基本的推动力。各国法律都规定中央银行垄断货币发行权。发行货币是中央银行最重要的特权也是最重要的负债业务。

1. 货币发行的含义、性质和程序

(1) 货币发行的含义。货币发行有两层含义：第一层是指货币从中央银行的发行库通过各个商业银行的业务库流向社会；第二层是指货币从中央银行流出的数量大于从流通中回笼的数量。由于中央银行垄断货币发行，因此，流通中的现金都是中央银行通过货币发行业务从中央银行流向社会的。中央银行通过货币发行业务，一方面满足社会商品流通扩大和商品经济发展的需要；另一方面筹集资金，满足履行中央银行各项职能的需要。

(2) 货币发行的两种性质。货币发行按其发行的性质可以分为经济发行和财政发行两种。经济发行是指中央银行根据国民经济发展和客观需要增加现金流通量。财政发行是指为弥补国家财政赤字而进行的货币发行。

(3) 货币发行的渠道和程序。目前，实际操作中，中央银行的货币发行主要是通过贷款、购买证券、购买金银和外汇等中央银行的业务活动进行的，并通过同样的渠道反向组织货币的回笼。

2. 中央银行货币发行的原则

(1) 垄断发行原则。垄断发行原则是指货币发行权高度集中于中央银行，只有中央银行垄断货币发行才能统一国内货币的形式、避免多头发行造成的混乱、便于中央银行制定和执行货币政策、灵活有效调节流通中的货币。

(2) 信用保证原则。信用保证原则是指货币发行要有一定的黄金或有价证券作保证，即通过建立一定的发行准备制度，以保证中央银行的独立运行。

(3) 弹性原则。弹性原则是指货币发行要具有一定的伸缩性和灵活性，以适应经济状况变化的需要。既要满足经济发展的需求，避免因通货不足而导致通货紧缩和经济萎缩；也要严格控制货币发行数量，避免因货币过量发行造成通货膨胀和经济混乱。

（二）中央银行的存款业务

存款业务也是中央银行主要负债业务之一。中央银行存款的对象有金融机构、政府、外国和特定机构等，一般可分为金融机构的准备金存款业务、政府存款业务、非银行金融机构存款业务、外国存款业务、特种存款业务和私人存款业务等，不同的存款种类在业务操作上是不同的。中央银行职能的发挥与其负债业务有密切关系。

1. 中央银行存款业务的特点

中央银行作为特殊的金融机构，其性质和职能决定其存款业务不同于一般商业银行的存款业务。中央银行的存款业务具有以下四个方面的特点：

(1) 存款原则具有特殊性。从存款的原则来看，中央银行的存款业务具有一定的强制性，商业银行办理存款业务应遵循“存款自愿、取款自由、存款有息、为存款人保密”的原则；而中央银行吸收存款，往往要遵循一国的金融法规制度，具有一定的强制性，存款准备金制度便是典型的例证。世界上大多数国家的中央银行都要通过法律手段，规定上缴存款准备金。另外，对于财政部门、邮政机构的存款，一些国家也不同程度地以法律形式规定其必须转存中央银行。

(2) 存款动机具有特殊性。从存款的动机来说，中央银行吸收存款是出自金融宏观调控和监督管理的需要，是执行中央银行职能的需要。商业银行大力吸收存款，是为了银行吸收存款，组织资金来源的最终目标是利润最大化；而中央银行吸收存款，更多的是为了便于调控社会信贷规模，监督管理机构的运作，从而达到稳定币值等目的。

(3) 存款对象具有特殊性。从存款的对象来说，商业银行直接吸收社会个人、工商企业的存款，中央银行却不直接面对个人、工商企业，而是收存商业银行、非银行金融机构、政府部门及特定部门的存款。这是由中央银行的性质和职能决定的。

(4) 存款当事人关系具有特殊性。从存款当事人的关系来说，商业银行与存款当事人之间是一种纯粹的经济关系，个人、工商企业到银行存款，是为了保值和获取利息，商业银行吸收存款是为扩大资金的来源而争取盈利，存款人和银行之间是一种平等互利的经济关系，二者之间并非是完全平等的经济关系。

2. 中央银行存款业务种类

(1) 准备金存款。

准备金存款是中央银行存款业务中最重要和最主要的内容。准备金存款业务的基本内容如下：

第一,规定存款准备金比率,亦即法定存款准备金率。在存款准备金制度下,商业银行等金融机构吸收的存款必须按照法定比率提取准备金并缴存中央银行,其余部分才能用于放款或投资。由于存款准备金率的高低直接制约着商业银行等金融机构的业务规模和创造派生存款的能力,所以调高或调低存款准备金率,可以直接影响商业银行资产的流动性,实际上也就控制着放款与投资的数量,从而进一步起到调节货币供应量的作用。

第二,按存款的类别规定准备金比率。对不同类型的存款,多数国家规定了不同的法定存款准备金比率,一般顺序为:活期存款准备率最高,定期存款次之,储蓄存款准备率最低。这主要是因为存款的期限越短,其货币性越强,因而规定的存款准备金比率就越高;相反,存款的期限越长,其存款的货币性越弱,对其规定的存款准备金比率就越低。

第三,按金融机构的种类、规模、经营环境规定不同比率。一般而言,银行的规模若比较大,其创造信用的能力就比较强,通常对其规定的存款准备金率就比较高;小银行创造信用的能力相对较弱,对其规定的存款准备金比率就较低。此外,对经营环境较好,如所处地区经济发展较快、工商业比较发达地区的商业银行,由于其创造信用的能力相对较强,因而存款准备金率就比较高;相反,对所处地区经营环境较差,故对其规定的存款准备金率亦较低。但也有些国家不论银行规模大小与经营环境的好坏,一律规定同一存款准备金比率。一般认为,对不同经营规模和经营环境的银行分别制定不同比率的方法较有利中央银行更加有效地控制货币供应量。

第四,规定存款准备金率的调整幅度。由于存款准备金率的调整对商业银行的信用创造能力产生巨大的冲击,其调整效果往往过于强烈,因而多数国家中央银行都对法定存款准备金率的调整幅度有不同程度的规定,有些国家规定了调整的最高与最低界限。

第五,规定可充当存款准备金的内容。在西方国家,存款准备金又分为第一准备和第二准备。第一准备主要包括库存现金及存放在中央银行的法定准备金,一般称为"现金准备"或"主要准备";第二准备则是指银行最容易变现而又不致遭受重大损失的资产,如国库券及其他流动性资产,也叫"保证准备",不能够充当法定存款准备金。

(2) 政府存款。

政府存款的构成各国有些差异。有些国家政府存款就是指中央政府的存款,而有的国家则将各级地方政府的存款、政府部门的存款也列入其中,即使如此,政府存款中最主要的仍是中央政府存款。中央政府存款一般包括国库持有的货币、活期存款、定期存款及外币存款等。中国人民银行资产负债表中"中央政府存款"是指各级财政在中国人民银行账户上预算收入与支付的余额。

(3) 非银行金融机构存款。

非银行金融机构在中央银行的存款,有的国家中央银行将其列为准备金存款业务,按法定要求办理;有的国家中央银行则将其单独作为一项存款业务,在这种情况下,中央银行的这些存款业务就有较大的波动性,因为非银行金融机构的存款不具有法律强制性,没有法定的存款缴存比率,通常它们将存款存入中央银行的主要目的在于结算,存多存少由它们自主决定,但中央银行可以通过存款利率的变动加以调节。

(4) 外国存款。

这项存款或是属于外国政府,它们持有的这些债权构成本国的外汇,随时可以用于贸易结算和清算债务,存款数量多少取决于它们的需要,这一点对于中央银行来说有较大的被动性。

从另一方面来说，虽然外国存款对本国外汇储备和中央银行基础货币的投放有影响，但由于外国存款数量较小，其影响力也不大。

（5）特种存款。

特种存款是指中央银行根据商业银行和其他金融机构信贷资金的营运情况以及银行银根松紧和宏观调控的需要，以存款的方式向这些金融机构集中一定数量的资金而形成的存款。特种存款业务作为调整信贷资金和信贷规模的重要措施，成为中央银行直接信用的方式之一。特种存款业务有以下特点：一是非常规性，中央银行一般只在特殊情况下为了达到特殊目的而吸存；二是特种存款业务对象具有特殊性，一般很少面向所有的金融机构；三是特定存款期限较短，一般为一年；四是特种存款的数量和利率完全由中央银行确定，具有一定的强制性，特定金融机构只能按规定的数量或比率及时足额地完成存款任务。

（三）中央银行的其他负债业务

中央银行的负债业务除了货币发行和存款业务以外，还有一些业务也可以成为中央银行的资金来源，引起中央银行资产负债表负债方的变化，如发行中央银行债券，对外负债和资本业务等。

1. 发行中央银行债券

发行中央银行债券是中央银行的主动负债业务，具有可控制性、抗干扰性和预防性。与一般金融机构发行债券的目的是为了获得资金来源不同，中央银行发行债券更多考虑的是调节流通中的货币。

2. 对外负债

中央银行的对外负债主要采取的形式有：向外国银行借款、对外国中央银行负债、向国际金融机构借款、向外国发行中央银行债券等。中央银行对外负债的主要目的有三个：平衡国际收支、维持汇率稳定和应付危机。

3. 资本业务

所谓中央银行资本业务就是筹集、维持和补充自有资本的业务。

三、中央银行的支付清算业务

（一）中央银行支付清算体系

支付清算系统是一个国家或地区对交易者之间的债权债务关系进行清偿的系统。具体地讲，它是由提供支付服务的中介机构、管理货币转移的规则、实现支付指令传递及资金清算的专业技术手段共同组成的，用以实现债权债务清偿与资金转移的一系列组织和安排。

1. 支付清算制度

支付清算制度是关于结算活动的规章政策、操作程序、实施范围等的规定和安排。中央银行作为货币当局有义务根据国家经济发展状况、金融体系构成、金融基础设施及银行业务能力等与有关部门共同制定支付清算制度。

2. 同业间支付清算制度与操作

同业间清算（亦称行间清算或联行清算）是金融机构之间为实现客户委办业务和自身需要所进行的债权债务清偿和资金划转而制定的规则、程序与清算安排。

（二）中央银行支付清算业务的主要内容

（1）组织票据交换和清算；
（2）办理异地跨行清算；
（3）提供跨国清算服务。

第四节 中央银行的货币政策

一、货币政策的含义及目标

（1）货币政策的含义：有狭义和广义之分。狭义的货币政策是指中央银行为实现其特定的经济目标而采用的各种控制和调节货币供应量或信用量的方针和措施的总称，包括信贷政策、利率政策和外汇政策，用以达到特定或维持政策目标，如抑制通胀、实现完全就业或经济增长等。广义的货币政策是指政府、中央银行和其他有关部门所有有关货币方面的规定和采取的影响金融变量的一切措施（包括金融体制改革，也就是规则的改变等）。我们这里的货币政策倾向于狭义。

（2）货币政策的目标：稳定物价、充分就业、促进经济增长和平衡国际收支等。但需指出的是我国的货币政策目标仅仅有保持货币币值稳定和促进经济增长。《中国人民银行法》第3条规定，中国人民银行的“货币政策目标是保持货币币值稳定，并以此促进经济增长”。

二、货币政策的工具

（一）一般性货币政策工具

一般性货币政策工具是对货币供给量或信用总量进行调控的政策工具，主要包括法定存款准备率、再贴现政策和公开市场业务，一般称作中央银行传统的三大法宝。

1. 法定存款准备金比率

各类金融机构按所接受存款的一定比率，提存一定数额的存款准备金，这种提存的比率一般由中央银行确定，并以法律形式固定下来，称为法定存款准备率。根据法定存款准备率计算出来的金额为法定存款准备金。

法定存款准备金建立的最初目的，是保持银行资产的流动性，提高银行的清偿能力，从而保证存款人的利益和本身的安全，防止银行大批倒闭。但1935年美国联邦储备法规定了会员银行的最低存款准备限额，联邦储备委员会由此第一次运用了此项权力，于是，调整法定存款准备率就逐渐成为各国中央银行控制信用与货币供应量的一项重要工具。

中央银行调整法定存款准备率，不但影响银行的超额准备，而且也成倍地影响信用机构信贷和货币供应量的规模。这是因为，在银行与金融体系、信贷、存款量、准备量之间，存在乘数放大关系，而乘数的大小则与准备率呈反比。因此，即使法定准备率最微小的变化，比如增减半个百分点，都会对金融和信贷状况发生强烈影响，它“更像巨斧而不像小刀”，它是中央银行手中掌握的一件强有力的但不轻易、不经常使用的武器。

2. 再贴现利息率（再贴现率）

中央银行对其他金融机构请求再贴现（或贴现）或请求给予转贷款的票据、有价证券等，规定一定的标准和条件，影响其他金融机构取得信贷的数额，达到紧缩或扩张信用的目的，这就是所谓的再贴现政策(或贴现政策)。

商业银行等金融机构，将以办理贴现的票据到中央银行申请再贴现，中央银行银行根据当时的再贴现率，从票据总金额中扣除再贴现利息以后，将余额付给商业银行等金融机构，在这种情况下，使用了“再贴现率”这一名词。

再贴现政策的作用，主要是掌握贷款条件的松紧程度影响信贷的成本。当提高再贴现率时，表明取得信贷的成本增加，这将减少信贷的需求额，造成市场信贷和货币供给的紧缩；当降低贴现率时，表明取得信贷的成本减少，这会促使信贷的需求额增加，出现市场信用的扩张。调整再贴现率，不仅直接影响到信用机构筹资成本，而且还间接影响信用机构对企业和私人发放贷款的态度，从而也对企业和个人的经济活动产生影响。所以，调整再贴现率既有增减信贷成本的效果，也有心理、行为上的影响力。

3. 公开市场业务

公开市场业务是指中央银行在金融市场上公开买卖有价证券和银行承兑票据等，从而起到调节信用与货币供给作用的一种业务活动。如果根据经济形势的发展，中央银行认为有收缩银根的必要，则出售债券；反之，如果中央银行认为有放松银根的必要，则应购入证券。中央银行在出售证券时，购买者无论是金融机构还是厂商或居民个人，经过票据交换清算后，必然导致银行体系储备的减少，从而收缩信贷和货币供应；反之，中央银行在购入证券后，也必然会导致银行体系储蓄的增加，进而扩张信用。

(二) 选择性货币政策工具

选择性货币政策工具指央行针对某些特殊的经济领域或特殊用途的信贷而采用的信用调节工具，主要有：

(1) 证券投机的信用管理。为了防止证券投机，中央银行对各商业银行办理的以证券为担保的贷款，有权随时规定保证金比率。例如，保证金比率规定为60%，证券购买者就得付出60%的现款，其余40%才能向银行借款。这就是说，如果保证金比率提高，付现款的比重越大，可以向银行贷款的比重则越小。当证券价格上涨，中央认为有出现危机的可能性时，就提高保证金比率；反之，则降低保证金比率。

(2) 消费者信用管理。银行可采取措施，干预消费者用分期付款方式购买消费品的条件。例如，提高定金数额，或缩短付清价款的期限，或二者同时并用。由于大部分消费信用是直接或间接由银行贷款支持的，它不仅扩大企业的商品销售，而且直接增加银行存款，增加货币供应量。因此，也被列入政策调节范围。

(3) 不动产信用管理。这与管理消费者信用的方法基本相同。例如，中央银行为了减轻通货膨胀的压力，防止商业银行对建筑业过多贷款，规定不动产信用每次贷款限额，以及每次最低的偿还条件等。

(三) 其他政策工具

1. 直接信用管制

(1) 信用分配。

这是指中央银行根据经济形势，为避免信用过度扩张，同时也为了使有限的资金用于最能发挥效能的用途上，对商业银行的资金用途进行合理的分配，限制其信贷活动。限制信用的方法，主要是对商业银行向中央银行提出的贷款申请，以各种理由拒绝，或者虽给予贷款，但规定不得使用于某些用途等。分配信用通常发生在资金供求不平衡的国家，特别是经济欠发达国家，因投资多，而资金来源有限，因此，不得不采取特殊方法。如规定开发的顺序，或者按资金需要的缓急，将有限的资金分配到需要的单位。有的国家和地区还采取设立专项信贷基金的办法，保证某种建设事业的特殊需要。

(2) 直接行动。

这与信用分配相似，是指中央银行对商业银行的信贷活动直接进行干预和控制。具体方式有以下几种：

① 直接限制贷款额度。许多国家和地区在法律上规定，中央银行根据金融情况和变化，在必要时，可对各金融机构或某一类金融机构规定贷款的最高发放额。

② 直接干涉银行对活期存款的吸收。也就是说，对支票存款和活期存款的增加额另定存款准备金的比率，不受最高比率的限制，从而限制信贷活动。

③ 中央银行对业务活动不当的商业银行，认为它违背信贷政策时，可拒绝提供贷款，拒绝融通资金的需求；或者给予贷款，但采取高于一般利息的惩罚性利率。

④ 规定各银行放款及投资的方针。分两类：一类是资产项目的限制，如规定商业银行对不动产投资的限制；一类是贷款额度的限制，如对商业银行发放的中期贷款规定最高额度，对储蓄银行的股票投资、住宅融资规定最高的限制等。

(3) 规定流动比率。

这是指中央银行为了限制商业银行创造信用的能力，除规定法定存款准备金外，还规定商业银行对其资产维持某种程度的流动性。流动性资产包括：超额准备、银行互助拆借、国库券、可转让定期存单、银行承兑汇票、经短期期票交易商或银行保证的商业本票、公债及其他经中央银行核准的证券。总之，能够较快变成现实货币的资产同负债相比要占一定的比率，以保障存款人的安全，也限制长期性贷款和投资。

2. 间接信用管制

所谓间接信用管制，主要有以下四种：

(1) 道义劝告(窗口指导)。

主要是中央银行向各家银行说明立场，加以劝勉，希望借道义的影响和说服的力量，达到干涉和控制各银行业务的目的。道义说服是采取温和的方式，适用范围较大。但因这种方式无强制的行为，能否发生作用取决于中央银行的声望及其与各银行合作的程度，也取决于要说服的金融机构的数目、说服的时机、内容及其详细程度等。因为中央银行控制着商业银行的业务活动的咽喉，所以道义说服是有效的。

(2) 金融检查。

中央代表政府从事金融管理，可以使中央银行不用管制措施而打倒管制金融的要求。其中很重要的办法是金融检查。中央银行经常检查各银行的业务活动，一方面有利于维护银行的安全，另一方面也有利于加强对金融的控制。

(3) 自动合作。

这是指通过道义说服的方式，要求主要金融机构能够自动合作，以影响信贷活动。

(4) 公开宣传。

这是指中央银行利用各种机会向金融界及全国各界说明其金融政策的内容和意义，求得各方面的理解和支持，从而使金融活动按照中央银行预期的方向发展。

三、货币政策的作用机制

1. 货币政策作用机制含义

货币政策传导机制是指中央银行运用货币政策工具影响中介指标，进而最终实现既定政策目标的传导途径与作用机理。从运用货币政策到实现货币政策目标的过程，货币传导机制是否完善及提高，直接影响货币政策的实施效果以及对经济的贡献。

2. 货币政策的作用途径

(1) 从中央银行到商业银行等金融机构和金融市场。中央银行的货币政策工具操作，首先影响的是商业银行等金融机构的准备金、融资成本、信用能力和行为，以及金融市场上货币供给与需求的状况。

(2) 从商业银行等金融机构和金融市场到企业、居民等非金融部门的各类经济行为主体。商业银行等金融机构根据中央银行的政策操作调整自己的行为，从而对各类经济行为主体的消费、储蓄、投资等经济活动产生影响。

(3) 从非金融部门经济行为主体到社会各经济变量，包括总支出量、总产出量、物价、就业等。

3. 货币政策的作用机制过程

尽管货币政策传导机制理论在不断发展，各种学派对货币政策的传导机制有不同看法，但归纳起来货币政策影响经济变量主要是通过以下四种：

(1) 利率传递。

利率传导理论是最早被提出的货币政策传导理论，但从早期休谟的短期分析、费雪的过渡期理论、魏克赛尔的累积过程理论中所涉及的利率传导理论均未得到关注。直到凯恩斯的《通论》问世及IS-LM模型的建立才正式引起学术界对利率传导机制的研究。利率传导机制的基本途径可表示为：

货币供应量 M↑→实际利率水平 i↓→投资 I↑→总产出 Y↑。

(2) 信用传递。

威廉斯提出的贷款人信用可能性学说是最早有关货币政策信用传导途径的理论，伯南克则在此理论基础上进一步提出了银行借贷渠道和资产负债渠道两种理论，并得出货币政策传递过程中即使利率没发生变化也会通过信用途径来影响国民经济总量。信用传导机制的基本途径可表示为：

货币供应量 M↑→贷款供给 L↑→投资 I↑→总产出 Y↑

(3) 非货币资产价格传递途径。

托宾的Q理论与莫迪利亚尼的生命周期理论则提出了货币政策的非货币资产价格传递途径。资产价格传导理论强调资产相对价格与真实经济之间的关系，其基本途径可表示为：

货币供应量 M↑→实际利率 i↓→资产(股票)价格 P↑→投资 I↑→总产出 Y↑。

(4) 汇率传递途径。

汇率是开放经济中一个极为敏感的宏观经济变量，因而它也引起了众多学者的研究，而关于货币政策的汇率传导机制的理论主要有购买力平价理论、利率平价理论和蒙代尔—弗莱明模型等。货币政策的汇率传导机制的基本途径可表示为：

货币供应量 M↑→实际利率 i↓→汇率 E↓→净出口 NX↑→总产出 Y↑。

四、我国央行的介绍及近年来的货币政策变化轨迹与展望

（一）中国人民银行的介绍

1. 中国人民银行的发展历程

中国人民银行的历史，可以追溯到第二次国内革命战争时期。1931 年 11 月 7 日，在江西瑞金召开的“全国苏维埃第一次代表大会”上，通过决议成立“中共苏维埃共和国国家银行”（简称苏维埃国家银行），并发行货币。从土地革命到抗日战争时期一直到中华人民共和国诞生前夕，人民政权被分割成彼此不能连接的区域。各根据地建立了相对独立、分散管理的根据地银行，并各自发行在本根据地内流通的货币。1948 年 12 月 1 日，以华北银行为基础，合并北海银行、西北农民银行，在河北省石家庄市组建了中国人民银行，并发行人民币，成为中华人民共和国成立后的中央银行和法定本位币。

2. 中国人民银行的主要职责

（1）拟订金融业改革和发展战略规划，承担综合研究并协调解决金融运行中的重大问题、促进金融业协调健康发展的责任，参与评估重大金融并购活动对国家金融安全的影响并提出政策建议，促进金融业有序开放。

（2）起草有关法律和行政法规草案，完善有关金融机构运行规则，发布与履行职责有关的命令和规章。

（3）依法制定和执行货币政策；制定和实施宏观信贷指导政策。

（4）完善金融宏观调控体系，负责防范、化解系统性金融风险，维护国家金融稳定与安全。

（5）负责制定和实施人民币汇率政策，不断完善汇率形成机制，维护国际收支平衡，实施外汇管理，负责对国际金融市场的跟踪监测和风险预警，监测和管理跨境资本流动，持有、管理和经营国家外汇储备和黄金储备。

（6）监督管理银行间同业拆借市场、银行间债券市场、银行间票据市场、银行间外汇市场和黄金市场及上述市场的有关衍生产品交易。

（7）负责会同金融监管部门制定金融控股公司的监管规则和交叉性金融业务的标准、规范，负责金融控股公司和交叉性金融工具的监测。

（8）承担最后贷款人的责任，负责对因化解金融风险而使用中央银行资金机构的行为进行检查监督。

（9）制定和组织实施金融业综合统计制度，负责数据汇总和宏观经济分析与预测，统一编制全国金融统计数据、报表，并按国家有关规定予以公布。

（10）组织制定金融业信息化发展规划，负责金融标准化的组织管理协调工作，指导金融业信息安全工作。

（11）发行人民币，管理人民币流通。

（12）制定全国支付体系发展规划，统筹协调全国支付体系建设，会同有关部门制定支付结算规则，负责全国支付、清算系统的正常运行。

（13）经理国库。

(14) 承担全国反洗钱工作的组织协调和监督管理的责任,负责涉嫌洗钱及恐怖活动的资金监测。

(15) 管理征信业,推动建立社会信用体系。

(16) 从事与中国人民银行业务有关的国际金融活动。

(17) 按照有关规定从事金融业务活动。

(18) 承办国务院交办的其他事项。

(二) 近年来我国央行货币政策的变化轨迹与展望

1. 近15年来我国央行货币政策的变化轨迹

近15年来,我国货币政策的基调有过多次调整,我们大致将其分为四个阶段:

(1) 适度从紧的货币政策(1993～1996年)。从1993年开始,我国经济出现高增长、高通胀并行的情况,通胀率的峰值一度达到24%。针对于此,中央采用了“适度从紧”的货币政策,其间两次加息,并成功地于1996年上半年基本上实现了经济的“软着陆”。

(2) 稳健的货币政策(1997～2002年)。1996年后,随着国内外经济环境的变化,出现了有效需求不足、物价持续下降及经济增长减缓的严峻局势。尤其是1997年亚洲金融危机的全面爆发,加大了国内经济出现通货紧缩的风险。基于此,中央果断调整方向,从1998年起正式开始实施“稳健”的货币政策。而事实上,从1996年5月开始,央行就审时度势地采取了持续降息的调控手段,将一年期存款基准利率由1993年7月的10.98%降至2002年初的1.98%,同期贷款基准利率由10.98%降到5.04%。

(3) 事实上稳中从紧的货币政策(2003～2007年)。2003年开始,我国进入新一轮经济增长周期的上升期,投资、出口、信贷及外汇储备快速增长。在此期间,货币政策虽然名义上仍维持“稳健”的基调,但内涵已逐步开始发生变化,一个主要变化就是根据经济金融运行形势的变化逐步表现出适度从紧的趋向。至目前为止一共加息8次,上调准备金率14次。尤其是2007年以来,央行紧缩货币政策的政策取向日益明显,年内10次提高存款准备金率,6次上调存贷款基准利率,并于年底开始重点严控房地产信贷快速增长,同时加大货币资金回笼。

(4) 从2008年开始实行从紧的货币政策。为防止经济增长由偏快转为过热,防止价格由结构性上涨演变为明显的通货膨胀,2007年底的中央经济工作会议明确提出从2008年起货币政策由“稳健”改为“从紧”。至此,我国实施10年之久的“稳健”的货币政策正式被“从紧”的货币政策所取代。

2. 未来我国央行货币政策取向展望

2011年是“十二五”时期开局之年,在包括货币政策在内的一系列宏观经济政策主动调控的作用下,我国经济增长由政策刺激向自主增长有序转变,经济增速温和回落,物价过快上涨势头得到遏制,经济发展方式转变和经济结构调整的成效进一步显现,国民经济继续朝着宏观调控的预期方向发展。2012年,我国经济运行面临经济增长下行压力和物价上涨压力并存的局面,给货币政策稳健运行带来一定困难和挑战。

根据中央经济工作会议部署,2012年将继续实施稳健的货币政策。实施稳健的货币政策,需要继续处理好保持经济平稳较快发展、调整经济结构和管理通胀预期三者关系,巩固经济平稳较快发展的良好势头,保持物价总水平基本稳定,加强系统性风险防范。

案例1 美联储到底是谁的?

许多年以来,究竟谁拥有美联储一直是一个讳莫如深的话题。美联储自己总是支吾其词。和英格兰银行一样,美联储对股东情况严守秘密。

众议员赖特·帕特曼担任众议院银行和货币委员会主席长达40年,在其中20年里,他不断地提案要求废除美联储,他也一直在试图发现究竟谁拥有美联储。这个秘密终于被发现了,《美联储的秘密》一书的作者尤斯塔斯经过近半个世纪的研究终于得到了12个美联储银行最初的企业营业执照,上面清楚地记录了每个联储银行的股份构成。

美联储纽约银行是美联储系统的实际控制者,它在1914年5月19日向货币审计署报备的文件上记录着股份发行总数为203 053股,其中:洛克菲勒和库恩雷波公司所控制下的纽约城市国家银行,即花旗银行前身,拥有最多的股份,持有30 000股;JP摩根的第一国家银行拥有15 000股;当这两家公司在1955年合并成花旗银行后,它拥有美联储纽约银行近1/4的股份,它实际上决定着美联储主席的候选人,美国总统的任命只是一枚橡皮图章而已,而国会听证会更像一场走过场的表演。

保罗·沃伯格的纽约国家商业银行拥有21 000股;罗斯切尔德家族担任董事的汉诺威银行拥有10 200股;大通银行拥有6 000股;汉华银行拥有6 000股;这六家银行共持有40%的美联储纽约银行股份,到1983年,他们总共拥有53%的股份。经过调整后,他们的持股比例是:花旗银行15%,大通曼哈顿14%,摩根信托9%,汉诺威制造7%,汉华银行8%。

美联储纽约银行注册资本金为14 300万美元,上述这些银行究竟是否支付了这笔钱仍然是个谜。有些历史学家认为他们只付了一半现金,另一些历史学家则认为他们根本没出任何现金,而仅仅是用支票支付,而在他们自己所拥有的美联储的账户上只是几个数字的变动而已,美联储的运作其实就是“以纸张作抵押发行纸张”。难怪有的历史学家讥讽联邦储备银行系统既不是“联邦”,又没有“储备”,也不是银行。

1978年6月15日,美国参议院政府事务委员会发布了美国主要公司的利益互锁问题的报告,该报告显示,上述银行在美国130家最主要公司里拥有470个董事位置,平均每个主要公司里有3.6个董事位置属于银行家们。其中,花旗银行控制了97个董事席位;JP摩根公司控制了99个;汉华银行控制了96个;大通曼哈顿控制了89个;汉诺威制造控制了89个。

1914年9月3日,纽约时报在美联储出售股份的时候,公布了主要银行的股份构成:纽约城市国家银行发行了250 000股票,杰姆斯·斯蒂尔曼拥有47 498股;JP摩根公司14 500;威廉·洛克菲勒10 000股;约翰·洛克菲勒1 750股。纽约国家商业银行发行了250 000股票,乔治·贝克拥有10 000股;JP摩根公司7 800股;玛丽·哈里曼5 650股;保罗·沃伯格3 000股;雅各布·谢夫1 000股;小JP摩根1 000股。大通银行,乔治·贝克拥有13 408股。汉诺威银行,杰姆斯·斯蒂尔曼拥有4 000股;威廉·洛克菲勒1 540股。

从1913年美联储建立以来,无可辩驳的事实显示了银行家们操纵着美国金融命脉、工商业命脉和政治命脉,过去如此,现在仍然如此。而这些华尔街的银行家都与伦敦城的罗斯切尔德家族保持着密切联系。

? 思考题:美联储的组建方式适合于发展中国家吗?为什么?

案例 2　央行连续 12 次上调存款准备金率后首次下调

中国人民银行 2011 年 11 月 30 日晚间宣布，从 2011 年 12 月 5 日起，下调存款类金融机构人民币存款准备金率 0.5 个百分点。此次下调距离央行上次上调存款准备金率不到半年时间，也是央行 3 年来首次下调存款准备金率。

央行上次下调存款准备金率是在 2008 年 12 月。之后从 2010 年 1 月起，央行连续 12 次上调存款准备金率，通过对金融机构准备金率共计 600 个基点的上调，来回收市场过多流动性以抑制物价的过快上涨。此次调整后，我国大型金融机构存款准备金率为 21%，中小型金融机构存款准备金率为 17.5%。

经济学家认为，准备金率的下调，有助于在当前复杂形势下稳定国内经济增长。进入 11 月以来 CPI 涨势降温，显示通胀压力有所趋缓，而与此同时，11 月制造业采购经理人指数(PMI)和汇丰 PMI 均创 32 个月以来新低，表明国内企业经营压力正在加大，对此多家机构及经济学家已纷纷预测到，12 月央行将有倾向有控制地向市场注入流动性。

不少分析人士认为，这一个比意料中来得更急的货币政策放松信号，暗示国内经济明年存在进一步放缓的风险；同时欧美国家经济增速放缓以及债务问题久拖不决的局面，也给国内经济带来不利影响。兴业银行首席经济学家鲁政委表示，下调存款准备金率将增加银行贷款投放量，或对银行股构成利好；预计货币政策局部放松信号将继续释放，市场中流动性紧张的局面将有所缓解。

渣打银行在昨日发布的研究报告中指，这次突降存准率 0.5 个百分点，是鉴于历来每年年初资金面都会比较紧张，央行为防止明年 1 月发生严重的流动性短缺，同时为鼓励银行支持企业经济增长。

渣打经济学家表示，目前政府最大的担心是接下来几个月经济增长将急速放缓，这次下调存款准备金率就是为重塑市场信心。渣打还预计，明年连续下调存款准备金率的预期正在升高，上半年会下调 4 次，每次都将是 0.5 个百分点的幅度，最后把存准率下调至 18.5%(大型银行 19%，中小银行 17.5%)。这将保证银行有足够的资金借出，进而支持经济复苏。

中国人民大学金融与证券研究所所长吴晓求表示，此次下调存款准备金率从理论上讲是符合逻辑的。从中国经济当前的状况来看，实体经济普遍资金短缺，加之 CPI 的回落等原因促使央行下调准备金率。他预计未来还可能下调 2～3 次。

? 思考：存款准备金率的变动对一国的经济增长有何影响？

本 章 小 结

1. 中央银行的性质主要体现在地位、业务以及管理的特殊性上。中央银行的职能主要表现为发行的银行、政府的银行、银行的银行三个方面。

2. 中央银行的所有制形式主要有国家所有、集体所有、公私混合所有、无资本所有、多国所有五种形式。中央银行的管理模式主要有单一式中央银行制度、复合式中央银行制度、准中央银行制度和跨国中央银行制度。

3. 中央银行的业务主要包括资产、负债、清算以及其他业务。其中资产业务最主要的是收购外汇黄金，负债业务最主要的是发行货币与存款，其他业务主要指国库管理、统计等业务。

4. 货币政策一般而言是国家的中央银行制定和执行的，中央银行的货币政策工具主要包括一般性工具、选择性工具以及补充性的工具。其中被称之为央行“三大法宝”的工具是：法定存款准备金、公开市场业务、再贴现。

重要基本概念

中央银行	发行的银行	政府的银行	银行的银行	单一式央行制度
复合式央行制度	国际储备	国库	法定存款准备金	
公开市场业务	再贴现	货币政策作用机制	中国人民银行	

复习思考题

1. 中央银行的性质是什么？中央银行的职能有哪些？
2. 中央银行的所有制形式主要有哪几种？
3. 中央银行的管理模式主要有哪些？我国的央行属于哪一种？
4. 中央银行的业务主要有哪些？每种业务又包括了哪些主要内容？
5. 中央银行的货币政策工具主要有哪些？被大家称为“三大法宝”的工具是指什么？
6. 中央银行的货币政策最终目标有哪些？
7. 中央银行的货币政策是如何实现其最终目标的？举例说明。
8. 现阶段我国央行实施的货币政策有什么特点？未来几年我国央行货币政策的取向如何？

第八章　基金、信托与租赁

内容提要

基金、信托与租赁是一个国家完整的金融体系不可或缺的构成部分，本章主要简述了基金的概念、种类、净值计算及投资原则，信托的概念、种类及国内外信托业务的发展状况，租赁特别是金融租赁的概念、种类以及国内外租赁业务的发展状况。

重点与难点

本章的重点是基金、信托与金融租赁的概念、种类；难点是基金净值的理解与计算。

第一节　基　　金

一、基金的概念与特点

（一）基金的概念

基金(Fund)有广义和狭义之分，从广义上说，基金是指为了某种目的而设立的具有一定数量的资金。例如，证券投资基金、信托投资基金、公积金、保险基金、退休基金、各种基金会的基金。在现有的证券市场上的基金，包括封闭式基金和开放式基金，具有收益性功能和增值潜能的特点。从狭义上讲，基金主要指证券投资基金，它是一种利益共存、风险共担的集合证券投资方式，即通过发行基金份额，集中投资者的资金，由基金托管人托管，由基金管理人管理和运用资金，从事股票、债券等金融工具投资，并将投资收益按基金投资者的投资比例进行分配的一种间接投资方式。我们这里说的基金主要指证券投资基金。

（二）证券投资基金的特点

与股票、债券、定期存款、外汇等投资工具一样，证券投资基金也为投资者提供了一种投资渠道。那么，与其他的投资工具相比，证券投资基金具有哪些特点呢？

(1) 集合理财，专业管理。基金将众多投资者的资金集中起来，委托基金管理人进行共同投资，表现出一种集合理财的特点。通过汇集众多投资者的资金，积少成多，有利于发挥资金的规模优势，降低投资成本。基金由基金管理人进行投资管理和运作。基金管理人一般拥有大量的专业投资研究人员和强大的信息网络，能够更好地对证券市场进行全方位的动态跟踪与分析。将资金交给基金管理人管理，使中小投资者也能享受到专业化的投资管理服务。

(2) 组合投资，分散风险。为降低投资风险，我国《证券投资基金法》规定，基金必须以组合投资的方式进行基金的投资运作，从而使“组合投资、分散风险”成为基金的一大特色。“组合投资、分散风险”的科学性已为现代投资学所证明，中小投资者由于资金量小，一般无法通过购买不同的股票分散投资风险。基金通常会购买几十种甚至上百种股票，投资者购买基金就相当于用很少的资金购买了一揽子股票，某些股票下跌造成的损失可以用其他股票上涨的盈利来弥补。因此可以充分享受到组合投资、分散风险的好处。

(3) 利益共享，风险共担。基金投资者是基金的所有者。基金投资人共担风险，共享收益。基金投资收益在扣除由基金承担的费用后的盈余全部归基金投资者所有，并依据各投资者所持有的基金份额比例进行分配。为基金提供服务的基金托管人、基金管理人只能按规定收取一定的托管费、管理费，并不参与基金收益的分配。

(4) 严格监管，信息透明。为切实保护投资者的利益，增强投资者对基金投资的信心，中国证监会对基金业实行比较严格的监管，对各种有损投资者利益的行为进行严厉的打击，并强制基金进行较为充分的信息披露。在这种情况下，严格监管与信息透明也就成为基金的一个显著特点。

(5) 独立托管，保障安全。基金管理人负责基金的投资操作，本身并不经手基金财产的保管。基金财产的保管由独立于基金管理人的基金托管人负责。这种相互制约、相互监督的制衡机制对投资者的利益提供了重要的保护。

二、基金的种类

(一) 根据基金单位是否可增加或赎回，可分为封闭式基金和开放式基金

1. 封闭式基金

属于信托基金，是指基金规模在发行前已确定、在发行完毕后的规定期限内固定不变并在证券市场上交易的投资基金。

由于封闭式基金在证券交易所的交易采取竞价的方式，因此交易价格受到市场供求关系的影响而并不必然反映基金的净资产值，即相对其净资产值，封闭式基金的交易价格有溢价、折价现象。国外封闭式基金的实践显示其交易价格往往存在先溢价后折价的价格波动规律。从我国封闭式基金的运行情况看，无论基本面状况如何变化，我国封闭式基金的交易价格走势也始终未能脱离先溢价、后折价的价格波动规律。

2. 开放式基金

开放式基金是一种发行额可变，基金份额(单位)总数可随时增减，投资者可按基金的报价在基金管理人指定的营业场所申购或赎回的基金。与封闭式基金相比，开放式基金具有发行数量没有限制、买卖价格以资产净值为准、在柜台上买卖和风险相对较小等特点，特别适合于中小投资者进行投资。

开放式基金包括特殊开放式基金和一般开放式基金。一般开放式基金又叫普通开放式基金，是相对于特殊开放式基金来讲的，一般来说开放式基金是不允许在证券市场交易的，但随着金融业本身和金融创新的发展，能在证券市场交易的基金已不限于封闭式基金，出现了一些开放式基金也可以在证券市场交易，这些可以交易的开放式基金就叫做特殊开放式基金。特殊开放式基金(LOF)，英文全称是“Listed Open-Ended Fund”或“Open-End Funds”，汉语称为“上市型开放式基金”，在国外又称共同基金。也就是上市型开放式基金发行结束后，投资者既可以在指定网点申购与赎回基金份额，也可以在交易所买卖该基金。不过投资者如果是在

指定网点申购的基金份额，想要上网抛出，须办理一定的转托管手续；同样，如果是在交易所网上买进的基金份额，想要在指定网点赎回，也要办理一定的转托管手续。

世界基金发展史就是从封闭式基金走向开放式基金的历史。以基金市场最为成熟的美国为例，在1990年9月，美国开放式基金共有3 000家，资产总值1万亿美元；而封闭式基金仅有250家，资产总值600亿美元。到1996年，美国开放式基金的资产为35 392亿美元，封闭式基金资产仅为1 285亿美元，两者之比达到27.54∶1；而在1940年，两者之比仅为0.73∶1。在日本，1990年以前封闭式基金占绝大多数，开放式基金处于从属地位；但90年代后情况发生了根本性变化，开放式基金资产达到封闭式基金资产的两倍左右。

在中国香港、泰国、中国台湾、新加坡、菲律宾等亚洲发展投资基金较早的国家和地区，发展之初也是以封闭式基金为主，逐渐过渡到目前两类基金形态并存的阶段。从世界范围看，1990年世界开放式投资基金净资产余额为23 554亿美元，到1995年已跃升至53 407亿美元。开放式基金已经逐渐成为世界投资基金的主流。

3. 开放式基金与封闭式基金的区别

(1) 基金规模的可变性不同。封闭式基金均有明确的存续期限，在此期限内已发行的基金单位不能被赎回。虽然特殊情况下此类基金可进行扩募，但扩募应具备严格的法定条件。因此，在正常情况下，基金规模是固定不变的。而开放式基金所发行的基金单位是可赎回的，而且投资者在基金的存续期间内也可随意申购基金单位，导致基金的资金总额每日均不断地变化。换言之，它始终处于"开放"的状态。这是封闭式基金与开放式基金的根本差别。

(2) 基金单位的买卖方式不同。封闭式基金发起设立时，投资者可以向基金管理公司或销售机构认购；当封闭式基金上市交易时，投资者又可委托券商在证券交易所按市价买卖。而投资者投资于开放式基金时，他们则可以随时向基金管理公司或销售机构申购或赎回。

(3) 基金单位的买卖价格形成方式不同。封闭式基金因在交易所上市，其买卖价格受市场供求关系影响较大。当市场供小于求时，基金单位买卖价格可能高于每份基金单位资产净值，这时投资者拥有的基金资产就会增加；当市场供大于求时，基金价格则可能低于每份基金单位资产净值。而开放式基金的买卖价格是以基金单位的资产净值为基础计算的，可直接反映基金单位资产净值的高低。在基金的买卖费用方面，投资者在买卖封闭式基金时与买卖上市股票一样，也要在价格之外付出一定比例的证券交易税和手续费；而开放式基金的投资者需缴纳的相关费用(如首次认购费、赎回费)则包含于基金价格之中。一般而言，买卖封闭式基金的费用要高于开放式基金。

(4) 基金的投资策略不同。由于封闭式基金不能随时被赎回，其募集到的资金可全部用于投资，这样基金管理公司便可据以制定长期的投资策略，取得长期经营绩效。而开放式基金则必须保留一部分现金，以便投资者随时赎回，而不能尽数地用于长期投资，且一般投资于变现能力强的资产。

(二) 根据组织形态的不同，可分为公司型基金和契约型基金

基金通过发行基金股份成立投资基金公司的形式设立，通常称为公司型基金；由基金管理人、基金托管人和投资人三方通过基金契约设立，通常称为契约型基金。目前我国的证券投资基金均为契约型基金。

(1) 公司型基金，又叫做共同基金，指基金本身为一家股份有限公司，公司通过发行股票

或受益凭证的方式来筹集资金。投资者购买了该家公司的股票，就成为该公司的股东，凭股票领取股息或红利，分享投资所获得的收益。

(2) 契约型基金，又称为单位信托基金，指专门的投资机构(银行和企业)共同出资组建一家基金管理公司，基金管理公司作为委托人通过与受托人签订“信托契约”的形式发行受益凭证——“基金单位持有证”来募集社会上的闲散资金。

(三) 根据投资风险与收益的不同，可分为成长型、收入型和平衡型基金

(1) 成长型基金：成长型基金以资本长期增值为投资目标，其投资对象主要是市场中有较大升值潜力的小公司股票和一些新兴行业的股票。为达成最大限度的增值目标，成长型基金通常很少分红，而是经常将投资所得的股息、红利和盈利进行再投资，以实现资本增值。成长型基金将股票作为投资主要标的。投资于成长型股票的基金，期望其所投资公司的长期盈利潜力超过市场预期，这种超额收益可能来自产品创新、市场份额的扩大或者其他原因导致的公司收入及利润增长。总而言之，成长型公司被认为具有比市场平均水平更高的增长速度。

(2) 收入型基金：收入型基金是主要投资于可带来现金收入的有价证券，以获取当期的最大收入为目的，以追求基金当期收入为投资目标的基金，其投资对象主要是那些绩优股、债券、可转让大额存单等收入比较稳定的有价证券。收入型基金一般把所得的利息、红利都分配给投资者。这类基金虽然成长性较弱，但风险相应也较低，适合保守的投资者和退休人员。优点是降低了投资者本金遭受损失的风险；缺点是使基金丧失了投资于风险较大但具有成长潜力的有价证券的机会，基金发展受到制约。此类基金一般适合于保守型投资者，这类投资者往往对风险的承受能力低，只想快投资快见效，并且希望保住本金。

(3) 平衡型基金：平衡型基金是指既要获得当期收入，又追求基金资产长期增值为投资目标，把资金分散投资于股票和债券，以保证资金的安全性和盈利性的基金。通常当基金经理人看跌后市时，会增加抗跌性较强的债券投资比例；当基金经理人看好后市时，则会增加较具资本利得获利机会的股票投资比例。平衡型基金是既追求长期资本增值，又追求当期收入的基金。这类基金主要投资于债券、优先股和部分普通股，这些有价证券在投资组合中有比较稳定的组合比例，一般是把资产总额的25%～50%用于优先股和债券，其余的用于普通股投资。其风险和收益状况介于成长型基金和收入型基金之间。

(四) 根据投资对象的不同，可分为股票基金、债券基金、货币市场基金、期货基金等

股票基金是以股票为投资对象的投资基金，是投资基金的主要种类。股票基金的主要功能是将大众投资者的小额投资集中为大额资金。投资于不同的股票组合，是股票市场的主要机构投资者。债券型基金顾名思义是以债券为主要投资标的共同基金，除了债券之外，尚可投资于金融债券、定存、短期票券等，绝大多数以开放式基金形态发行，并采取不分配收益方式，合法节税。目前国内大部分债券型基金属性偏向于收益型债券基金，以获取稳定的利息为主，因此，收益普遍呈现稳定成长。货币市场基金是指投资于货币市场上短期有价证券的一种基金。该基金资产主要投资于短期货币工具，如国库券、商业票据、银行定期存单、政府短期债券、企业债券等短期有价证券。

(五) 其他类型基金

(1) 对冲基金：对冲基金英文名称为 Hedge Fund，意为“风险对冲过基金”，起源于20世

纪 50 年代初的美国。当时的操作宗旨是利用期货、期权等金融衍生产品以及对相关联的不同股票进行实买空卖、风险对冲操作,一定程度上可规避和化解投资风险。1949 年世界上诞生了第一个有限合作制琼斯对冲基金,虽然对冲基金 20 世纪 50 年代已经出现,但是它在接下来的 30 年间并未引起人们太多关注。直到 80 年代随着金融自由化发展,对冲基金才有了更广阔的投资机会,从此进入了快速发展阶段。20 世纪 90 年代世界通货膨胀威胁逐渐减少,同时金融工具日趋成熟和多样化,对冲基金进入了蓬勃发展阶段。据英国《经济学人》统计,从 1990 年到 2000 年 3 000 多个新对冲基金在美国和英国出现。2002 年后,对冲基金收益率有所下降但对冲基金规模依然不小,据英国《金融时报》2005 年 10 月 22 日报道,截至目前为止全球对冲基金总资产额已经达到 1.1 万亿美元。

(2) QDII 基金:QDII 是 Qualified Domestic Institutional Investor (合格的境内机构投资者)的首字缩写。它是在一国境内设立,经该国有关部门批准从事境外证券市场的股票、债券等有价证券业务的证券投资基金。和 QFII(Qualified Foreign Institutional Investors)一样,它也是在货币没有实现完全可自由兑换、资本项目尚未开放的情况下,有限度地允许境内投资者投资境外证券市场的一项过渡性的制度安排。

(3) 指数基金:指数基金是一种按照证券价格指数编制原理构建投资组合进行证券投资的一种基金。从理论上来讲,指数基金的运作方法简单,只要根据每一种证券在指数中所占的比例购买相应比例的证券,长期持有就可。对于一种纯粹的被动管理式指数基金,基金周转率及交易费用都比较低,管理费也趋于最小。这种基金不会对某些特定的证券或行业投入过量资金。它一般会保持全额投资而不进行市场投机。当然,不是所有的指数基金都严格符合这些特点,不同具有指数性质的基金也会采取不同的投资策略。目前指数基金有兴和、普丰、天元三只指数基金,就是有指数基金特点的“优化指数型基金”。

(4) 交易型开放式指数基金:ETF 是 Exchange Traded Fund 的英文缩写,又称交易所交易基金。ETF 是一种在交易所上市交易的开放式证券投资基金产品,交易手续与股票完全相同。ETF 管理的资产是一揽子股票组合,这一组合中的股票种类与某一特定指数,如上证 50 指数,包含的成分股票相同,每只股票的数量与该指数的成分股构成比例一致,ETF 交易价格取决于它拥有的一揽子股票的价值,即“单位基金资产净值”。ETF 的投资组合通常完全复制标的指数,其净值表现与盯住的特定指数高度一致。比如上证 50ETF 的净值表现就与上证 50 指数的涨跌高度一致。

三、基金净值与基金投资

(一) 净资产价值

共同基金所拥有的资产每个营业日根据市场收盘价所计算出的总资产价值,扣除基金当日之各类成本及费用后,所得到的就是该基金当日的净资产价值。除以基金当日所发行在外的份额总数,就是每份额净值。

单位基金资产净值,即每一基金份额代表的基金资产的净值。单位基金资产净值计算的公式为:单位基金资产净值=(总资产-总负债)/基金份额总数。

其中,总资产是指基金拥有的所有资产(包括股票、债券、银行存款和其他有价证券等)按照公允价格计算的资产总额。总负债是指基金运作及融资时所形成的负债,包括应付给他人的各项费用、应付资金利息等。基金份额总数是指当时发行在外的基金份额的总量。

基金估值是计算份额基金资产净值的关键。基金往往分散投资于证券市场的各种投资工具,如股票、债券等,由于这些资产的市场价格是不断变动的,因此,只有每日对份额基金资产净值重新计算,才能及时反映基金的投资价值。

(二) 基金份额净值

基金份额净值是反映基金绩效表现的一个重要指标,开放式基金的交易价格就是以每基金份额的净值为依据确定的。由于基金所拥有的资产的价值总是随市场的波动而变动,所以基金净值也会不断变化。基金份额净值＝份额净值＋基金成立后累计份额派息金。基金净值的高低并不是选择基金的主要依据,基金净值未来的成长性才是判断投资价值的关键。净值的高低除了受到基金经理管理能力的影响之外,还受到很多其他因素的影响。

若是基金成立已经有一段相当长的时间,或是自成立以来成长迅速,基金的净值自然就会比较高;如果基金成立的时间较短,或是进场时点不佳,都可能使基金净值相对较低。因此,如果只以现时基金净值的高低作为是否要购买基金的标准,就常常会做出错误的决定。购买基金还是看基金净值未来的成长性,这才是正确的投资方针。

(三) 净值计算

基金单位净值的计算包括基金资产净值总额的计算和基金单位资产净值的计算。按一般公认的会计原则,基金资产净值总额＝基金资产总额－基金负债总额。

第二节 信 托

一、信托的概念与特点

(一) 信托的概念

信托即“信任”与“委托”。信托的内涵可以从不同的角度来理解。从财产管理角度看,它是一种以资财为核心、信任为基础、委托为方式的财产管理制度;从法律角度看,《中华人民共和国信托法》第二条对信托的定义为:“本法所称信托是指委托人基于对受托人的信任,将其财产权委托给受托人,由受托人按委托人的意愿以自己的名义为受益人的利益或者特定目的,进行管理或者处分的行为。”

信托成立必须具备三个基本要素:信托行为、信托财产和信托关系人。

(1) 信托行为。指达成信托时,构成法律行为所履行的手续,一般指委托人与受托人双方签订合同的行为。在某种情况下,信托行为也可以按有关法律强制性建立。

(2) 信托财产。信托财产是指委托人通过信托行为,转让给受托人并由受托人按照一定的信托目的进行管理或处理的财产或财产权。

信托财产的具体内容,不同的国家有不同的规定。在西方国家,从有形的货币、证券、动产和不动产,到无形的专利权、著作权等,都可以作为信托财产。我国信托法对信托财产的具体规定是:信托的设立必须有确定的信托财产,并且该财产必须是委托人合法所有的财产;法律、行政法规禁止流通的财产，不得作为信托财产；法律、行政法规限制流通的财产，依法经有关主管部门批准后，可以作为信托财产。

(3) 信托关系人。信托的成立必须有三方面的当事人：委托人、受托人和受益人，他们之间围绕信托财产而建立的经济关系，称为信托关系。委托人是提出委托要求的人。委托人是财产的所有者，具有法律上的财产所有权。除了没有行为能力的自然人以外，法律上具有行为能力的自然人、法人以及具备法人资格的团体，均可成为委托人。在整个信托关系中，委托人处于主动地位，委托人提出信托要求是信托行为的起点。委托人可以选择受托人，并授权受托人按其意愿对信托财产进行经营、管理或处理。受托人是接受委托的人。受托人可以是自然人，如委托人的律师、亲友等；也可以是法人，如信托公司、银行的信托部等。现代信托业务大多由法人受托。在整个信托行为中，受托人的行为是信托成败的关键，各国法律对受托人的资格、责任、权限等都有严格的规定。受益人是享受信托利益的人。受益人由信托契约中指定。受益人可以是委托人自己，也可以是第三者(自然人或法人)。受益人享受信托的利益，是委托人办理信托的目的和出发点。

(二) 信托的特点

(1) 信托以信任为基础。信托本身就有信任的意思，信托的英语是“trust”。不管什么类型的信托，都必须建立在委托人对受托人充分信任的基础上。同时，受托人是否接受委托人提出的要求也在一定程度上取决于受托人对委托人的信任。

(2) 委托人将自有财产转移给受托人是信托成立的前提。这个特征有两层含义，其一，必须是自有财产，即委托人对信托财产享有财产权，这里所指的财产权，还包含民法中所规定的物权、债权以及专利权、商标权、著作权和其他无形财产权。其二，信托财产发生了转移。

(3) 信托财产的独立性。信托成立后，信托财产即从委托人、受托人以及受益人的自有财产中分离出来，成为独立运作的财产，仅服务于信托目的，除非特殊情形，任何人不能对信托财产进行强制执行。例如，委托人或者受托人的债权人，无权对信托财产主张权利，即使是受益人的债权人，也只能对其受益权主张权利，而不是对信托财产主张权利。

(4) 受托人在管理信托财产时要履行谨慎义务。受托人为受益人的最大利益处理信托事务，在管理信托财产时，必须恪尽职守，履行诚实、信用、谨慎、有效管理的义务。也就是说，受托人要像管理自己的财产一样尽心尽力地管理信托财产。这是信托制度较之其他相关制度无可比拟的最大优势所在。

(5) 信托存款的连贯性。信托部不因委托人或者受托人的死亡、丧失民事行为能力、依法解散、被依法撤销或者被宣告破产而终止，也不因受托人的辞任而终止，具有一定的稳定性和长期性。

正是由于信托具有以上五项重要特点，使其在财产管理、资金融通、投资理财和社会公益等方面具有突出的功能，被当代世界上众多国家纷纷采用。

二、信托的种类

(1) 根据信托财产形式的不同，可分为资金信托(金钱信托)和非资金信托(实物信托)。资金信托是指以货币资金为信托财产的信托。非资金信托是指以非货币资金(如动产、不动产等)为信托财产的信托。

(2) 根据委托人的不同，可分为个人信托和法人信托。个人信托的委托人即财产的所有人是个人。法人信托的委托人是单位或团体等法人。个人信托又可分为生前信托和死后信托。生前信托又称为契约信托，是个人在世时以委托人身份通过订立契约建立的信托关系，所订的信托契约限于在世时有效；死后信托又称为遗嘱信托，是根据个人的遗嘱，受理其身后的有关事项所建立的信托关系，如遗嘱的执行、为人寿保险投保人在身后代领保险金等。遗嘱信托只有在委托人去世后才生效。

(3) 根据信托业务的性质不同，可分为民事信托和商事信托。民事信托涉及的是民事范围的信托事务，如财产的买卖和抵押、个人遗嘱的执行等。商事信托涉及的是商事范围的信托事务，如代办公司的成立、登记、清算以及公司债券的发行等。

(4) 根据受托人承办信托的目的不同，可分为营业信托和非营业信托。营业信托是受托人以营业为目的、为收取报酬而接受的信托。受托人一般是具有法人资格的信托机构。非营业信托是受托人不以营业为目的而接受的信托，其受托人多为个人，不收取报酬。

(5) 根据信托设立的意图不同，可分为公益信托和私益信托。公益信托是指以促进社会福利、慈善事业、科技进步、学术研究、教育发展等公共利益为目的而设立的信托，其受益人为不固定的非特定人。私益信托是指为特定的他人或委托人自己的利益而设立的信托，其受益人是固定的。

(6) 根据受益人的不同，可分为自益信托和他益信托。自益信托是受益人为委托人自己的信托。他益信托是受益人为委托人以外的他人的信托。

三、国外与国内的信托业务

(一) 国外的信托业务

国外信托业务比较典型的国家包括英国、美国和日本。英国是现代信托的发源地；美国是当今信托业最发达的国家；日本是大陆法系成功引入信托业务的国家。

1. 英国的信托业务

英国的信托业务可分为一般信托业务和证券信托投资。

(1) 一般投资。一般信托业务根据委托对象可划分为个人信托和法人信托。个人信托业务(或称民事信托业务)的主要种类有：财产管理、执行遗嘱、管理遗产、财产咨询(对个人财产在管理、运用、投资和纳税等方面的咨询)。法人信托业务的主要种类有：股份注册和过户、年金基金的管理、公司债券的受托(如公司债券的证明，偿债基金的收、付及本利的支付，抵押品的保管等)、资本发行(如公司的筹设、收购股份与企业合并等)。

现代英国的信托业务偏重于个人信托。个人受托承受的业务量占80%以上，而法人受托则不到20%，且法人受托集中经营，如国民西敏士银行信托部及巴克莱银行、密特兰银行和劳埃德银行等所设立的信托公司，这4家银行占全国银行信托资产的90%。

英国信托业务的内容多是民事信托和公益信托，其中公益信托非常发达。原因主要有：历史上英国人有死后将财产捐献给社会、以弘扬宗教精神的传统习惯；制度上英国对公益性质的信托采取税收优惠政策以鼓励人们将财产捐献给公益事业；信托本身的设计可以使人们通过公益信托发现其特定的价值观。

(2) 证券信托投资。投资信托业务指金融信托机构用自有资金及筹集的资金进行投资。这种信托投资方式是英国19世纪60年代开始在全球最早创设的。英国有投资信托公司约240家,其中取得投资信托公司联合会会员资格的超过200家。这200多家的资产约占投资信托总资产的98%。英国的投资信托业务发展很快,投资信托总资产从1963年不到30亿英镑发展到目前的200亿英镑,它们在股票市场的地位也日益重要,已成为重要的机构投资者。

英国的证券信托投资包括投资信托和单位信托两项主要业务。投资信托是指法人信托公司接受委托买卖有价证券,并代为管理的一种信托业务,受托人大多数称为投资信托公司或投资信托银行。投资信托公司的资金主要来自公开发行的公司债券、优先股票和普通股票。这些债券和股票都可以在证券交易所上市交易。公司一旦成立,股本总额是固定的,除非新增股份。投资信托公司所发行的债券、股票往往都是以企业发行的债券和股票作为担保;反过来,发行债券和股票所得的资金又用于购买企业的担保债券和股票。投资信托业务的开办对于英国在国内集中社会闲散资金和发展海外其他国家的投资业务都起了重要的作用。

单位信托是一种集合众多顾客的资金,投资于多种有价证券的信托业务。单位信托吸收资金的方法是出售分单位信托券。分单位信托券的价值,是按照构成总"单位"的那些有价证券的市价计算出来的:即将各种不同的有价证券结合在一起,构成一个总"单位",每个"单位"再分为若干个"分单位",从而构成分单位信托券的价值。各种单位信托的目的和投资方向不同,或为获取高额收入,或稳定增值,或广泛投资于各种普通股票,或从事专业投资等。

投资信托与单位信托有很多共同点。例如,它们的营运有重大相似之处,即它们都使投资者能在一笔交易中通过买进范围更广、种类更多的证券的权益来分散风险。但两者也存在明显的区别。例如,投资信托是一种"封闭型基金"(Close-end Funds),其股份是不变的,股权只是在卖出者与买进者之间转移,不增不减。单位信托是一种"开放型基金"(Open-end Funds),其单位总数不是固定的,其发行可以视需要增大或缩小,投资者可以随时买进卖出单位,单位信托的经理人也准备随时按反映其所持有的资产的现行价值的市场价格来买卖单位。

2. 美国的信托业务

美国是信托业务最发达的国家,其业务种类齐全,规模较大。美国的信托业与英国一脉相承,它一方面继承了英国的无偿性的非营业信托,另一方面大规模地开展公司组织形式的营业信托,并且营业信托成为了美国信托业的主要业务。

美国的信托业务最早由保险公司兼营,后来出现了一些专业性的信托机构。19世纪后期,信托公司积极参与美国工业化过程的资金筹集,从事股票和债券的承销活动,加上信托财产中货币和有价证券日益增多,美国1906年颁布的《信托公司准备法》和1913年颁布的《联邦储备银行法》赋予了信托公司金融机构的性质,使信托机构处于与商业银行同等的低位。《联邦储备银行法》还允许国民银行经营信托业务,形成了美国银行兼营信托业务的格局。

1929年发生世界性经济危机时,股票价格暴跌,投资信托因投机成分较大,损失惨重。美国因此制定了一系列的法律法规对证券投资信托进行规范。例如,1940年的投资公司法,对投资公司的各种投资活动加以严格限制。

第二次世界大战后,美国的资本市场迅速扩张,个人财富日益增加,社会财富有价证券化,信托业尤其是证券投资信托得到了迅速的发展。银行开始大规模地介入信托业,凡是规模较大的银行,都设有信托部。到1970年,美国的信托财产总计达2 885亿美元,占全部商业银行总资产 5 049 亿美元的 57.1%。

20 世纪 80 年代以来，美国各种信托基金的规模增长超过了银行的资产规模增长速度，信托资产的总数迅速膨胀壮大，仅商业银行管理的信托资产就将近 1 万亿美元。除了银行兼营的信托机构外，专业性信托机构也相当强大。此外，证券信托投资的迅速发展还吸引了许多机构的参与，其中引人注目的是保险业。保险业资金雄厚且外勤人员众多，具有开展证券信托投资的优势，这一局面对美国的信托业产生了极大的影响。

目前，美国信托业务的热点是个人信托中的个人退休金账户和法人信托中的投资基金管理、养老基金管理等业务。概括起来，美国的信托业具有以下明显的特色：

(1) 银行兼营信托业务。1913 年美国批准的《联邦储备银行法》允许国民银行兼营信托业务后，各州相继批准州立银行开办信托业务，使美国成为特色鲜明的金融业银、信兼营的代表国家。美国现在 14 000 多家商业银行中，超过 4 000 家设立了信托部，占 30%。

(2) 信托部业务和银行业务区分严格。美国兼营信托业务的机构内部，实行"职能分开、分别核算、分别管理、收益分红(既信托投资收益实绩分红)"的原则，使信托业务和银行业务相互独立，按职能严格区分。这种经营模式上的兼业制与业务独立分离式管理方法体现了美国信托制度的独特性。同时，美国对信托从业人员实行严格的资格管理，并禁止从事银行业务工作的人员担任受托人。

(3) 信托业财产集中程度较高。在美国，由于大银行资金实力雄厚，社会信誉良好，而且可以为公众提供综合性一揽子金融服务，竞争的结果，社会信托财产进一步集中到大银行手中，目前位居美国前 100 名的大银行管理的信托财产占全美国信托财产的 80%左右。例如，银行家信托公司设立了近 100 家分支机构，资产额达到 430 亿美元，成为摩根财团的金融支柱。由此可见，美国的信托业务基本上由大的商业银行设立的信托部所垄断。

(4) 信托业务以证券信托为主。美国的信托业务中有价证券开展尤为普遍，在信托业务财产结构中，有价证券是主要的投资对象，其他信托财产仅占 10%左右。美国的证券信托业务，既为证券发行人服务，也为证券投资者服务，比如美国发明的一种商务管理信托方式，即"表决权信托"，就是代表集合的股东权益行使表决权，以取得在董事会的发言权，从而参与企业决策控制等。

3. 日本的信托业务

日本是最早从制度上引进信托的大陆法系国家。日本的信托源于美国，但又独具特色。1902 年日本兴业银行模仿美国首次开办了信托业务，其后各银行纷纷效仿。同时，专营私人财产信托业务的公司也迅猛发展。日本当时的信托公司运作很不规范，在一定程度上造成了经济混乱，日本政府遂于 1922 年制定了《信托法》，次年又制定了《信托业法》，从此日本信托业走上正轨并获得了高速发展。

1943 年出于战时管制需要，日本对信托业进行了较大的调整，信托公司被合并到银行的信托部。第二次世界大战后，为解决信托业发展的困境，允许信托公司改制为银行。20 世纪 50 年代，日本政府重新确立了银行业与信托业分业经营的模式，这就是著名的"长期与短期金融分离"的方针。目前，日本的信托业务主要由以信托业务为主兼营少量银行业务的信托银行经营，信托业务和银行业务严格分开。

日本的信托几乎都是以营业信托的方式发展。日本国民的个人财富总量虽然很大，但非营业信托在日本仍然很罕见。究其原因，主要是日本在引进信托之初，日本经济的发展急需资金，但当时国民并不富裕，只能主要利用信托的长期融资职能而不偏重作为个人的理财手段，其后也长期忽视了开创民事领域的信托品种。

根据日本的《信托业法》，日本的信托业务分为七种：金钱信托、有价证券信托、金钱债权信托、动产信托、土地以及其附着物信托、土地权和租借权信托、综合信托。日本的信托公司不能经营第1～5种信托财产以外的财产。无形财产如著作权、专利权等在日本可以信托，但属于限制信托财产。

(1) 金钱信托。日本信托以金钱信托为主，金钱占信托财产的90%以上。金钱信托主要包括以下几种类型：① 贷款信托，根据1952年日本政府的《贷款信托法》创办，其受托的财产为金钱，运用限于贷款。信托资金的收益根据信托资金本金按比例分配，委托人多为个人，期限一般为2～5年，每年支付红利两次，比同期的定期存款利息高，其收益凭证可以转让，由信托银行担保归还本金。② 年金信托，信托银行受托对年金制度的管理，即把企业职工积累的退休金作为信托财产交给信托银行管理和处理。日本的年金信托又分成法定退休金信托和福利养老金信托两种。随着日本人均寿命的延长以及人口结构的变化，年金信托业务量的规模越来越大。③ 财产形成信托，由职工和信托银行签订合同，从职工的工资和奖金中分别扣存议定的金额进行储蓄，委托给信托银行管理和运用，以便于将来用于购买私人住宅或形成其他某项财产。④ 证券投资信托，是将信托财产按照委托人的指示，运用于特定的有价证券投资的信托，信托银行从中收取一定的报酬。

(2) 有价证券信托。指委托人把有价证券的全部权利转移给信托银行，信托银行根据委托人的意图、目的对有价证券进行管理和运用。管理包括领取利息、红利和本金，缴纳增资的手续等；运用包括把证券出租收取租金，或向银行作为抵押物取得借款，然后再以高于拆放的利率转贷给别人以谋求利润等。

(3) 金钱债权信托。指委托人把金钱债权转移给信托银行，委托信托银行保全债权、实行权利或作为收回债权的代理人，如存款或票据的收回，不动产卖价的索取、代收保险费等。

(4) 动产信托。指委托人将动产委托给信托银行代为出售或出租的信贷业务。在出售或出租对象确定后，信托银行就给委托人以受益权。在委托人须立即取得现款的情况下，信托银行可将受益权变现，或由信托银行筹集垫付资金向委托人一次付清。

(5) 土地及其附着物信托。指委托人以土地以及房屋等不动产委托给信托银行代为管理和处理的信托业务。其具体做法与动产信托基本相同。

(二) 国内的信托业务

1. 我国信托业务的种类

(1)《金融信托投资机构管理暂行规定》中规定的业务。

1986年4月26日中国人民银行颁布了《金融信托投资机构管理暂行规定》，从九个方面对信托投资公司的业务范围作出规范：

① 吸收一年期(后改为半学期)以上的信托存款；

② 委托人指明项目的信托投资于信托贷款业务(简称甲类信托投资业务)；

③ 委托人提出一般要求的信托投资与信托贷款业务(简称乙类信托投资业务)；

④ 融资性租赁业务；

⑤ 代理资财保管与处理，代理证券发行业务；

⑥ 经济咨询业务；

⑦ 经批准的证券发行业务；

⑧ 人民币债务担保和见证业务；

⑨ 中国人民银行批准的其他业务。

(2)《信托投资公司管理办法》中规定的业务。

2001 年 1 月 19 日我国颁布了《信托投资公司管理办法》，其中第二十一条规定，我国的信托投资公司可以申请经营下列部分或者全部业务(包括外汇业务)：

① 受托经营资金信托业务。即委托人将自己无法或者不能亲自管理的资金以及国家有关法规限制其亲自管理的资金，委托信托投资公司按照约定的条件和目的进行管理、运用和处置。

② 受托经营动产、不动产及其他财产的信托业务，即委托人将自己的动产、房产、地产以及版权、知识产权等财产、财产权，委托信托投资公司按照约定的条件和目的进行管理、运用和处置。

③ 受托经营国家有关法规允许从事的投资基金业务，作为基金管理公司发起人从事投资基金业务。

④ 经营企业资产的重组、购并及项目融资、公司理财、财务顾问等中介业务。

⑤ 受托经营国务院有关部门批准的国债、企业债券承销业务。

⑥ 代理财产的管理、运用与处分。

⑦ 代保管业务。

⑧ 信用证、资信调查及经济咨询业务。

⑨ 以自有财产为他人提供担保。

⑩ 中国人民银行批准的其他业务。

第二十二条还规定了信托投资公司可以接受因救济贫困；扶助残疾人；发展教育、科技体育、文化、艺术事业；发展医疗卫生事业，维护生态环境；发展其他有利于社会公共事业、以公益为目的而设立的公益信托。

2. 我国信托业的发展

改革开放以来，我国信托从无到有，在整顿中逐步向前发展。

1979 年 10 月 4 日，中国国际信托投资公司(简称中信)经国务院批准成立，这个我国的第一家信托投资公司，标志着新中国信托的正式起步，1980 年 12 月广东信托投资公司成立(1982 年 12 月改名为广东国际信托投资公司)。1982 年 1 月中信在日本成功地发行了 100 亿日元“武士债”，在此前后，第一批信托投资公司相应成立，迎来了我国信托业发展的第一次高潮。也就是从这年开始，我国信托业事件频发，整顿不断。

1982 年 4 月 10 日，鉴于信托投资公司业务范围缺乏科学界定，出现了分散信贷资金的情况，国务院发出：“关于整顿国内信托投资业务和加强更新改造资金管理的通知”(第一次整顿)。

1985 年，国务院要求银行停止办理信托贷款和信托业务，已办业务应加以清理(第二次整顿)。1986 年 4 月 26 日，中国人民银行颁布《金融信托投资机构管理暂行规定》，对于信托的资金来源作出限定，1988 年 10 月，中国人民银行根据国务院关于清理整顿公司的文件精神，开始了对信托投资公司的第三次整顿。

1995年5月25日，国务院批准《中国人民银行关于中国工商银行等四家银行与所属信托投资公司脱钩的意见》，开始了第四次整顿。1995年10月，中国人民银行对违规操作、资不抵债的中银信托投资公司宣布接管。一年后，由广东发展银行收购。1997年1月4日，中国农村发展信托投资公司被中国人民银行依法关闭。

2001年是我国信托业利好不断的年份。2001年1月19日国务院颁布了《信托投资公司管理办法》；2001年4月28日，《信托法出台》，信托法律法规的不断完善，标志着我国信托业将从此步入正轨，迎来一个发展的春天。

客观地说，我国信托投资公司尽管在发展过程中存在很多问题，但对于推动我国金融市场化改革，弥补传统单一银行信用的不足，促进证券市场的形成和发展，完善金融功能，引进外资和技术，促进国际经济技术合作，推动企业技术进步，支持重点项目建设，为社会提供理财咨询服务等，均作出了积极贡献。

3. 我国信托经营模式的选择与业务创新

(1) 我国信托业经营模式的选择。

我国信托业是采用分业经营模式还是混业经营模式，一直是讨论的热点。

一般认为，确定一国信托经营模式应掌握三个方面的标准：一是能否充分发挥信托的职能作用；二是能否使信托机构的经营活动得到稳定发展；三是能否有利于降低经营成本。从我国金融体系发育的状况看，目前我国尚不具备混业经营的条件，究其原因：一是金融信托投资风险比较大，如果被纳入银行体系中由银行进行混业经营的话，会带来很高的风险。二是目前我国金融活动缺乏与混业运行状况适应的社会习惯和制度环境。长期以来，我国社会信用机制未能很好地建立起来，传统民间习俗也对信托理财市场开拓缺乏基础，所以金融信托活动在市场风险之外，还受到许多非市场因素的制约，包括传统习惯和地方政府干预的影响。三是在混业经营的模式下，风险传递常常引发区域性金融风险等。

国内许多学者认为，目前我国的信托业可以融合兼营理论和分业理论，成立专门的、独立的信托投资机构，采取以信托为主业的模式，待条件成熟以后再推行混业模式，他们设计的模式具有以下几个基本特点，信托机构必须按照专业化分工的原则，主要经办信托业务，在以信托业务为主的基础上，可以经营非信托的其他金融业务；按照市场经济原则，兼营其他业务的信托机构与银行等其他金融机构是一种平等的竞争关系。这种模式应该一种是比较切合现实的选择。

(2) 我国信托业的业务创新。

信托业务可以在广阔的领域提供服务，达到资产增值服务、促进资源的优化配置、深化国有企业改革、推动产业结构的调整、培育新的经济增长点等目的。我国信托业务还有许多没有涉及的领域，大有发展潜力。今后我国信托业创新业务主要应集中在如下领域：

① 个人信托。目前我国的信托业务除证券信托外，还主要局限于法人信托，个人信托几乎是空白。随着市场经济的完善，个人财富的积累，人们对于如何使财产保值增值越来越重视，但人们受时间、专业的限制，无法很有效地管理自身的财产，因此个人财产信托管理大有潜力可挖。

② 遗嘱信托。这是受托人根据委托人的意愿在其生前管理受托财产、身后处分受托财产

的信托方式。随着我国人民生活水平的日益提高和计划生育措施的实施，我国将步入老龄化社会，遗嘱信托应该具有广阔的市场前景。

③ 年金信托和养老金信托。此类业务是指把企业和职工积累的退休金制度改革的进行，传统的社会福利系统逐渐走向社会化，即社会统筹与个人账户相结合的养老保险制度。如何管理好庞大的养老基金，关系到每一个劳动者的切身利益和改革的成败。将养老基金信托给受托机构去运作，不失为一种很好的选择。

④ 公益信托。目前我国的金融机构几乎还未涉足这一领域。就市场资源来看，我国有大量从事慈善、科技、学术、宗教、环保等公益事业的基金会，拥有庞大的公益基金。各基金会在运作中由于缺乏有效的管理与监督机制，既难以实现基金保值和增值，又容易移作他用而没有达到捐助的目的。因此，如果将基金委托给专业的信托机构去经营，就可以克服以上不足。例如，目前各大学、研究机构甚至包括一些中学都获得赞助设立了奖学金；一些民间团体还设有扶困基金、助残基金等，管好、用好这些资金，对委托人、受托人来讲是件双方互利的好事。

⑤ 不动产信托和住宅贷款债权信托。我国"九五"规划和2010年远景目标都把住宅产业确定为国民经济的支柱产业。然而，由于前些年房地产开发过快导致了目前大量的商品房闲置。针对这一情况，适时推出不动产信托无疑将会促进住宅产业的发展。例如，根据目前个人住房消费贷款的升温，信托公司完全可以推出住宅贷款债权信托，通过融资职能的发挥，将银行债权承接过来，促进社会资金的高效流动。

⑥ 动产设备信托。这是由动产设备的制造商或销售商为委托人，动产设备为信托财产，以达到将该设备出售给特定的买卖人，或在出售前出租给买卖人而成立的信托。动产设备信托通常被应用购置火车、飞机、轮船、汽车等，对于急需动产设备而资金又暂时紧张的企业或公司来说，可以起到融资的作用。

⑦ 投资基金信托。在投资基金信托中，委托人将资金委托给受托人投资，受托投资的人将投资收益返还给投资者，只收取一定的报酬。这种信托形式有很多优点，如专业理财、组合投资、分散风险、减低成本等。目前，《证券投资基金管理暂行办法》已经出台，有关产业投资基金的管理办法正在紧张草拟中。随着我国证券市场的发展壮大和投融资体制改革的实施，基金业务必将获得空前的发展。

⑧ 表决权信托。目前，我国股份公司存在的一个很大的问题是股权分散，多数股东缺乏管理意识，许多股份公司股东大会开不起来，股东会的决策作用和对董事会的制约作用无从体现。若能运用表决权信托，若干中小股东将股东权委托给某一家信托公司或受托人，由其集中管理和投票，则可以将分散的、无长期的意识、追求近期利益的小股东的权益集中起来，这对股份公司乃至整个证券市场都可能起到积极推动作用。

⑨ 国有资产信托。国有资产属于国家所有，但国家作为所有人不可能亲自管理。信托正是解决这一矛盾的良好机制。在国有企业资产清产核资量化的前提下，采取信托方式，委托有管理能力且值得信赖的资产管理公司或委托为国家管理和运用一部分国有资产，它至少有以下好处：一方面可将国有资产通过信托方式转移到非行政化的受托人名下，受托人为了国家利益行使管理处置这部分资金，使国有资产有明确具体的、市场化的产权主体；另一方面，信托制度中委托人、受托人和受益人之间法律化的权利、义务和责任体系，能充分保障委托人对于受益人利益的忠实，使国家利益得到维护。

第三节 租 赁

一、租赁及其发展

"租"是指把物件借给他人使用而获得报酬;"赁"是指借用他人的物件而支付费用。因此,租赁就是出租人以收取租金为条件,在一定时期内将物件交付承租人使用的经济行为;或者说是承租人在一定时期向出租人支付租金,以取得某项物件使用权的经济行为。

租赁是一种古老的经济行为。租赁的形式、内容、目的、功能等随着经济和社会的发展而不断演变,它经历了古代租赁、传统租赁和现代租赁三个阶段。

古代租赁实际上是一种单纯的实务信用形态,租赁双方之间没有固定的合同关系和报酬条件,在很大程度上只是物件的交换使用。

传统租赁发生在封建社会。出租人以闲置物件为出租对象,以收取报酬为条件,承租人以获取租赁物件的使用价值为目的,双方订立相应的契约并受到一定的法律约束。在人类社会依靠农业、畜牧、捕鱼等天然食物生活的年代,土地的生产性、通用性以及无限的耐用性为土地租赁创造了前提条件。农民向地主租种土地并交纳地租,成为传统租赁的代表形式。另外,农具、马车和房屋的租赁也很普遍。

现代租赁是社会化大生产和资本主义生产关系的产物,萌芽于19世纪初,形成于20世纪50年代。

英国是现代租赁的萌芽地。大约19世纪初,设备租赁开始流行于英国。租赁物有马车、城市豪华住宅、家具等,以提高和改善人们的运输和居住条件。19世纪中叶,铁路、机车、织布机、电话、制鞋机以及电气煤气等进入租赁市场。

美国是现代租赁的产生地。1952年5月,H·叙恩费尔德在旧金山创立了世界上第一家从事现代租赁的独资企业——美国租赁公司(现易名为美国国际租赁公司),它标志着现代租赁在世界上的诞生。之后,美国的租赁业蓬勃发展,从20世纪60年代起,每年的增长率达20%以上。美国是当今世界上租赁行业最发达的国家,美国租赁市场上的租赁对象几乎无所不包,有飞机、轮船、汽车等现代交通工具,有信息处理设备、现代医疗设备、电信电话设备、办公设备,还包括铁路、建筑机械、农业机械甚至灌溉系统等。

随着美国国内租赁业的发展,租赁业务逐渐向世界各国辐射。20世纪60年代现代租赁扩散到欧洲和日本,70年代开始向世界其他地区渗透,80年代后期,现代租赁已经发展成为一种国际性设备投资的多功能产业,被称为"朝阳产业"。

现代租赁经过60年的发展,已经成为一种重要的信用形式。据《2006年世界租赁年报》报道,2005年全球租赁总额12 058亿美元(尚不包括消费租赁如汽车和房地产租赁)。欧美等工业发达国家工业设备的租赁已占全部设备销售额的20%~30%。据报告称,世界租赁业在过去的20年中取得了突飞猛进的发展,用货币量计算增长了10倍。如今西方国家租赁业占GDP的20%以上。在发达国家,住房、汽车、电脑、音像制品租赁已超过销售总量,大型机械租赁高达总量的85%以上,租赁已成为发达国家商业流通的主渠道。美、日、英、法、韩这五个国家的租赁销售总额占世界租赁销售额的1/3。而相比之下,我国租赁业占GDP的比例还不到1%,发展租赁业大有潜力。

二、现代租赁的内涵和特点

(一) 现代租赁的内涵

由于对租赁的不同认识，人们对现代租赁的看法也不一样。总的来说，现代租赁是对所有各种具有融资租赁交易的基本结构与法律特征的租赁信用形式的统称。因此，融资是现代租赁的基本目的，融资租赁是现代租赁的典型代表。什么是融资租赁？根据国际统一私法协会关于《国际融资租赁公约》的定义。融资租赁是指这样一种交易行为：出租人根据承租人的请求及提供的规格，与第三方(提供商)订立一项供货合同，根据此合同，出租人按照承租人在与其利益有关的范围内所同意的条款取得工厂、资本货物或其他设备(以下简称设备)，并且，出租人与承租人(用户)订立一项租赁合同，以承租人支付租金为条件授予承租人使用设备的权利。《中华人民共和国合同法》中则对融资租赁合同作了如下定义：融资租赁合同是出租人根据承租人对出卖人、租赁物的选择，向出卖人购买租赁物，提供给承租人使用，承租人支付租金的合同。

既然供货人和设备都是由承租人选定的，因此融资租赁的核心内容是利用出租人的资金购买自己想要的设备。由此可见，融资租赁是一种集融资与融物于一体的新型信用形式。当然，随着融资租赁信用运用范围的不断扩展，环境的不断变化，理论研讨的不断深入，租赁创新的不断出现，融资租赁的内涵将不断更新。

(二) 现代租赁的特点

现代租赁与古代、传统租赁有许多明显的不同。虽然也像传统租赁一样都是一种使用权与所有权相分离的经济活动，但现代租赁在许多方面已经远远地超出了传统租赁。现代租赁具有以下一些特点：

(1) 现代租赁至少涉及三方当事人，存在两个或两个以上的合同。三方当事人是出租人、承租人和供货人，两个合同是供货合同和租赁合同。

(2) 现代租赁功能齐全。现代租赁有四大功能：促销、融资、投资和资产管理，其中融资是最基本的功能。现代租赁融资较之传统融资方式具有很多优势，融资租赁因此成为现代租赁制度的核心内容。融资租赁是一种金融创新手段，是租赁发展的历史性突破，它赋予了租赁以新的内涵和生命力。

(3) 租赁首次作为一种行业出现在经济领域。经过近 50 年的发展，现代租赁从机构设置、业务内容到服务方式都达到了系统化和规范化，成为连接工业、金融、贸易三大领域的纽带，形成了一个拥有几百万承租人、上万家出租人的综合性产业。根据统计，目前仅美国约有 3 000 多家租赁公司。可见，租赁已不只是一种传统的经营方式，而已经成为由专业机构中专业人士操作的一个新兴行业。

(4) 现代租赁业是受到很多国家政策扶持的产业。世界上大多数国家对租赁业实施优惠政策以鼓励其发展。这些优惠政策主要体现在税收方面，具体有投资税减免和折旧税减免。此外，一些国家还采取了低息贷款、建立租赁保险制度等措施。

(5) 国际租赁业务开始出现，并得以蓬勃发展。20 世纪中叶以来，发达国家的国内市场出现产品过剩，尤其是各种资本货物，亟待推销出口。同时，发展中国家为建立起自己的工业体系亟待进口设备,但他们普遍资金短缺。这种局面促进了租赁的发展,因为租赁对进口商来说,是一种没有资金负担又能获得设备的有效信用方式。可见,租赁促进了各国之间的筹资、融资,加速了国际流通,适应了经济发展的需要。

三、现代租赁的业务种类

现代租赁的业务种类根据不同的标准划分,有不同的类型。

(一) 融资租赁与经营租赁

这是以租赁的目的和投资的回收方法为标准划分的,符合国际私法协会定义的国际上比较通行的分类方法。

1. 融资租赁

又称为金融租赁,其运行特点有:① 租赁物质由承租人选定,一般是专用设备,租赁物的维修、保养、保险等由承租人负责;② 租金分期归流,并且往往通过一次租赁就可以收回全部投资,获取利润——美国称之为"定金付清"(Fullpayout Leasing)或"充分偿付"租赁;③ 租赁期比较长,一般相当于租赁物的经济使用寿命。在租赁期间,任何一方均无权单方面撤销合同;④ 租赁期满,承租人有三种选择权:退租、续租和留购。留购时,租赁物的留购价格由双方商定,可以是租赁物残值的市场价格或名义价格。

2. 经营租赁

又称为服务性租赁、使用租赁、营运租赁或操作性租赁。目前对经营租赁的认识将其类同于传统租赁,其特点表现为:① 租赁物通常有三类:需要高度保养和管理技术的;技术发展快,更新周期短的;通用设备和机械。租赁物的维修、保养、保险等由出租人负责。② 租赁期较短。③ 出租人需经过多次租赁,才能收回其全部投资并获得利润。与融资租赁相对应,经营租赁是一种"不完全付清"或"非充分偿付"租赁。④ 租赁期满前,承租人可预先通知出租人解除租赁合同。到期时可退回设备,也可续租。

(二) 单一投资租赁与杠杆租赁

这是以出租人的出资大小为标准进行的区分。

1. 单一投资租赁

租赁物的购置成本全部由出租人单独承担。这是租赁的基本方式与传统做法。

2. 杠杆租赁

租赁物的购置成本的小部分由出租人承担,大部分由银行等金融机构提供贷款补足的租赁形式。这种租赁形式20世纪60年代在美国出现并成为当前国际上相当流行的金融租赁的特殊形式。其一般做法是:出租人自筹租赁物件价款的20%～40%,其余60%～80%的资金由其他金融机构提供贷款。贷款的偿还以租金作为保证,以租赁物作为担保。由于出租人只承担设备20%～40%的资金但却对租赁物拥有100%的所有权,并能以此获取高于一般租赁的投资回报,所以称为杠杆租赁。

(三) 直接租赁、转租赁与回租租赁

这是以租赁业务的具体方法为标准所作的区分。

1. 直接租赁

简称购进租出，即出租人以自有或借入资金向供应商购进设备，向承租人出租的租赁形式。在直接租赁下，供出租的设备可以由出租人选定，也可以由承租人选定，后一种方法目前比较受欢迎。

2. 转租赁

简称租进租出，即出租人先作为承租人（第一承租人）向其他租赁机构或生产商（第一出租人）租入设备，再将该设备以出租人（第二出租人）的身份租赁给使用企业（第二承租人）使用的租赁形式。转租赁一般适用于引进外来的资金或设备。转租赁与委托租赁不同，它由两个独立的租赁合同组成。

3. 回租租赁

又称为返租赁或卖而后租，是指承租人将自制或外购的设备按账面价值或重估价值卖给租赁机构，然后再以租赁方式租回来使用的租赁形式。回租租赁通常在企业既需要继续使用原有的设备和厂房，同时又缺乏流动资金，告贷无门或贷款成本太高的情况下使用。

四、国外和国内的租赁发展情况

金融租赁是二战后世界金融创新潮流的产物。自金融租赁产生以来，以其在资本市场中较传统融资方式独特的竞争优势和重要作用获得了前所未有的发展，年平均增长达 30%。据世界银行所属国际金融公司（IFC）统计，截至 1994 年全世界已有 80 多个国家开展了租赁业务，其中包括 50 多个发展中国家。与其他融资方式相比，目前金融租赁已成为仅次于银行信贷的第二大融资方式，在国际资本市场中占有非常重要的地位。1997 年全世界共发生金融租赁业务额达 4 280 亿美元。我国的金融租赁业在 80 年代取得了迅速的发展，但在 90 年代发展相对滞后。与国外相比，我国的金融租赁市场占有率还是非常低的，在资本市场中只是简单地充当银行信贷的补充力量，目前整个行业的健康发展面临着许多困难。而国外的金融租赁业已有 40 多年的历史，具有成功的发展经验。研究国外金融租赁业的发展现状和原因，有助于借鉴其他国家的先进经验，更好地促进我国金融租赁业的健康快速发展。

案例 1　东莞组建私募基金，虎门试点资产证券化

《东莞市金融业发展“十二五”规划》（以下简称《规划》）获通过，而东莞民间资本充裕，《规划》专门提出要引导民间资本进入投融资领域，“建立适合民间资本的金融体系和机制，并为民间资本立足东莞、走出东莞搭建舞台。”

2011 年 11 月 16 日上午召开的东莞市委常委（扩大）会议审定并原则通过了《东莞市金融业发展“十二五”规划》。记者专访了《规划》的幕后撰写者——中山大学岭南学院金融系主任陆军教授。对于《规划》，陆军评价：“《规划》体现了务实的原则，《规划》并没有提出把东莞打造成所谓的金融中心，而是指出要利用地缘优势，主动接受广州、深圳以及香港的辐射。”

据悉，《规划》是“十二五”期间东莞金融业发展的纲领性文件，分为四部分，涵盖了推动金融资源整合、组建镇街金融平台、优化企业融资等多方面措施。在镇街特色化金融试点、企业融资、民间资本发展等方面都有详尽措施。

一、镇街金融虎门港试点基建项目资本证券化

《规划》提出，"十二五"期间将在樟木头等镇街首先试点，开展公共信息、金融服务、城乡电子支付等平台建设，营造高效、现代、利民的金融服务环境。

在构建资本试点方面，"十二五"期间将以虎门港建设为突破口，试点城市基础设施项目资产证券化产品，以资本运作的方式，发挥金融对产业结构转型升级以及新兴产业发展的支持作用。

在构建物流金融试点方面，将以常平等镇区的港口、公路运输枢纽为依托，大力发展供应链金融、信用证、仓单质押等业务。

此外还包括构建莞台金融试点，在石碣等镇街建立莞台合作试点，着力解决台资企业融资问题；构建科技金融试点，吸引各类股权投资基金和创业投资基金进驻松山湖。

二、民间资本组建东莞的私募基金管理公司

东莞民间资本充裕，《规划》专门提出要引导民间资本进入投融资领域，"建立适合民间资本的金融体系和机制，并为民间资本立足东莞、走出东莞搭建舞台。"

《规划》提出，支持符合条件的民间资本参与地方金融机构的增资扩股，鼓励地方法人机构通过发起设立村镇银行等方式，带领民间资本"走出去"。

投资渠道匮乏一直是制约民间资本的瓶颈之一。《规划》针对这一现状，提出要引导充裕的民间资本组建东莞的私募基金管理公司，为企业、机构投资者及富有投资人提供广泛、灵活和私密的投资工具。

在民间资本和企业对接上，《规划》明确表示，支持民间资金直接入股处于初创期的企业，分享企业快速成长的收益。

三、外汇结算推出人民币跨境贸易相配套金融产品

针对东莞外资企业众多、外汇交易规模大的实际情况，《规划》提出了开展外汇专项改革试点的要求，增加试点企业数量，做大跨境贸易人民币结算业务规模。

根据《规划》，"十二五"期间东莞将引导金融机构推出与跨境贸易人民币结算业务相配套的贸易融资、保值避险、资金理财等金融产品；并鼓励商业银行巩固外汇市场优势，拓展外汇市场规模，引进和开发外汇市场业务，为企业通过套期保值规避汇率风险提供可靠工具。

此外《规划》同时指出，要研究开展跨境贸易融资产品和服务创新试点，以及港资金融机构在东莞直接向港资企业提供金融产品和服务的可行性。

四、企业融资研究成立企业上市转化中心

企业上市是最有效的直接融资渠道。《规划》提出，要进一步密切与沪深港、纽约、伦敦和新加坡等证券交易所的合作，打造既有本土民企、市属企业，也有外资企业的"东莞板块"。

《规划》首次提出了研究成立企业上市转化中心的思路，在中心开展对企业上市相关的培训，落实上市前后各环节的经费支持，并引导产业资本及创业投资基金进入。

《规划》提出要推进公司债券市场发展，积极支持上市公司发行公司债券或可转换债券；鼓励符合条件的企业发行企业债券和短期融资债券。

《规划》对企业利用产权市场也做了专门部署，提出利用产权交易市场平台，有序拓展非上市公司的股份转让渠道。

思考题：《规划》对东莞的金融产业和整体经济有什么影响？

案例2　我国信托资产增长迅猛达4.8万亿元

中国信托业协会日前发布数据显示，截至2011年底，我国信托资产达4.8万亿元。环比增长17%，同比增长58%，比2010年四季度增加了1.77万亿元。业内人士表示，去年信贷政策收紧造就了信托资产快速增长，但其背后隐藏的金融风险值得警惕，其中房地产信托兑付风险或成为今年信托业最大考验。

数据显示，2011年，在资金信托中，投向房地产行业资金余额达6 882亿元，占比为14.83%。而去年全年房地产信托新增规模为3 704亿元。

一位信托公司高管告诉《经济参考报》记者，信托资金需要追求规模效益和高收益率，这两个因素导致信托资金可选择面非常窄，信托资金扑到房地产行业不难理解。去年，房地产信托业务快速增长，收益率较高，对于此类业务开展较多的信托公司，房地产信托应该贡献50%以上利润。

然而，信托公司资产规模和业绩快速增长的背后，隐藏的金融风险也引发了监管层的关注。从2010年下半年银监会一度叫停银信合作业务，到2011年对房地产信托进行事前报备和规模管控，再到2012年初叫停票据信托和同业存款业务，监管层针对信托业管控政策接连不断。

金融信托专家孙飞博士对记者称，银监会及时叫停和严加控制信托公司相关业务，主要从控制风险角度出发。尤其是今年面临房地产信托集中兑付期，在严格房地产调控政策下，房价下跌，某些信托公司个别项目将会面临兑付风险。在他看来，房地产信托兑付风险成为今年信托业最大考验。

主营业务受限，业绩压力将考验信托公司业务创新能力和主动投资管理水平。上述信托公司高管对记者称，信托产品要求刚性兑付，期限一般在1～2年，信托公司很难在现有资金规模和时间期限内开展真正的主动投资管理业务。在现有条件下，房地产、基础设施和证券类信托产品，以及银信合作，仍将是信托公司主营业务方向。

“信托产品如果没有刚性兑付要求很难吸引投资者，但对整个业务发展和创新也会有一些影响，这是一对矛盾，信托公司只能在二者之间找到一个平衡点。”用益信托首席分析师李旸对记者说。

孙飞则表示，信托公司目前面临困境背后是现阶段信托市场处于培育期，信托公司本身信用水平、资产管理能力和风控能力有待进一步提高。他还表示，解决问题的核心是创新能力，可以多做一些半开放式或完全开放式基金类信托产品，并完善赎回机制和流通机制，未来应在全国建立信托产品流通交易平台，但前提是提高信托合同和产品的标准化程度。

思考题：什么原因导致我国信托行业的快速发展？

本章小结

1. 证券投资基金是一种利益共存、风险共担的集合证券投资方式，即通过发行基金份额，集中投资者的资金，由基金托管人托管，由基金管理人管理和运用资金，从事股票、债券等金融工具投资，并将投资收益按基金投资者的投资比例进行分配的一种间接投资方式。

2. 证券投资基金可以分成不同类别的基金，如封闭式基金与开放式基金、公司型基金与契约型基金、公募基金与私募基金等。

3. 基金净值即基金份额资产净值，简称基金净值(Net Asset Value，NAV)，也叫每份基金份额的净值。计算公式为：基金份额资产净值=(总资产－总负债)/基金份额总数。

4. 信托是指委托人基于对受托人的信任，将其财产权委托给受托人，由受托人按委托人的意愿以自己的名义为受益人的利益或者特定目的，进行管理或者处分的行为。信托成立必须具备三个基本要素：信托行为、信托财产和信托关系人。

5. 租赁就是出租人以收取租金为条件，在一定时期内将物件交付承租人使用的经济行为；或者说是承租人在一定时期向出租人支付租金，以取得某项物件使用权的经济行为。

重要基本概念

基金	契约型基金	公司型基金	开放式基金	封闭式基金
信托	年金信托	融资租赁	经营租赁	杠杆租赁

复习思考题

1. 开放式基金与封闭式基金的区别有哪些？
2. 基金投资要注意哪些问题？
3. 现代信托业有哪些特点？
4. 我国信托业务创新主要在哪些领域进行？
5. 融资租赁与经营租赁有何区别？

第九章　货币需求与货币供给

内容提要

货币对经济的作用是通过货币的供求关系及运动而实现的。货币供求理论是现代货币理论中最基本、最重要的理论，有关货币供求的研究是货币理论研究的基石。从理论上的研究来看，货币需求比较成熟——古典货币需求理论、凯恩斯流动性偏好理论、弗里德曼的现代货币数量理论。在较长的一段时间里，人们认为中央银行能够完全控制货币供给，从而把研究的重点放在当中央银行改变供应量时，对经济运行会产生怎样的作用上。实际上，中央银行、商业银行以及社会公众的行为都对货币供给产生重要的影响，并改变存款乘数或货币乘数的大小。

重点与难点

本章重点是了解古典货币需求理论；掌握凯恩斯流动偏好理论、弗里德曼的现代货币数量理论；掌握弗里德曼—施瓦茨货币供给模型、乔顿货币乘数模型。本章难点是理解中央银行、商业银行的货币供给。

第一节　货币需求概述

一、货币需求的概念

经济学中研究的货币需求是有效的货币需求，它必须同时满足两个条件：一是必须有得到或持有货币的意愿；二是必须有得到和持有货币的能力。在货币经济条件下，由于货币是一种财富的代表，如果没有限制条件，人们持有它的意愿或欲望可能是无限的，但现实生活中形成的实际货币需求则是有限的。正如经济学家分析商品需求以既定收入水平为约束，否则会存在无限商品需求一样，如果没有财富约束，人们想持有多少货币就持有多少货币，货币需求概念本身也毫无意义。

从历史上看，经济学家曾从两个不同的角度来探讨货币需求。一种是从社会的角度出发，仅仅把货币视为交易的媒介，从而探讨为完成一定的交易量，需要多少货币来支撑。马克思的货币必要量公式和费雪的交易方程式都属于这种类型。另一类是从微观的个人角度出发，把货币视为一种资产。也就是说，它和股票、债券及各种实物资产一样，是人们持有财富的一种形式，不同之处在于，它还具有交易媒介的职能。从这一角度出发，货币需求不是理解为经济中为完成一定交易量所需要的货币量，而是理解为：当某人拥有一定财富总额时，他可以选择多种形式来持有该笔财富。而他愿意以货币这种资产形式来持有的那部分财富就构成他对货币的需求。所以货币需求实际上是一种资产选择，或者财富分配行为，它受到人们财富总额、各种资产相对收益和风险的影响。自剑桥学派提出现金余额说以来，经济学家主要从后一角度讨论货币需求。人们之所以愿意持有货币是因为它具有同其他商品交换的能力。在实际生活中，衡量各种资产优缺点的标准主要是盈利性、流动性和安全性。就资产而言，所谓“盈利性”，是指某种资产为其所有者带来收益的能力；所谓“流动性”，是指资产在不使其持有者遭受损失条件下能迅速地转为现金的能力；所谓“安全性”，则指一种资产以货币计算的价值稳定性。很显然，从盈利性来看，货币是一种盈利性最低的资产，因为货币没有或只有很少的收益，而股票、债券等有价证券则是盈利性较高的资产。但从流动性来看，货币无疑是流动性最高的资产，而各种有价证券和实物资产的流动性都较货币低。另外，从安全性看，货币也是一种最为安全的金融资产，而各种货币金融资产则存在较大的风险性。由此可见，各种金融资产和实物资产各有各自的优缺点。因此，在选择资产持有形式时，人们必须根据自己的偏好，通过对各种资产的盈利性、流动性和安全性进行全面的衡量和比较，使自己的资产组合(即各种资产的持有比例)保持在最佳状态。

二、货币需求的决定因素

货币需求的研究任务首先是识别货币需求的决定因素并辨明各因素对货币需求的影响。由于货币需求取决于人们持有货币的动机和财富约束，因此，凡是影响和决定人们持有货币动机和财富约束条件的因素，也是决定和影响货币需求的因素。主要有以下几个方面：

(一) 收入状况

收入状况对货币需求的决定作用具体表现在两个方面：一是收入水平的高低；二是人们取得收入的时间间隔。在其他条件不变的情况下，收入水平与货币需求正向变动。即收入水平越高，货币需求越多；反之，越低。货币需求与收入水平正向变动的原因：第一，收入水平在一定程度上制约着货币需求量。因为货币是人们持有财富的一种形式，是财富的一部分，收入水平往往决定着财富的规模及增长速度。第二，收入的数量决定着支出的数量。在现代经济中，收入的取得与支出的发生都以货币形式进行，在一般情况下，收入越多，支出越多，而支出越多，则要求持有的货币也越多。收入水平的变动对货币需求具有重要影响。这种影响不仅表现为货币需求将随着收入水平的变动而变动，而且当收入水平变动时，货币需求往往以更快的速度或更大的幅度变动。

除收入水平的高低决定货币需求外，货币需求还取决于人们取得收入的时间间隔。在收入水平一定的条件下，人们取得收入的时间间隔与货币需求呈正比。也就是说，人们取得收入的时间间隔越长，货币需求越多；反之，越少。因为，在一般情况下，收入通常是定期的、一次性取得，而支出则是经常性的、陆陆续续的发生。由于收入取得与支出发生不在同一时点，在取得收入到下次取得收入之间存在一定的时间间隔，在这段时间间隔中，人们必须持有一定数量的货币，以便随时支出。而且，人们取得收入的时间间隔越长，则平均的货币持有额越多；而取得收入的时间越短，则平均的货币持有额也就越少。具体对每一个人而言，每个月取得一次工资时，为了满足一个月内支出所需要的货币额，比半月取得一次工资、满足半月所需货币额多。在全部收入用于当期支出而没有结余的假设条件下，其平均货币持有额为货币需求额。这说明，即使人们的收入水平一定，取得收入的时间长短也将对货币需求产生明显影响。

（二）市场利率

在市场经济中，市场利率是人们在一定时期内使用资金的价格。在现代货币经济中，资金的表现形式是货币。因此资金的供求关系通常表现为货币的供求关系。在一般情况下，市场利率与货币需求反向变动，即市场利率上升，货币需求减少；市场利率下跌，货币需求上升。市场利率对货币需求的影响表现为两个方面：一是市场利率决定人们持有货币的机会成本。在现代市场经济中，可供人们选择的资产持有形式很多，货币只是其中的一种。与其他各种资产的持有形式相比，货币虽然具有高度的流动性和安全性，但是人们持有货币一般没有收益或只有很少的收益，而其他非货币金融资产的收益率一般都高于货币，市场利率决定和影响非货币金融资产的收益率，从而决定或影响着人们持有货币的机会成本。二是市场利率影响人们对未来利率变动的预期，从而影响人们对资产持有形式的选择。一般情况下，市场利率与有价证券价格反向变动，市场利率价格越高，有价证券价格越低；反之，则越高。虽然，短期内市场利率随经济发展的周期性变化不断波动，但就长期来看，它将稳定在某一合理或正常的水平上。所以，在利率市场化条件下，利率上升到一定高度时将回落；反之，利率下降到一定水平时又将回升。因此，当利率上升时，特别上升到一定高度时，人们往往预期利率将下降，从而有价证券的价格上升。于是，他们将减少货币持有量，相应地增加有价证券持有量，以期日后取得资本溢价收入。反之，当利率下降时，特别下降到一定低度时，人们又通常预期利率将回升，有价证券价格将下跌。于是，人们将减少有价证券持有量，相应增加货币持有量，并准备在有价证券价格下跌后以较低的价格买进。

（三）信用的发达程度

如果一个社会信用发达，信用制度健全，人们在需要货币时能容易地获得现金或贷款，那么人们在需要持有的货币就会少些，人们可以将暂时不用的货币先投资于其他金融资产，待需要使用货币时，再将其他金融资产出售以换取现金。另外，在信用制度发达的经济中，有相当一部分交易可通过债权债务的相互抵消来结算，这也减少了货币需求量。而在信用制度不发达、融资不方便的经济中，人们要取得现金和贷款不太容易，于是人们宁愿在手中多持些货币。因此，一般来说，货币需求量与信用的发达程度成负相关关系。

（四）消费倾向

消费倾向是指消费在收入中所占的比例，它可分为平均消费倾向和边际消费倾向。平均消费倾向是指消费总额在收入总额中所占比例；边际消费倾向则是指消费增量在收入增量中所占比例。与消费倾向对应的是储蓄倾向，也分为平均储蓄倾向和边际储蓄倾向，它们分别表示储蓄总额在收入总额中所占比例和储蓄增量在收入增量中所占比例。

一般而言，消费倾向和货币需求同方向变动，即消费倾向越大，货币需求越多；反之则越少。因为在现代货币经济中，人们为了实现消费，必须以货币作为购买手段。所以，一定时期内人们计划的消费越多，则他们必须持有的货币也越多。但是，如果人们不是均匀地支出其收入，而是得到收入后立即用于购买消费品，则无需持有那部分准备用于均衡消费的货币，于是消费倾向大，货币需求不一定增加；如果人们不以定期存款、储蓄存款或购买有价证券等形式储蓄，而通过窖藏现金或持有活期存款等货币形式储蓄，则用于消费的货币持有量将随着消费支出的发生而减少，而用于储蓄的货币持有量在较长时间内将稳定不变。因此，消费倾向越小，在收入一定条件下，用于储蓄的部分则越多，若以货币形式进行储蓄，则货币需求量自然也越大。在信用制度不健全、金融市场不够完善的发展中国家，以货币形式储蓄的情况并不少见。因此，在分析这些国家的消费倾向与货币需求的关系时，应具体问题具体分析。

（五）货币流通速度、社会商品可供量和物价水平

若以 M_d 代表货币需求量；P 代表物价水平；Q 代表社会商品可供量；V 代表货币流通速度。那么，根据货币流通规律公式：

$$M_d = PQ/V$$

可得，货币需求与物价水平和社会商品可供量呈正比，而与货币流通速度呈反比。需要指出的是，马克思的货币流通速度规律是在金属货币流通条件下提出的。在金属货币流通条件下，因为金属货币本身具有内在价值，流通中的货币量可自动调节，因此，由商品价值决定的商品价格是决定流通中货币必要量的一个重要因素。但是，在不兑现的纸币流通条件下，因为纸币本身没有内在价值，过多的纸币也不能自行退出流通，因此，在社会商品可供量和货币流通速度一定时，流通中的纸币反决定一般物价水平。于是，在纸币流通条件下，若将一般物价水平作为流通中货币必要量的一个决定因素，必然会形成这样一种现象：物价上涨时，流通中的货币必要量增加，为了使货币供求平衡，货币供给也必须相应增加，而货币供给的增加又必然引起新一轮的物价上涨。所以，在货币政策的具体实践中，不宜将一般物价水平及其变动作为决定流通中货币必要量的一个因素，更不能将那种纯粹由物价因素引起的流通中的货币必要量作为决定货币供给量的一个依据。当然，在分析个人货币需求时，特别在分析个人对名义货币余额需求时，一般物价水平及其变动则是一个应加以考虑的重要因素。

（六）人们的预期与心理偏好

货币需求在很大程度上还受到人们预期与心理偏好的影响。一般而言，当人们预期企业利润趋增时便会增加交易性货币需求；相反，则减少货币的交易性货币需求。当人们预期证券投资收益丰厚时，则会减少货币需求量转而持有证券；预期证券投资收益微薄时，则会增加货币需求量而减少证券持有量。而心理偏好全凭个人爱好，当人们偏好货币时，货币需求量将增加。反之，当人们偏爱其他盈利性金融资产或实物资产时，货币需求量将减少。

三、货币需求函数

货币需求函数是为了分析货币需求量决定及其变动规律而建立起来的一种函数或方程式，通常将决定和影响货币需求的各种因素作为自变量，而将货币需求本身作为因变量。在现代经济中，经济学家为了进一步了解经济现象之间的复杂关系，根据货币需求的决定因素，可以看到，有的与货币需求正相关，有的与货币需求负相关。即使在影响方向相同的诸因素中，各因素对货币需求的影响程度也不一样。

货币需求函数是一个多元函数。按照货币需求函数中自变量的性质及其对货币需求的不同影响，这些变量大致可分为三类：即规模变量、机会成本变量和其他变量。

(一) 规模变量

货币需求是人们以货币形式持有财富的行为,因此,财富总额是货币需求的上限。一般情况下,人们以货币形式持有的财富只是总财富的一部分。收入是财富的重要来源,而财富又是人们借以取得收入的资本,是未来收入的现值。收入可以观察和测量,而财富比较难以测量,尤其是人力财富(即人们在将来获得收入的能力)难以计量,因此,在货币需求函数中,通常把收入作为财富的代表。在货币需求理论中,收入分三种：过去收入、预期收入和长期收入。过去收入是用统计方法得到的已取得的收入;预期收入是人们估计未来将要取得的收入;长期收入是过去收入与预期收入的加权平均收入。在货币需求函数中,不同的理论采用不同的收入作为变量来分析货币需求的变动规律。

(二) 机会成本变量

由于货币需求是人们资产选择的结果,人们在决定持有货币数量时,不得不对持有货币与持有其他资产所能取得的收益进行比较。因此,持有货币便会产生机会成本,这种机会成本是指人们因持有货币不得不放弃的持有其他资产所能取得的收益。根据这一定义,持有货币的机会成本主要包括债券预期收益率、股票的预期收益率、实物资产的预期收益率等。预期通货膨胀率对闲置货币余额需求有巨大的影响,因而也是一个重要的机会成本变量,预期通货膨胀率越高,持有货币的机会成本越大。

(三) 其他变量

除上述各因素外,影响货币需求的还有一些其他因素,这些因素分可测量因素和不可测量因素,可测量的因素有货币自身收益率;不可测量因素包括制度因素、宏观经济政策等。货币自身收益率是人们赖以比较持有货币的机会成本大小的依据,是货币需求函数中的一个变量。制度设计和宏观经济政策则对一国的信用发达程度和资产变现能力有直接影响,从而影响公众的持币行为,所以通常也列入货币函数的其他变量之中。

第二节　货币需求理论

货币需求理论是西方货币理论中争论最激烈的部分,形成了不同的理论和学说：20 世纪 30 年代的古典货币需求理论;1936 年以来形成的凯恩斯主义的货币需求理论;以及 1956 年以来以弗里德曼为代表的一批经济学家建立和发展的现代货币数量论。

一、古典货币数量论

货币数量论,就是以货币的数量来解释货币的价值或一般物价水平的一种理论。根据这种理论,在其他情况不变的条件下,一个国家的物价水平的高低、货币价值的大小完全决定于这个国家货币数量的多少。也就是说,货币数量的变动必将引起一般物价水平发生同方向、同比例的变化。

(一) 费雪的现金交易说

美国经济学家欧文·费雪在他 1911 年出版的《货币购买力》一书中,对古典货币数量论进行了最好的概括。在这本书里，他提出了著名的交易方程式，也称为费雪方程式：

$$MV = PT$$

其中，M 为货币数量；V 为货币流通速度；P 为一般物价水平；T 为商品与劳务的交易量。由于商品劳务量 T 很难得到，一定时期的商品、劳务交易额（PT）也用名义国民收入（PY）表示。

首先，费雪认为，货币流通速度 V 是由制度因素决定的，具体地说，它取决于人们的支付习惯、信用的发达程度、运输与通信条件及其他与流通中货币量无关的社会因素。由于这些因素随时间的推移缓慢变化，所以，在短期内可将其视为一个常数。把货币流通速度视为相对固定的常数具有重要的理论意义。因为，如果货币流通速度变动不定的话，货币和交易总价值及名义国民收入就不会有稳定的关系，交易方程式也就变成了一个毫无意义的恒等式（实际上，不少凯恩斯学派的经济学家正是这种观点），但是只要货币流通速度是固定的，就意味着名义国民收入完全取决于货币供应量，而这正是货币数量论的主要观点之一。

其次，和其他许多古典经济学家一样，费雪认为工资和物价是灵活变动的，经济会保持在充分就业的水平上，因为一定时期的实际商品劳务总量（T）在短期内也将保持不变。由 TV 和 T 都保持不变，所以货币供给量（M）的变化完全体现在价格（P）上。例如 M 增加 20%时，P 也增加 20%。这样，我们又可得出传统货币数量论的另一种观点，即货币供应量的变化引起一般物价水平的同比例变化。

费雪的现金交易说在货币数量论发展史上占有重要的地位，因为它不仅是前人货币数量论的总结和深化，而且还是以后货币数量论发展的基础的源头。但它也有明显的不足，主要是：第一，V 和 T 为常数的假定与现实相悖。根据实证材料，无论是短期还是长期，V 和 T 都是变化的。第二，现金交易说的货币需求研究未涉及利率，事实上利率变动对货币需求的影响极为重要。第三，现金交易说仅把货币看作是交易的媒介，而忽视了货币支付手段的功能。第四，现金交易说混淆了金融货币与纸币在决定物价中的不同作用。在金属货币流通条件下，由于金属货币的自发调节作用，向流通中注入货币并不会引起物价的上升；相反，是物价的升降引起货币数量的变化。只有在纸币流通条件下，由于纸币不能退出流通，其数量的变化才会影响物价。

（二）现金余额数量说

以英国剑桥大学马歇尔、庇古、凯恩斯为代表的一批古典经济学家，一反费雪从货币供应和货币流通角度看待货币需求的做法，直接从货币需求量或货币持有量的角度来分析货币数量，提出了现金余额理论，对货币数量论进行了重新解释。尤其是庇古根据他的老师马歇尔的学说，在 1917 年发表了一篇题为“货币的价值”的论文（载于美国《经济学季刊》），提出了剑桥方程式：

$$M = KPY$$

其中，M 为货币数量；K 为以货币形式持有的财富占名义总收入的比例；P 为一般物价水平；Y 为实际国民收入。该方程式具有如下意义：第一，货币需求首先会受到个人财富总额的限制。第二，人们持有货币存在机会成本，即货币以外各种资产的收益，进而影响货币需求。人们往往将持有货币的好处（流动性）和持有其他金融资产和实物资产的好处（利息收入和消费满足等)进行权衡。第三,货币持有者会对未来收入、支出和物价进行预期,从而影响货币需求。例如,预计物价上涨时,为避免货币贬值带来的损失,则将增加消费支出,减少货币持有额。

无论是现金交易说还是现金余额说,都认为货币的价值产生于货币与商品的对立与交换,因而都注意物价水平与货币数量的关系,而假定其他因素都是相对稳定的,但这两种学说又各具特点,其经济意义大不相同。第一,对货币需求分析的侧重点不同。交易方程式强调的是货币交易手段的功能,没有把货币当作资产看待;而剑桥方程式则重视货币财富储藏的功能,认为货币需求是人们资产选择的结果。这是两个方程式最大的区别。第二,交易方程式中的 V 和剑桥方程式中的 K 的经济含义不同。交易方程式中的 V 只是货币作为交易媒介职能的货币流通速度,它反映了货币需求和支出流量的联系;而剑桥方程式中的 K 是人们以货币形式持有的财富占总收入的比例,它体现了人们持有货币的动机,反映了货币需求与经济主体动机的联系,人们持有货币不仅要满足交易需要,而且为了预防未来不测,留作不时之需,以保证一定的安全性。第三,两个方程式强调的货币需求的决定因素不同。交易方程式用货币数量的变动来解释价格。反过来,在交易商品量给定和价格水平给定时,也能在既定货币流通速度下得出货币需求函数;而剑桥方程式则从微观角度进行分析,认为人们选择以货币形式持有财富占名义收入的比例取决于人们持有货币的满足感与机会成本比较,并由货币需求函数推导货币数量论。

现金余额理论从货币需求函数出发推出货币数量论,较现金交易理论从货币数量论推导出货币需求函数,其逻辑顺序的不同蕴含着较多的合理成分,为以后经济学家研究货币需求,及货币与国民收入的关系奠定了宝贵基础。但人们以货币形式持有财富占总收入的比例(K)是由利率、通货膨胀率等多种因素影响的变量而不是一个常数,现金余额理论仅仅是因为贪图方便,或急于得出货币数量论的观点,而放弃对它的进一步研究,简单地把它视为一个常数,影响了其研究深度。

二、凯恩斯货币需求理论

(一) 凯恩斯流动偏好理论

凯恩斯继承了现金余额理论的分析方法,从资产选择的角度来考察货币需求。但与他的前辈不同,他没有在概略地陈述了影响货币需求的各种因素之后,草率断定只有名义国民收入才是影响货币需求的主要因素,而是对人们持有货币的各种动机进行了详尽的分析,并进而得出实际货币需求不仅受实际收入的影响,而且受利率影响的结论。这一结论隐含着另一个含义:货币流通速度也受利率的影响,因而是多变的。凯恩斯将人们持有货币的动机,称为流动性偏好,所以凯恩斯的货币需求理论也称为流动偏好论。

所谓流动性偏好,就是说人们宁愿持有流动性高但不能生利的现金和活期存款而不愿持有股票和债券等虽能生利但较难变现的资产,这一流动性偏好便构成了对货币的需求。凯恩斯将人们持有货币的动机分为三类,即:交易动机、预防动机、投机动机。相应地,货币需求也被分为三个部分:交易性需求、预防性需求、投机性货币需求。

1. 交易动机的货币需求

货币的交易性需求是指个人或企业为了日常交易而愿意持有的一部分货币。这是由于货币交易媒介职能而导致的一种需求。由于收入的获得时间和支出的发生时间总会有一定的间隔，在这段间隔内，企业和个人为了应付日常交易需要，必须保持一定数量的货币。这就是所谓"交易动机的货币需求"。这一货币需求的数量主要取决于收入的多少。收入多，这种货币需求也多；收入少，这种货币需求也少。简而言之，交易动机的货币需求与收入同向变动。

2. 预防动机的货币需求

预防性的货币需求，是指企业和个人为了应付突发事件或者捕捉到一些突然出现的有利时机而愿意持有的一部分货币。正如凯恩斯一贯坚持的那样，未来充满着不确定性，人们不可能把一切支出都计算好，并据此决定持有多少货币，而总要在日常支出计划外，留出一部分机动货币来应付诸如生病、原材料涨价之类的突发事件，或捕捉到一些意料之外的购买机会（如商品降价）等，这部分货币需求就构成货币的预防需求。根据凯恩斯的观点，货币的预防需求与收入需求成正方向变动。

3. 投机性的货币需求

投机性货币需求是凯恩斯货币需求理论中最有特色的内容。是指人们在未来某一适当时机进行投机活动而愿意持有的一部分货币。是对闲置货币余额的需求。人们持有闲置货币余额，是为了在利率变动中进行债券投机，以获得利润。

根据凯恩斯的分析，每个人心目中都有一个正常利率。若市场利率高于这一正常利率，人们预期的利率就下降；若市场利率低于这个利率，则人们预期利率就上升。虽然这种正常利率因人而异有所不同，但从整个经济来看，如果市场利率较高，就会有较多的人预期利率下降；而市场利率较低，就会有较多的人预期利率上升。

在一般情况下，市场利率与债券价格反向变动，人们预期利率上升，则意味着预期债券价格下降；而预期利率下降，则意味着债券价格上涨。这种预期将影响人们持有资产的决策，从而影响投机性货币需求。具体而言，当市场利率较低，人们预期利率上升时，人们将抛出债券持有货币，以期在利率上升、债券价格下跌时再买进债券；而当市场利率较高，人们预期利率下跌时，人们将抛出货币而持有债券，以期获得资本溢价收入。所以，投机性货币需求与利率水平呈反向变动，利率越高，投机性货币需求越少；利率越低，则投机性货币需求越多。在一种极端情况下，当利率低到一定程度，整个经济中所有的人都预期利率上升，从而都持有货币而不愿持有债券时，投机性货币需求将趋于无穷大。在这种情况下，若中央银行继续增加货币供给，将如数被人们无穷大的投机动机的货币需求吸收，使利率不再下降。这种情形就是后人所谓的"流动性陷阱"。对于这种情形是否真的存在，经济学家存在着广泛的争论。

将上面的讨论归纳起来，就可以得到凯恩斯的货币需求函数。应注意的是，凯恩斯讨论的货币需求是实际货币需求，而不是名义货币需求。人们决定持有多少货币时，是根据货币能够购买到多少商品来决定，而不仅仅是面值是多少。实际货币需求由 M 表示，P 表示价格水平。

凯恩斯把与实际收入正向变动的交易性需求和预防性需求归结为 M_1，它随收入(Y)的增加而增加，即 $M_1=L_1(Y)$；把受利率影响的投机性需求归结为 M_2，它随税率(I)的增加而减少，即 $M_2=L_2(I)$；把两项合起来，就得到货币需求函数：

$$M = M_1 + M_2 = L_1(Y) + L_2(I)$$

它表示对货币的总需求是由收入和利率两个因素决定的。

凯恩斯流动性偏好理论的重要意义在于：第一，强调了货币不仅具有交换媒介的职能，而且还具有资产功能，它可以作为价值储藏工具，将其购买力用于未来的消费，是现在与未来的联系物。凯恩斯特别重视对人们货币持有动机的分析，他的货币需求理论也是建立在人们持有货币的三项动机基础之上的。第二，将利率引入货币需求量决定因素中，意味着通过利率这个变量，可以将社会总产出与社会总需求联系起来分析货币市场供求的变化对商品市场供求的影响。由于利率是货币市场供求关系的反映，货币供应量的变动能迅速影响利率，所以，货币供给不仅通过价格的变动调节货币需求量，而且可以通过利率的变化调节货币需求量。根据这一思想，凯恩斯提出了一个重大的政策理论，即国家可以在社会有效需求不足情况下扩大货币供应量，降低利率，通过降低利率诱使企业家扩大投资，增加就业与产出。这样的结果，并不会对价格产生较大的冲击，因为前提是有效需求不足，而且产出扩大会给物价的稳定提供保证。

（二）凯恩斯货币需求理论的发展

第二次世界大战以后，鲍莫尔和托宾等一批经济学家进一步修正了凯恩斯的货币需求理论，他们建立了更精确的理论来解释凯恩斯提出的人们需要货币的三个动机，利率作为影响货币需求的一个最关键因素得到了更深入研究。

在凯恩斯的流动性偏好理论中，货币的交易性需求被假定是收入的函数，且与利率无关。早在20世纪40年代末，凯恩斯的重要追随者汉森就对此提出了质疑。他指出，当利率上升到相当高度时，货币的交易性余额也会具有利率弹性。进入50年代后鲍莫尔和托宾分别发展了相似的理论模型，即鲍莫尔—托宾模型，证明交易性需求同样受到利率的影响。由于该模型是运用管理科学中最优存货控制理论于货币理论的成果，所以又称为货币需求的存货管理模型。

1. 鲍莫尔模型

鲍莫尔模型论证了交易动机的货币需求也同样受利率影响，而且是利率的递减函数。鲍莫尔把管理科学中最优存货控制理论运用于对货币需求的研究。根据存货理论，企业持有存货，是为了满足各种生产和交易活动的需要。企业的存货既不能过多，也不能过少。存货过多会增加成本负担，而存货过少也会影响企业的正常生产和经营。因此，在不影响正常生产和经营的前提下，企业应力求将存货保持在最低限度，从而使持有存货所带来的成本降到最低。同样，人们为应付日常交易而持有的现金余额，可视为一种存货。这现金余额是没有利息收入的，故持有现金余额会承担一定的机会成本。因此，在保证正常的交易需要的前提下，人们持有的现金余额也应减少到最低限度。

那么，如何才能做到既满足正常的交易需要，又使现金余额的持有量尽可能地减少呢？鲍莫尔指出：人们收入的获得和收入的使用一般不会同时发生，且可假设支出的发生是逐渐的、平稳的。因此，人们没有必要把收入中准备用于日常开支的那部分全以现金形式保留在手中，而可以把其中的大部分暂时不用的货币转化为生息资产，以获得利息收益，然后在需要货币时再将生息资产变现为货币。但是，将生息资产变现为货币，需要一定的手续费，这就构成了一种交易成本。于是，人们就要在利息收益和交易成本之间权衡得失而做出决策。一般地说，只要利息收入超过手续费，就有利可图。利率越高，利息超过手续费的机会就越多，从而就可更多次地把货币变为生息资产，因此，他们平均持有的现金余额就越少。可见，交易性货币需求同样是利率的递减函数。

鲍莫尔模型对西方货币理论的研究产生了重大影响。首先，该模型论证了最基本的货币需求——交易性货币需求很大程度上也受利率变动的影响。这一论证不仅为凯恩斯主义以利率作为货币政策传导机制理论提供了进一步证明，而且向货币政策的制定者们表明，不能影响利率的货币政策的作用是有限的；其次，根据平方根公式，假定利率和物价不变，收入增加的比例必须大于货币供给增加的比例，才能使公众吸纳新增的货币，因此在萧条期，货币政策的效果可能比预期大；最后，该模型虽然是针对国内经济单位的货币需求而作出的，但其基本结论也可用于国际金融领域，有的学者也认为国际储备也有"规模经济"的特点，因此，国际储备未必与国际贸易同一比例增长，使用一种普遍的国际货币，可以节省国际支付和交易成本。

2. 托宾模型

凯思斯对投机性货币需求的分析存在一个很大的缺陷，凯恩斯认为，当债券的预期利率高于货币的预期收益率时，人们只持有债券；反之，当债券预期收益率低于货币预期收益率时，人们才持有货币。只有在极少数情况下债券与货币具有相同的预期收益率时，人们才持有债券和货币。显然，这与现实不符。为了弥补这一缺陷，詹姆斯·托宾将马可维茨的均值——方差分析法引入货币需求分析，用投资者避免风险的行为动机来解释对闲置货币余额的需求，从而进一步丰富了人们对货币需求的认识。

托宾模型中，资产保存形式有两种：货币和债券，持有债券可得到利息，但要承担由于债券价格下跌而遭受的损失即风险，因此债券是风险性资产；持有货币虽没有收益，但也没有风险，所以称为安全性资产。托宾假定人们可以通过选择这两种资产的不同组合来持有财富。一般而言，当人们的全部资产为风险性资产时，他们的预期收益最大，但风险也最大。这时为了安全，人们就会减少持有的风险性资产而增加安全性资产，直到减少到最后一单位风险性资产带来的风险负效用与收益正效用之和等于零时为止。反之，当人们全部资产为安全性资产时，风险与收益均为最小。这时为了获取收益，人们会把一部分安全性资产转换为风险性资产，随着风险性资产比例的加大，收益的正效用递减而风险的负效用递增，直至新增的风险性资产带来的收益正效用与风险负效用之和等于零。托宾认为，人们只有在这种资产组合中获得的效用才最大。这一模型的实质是分析了不确定经济情况下人们同时持有货币和债券的原因以及两者在量上进行选择的理论依据。

托宾模型弥补了凯恩斯关于货币投机性需求理论的某些不足，但它更重要的意义还在于方法论上的革新。它将风险这一重要因素引入货币需求，突破了过去经济学家单纯从资产收益的角度考察货币需求的狭隘视野。它不仅是对马可维茨提出的均值—方差分析法的成功应用，而且对它进行了更为精致的描述，从而对货币需求理论和资产选择理论的发展起了重大作用。

但是，托宾模型本身也有不足：第一，托宾模型只有两种资产，即货币与债券，而不包括其他金融资产；第二，由于信息和其他交易费用存在，分散化投资策略事实上只由一些庞大的投资基金或少数富人采取，普通投资者难以运用；第三，托宾模型忽略价格波动因素。从名义价值看，货币是无风险资产，但用实物价值衡量，货币价值随物价上涨而下降。

二战后，西方金融业高度发展，金融工具不断创新，出现了许多风险低、有收益、流动性强的资产，将这些资产引入资产组合模型，则对避免风险的货币需求产生了一定疑问。特别在金融体系高度发达、存在无风险收益的社会中，无论是凯恩斯的投机动机，还是托宾避免风险的动机，都不能对货币需求作出充分解释。交易成本才是货币需求的必要条件。此外，市场缺陷也是另一个重要因素。如投资者信息不全，达不到规定的投资规模等，使得经济主体只能以货币形式持有资产。

三、弗里德曼货币需求理论

1936 年凯恩斯的《就业、利息和货币通论》出版后，对学术思想和经济政策均产生了深刻的影响。在货币理论方面，它推翻了自 18 世纪以来占统治地位的传统货币数量论，代之以他称为流动性偏好的货币需求理论。凯恩斯批评了古典货币数量论和货币政策的失效，在 30 年代经济危机时期，引起了共鸣。但 50 年代开始，西方经济形势发生了变化，大规模经济萧条现象已不是世界经济的主要问题，而通货膨胀成为经济中的头号问题，到 70 年代，简单的通胀又为更复杂的"滞胀"问题所代替。在这种经济环境下，1956 年弗里德曼发表了他的名作——《货币数量学说的重新表述》，从而标志着现代货币数量论的诞生。

按照弗里德曼的观点，货币数量说首先是一种货币需求理论，其次才是产出、货币收入或物价水平的理论。因此，现代货币数量论的表述是从货币需求入手的。

（一）影响货币需求的因素分析

（1）总财富。总财富是制约人们货币需求的规模变量。由于总财富在实际生活中无法用货币来直接度量，必须借助于与之存在密切关系的收入来代替。由于现期收入的大小受经济波动的影响经常变动，很不稳定，因此在弗里德曼的货币需求理论中，被作为货币需求决定因素的收入是持久性收入——消费者在较长时期内所能获得的平均收入，这是弗里德曼在他的消费理论中提出的一个概念。在实际计算中，该变量可用现在及过去年份的实际收入加权平均估算。利用这一变量可以排除一些偶然因素影响，而反映收入实际水平。

（2）人力财富与非人力财富的比例。在弗里德曼的货币需求理论中，总财富分为人力财富和非人力财富。人力财富也叫人力资本。是指人们所具有的能为自己带来收入的能力，包括体力、智力、掌握的某种技巧等；非人力财富则是指各种实物财富。虽然人力财富和非人力财富都能为所有者带来收入，但二者给所有者带来收入的稳定性不同。一般地说，人力财富转化为非人力财富，将受到经济形式、经济环境和制度方面的限制，流动性较低，不像股票、债券那样容易出售。因此，人力财富在总财富中占比重较大的所有者将试图通过持有较多的货币来增加其资产的流动性，因为货币是一种流动性最高的资产。弗里德曼据此认为人力财富对非人力财富的比率或非人力财富占总财富的比率是影响货币需求的重要因素。

（3）持有货币的预期报酬率。持有货币的预期报酬率包括两部分：一是银行为支票存款支付的少量利息；二是银行为支票存款提供的各种服务，例如自动为存款人支付水、电费等。

（4）其他资产的预期报酬率。即持有货币的机会成本，它是指货币与其他资产的预期收益率之差。货币的名义收益率在通常情况下为零，其他资产的预期收益率一般可以分为两部分。第一部分是目前的名义收益率，主要指：预期固定收益率，如债券利率和债券价格的预期波动；预期非固定收益率，如股票收益率，包括股票价格的预期波动。第二部分名义收益率是指预期商品的价格变动率。当通货膨胀时，各种商品的价格会剧烈波动，物质财富给持有者带来收益或损失。因此，通货膨胀时，物价上涨就是持有货币的机会成本之一。物价上涨越快，持有货币的机会成本越高，对货币的需求就越小。

（5）其他因素。例如效用，对于个人或企业来说，持有货币既可用于日常支付，也可以应付不测之需，还可以抓住获利机会，这就是货币所提供的效用。虽然这些效用无法直接测量，但人们的感觉和现实证明它确实存在。这种流动性效用以及影响因素，如人们的偏好、兴趣等是影响货币需求的因素之一，而且在短期内可视为不变。

通过对货币需求因素的分析，弗里德曼提出了他的货币需求函数：

$$M/P = f(Y, W, r_m, r_b, r_e, 1/p \cdot dp/dt, U)$$

式中，Y 表示实际持久性收入，用来代表财富；W 表示非人力财富占总财富的比例；r_m表示货币预期名义报酬率；r_b表示债券的预期名义报酬率，包括债券利率和债券价格的预期波动；r_e表示股票的预期名义报酬率即资本利得，包括股票的价格变化和现金付款；$1/p \cdot dp/dt$ 表示商品价格的预期变化率，也就是实物资产的预期名义报酬率；U 表示其他影响货币需求的因素。

（二）弗里德曼货币需求函数的分析

从弗里德曼货币需求函数看，弗里德曼货币需求理论一方面以传统的货币数量论为基础，另一方面又吸收凯恩斯的流动性偏好理论加以发展。因为，弗里德曼的货币需求函数虽然复杂，但如经简化，就与 $MV = PT$ 或 $M = KPY$ 相似，只不过弗里德曼并不将 K 或 V 当作一个固定的常数，而是当作某些变量，如各种金融资产的预期收益率、预期物价变动率等。另外 Y 也不是当期收入，而是持久性收入，并作为财富的代表。同时，弗里德曼的货币需求函数又是在凯恩斯的货币需求函数 $M=L(Y, I)$ 的基础上进一步发展的，只不过弗里德曼货币需求函数中的 I 不只限于债券利率，而是包括各种金融资产以及实物资产的收益率。由此可见，弗里德曼货币需求函数是传统货币数量论与凯恩斯流动性偏好理论的混合物。尽管如此，弗里德曼的货币需求函数仍有自己鲜明的特点，其主要特点是强调持久性收入对货币需求的主导作用。弗里德曼认为，一个人的消费支出不是取决于他现在的收入水平，而是取决于他一生中或较长时间的平均收入水平，由此提出了反映长期因素影响的持久性收入概念。由于持久性收入具有高度的稳定性，所以受持久性收入支配的货币需求也是稳定的，货币流通速度的变化也是不大的。既然如此，就必须以稳定的货币需求函数为基础，从货币供应的变动来研究货币对产量和物价的影响。可见，弗里德曼货币需求函数在理论上的关键点是持久性收入概念的引入。

第三节　货币供给概述

一、货币供给的概念

（一）货币供给与货币供给量

货币供给是指货币供给主体向社会公众供给货币的经济行为。在现代经济社会中，能够向社会公众提供信用货币的主体有中央银行和商业银行。全社会的货币供给量都是通过这些金融机构的信贷活动而形成的。例如，中央银行根据社会需要发行现金货币，商业银行向企业发放贷款，同时增加企业的存款货币，这样就使流通中的货币增加，货币供给量扩大；反之，当现金货币回笼到中央银行，或商业银行收回贷款，企业存款货币减少，货币供给量收缩。从货币供给过程看，现金货币供给与存款货币供给是两个相互区别又相互联系的过程，总的说来，它是由中央银行和商业银行共同完成的。它以中央银行供给基础货币为起点，以商业银行运用基础货币为中间环节，以非银行部门转移、结算货币为终点，形成一个复杂的货币供给系统。

货币供给量是指一国在某一时点上为社会经济运行服务的货币量，它由包括中央银行在内的金融机构供给的现金货币和存款货币两部分构成，它是一个存量概念。货币供给量是具体反映在银行资产负债表上的一定时点上的银行负债总额，其中现金货币是中央银行的负债，而存款货币则是商业银行的负债。研究货币供给的目的，是为了使社会实际提供的货币量能够与商品流通和经济发展对货币的需求(即预测的货币需要量)相吻合。从中央银行能够运用货币政策工具扩张和收缩货币供给量看，货币供给量首先是一个外生变量；但货币供给量除受中央银行货币政策工具操作左右外，还决定于经济社会中其他经济主体的货币收付行为，因而货币供给量同时又是一个内生变量。所以，货币供给及其控制问题也相当复杂，是需要不断研究解决的课题。

(二) 金融创新对货币供给的影响

20 世纪 70 年代以来，金融创新浪潮的掀起对货币供给产生了深远的影响，可以说是金融领域的一场革命。金融创新是指金融业突破传统的经营方式和范围，采用新的技术，开办新的业务，创造新的金融工具，建立新的金融机构，开拓新的金融市场，最终形成新的运行机制。计算机和通信技术在金融领域的运用和规避中央银行严格的监管是推动金融创新的主要原因。

以金融工具创新为例，通过自动转账账户和大额定期存单的开发和推广，商业银行开拓了更多的资金来源渠道。一方面增强了经营的灵活性和竞争力，另一方面减少对中央银行资金的依赖和再贴现利率对自身的影响，从而较大地削弱了严厉的货币控制措施的力度。因此，在中央银行与商业银行之间进行着管制与反管制的斗争时，金融创新无疑向中央银行货币供给的调控与货币政策的操作提出了严峻的挑战。除此以外，金融工具创新的出现，使得 M_1 和 M_2 层次的内容得到进一步扩充。但是，金融创新的品种往往引起人们争论的是：究竟把它们归属哪一个层次。这些金融工具往往既有交易媒介的职能，又具有一定的支付手段职能，因此，很难仅仅根据货币的定义把它们分类。

金融创新对货币层次划分的影响，也使得各层次货币与经济运行之间的联系有所改变，使得中央银行货币供给的调控重点不断转移。以日本为例，从与支付能力密切联系的 M_1 到最终整个金融市场，日本银行监控重点的转移反映出在金融创新愈演愈烈的时代，仅仅盯住 M_1 已远远不能掌握经济运行的运态。

二、中央银行与基础货币

(一) 基础货币及其供应

基础货币等于流通中的通货加上商业银行在中央银行的存款准备金，通常又称为货币基础。常用下式表达：

$$B = R + C$$

式中：B 表示基础货币；R 表示商业银行持有的存款准备金(包括商业银行的库存现金、在中央银行的法定准备金以及超额准备金)；C 表示流通于银行体系之外的现金。在现代信用货币制度下，信用货币的供应和调节很大程度上是由一国中央银行通过变动基础货币进行的。当中央银行向商业银行扩大基础货币供应时，商业银行的派生存款能力就加强；当中央银行收缩基础货币或停止供给时，商业银行的信用创造能力就减弱。所以，基础货币又被人们称为高能货币。

现金进入经济生活的渠道是商业银行的客户从自己的存款账户提取现金。每一个商业银行在其日常经营中都有现金不断流入和流出。如果现金的提取可以由现金的存入来满足，商业银行则不必补充现金。如果存入的现金满足不了提取的要求，商业银行必须补充现金。补充的基本途径就是商业银行到中央银行从自己的准备存款金账户提取。如果银行库存的现金过多，则会及时存入自己在中央银行的准备存款金账户。为了保证商业银行可以及时地从准备存款金账户提取现金，中央银行则必须印制足够的钞票，铸造足够的硬币。由此可以理解，已经存在于流通过程中的现金，就是过去商业银行从中央银行的准备存款账户上陆续提取现金所形成的。当商业银行总体向中央银行提取的现金多于存入的现金，是现金发行量的增长，简称现金发行。当商业银行总体向中央银行存入的现金多于提取的现金，是现金发行量的减少，称现金回笼。总的来看，年复一年，现金的发行都是增长的，根本原因是经济的增长。

当现金的增发是必然趋势时，那就意味着商业银行从准备存款金账户不断地提取现金，准备存款金相应下降。但经济增长必然同时要求存款准备金增大以支持存款货币有足够的增长。所以，在经济增长的条件下，准备存款金必须不断得到补充。要使商业银行整体的准备存款金总额增加，必须有中央银行资产业务的增加。商业银行从中央银行补充准备存款金的途径有：① 向中央银行再贴现和直接取得贷款；② 向中央银行出售自己持有的债券；③ 向中央银行出售自己持有的外汇。在这个连续的过程中，中央银行一方面积累了自己的资产；另一方面则形成两大负债项目：① 不断补充、不断提取现金的准备存款金余额；② 由一笔笔现金漏损所累积形成的流通中的现金。在中央银行资产负债表上的表现为：

表 9-1　中央银行资产负债表

资　　产	负债与所有者权益
贴现和贷款	商业银行等金融机构存款
政府债券	流通中货币
外汇储备	中央银行资本

（二）对中央银行资产负债表进行分析

根据资产负债表编制的原理，存在以下基本恒等公式：

$$资产=负债+所有者权益$$

针对中央银行的具体情况，上述公式可以表达为：

$$资产=准备金存款+其他负债+所有者权益$$
$$准备金存款=资产-其他负债-所有者权益$$

这个方程式表明：中央银行任何资产的增加（或减少），在资产负债表其他项目不变的情况下，商业银行准备金存款将增加（或减少）；中央银行负债的增加（或减少），在其他项目不变的情况下，商业银行准备金存款减少(或增加)。可见，中央银行资产负债表各项目的变动，决定商业银行体系的准备金存款数额。

1. 中央银行的资产业务与商业银行准备金的关系

中央银行资产业务的增加，导致商业银行体系准备金增加；反之，则减少。中央银行通过公开市场操作，购买证券，就必须开出支票付款，出售证券的客户收到支票后将存入开户银行，商业银行将支票通过中央银行结算，中央银行增加商业银行在其账户上的余额，从而商业银行的准备金存款增加。如果出售证券，则购买证券的客户将通过开户银行支付资金，从而使得商业银行在中央银行的准备金账户余额减少。另外，中央银行向商业银行发放贷款、进行贴现的方式提供资金支付，将增加商业准备金账户的余额。例如：假定某银行从中央银行获得了1 000元的贴现贷款，这 1 000 元贷款就成为该银行可以运用的准备金，从而整个经济中的基础货币就增加了 1 000 元。用 T 形账户表示就是：

中央银行

资产	负债
贴现贷款+1 000	银行存款　+1 000

银　行

资产	负债
在中央银行存款　+1 000	贴现贷款　+1 000

显然，当该银行将这 1 000 元贴现贷款归还中央银行时，准备金存款减少 1 000 元，即新增的 1 000 元基础货币将随之消失。

2. 中央银行负债项目与商业银行准备金的关系

中央银行负债项目的增加，将减少商业银行的准备金；反之，则增加。当流通中社会公众需要较多的现金时，商业银行向中央银行提取现金以满足客户需要。这样，流通中现金增加，商业银行在中央银行的准备金存款减少。当企业或个人向财政缴纳税款时，签发支票给财政。支票经过结算，企业或个人的银行存款余额降低，会使企业或个人的开户银行的准备金减少相同的数量，与此同时，政府存款增加。

总之，中央银行通过调整自身资产与负债结构，对商业银行的准备金数额施加影响，改变基础货币量，间接调节金融机构的贷款能力(存款货币)，进而调整货币供给量，以达到宏观调控的目标。事实上，中央银行的资产与负债的关系是资产引起负债。对中央银行而言，负债业务对其资产业务的约束并不存在。相反，商业银行却是负债产生资产，只有更多的准备金和库存现金，才可以创造更多的存款货币。中央银行扩大资产业务，必然相应形成商业银行的准备金；商业银行从其准备金账户提取现金以满足流通所需时，中央银行才有能力予以保证。所以，中央银行的资产业务与商业银行的准备金存款和现金发行之和相对应。这就是中央银行运作的特点所在。

三、商业银行与存款货币

在二级银行制下，存款货币是商业银行的负债，商业银行在货币供给方面也起着重要的作用。

(一) 商业银行存款创造的基本概念

从商业银行创造存款的角度看，商业银行存款的来源有两种：一是原始存款，二是派生存款。原始存款是指从银行体系外部注入商业银行的存款，主要包括银行吸收的现金存款和中央银行对商业银行贷款所形成的存款，是商业银行进行信用扩张和创造派生存款的基础。派生存款是相对于原始存款而言的，是指由商业银行以原始存款为基础发放贷款而引申出的超过原始存款部分的存款。

（二）银行体系存款货币创造的前提

1. 部分准备金制度

制定存款准备金制度的目的是为了保证存款金融机构的支付和清偿能力。商业银行等存款性金融机构在吸收存款后，只需按照规定的一定比率提取准备金，其余的资金可以灵活使用，如发放贷款或进行证券投资等。如果法律规定全额的准备金要求，则商业银行对于吸收的存款必须全额保留，商业银行就没有多余的资金进行贷款和投资，也就不可能创造出新的存款货币。虽然商业银行的存款可能被客户随时提取，但是一般情况下都会有相对稳定的余额停留在银行账户上，监管部门都只规定部分准备金的要求，即在维护银行体系安全的同时，也使商业银行能通过资产业务获得收益，并满足社会对银行信贷资金的需求。

2. 部分现金提取

在部分准备金的条件下，公众存入银行的资金，银行在留下法定存款准备金后，多余的部分发放贷款。如果借款人在获得贷款后立即以现金的形式全部提走，并长期持有或始终在公众手中流通，则银行只是充当了信用中介，而不具有信用创造的功能。在以银行活期存款为基础进行转账结算的现代支付体系下，现金交易的比重越来越小，银行通常是将发放的贷款转到借款人在该行的存款账户上，借款人使用贷款资金时主要采用支票等转账方式，而不提取现金，从而绝大多数的资金都在银行体系内运行。部分现金提取是银行创造存款货币的重要前提。

（三）商业银行存款货币的创造过程

为了说明商业银行创造存款货币的过程，必须首先作如下假设：① 银行只保留法定准备金，其他资金全部贷放出去，超额准备金为零；② 客户的资金全部通过银行结算，没有提现行为；③ 法定存款准备金率为 10%。做出这样的假设是为了简化分析过程。

假设一客户甲将其现金 1 000 元存入银行 A，则银行 A 新增加了 1 000 元的原始存款，银行 A 的现金准备也增加了 1 000 元，其中 10%的部分即 100 元为法定存款准备金，其余的 900 元为超额存款准备金。我们以简化的资产负债表——T 形账户来表示银行 A 此时的资产负债状况，如下表所示。

表 9-2 银行 A 的 T 形账户(1)

资产		负债	
法定准备金	100	活期存款	1 000
超额准备金	900		
合计	1 000		1 000

如果银行 A 最初获得的原始存款是从中央银行的借款，则反映为银行 A 在中央银行的准备金存款增加 1 000 元，其 T 形账户为：

表 9-3　银行 A 的 T 形账户(2)

资产		负债	
法定准备金	100	从中央银行获得的贷款	1 000
超额准备金	900		
合计	1 000		1 000

仍以现金存款为例，为了获得更高收益，银行 A 将超额准备金 900 元全部用于放款(或投资)，这里假定银行 A 将 900 元贷款都给了客户乙，则 A 银行的 T 形账户变为：

表 9-4　银行 A 的 T 形账户(3)

资产		负债	
法定准备金	100	活期存款	1 000
贷款	900		
合计	1 000		1 000

在得到这笔贷款后，客户乙将它存入其开户的银行 A，根据没有现金外流和只开支票存款账户的假设，客户乙通过支票转账的方式将所获得的贷款资金支付给和其有经济往来关系的客户丙，客户丙将收到的 900 元货款存入其开户银行 B。由此，银行 B 获得一笔新增的活期存款 900 元，这笔资金通过银行清算体系体现为银行 B 在中央银行的准备金存款增加 900 元。同样，基于超额存款准备金为零的假设，银行 B 按照 10%的法定存款准备金率，留下 90 元的法定准备金，而将超额准备金 810 元以贷款形式发放给客户丁。银行 B 的 T 形账户为：

表 9-5　银行 B 的 T 形账户

资产		负债	
法定准备金	90	活期存款	900
贷款	810		
合计	900		900

显然，银行 B 在中央银行准备金的增加正是银行 A 的减少部分，整个银行体系的准备金没有变化。但是，从银行 B 开始，其吸收的新增活期存款是由上一级银行的贷款派生而来的，银行体系的存款开始扩张。客户丁获得贷款后，存入自己的往来银行，又会转化成下一级银行的新增活期存款。类似的过程将无限持续下去，每一级银行都会产生新的派生存款。我们把这一过程中各银行的情况汇总如表 9-6。

表 9-6　存款创造过程

商业银行	存款增加额	准备金增加额	贷款和投资增加额
A	1 000.00	100.00	900.00
B	900.00	90.00	810.00
C	810.00	81.00	729.00
D	729.00	72.90	656.10
E	656.10	65.61	590.49

续表

商业银行	存款增加额	准备金增加额	贷款和投资增加额
F	590.49	59.05	531.44
G	531.44	53.14	478.30
H	478.30	47.83	430.47
·	·	·	·
·	·	·	·
·	·	·	·
银行系统总计	10 000.00	1 000.00	9 000.00

从汇总表中可以发现，在法定准备金率为10%的情况下，最初注入银行体系的1 000元原始存款，经过银行体系内一系列的存贷活动，各级银行的新增活期存款构成了一个无穷递减的等比数列，利用等比数列的求和公式可以计算出整个银行体系的活期存款增加额为10 000元，其中9 000元为派生存款。同时，还可以发现，法定准备金增加的总额等于最初的原始存款增加额，这表明从外部注入银行体系的原始存款，经过银行体系内"存款—贷款—派生存款"的过程，逐步地转变为各级银行所持有的不能动用的法定存款准备金，当原始存款全部转化为法定存款准备金后，整个存款货币扩张的过程就达到极限。

如果用D表示存款总额，以ΔD表示经过派生的存款变动额，以R表示原始存款的变动额，以r表示法定存款准备金率，则存在以下计算公式：

$$D = \Delta D + R$$
$$D = R/r = 1/r \cdot R$$

显然，法定存款准备金率的高低对银行创造存款货币的能力有直接的影响。上式$1/r$表示存款总额与原始存款之间的倍数，可用k表示，称为派生倍数或存款乘数，它是法定存款准备金率的倒数。法定准备金率越小，银行体系内派生创造货币的能力就越强；法定准备金率越高，银行体系扩张创造货币的能力就越弱。值得强调的是，此处的存款派生倍数是基于前面几个假设而得出的，所以它又被称为简单派生倍数。

(四) 商业银行存款货币的缩减过程

活期存款的收缩过程与扩张过程相似，只是方向相反，在此只作简单的说明。银行存款流出银行体系可能是由客户提取现金造成的，也可能是中央银行在业务中减少商业银行在中央银行的准备金存款造成的。例如中央银行向商业银行出售债券或外汇，这些都能引起商业银行的准备金减少。在无超额存款准备金的情况下，会引起银行体系内存款的收缩。因为准备金减少后，银行为达到法定存款准备金率的要求，会要求客户提前归还贷款，或者出售证券以补充准备金的短缺，这些活动必将引起相关银行存款和准备金的减少，相关银行也将同样地收缩贷款和投资，从而引起银行体系内的连锁反应。准备金减少和不足的情况随着各级银行存款的减少和贷款的收缩而停止，最终结果是相对于最初减少的存款额，整个银行体系的存款将呈现数倍的收缩。(读者可自行分析存款收缩的过程)

(五) 存款派生倍数的修正

简单存款扩张模型和简单存款派生倍数是在若干个假设下得出的,它表明存款扩张能力受法定存款准备金率的有力影响。但是在现实经济社会中,存款创造的过程受到很多现实因素的影响,从而影响银行存款实际的扩张倍数。因此,为了更准确地计算派生存款,我们必须考虑到商业银行创造派生存款过程中的漏出现象,对派生倍数作相应的调整。

1. 超额准备金

商业银行的经营目标是利润最大化。对一家商业银行来说,它总是力求使自己的超额准备金保持在最低水平,因为这部分准备金不能给银行带来利息收入。但为了保证流动性和经营的灵活性,商业银行总要保持一定的超额准备金,虽然这部分准备金数量通常是非常少的。只要商业银行保留了超额准备金,就意味着这部分准备金同法定准备金一样从活期存款中扣除。其余部分才能被用作放款或投资,从而参加派生存款的创造过程。

例如,假定商业银行的法定存款准备金率为 20%,同时大多数银行又保留了 2%的超额准备金。这样,如果 A 银行吸收了 10 000 元活期存款,它首先得保留其中的 22%(即 2 200 元)作准备金(法定准备金+超额准备金),其余的 78%(即 7 800 元)才能用于放款。当这部分贷款形成 B 银行的存款时,B 银行又必须扣除其中的 22%(即 1 716 元)留作准备金,其余的6 084 元才能被用作放款,并进一步形成 C 银行的存款,如此类推。这里派生存款的创造过程同前面所讲的一样,只是每一次用作贷款的数额减少了,原因是商业银行在法定准备金之外,又有 2%的超额准备金。显而易见,在派生存款的创造过程中,超额准备金同法定准备金的作用完全相同。

考虑到超额准备金在派生存款创造过程中的作用,派生倍数不再是 $k=1/r$,而应修正为 $k=1/(r+e)$。超额准备金率为 2%,则派生倍数=1/(0.20+0.02)=4.54。

2. 现金漏损率

在现实经济生活中,客户取得银行贷款后,并非将所有的货币都再存入银行,他们通常会提取部分现金满足自己的各种需要。也就是说,在贷款转化为存款的过程中会出现一些现金漏出。就派生存款创造过程而言,现金漏出同商业银行的法定存款准备金的影响一样,都是派生存款过程中的损失。

比如,假定商业银行的法定存款准备金率为 20%,超额准备金率为 2%,同时每 100 元活期存款又被客户提取 8 元现金,即现金漏损率为 8%,那么,如果 A 银行吸收 10 000 元活期存款,扣除 22%的准备金后,只有 7 800 元可用作贷款,而在这 7 800 元贷款中又有 800 元(10 000×8%)被客户以现金方式持有,这样最后只有 7 000 元转化为 B 银行的存款。

由于现金漏出,派生存款的扩张倍数进一步受到影响。货币乘数也应进一步修正。由 $k=1/(r+e)$ 变成 $k=1/(r+e+c)$。其中 c 为客户提取现金数占活期存款的比重。将上例中的数据代入公式。则派生倍数 $k=1/(0.2+0.02+0.08)=3.33$。

3. 活期存款转化为定期存款

在各种存款中,商业银行通常对活期存款不支付利息,对定期存款则支付一定的利息,并且期限越长,支付的利息越高。当客户的活期存款增加后,为了获得较多的利息,他们常常会将一部分活期存款转化为定期存款,特别是在利率上升时期。活期存款转化为定期存款,意味着银行用于发放贷款的资金来源发生相应变化,从而影响派生存款的创造过程。

前述银行超额准备金的增加或现金的漏出，都从活期存款中游离出来，并且完全脱离了派生存款的创造过程。换言之，它们从派生存款创造过程中完全消失了。活期存款转化为定期存款则不同，就整个银行体系的存款创造过程而言，转化后的定期存款仍留在银行，它并没有完全消失。由于定期存款也必须缴纳准备金，当活期存款转化为定期存款时，其对应的准备金中也必须分化出一部分作为定期存款的准备金。

虽然转化部分的存款仍留在银行系统，但由于准备金发生变化，活期存款的扩张也相应变化。换言之，活期存款转化为定期存款对派生存款的影响实质上就是银行失去部分准备金（注意：不是失去全部的转化为定期存款的部分），它等于活期存款转化为定期存款的金额乘以定期存款准备金率所得的乘积。

由于活期存款转化为定期存款对派生存款的创造产生上述影响，因而对活期存款的货币乘数必须再作修正。根据上述分析，应在公式的分母中加上 $t \cdot r_t$，其中 t 代表转化的定期存款占活期存款的比重，r_t 则为定期存款的法定准备金率。这样，修正后的派生倍数公式为 $k=1/(r+e+c+t \cdot r_t)$。

假设法定存款准备金率为 20%，超额准备金率为 2%，现金漏损率为 8%，转化的定期存款占活期存款的比重为 20%，定期存款的准备金率为 5%，则：$k=1/(0.20+0.02+0.08+0.20\times0.05)=3.23$。

由上可知，商业银行吸收一定的原始存款，能够创造多少派生存款货币要受到法定准备金率、超额准备金率、现金漏损率、活期存款转定期存款比例等因素的影响。派生倍数 k 是一个受多种因素影响的变量。

第四节 货币供给理论

20 世纪 60 年代中后期，由于西方各国普遍采用凯恩斯的扩张性经济政策，出现了日益严重的通货膨胀现象，同时金融创新导致大量的金融工具出现，货币供给理论得到了真正飞速的发展。

一、弗里德曼—施瓦茨模型

根据派生存款创造理论，最基本的货币供给模型的公式就是：货币供应量＝货币乘数×基础货币。如果用 M 表示货币供应量，k 表示货币乘数，B 表示基础货币，则公式表示为：$M=k \cdot B$。如果用 C 代表现金，D 代表存款货币，R 代表商业银行准备金存款，由于狭义货币供给量 $M=C+D$，而 $B=C+R$，则有：$k=(C+D)/(C+R)$。

$$k=(C/D+1)/(C/D+R/D)$$

从上式可以看出，与货币乘数密切相关的有两个比率，C/D 和 R/D。其中，C/D 是存款通货比率，R/D 是存款准备金率。显然，存款通货比率的上升，意味着更多的现金从银行体系中“漏出”，这将使货币乘数变小，从而削弱了存款货币的创造。而存款准备金率上升，无论是由于法定准备金比率上升，还是超额准备金比率上升，都会使商业银行提取更多准备金，这也会使货币乘数变小，银行创造存款货币的能力减弱。

二、乔顿模型

由于对货币的统计口径的不同，所以对货币供给量的衡量也是不尽相同的。

（一）M_1层次上的货币乘数计算

M_1是指流通中的现金和活期存款。在M_1这个层次上，设B为基础货币，C为流通中的现金，R为准备金总额，R_d为活期存款的法定存款准备金，R_e为超额准备金，R_t为定期存款的法定准备金。则有：

$$B=C+R=C+R_d+R_e+R_t$$

再设c表示流通中的现金比率，即通货比率，r为法定存款准备金率，e为超额准备金率，r_t为定期存款的法定存款准备金率，D表示活期存款，$t\cdot D$表示定期存款，那么基础货币又可以表示为：

$$\begin{aligned} B &= cD + rD + eD + tr_tD \\ &= D(c + r + e + tr_t) \end{aligned}$$

由于$M_1=C+D$，而$C=c\times D$，则M_1的货币乘数k_1为：

$$\begin{aligned} k_1 &= M_1/B = D(1+c)/D(c+r+e+tr_t) \\ &= (1+c)/(c+r+e+tr_t) \end{aligned}$$

由上式可以得出，M_1层次上的货币乘数和货币供应与下列因素相关：① 与法定准备金率和超额准备金率负相关。② 与通货比率负相关，因为在其他条件不变时，通货比率的上升意味着存款人将部分支票存款转为通货，不再进行存款的多倍扩张，使多倍扩张的总体水平下降，乘数也必然下降。③ 与定期存款率(t)及定期存款的法定存款准备金率负相关。

（二）M_2层次上的货币乘数计算

M_2是指M_1加上所有不能直接开出支票的储蓄存款(D_s)和小额定期贷款(D_t)及货币市场基金。设从M_1增加到M_2的这部分准货币为D_m。则有：$M_2=M_1+D_m=C+D+D_m$。同时定义增加的这部分货币供应量与活期存款D的比率用m来表示，即$D_m=m\times D$。假设广义货币乘数为k_2，则有：

$$\begin{aligned} k_2 &= M_2/B = D(1+c+m)/D(c+r+e+tr_t) \\ &= (1+c+m)/(c+r+e+tr_t) \end{aligned}$$

这样，可得到与M_1货币乘数相似的结论，M_2层次上的货币乘数和货币供给与法定准备金率、超额准备金率、通货比率和定期存款率负相关；而与新增货币供应量与活期存款的比率(m)正相关。

从上述货币乘数的表达式可以得知，由于法定准备金率是由中央银行决定的，如果通货比率、超额准备金率、定期存款数量能保持足够的稳定，中央银行就可以通过调整法定存款准备金率来准确地控制货币乘数，进而控制货币供给量。但实际上，如果说中央对于基础货币还有一定的控制能力的话，它要对货币乘数进行控制就困难得多。因为就如前面所说的一样，超额准备金率取决于商业银行的行为，流通中现金大小和定期存款等主要取决于非银行公众的行为，这些行为在一定程度上都是在中央银行控制之外的。也就是说，货币供给是由中央银行、商业银行系统与社会公众三部门共同作用的结果。

三、货币供给中的四个"角色"

从货币供给模型可知，货币供给等于基础货币和货币乘数之积，中央银行就是通过这两者来间接调控货币供给量。基础货币的投入主要是由中央银行(或类似于中央银行的职能部门)操作的，但货币乘数是由法定存款准备金率、通货比率、超额准备金率、定期存款比率等因素共同决定的，因而货币创造过程不再只是中央银行或者银行系统的事情，而是涉及中央银行、商业银行、居民和企业等各个部门，可形象地称为货币创造中的四个"角色"。下面将对这四个角色行为进行分析以了解它们各自在货币创造过程中所发挥的作用。

(一) 中央银行行为与货币供给

在典型的市场经济条件下，中央银行作为监督银行体系并执行货币政策的政府机构，可以从两个环节来调控货币供给：对基础货币的调控和对货币乘数的控制。中央银行可以通过调整自己的资产来变动基础货币，但并不能对基础货币实行完全的控制。中央银行对基础货币的控制能力因其控制基础货币的方式而有所不同，对于公开市场操作而言，主要是通过在金融市场买进或卖出有价证券，借以改变商业银行等存款机构的准备金，进而影响货币供应量。当中央银行在公开市场买入证券时，如果债券购买者将所得货币存入银行，则银行的准备金增加；如果证券持有者自己保留现金，则流通中现金增加。无论怎样，中央银行买入证券的行为会使得基础货币增加，从而使货币供给扩张。而当中央银行卖出证券时，效果正好相反。另一方面，当中央银行向商业银行发放贴现贷款时，基础货币也会受到影响。但是中央银行对基础货币的控制是不完全的，中央银行通过确定向商业银行的贴现贷款利率可以影响银行借款决策，但它不能单方面决定商业银行从中央银行借款的金额，银行最终是否借款与借款多少还是由银行自己决定。由此可知，中央银行对贴现贷款量的控制远不如对公开市场业务量的控制那样精确。

如果说货币当局对于基础货币还存在一定的直接调控能力，那么对货币乘数的影响力就间接多了。中央银行影响货币乘数的主要途径是调整法定存款准备金率，但法定存款准备金率仅是影响货币乘数的因素之一，货币乘数的最终变动还要取决于其他因素。

(二) 居民行为与货币供给

在长期的实践中，人们逐渐认识到，中央银行动用货币政策工具来调控货币供给，需要通过改变微观主体(居民、企业和商业银行等)的行为才能发挥作用。也就是说，微观主体的行为与货币政策实施的效果之间有密切的关系。从居民行为来看，居民是决定通货比率(即 C/D)的重要力量。当居民普遍增加现金也就是通货持有量的时候，通货比率会提高；反之则下降。而通货比率的改变会直接影响到货币乘数和货币供给。

影响居民持有通货多少的因素包括财富的大小、预期报酬率的变动、商业银行经营状况、管制政策，以及一些为非法目的而持有现金的需求等。

(1) 当财富增加的时候，通常居民对通货需求增长的比率低于财富增长率。也就是说，随着财富的增长，人们将更多持有支票存款而不是通货，通货持有量相对于支票存款下降，从而使通货比率下降。

(2) 居民手持现金不能获得利息，因此，当储蓄存款利率上升时，人们愿意持有的通货相对下降，通货比率下降。但如果存在其他投资方式，例如证券投资，当证券的预期报酬率增加的时候，支票存款可能由于相对收益水平下降而减少；如果人们的现金持有量不变，那么通货比例反而相对提高。

(3) 如果银行出现了信用不稳定的苗头，居民就会大量提取存款，通货比率会因而增大；而有些非法经济活动(包括逃税)为了逃避法律监督，倾向于用现金进行交易。因此，当一个社会非法活动上升时，通货相对于支票的比率会上升。

(4) 政府税收和管制政策也会影响到居民的持币行为。在政府实施管制，不允许银行向支票存款账户支付利息时，支票存款相对于通货的预期回报率降低，吸引力下降，通货的持有量上升，从而通货比率上升。

(三) 商业银行行为与货币供给

这里的商业银行不仅指商业银行本身，也包括从私人和机构处接受存款或发放贷款的金融中介机构、信用社、互助储蓄银行及储蓄贷款协会等。一般情况下，商业银行主要通过两种行为影响货币供给：一是超额准备金率，二是向中央银行借款的规模。商业银行持有超额准备金越多，存款货币创造乘数就越小，从而货币供应量也越小；反之，乘数变大，货币供应量增加。而商业银行向中央银行借款，会增加准备金存款，扩大基础货币的数量，从而能支持更多地创造存款货币。反之，商业银行减少中央银行借款会减少货币供应量。

商业银行持有超额准备金的大小取决于成本和收益的对比，当持有超额准备金的成本增大(如市场利率上升)，或者收益下降时(如预期存款外流减少)，商业银行就会减少持有超额准备金。另一方面，商业银行向中央银行借款也可用同样的方法来分析，商业银行运用借入资金的收益率与借入成本差距越大，越有利可图，商业银行从中央银行的借款也就越多。以市场利率代表借入资金的收益率，贴现率代表借入成本，很明显，商业银行向中央银行借款的数量与市场利率正相关，与贴现率负相关。

(四) 企业行为与货币供给

企业行为主要在两个方面影响货币供给：企业经营规模的扩大或收缩及企业经营效益的好坏。当经济处于高涨阶段，大量企业经营扩大需要补充货币资本，这种需求会通过向银行要求追加贷款反映出来，成为银行扩张信用的基础，货币供应量相应扩大。反之，在经济不景气时期，如果企业普遍缺乏经营愿望，即便利率再低也不能刺激它们对贷款的需求，货币供给量就不可能扩大。

另外，如果企业经营不善，造成资金周转率降低，信贷资金占用时间过长，在相同的产出水平上会增加对贷款的需求从而增加货币供应量。如果企业出现减缩经营规模甚至有破产清理行为时，一部分的贷款会被勾销，从而收缩一部分货币供给。但是，如果企业仍然亏损经营，并继续要求得到贷款支持，其结果则是货币供给被迫增加。

案例1 长期内货币需求是否稳定?

货币需求函数是否稳定,对于货币政策的选择是很有意义的。按照凯恩斯的观点来看,货币需求函数是不稳定的,货币需求经常会发生不可预测的变动,由此导致货币流通速度的不可测性,货币数量与总支出也没有密切的关系,因而中央银行不能以货币供应量作为货币政策的选择依据。但是,如果货币需求函数像现代货币数量论所说的那样是稳定的,那么中央银行就可以选择货币供应量来对总支出进行宏观调控。

布伦纳和马尔兹对货币需求的研究涉及了货币需求的稳定性问题。他们用20世纪30年代的数据估算的货币需求函数能够准确预测20世纪50年代的货币需求。这一实证结果说明,货币需求函数在长期内是稳定的。弗里德曼运用自己的货币需求函数对美国和英国整整100年的经济数据进行统计检验,发现这个函数能够相当准确地描述货币需求。这个结论进一步为货币需求稳定性的观点提供了证据。

在20世纪70年代初期,经济学家使用狭义货币 M_1 作为货币供给的定义,以二战后美国的经济数据作为依据,对货币需求进行实证分析,其结果完全支持了货币需求函数的稳定性结论。于是,M_1 货币需求函数成为经济学家使用的传统的货币需求函数,而且直到1974年,M_1 货币需求函数的稳定性一直都是作为一个公认的事实而被予以承认的。

但是,自1974年后,经济学家发现传统的 M_1 货币需求函数严重高估了美国的货币需求。经济学家将货币需求函数中的这种不稳定现象称作"货币失踪"。经济学家无法用传统的货币需求理论来解释这一现象。这种情况对于将货币需求函数作为理解货币政策对总体经济影响关键的观点提出了严峻的挑战。

有的经济学家试图通过寻找被传统的货币定义错误地排除在货币需求之外的信用工具,以此来解释"货币失踪"。他们认为金融创新有可能是导致货币需求函数不稳定的原因,在货币需求函数中加入隔夜回购协议等金融工具所拆放出来的货币之后,可以大大减少货币需求函数的高估程度,使货币需求函数得以稳定。但是,很多新近的证据又使得一些经济学家怀疑使用这种方法是否能真正获得货币需求函数的稳定性。

另外一些经济学家则试图寻找新的变量来使货币需求函数得以稳定。汉伯格发现,若将普通股票的平均"红利价格"比率作为利率的一种计量值的话,将会得到一个稳定的货币需求函数。还有研究学者发现,若将利率的全部期限结构作为一种新的变量加入到货币需求函数中,也能够得到一个稳定的货币需求函数。但是这些经济学家的研究也招致了一些批评。批评者认为:将这些变量放入货币需求函数没有足够的理论依据,并不能够精确地反映持有货币的机会成本。

总之,货币需求函数是否是稳定的,还需要我们的进一步研究和分析。到目前为止,还没有找到一个真正能让人满意的货币需求函数。

? 思考题:金融创新如何影响货币的需求?

案例2　中国的货币供给外生和内生，谁主导

为什么2003年以后，中国的货币扩张机制发生明显变化，内生性变得极强？

本应该货币供给是在两个圈上跳舞(周其仁语)，一个圈可以称为外生圈，即央行向商业银行吞吐基础货币；另一个圈可叫做内生圈，即政府主导的信贷扩张。

为什么我讲这个时期的中国货币供给极大程度被土地等要素资源所牵引。而政府是土地唯一的供给者，所以中国政府投资活动扩张实际上变成了中国货币创生的主体。外汇储备增加所导致的基础货币增加并不是中国货币增加的主要因素？

一是数据的实证。2003年之后中国实际投资增速(剔除固定资产投资价格指数)与M_2-E(广义货币减去高能货币部分)的增速表现出高度的同步性。而基础货币(高能货币)却没有。

二是在我看来，外生圈的本质还是个投资型经济的问题。跨境资本汹涌而至的升值预期来自何方？理论上讲，国内累积的人民币实际汇率的升值压力，源自劳动生产率的提速。但是我们必须明白，这种变化并非来自价值型和创新因素所致全要素生产率提升的结果，而靠的是公共投资的全面提速。世界银行最近的报告测算，上一个十年中国国企改制等结构性改革引致的全要素生产率增长效力已经消失。

很显然，中国顺差的减少并非经济效能的改善，而是“投资”转化为了“进口”，这非真正的经济再平衡的发生，而是失衡的进一步恶化。2011年1季度中国罕见地取得季度逆差，高速增长的进口反映出经济增长愈来愈倚重于投资，中国的保障房建设、高铁工程、水利兴建以及各级政府反危机政策中已经铺开的在建项目的投资规模累计高达GDP的1.2～1.3倍，拉高的国际大宗商品价格导致中国贸易条件快速恶化。

我一直在讲，人民币汇率低估是结构的必然结果。因为国际收支失衡本质上是一个内在的宏观经济的总量问题，并不直接取决于贸易政策或产业竞争力，最终取决于国民储蓄率和投资率，因为它们决定了资本的国际流动。

改变人民币水管的粗细解决不了结构。中国的可交换部门扮演着一个十分尴尬的角色，其吸收就业的贡献远远超过其对经济速度的推动。升值后，出口行业的盈利能力迅速下降，它们将解雇工人，而工人将随即减少消费。被挤出的资源强化了资产部门的膨胀，中国对出口的过度依赖的下降，转化为对投资的更过度依赖，外汇占款的增长动力不会衰竭，或进一步上升。

改变结构只能抑制公共投资。中国没有捷径。经济逻辑的结论是，只要投资还在迅速增长，就需要家庭部门提供更多补贴，家庭消费占GDP的比重就将停滞不前。中国离再平衡的道路渐行渐远。所以是升值促结构调整，还是结构变化去升值的势，这是个认识方向的问题。

我的理解跟理论逻辑和市场理解应该是一致的。你看，只要中国投资减速，人民币贬值预期马上产生，即便这一段美元走得很强。

——刘煜辉，中国社会科学院金融重点实验室主任

思考题：如何理解外汇顺差导致货币供给增加？

本章小结

1. 经济学中研究的货币需求是有效的货币需求，其决定因素有收入状况、市场利率、信用的发达程度、消费倾向、货币流通速度、社会商品可供量和物价水平、人们的预期与心理偏好等。

2. 货币需求理论主要包括古典货币需求理论、凯恩斯主义的货币需求理论、弗里德曼的现代货币数量论。费雪方程式为 $MV=PT$；剑桥方程式为 $M=KPY$；凯恩斯货币需求函数为 $M=M_1+M_2=L_1(Y)+L_2(I)$；弗里德曼货币需求函数为 $M/P=f(Y,W,r_m,r_b,r_e,1/p\cdot dp/dt,U)$。

3. 流动性偏好是指人们宁愿持有流动性高但不能生利的现金和活期存款而不愿持有股票和债券等虽能生利但较难变现的资产。流动性陷阱是指当利率低到一定程度，整个经济中所有的人都预期利率上升，从而都持有货币而不愿持有债券时，投机性货币需求将趋于无穷大。在这种情况下，若中央银行继续增加货币供给，将如数被人们无穷大的投机动机的货币需求吸收，使利率不再下降。

4. 货币供给是指货币供给主体向社会公众供给货币的经济行为，主要包括中央银行提供的基础货币和商业银行派生的存款货币。主要受中央银行、商业银行、社会公众行业的影响。

5. 商业银行简单派生倍数为 $1/r$；修正的派生倍数为 $1/(r+e+c+tr_t)$；货币供给 M_1 的乘数为 $(1+c)/(c+r+e+tr_t)$；M_2 的乘数为 $(1+c+m)/(c+r+e+tr_t)$。

重要基本概念

货币需求	费雪方程式	剑桥方程式	流动性偏好
交易动机	预防动机	投机动机	流动性陷阱
持久性收入	货币供给	基础货币	存款货币
原始存款	派生存款	存款乘数	货币乘数

复习思考题

1. 试比较现金交易说与现金余额说的异同。
2. 凯恩斯流动性偏好理论的独创性表现在什么地方？它与传统的货币数量论有何不同？
3. 鲍莫尔—托宾模型的重要贡献是什么？存在哪些缺陷？
4. 简述传统的货币数量说与现代货币数量说的异同。
5. 市场经济条件下货币供给机制是怎样的？
6. “货币乘数必然大于 1”这一说法是否真实，还是不能确定？试解释之。

第十章　通货膨胀与通货紧缩

内容提要

通货膨胀与通货紧缩是一对矛盾的经济现象。从长期看，物价总水平的变化可以大致分为三种情况，即通货膨胀、物价基本稳定和通货紧缩。对于通货膨胀，由于它对一国经济和政治曾经产生过广泛的影响，是当今世界各国普遍存在的经济问题。半个世纪以来，通货膨胀一直困扰着很多国家的经济增长与经济发展。如何正确理解计量和预测通货膨胀，准确地寻找通货膨胀的原因，寻求有效治理和预防措施，已成为现代经济学研究的重要课题。本章在界定通货膨胀概念的基础上，分析通货膨胀的类型，阐述通货膨胀的成因，指出通货膨胀的效应，提出通货膨胀的治理对策。同时对通货紧缩的概念、特征、效应作了简要的分析。

重点与难点

本章重点是掌握通货膨胀的概念；了解通货膨胀的分类；理解通货膨胀的成因与效应；了解通货紧缩的概念与特征。本章难点是理解通货膨胀和通货紧缩的治理对策。

第一节　通货膨胀概述

一、通货膨胀的概念

通货膨胀是一个古老的经济问题，自从贬值铸币产生以来，它就时常困扰着各国的经济运行。近几十年来，通货膨胀日益普遍，严重困扰着世界经济和各国人民生活，已成为一个重大的国际性经济现象。

(一) 对通货膨胀含义的不同理解

迄今为止，无论在西方或中国，经济学家们对于通货膨胀的定义并没有取得一致的意见，颇具权威的《大英百科全书》上就写着："不存在一个唯一的、普遍接受的关于通货膨胀的定义。"

凯恩斯之前，西方经济学家通常把通货膨胀定义为货币的过度发行，从而使单位货币购买力下降。这一时期流行的经典性定义就是："太多的货币追逐太少的货物。"

凯恩斯本人不同意早期货币数量论者关于货币数量直接决定物价的理论，他认为这只是在充分就业实现以后的一种特殊情况。而在非充分就业情况下，增加的货币最初会全部为产量的扩大所吸收，物价可保持不变；当就业量逐渐增加时，投资的增加就会引起劳动边际生产力的下降，于是物价会随着有效需求的增加而上涨，此时增加的货币只是部分地被产量的扩大所吸收，物价上涨的速度将小于货币数量的增长率，凯恩斯把这种情况称为半通货膨胀。只有在已经实现充分就业情况下，供给已经毫无弹性，货币供给的增加不再有增加产量和就业的作用，物价便随货币供给的增加同比例上涨，这才是真正的通货膨胀。凯恩斯之后，新古典综合派代表人物保罗·萨缪尔森认为："通货膨胀的意思是：物价和生产要素的价格普遍上升的时期——面包、汽车、理发价格上升，工资、租金等也都上升"；新剑桥学派代表人物琼·罗宾逊也指出："通货膨胀就是物价上涨，其上涨归咎于货币而非货物，这是通常习惯说法。更广义来说，通货膨胀通常指物价总水平的持续上升"；新自由主义者哈耶克明确指出："通货膨胀一词的原意和真意是指货币数量的过度增长，这种增长会合乎规律地导致物价上涨"；货币学派代表人物弗里德曼说："通货膨胀在任何时空条件下都是许多国家的实践表明：通货膨胀率很高的国家，货币增长率也很高。"

（二）通货膨胀概念的界定

多数经济学家认为，通货膨胀是总体物价水平的持续的、较为明显的上升。物价上涨越快，持续的时间越长，这种物价变动的通货膨胀就越明确。他们同意弗里德曼的看法，即货币才是通货膨胀之源。因此，完整的通货膨胀定义应该包括以下几方面的内容：

(1) 通货膨胀是纸币流通条件下特有的经济现象。

(2) 流通中的或流通中所需要的"货币量"应包括现金和全部存款货币。

(3) "物价水平"是指物价总水平，而不是个别或部分商品的价格水平。

(4) 通货膨胀不是指一次性或短期性的物价总水平的上升，而是指物价总水平普遍地、持续地上涨。

(5) 纸币贬值不等于通货膨胀，当纸币贬值致使物价总水平上涨到一定程度时才视为通货膨胀。

二、通货膨胀的度量

通货膨胀程度可以用物价上涨的幅度来衡量，即物价指数。所谓的物价指数是本期物价水平对基期物价水平的比率，它是一般物价水平的指数形态，反映了物价的涨跌幅度。通常人们将基期的物价指数设定为100。因此，如果本期物价指数大于100，则表示本期物价水平相对于基期物价水平来说上涨了；反之，如果本期物价水平小于100，则表示本期物价水平相对于基期物价水平来说下跌了。以物价指数变动所表示的通货膨胀程度的一般计算公式为：报告期通货膨胀率＝(报告期物价指数－基期物价指数)/基期物价指数×100。常见的指标有以下几种。

（一）消费物价指数

消费物价指数(CPI)，它反映消费者为购买消费品而付出的价格的变动情况。这种指数是由各国政府根据各国主要衣、食、住、行及其他日用消费品的零售价格以及交通、医疗、娱乐等服务费用的变动情况编制计算出来的。有些国家进一步根据不同收入阶层的消费支出结构的不同，编制不同的消费物价指数。

消费物价指数的优点是能及时反映消费品供给与需求的对比关系，资料容易搜集，公布次数间隔时间短(通常一月一次)，能够迅速直接反映影响居民生活的价格趋势。缺点是统计范围较窄，只包括社会最终产品中居民消费品这一部分，不包括资本产品和中间产品，因而不足以说明全面的情况。比如，一部分消费品价格的提高，可能是由于品质的改善，消费物价指数不能准确地表明这一点，因而有夸大物价上涨幅度的可能。

（二）生产者物价指数

生产者物价指数（PPI）是根据生产企业所购买的商品和劳务的价格变化状况而编制的指数。它反映了包括原材料、中间产品及最终产品在内的各种商品批发价格的变化。由于生产者价格指数反映了企业的生产经营成本的变化，所以为企业所广泛关注。同时，由于企业经营成本的上升最终会在消费品的零售价格中反映出来，所以，生产者指数在一定程度上预示着消费者价格指数的变化。它的缺点是无法涵盖所有的商品和劳务的价格变化，对人民生活也没有直接的影响。

（三）GDP 平减指数

GDP 平减指数（GDP Deflator），它是按当年价格计算的国内生产总值（即名义值）与按不变价格计算的国内生产总值（即实际值）的比率。如某国 2011 年的 GDP 按当年价格计算为 65 000 亿元，按 1985 年的价格计算为 44 800 亿元，若以 1985 年为基期（指数为 100），则 2011 年的 GDP 平减指数为 65 000/44 800×100＝145，表示与 1985 年相比，2011 年物价上涨了 45%。如果 1995 年的 GDP 平减指数为 138（也是以 1985 年为基期），则 2011 年与 1995 年相比，物价上涨了 5%（149/138－1＝5%）。

GDP 平减指数的优点是范围广泛，除了居民消费品外，还包括公共部门的消费、生产资料和资本产品以及进出口商品，因此能较准确地反映一般物价水平的趋向。虽然 GDP 价格平减指数能够较为全面地反映总体价格水平的变化趋势，但也存在一些不足之处。一是对那些不在市场发生交易的商品和劳务的价格只能进行估算，而估算的准确性往往不能完全给予保证。二是编制该指标所需的大量数据却不易搜集，因此难以经常性地统计公布，一般只能一年公布一次，即使国民经济统计的发达国家，也只能做到每季一次，所以也就不能迅速地反映通货膨胀的动向和程度。

关于通货膨胀的测度有两点值得我们注意：

(1) 利用上述价格指数来测度通货膨胀时，有一个重要的前提，那就是价格能够较为自由地波动。在某些价格被严格管制的国家，价格上升的趋势可能被人为地压抑，因而表面上价格并没有上涨，实际上却存在着严重的商品短缺，这种情形被称为隐蔽型的通货膨胀。这种隐蔽型的通货膨胀无法从价格指数中反映出来，但并不能说它不存在。

(2) 由于上述三种价格指数都只计算当年的商品和劳务的价格变动，并未计算以前生产的实物资产及金融资产（如房地产、古董、名书字画、金银宝石、股票债券等）价格的变动，因此，不能全面反映通货膨胀的程度。特别是在现代经济条件下，这些资产已深入人们的生活。在通货膨胀期间，人们出于保值的考虑，往往会将货币资产转化为这些实质性资产及金融资产，从而导致上述实质性资产及金融资产的价格大幅度上涨。因此，统计学家艾奇安和克莱茵于 1973 年提出了一种综合资产指数，该指数是一种包括所有资产（如金融资产和非金融资产、有形资产和无形资产、耐用和非耐用资产、消费性和生产性资产等）在内的指数。从理论上来说，编制这样一个指数是无懈可击的，它确实能够全面反映一个国家或地区在一定时期内的通货膨胀程度。但由于许多资产的统计资料无法收集，因此，这一指数的编制仍然存在困难。

三、通货膨胀的类型

（一）按物价上涨的速度可分为爬行的通货膨胀、快步的通货膨胀和恶性的通货膨胀

爬行的通货膨胀又称温和的通货膨胀，是指年物价上涨率在10%以下的通货膨胀。其特点是：通货膨胀发展缓慢，短期内不易察觉，但持续的时间很长。许多国家都经常存在着这种温和的通货膨胀，人们并不十分害怕这种温和的通货膨胀，而且有人还认为这种缓慢而逐渐上升的价格对经济和收入的增长有积极的刺激作用。

快步的通货膨胀是指年物价上涨率在10%～20%之间的通货膨胀。其特点为：物价上涨速度较快，幅度较大，货币流通速度的提高和货币购买力下降的速度都比较快。在这种通货膨胀的情况下，由于价格上涨率高，公众预期价格还会进一步上涨，因而人们会尽可能多地储存实物而不愿持有货币，由此通货膨胀进一步恶化。

恶性的通货膨胀是指年物价上涨率在20%～100%之间，甚至超过100%的通货膨胀。在这个阶段，物价急剧上涨，货币购买力猛降，人们都急于使货币脱手，货币流通速度大大加快，由此形成恶性循环，致使经济生活秩序紊乱，甚至最终导致货币制度的崩溃。

（二）按通货膨胀的表现形式可分为公开型通货膨胀和隐蔽型通货膨胀

公开型通货膨胀是指政府不采取物价管制措施，对物价的上涨不进行任何干预和控制，在市场机制充分有效运行的条件下，物价具有明显的上涨趋势。

隐蔽型通货膨胀是指政府采取严格的价格管制措施，通过各种手段控制物价，使一般价格水平没有明显的上涨，却因此而出现供应不足、物质短缺、有价无市、黑市猖獗等情况。这种情况一般发生在计划机制占主导地位的国家或地区，20世纪50～70年代的中国就发生过这种物价上涨率非常低的通货膨胀。

（三）按人们的预期可分为预期性通货膨胀和非预期性通货膨胀

预期性通货膨胀是指通货膨胀过程被经济主体事先预期到了，并在产生预期时就采取了各种补偿性行动而引发了物价的上涨。如在工资合同中规定价格条款，在商品定价中加进未来原材料和劳动力成本上升的因素。

非预期性通货膨胀是指物价上涨现象没有被经济主体事先预见到，在不知不觉中出现了物价的持续上升。

（四）按照通货膨胀产生的原因可分为需求拉动型通货膨胀、成本推动型通货膨胀、混合型通货膨胀、结构型通货膨胀

第二节 通货膨胀的成因

通货膨胀的产生是一个极其复杂的过程，要依赖于一系列的社会经济条件，而且各个国家的具体经济状况不同，产生的原因也存在差别。一般认为按通货膨胀的成因可分为需求拉动

型通货膨胀、成本推动型通货膨胀、混合型通货膨胀、结构型通货膨胀。

一、需求拉上型通货膨胀

需求拉上型通货膨胀指由于社会总需求的增长超过了按现行价格计算的社会总供给的增长，使太多的货币追求太少的商品和劳务而引起的一般物价水平持续上涨的现象。由于流通中的货币都是有支付能力的有效需求，因此，货币投放过多，必然形成社会总需求大于总供给，其根源在于国民收入的超分配，即国民收入的分配额超过国民收入的生产额。过多的货币形成消费需求和投资需求的过度扩张，而同时商品和劳务的供给增加又受到限制，就必然会推动一般物价水平的上升。凯恩斯认为，社会总需求的增加能否导致通货膨胀要看当时的经济环境。如果在社会还没有达到充分就业、社会资源还有闲置、生产能力没有被充分利用的情况下，增加货币供应量，引起社会总需求的增加，一般会促进社会商品供给增加，并不会导致通货膨胀。只有当社会处于充分就业、生产能力已被充分利用时，货币供给增加才会导致物价总水平的上涨，从而产生通货膨胀，如图 10－1 所示。

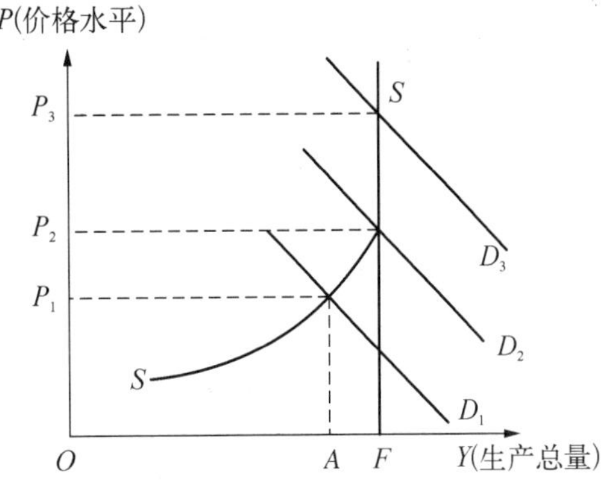

图 10－1　需求拉上型通货膨胀

二、成本推动型通货膨胀

按照需求拉上型通货膨胀理论，经济在达到充分就业之前，社会总需求的增加，会产生物价和产出同时上升的“半通货膨胀”状态。但到了20 世纪 50 年代后期，资本主义经济发生了很大变化，一些国家出现了物价持续上升而失业率居高不下，甚至失业率与物价同时上升的情况。对此需求拉上的理论无法解释。于是，一些经济学家提出了解释通货膨胀成因的新理论，认为通货膨胀的根源不在总需求方面，而是由于总供给的变化。

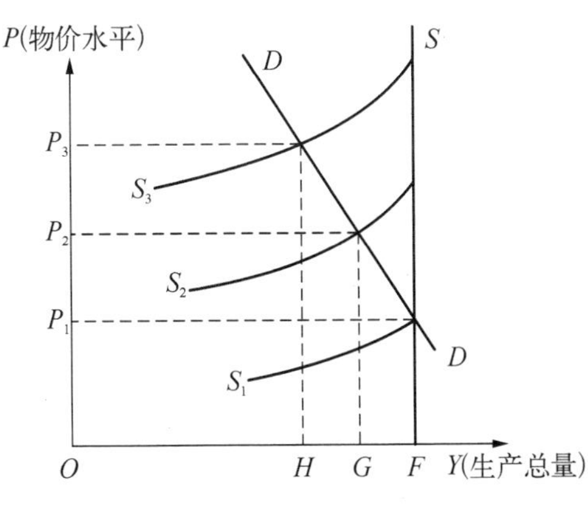

图 10－2　成本推动型通货膨胀

成本推动型的通货膨胀是指由于产品成本上升推动物价持续上涨的现象。这种理论认为，厂商的产品定价一般采取成本加成的办法，即商品的价格等于生产成本加上一个既定的利润率。因此，当成本上升时，总供给曲线向上移动，如图 10－2 所示。

成本推动型通货膨胀可分为三种情况：

（一）工资推动型通货膨胀

这种通货膨胀是指由于工人工资的增加超过了劳动生产率的提高而引起的通货膨胀。劳动生产率在前期没有提高和价格总水平在前期没有上升的情况下，货币工资自发的、一次性增长。这种增长可能来自错误的通货膨胀预期，也可能来自具有垄断力量的工会为改变收入分配格局操纵劳动力市场价格，出现工资向上的刚性上升。工资成本的增加引发了物价的上涨。一旦出现通货膨胀以后，工人为维持原有的实际工资水平而要求工资进一步上涨，从而形成工资—物价的螺旋上升。即使在没有出现对劳动力的过度需求，甚至存在失业的条件下，厂商也会存在不得不让工资增长速度超过劳动生产率的增长速度的压力，从而使商品成本增加，物价上涨。

（二）利润推动型通货膨胀

这是指一些垄断企业为获得垄断利润对部分产品卖价进行操纵，人为大幅度提高商品价格，从而带动其他商品价格上涨而引起的物价上涨。

（三）其他成本因素增加导致的通货膨胀

影响商品生产成本的各种因素，因为各种原因上升而达到一定作用程度时引起的一般物价水平上涨，如原材料价格上升、资源枯竭、石油价格上涨、汇率变动以及一些间接成本（如技术改进费用、广告费等）开支增加而导致的成本上升，都会不同程度地引起物价水平的上涨。

三、混合型通货膨胀

许多经济学家认为，任何实际的通货膨胀过程很少只是由需求拉上或者只是由成本推动的，大多数通货膨胀的发生实际上总是包含了需求与供给两方面因素的共同作用。把通货膨胀区分为需求拉上型的和成本推动型的是一种静态的分析方法。无论是需求拉上型通货膨胀还是成本推动型通货膨胀，单方面的作用只会暂时引起物价上涨，并不能带来物价的持续上涨。只有当总需求与总供给共同作用时，才会导致持续性的通货膨胀。

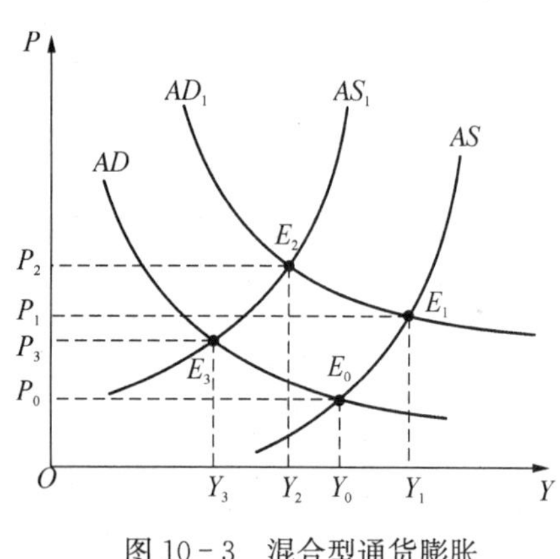

图 10-3 混合型通货膨胀

混合型通货膨胀就是指由总需求和总供应两方面因素共同作用引起物价水平持续上涨而产生的通货膨胀。这种通货膨胀的产生，可以由总需求因素引起也可以由总供给因素引起。如果通货膨胀的产生由总需求因素引起，这时过度需求的存在会引起价格水平的上升，形成通货膨胀。但在这一过程中，价格水平的上升又会引起货币工资的增加。因此，在需求拉上的通货膨胀中不能排除成本推动的作用。同样，如果通货膨胀的产生是由总供给因素引起的，也只有在总需求相应增加的配合下，通货膨胀才能持续下去，如图 10-3 所示。

四、结构性通货膨胀

结构性通货膨胀是指在总需求和总供给处于平衡状态时，由于经济结构和部门结构的变化引起物价水平上涨的经济现象。它可分为以下几种：

（一）部门差异型通货膨胀

由于各经济部门劳动生产率、价格弹性、收入弹性等因素的不同，导致某些经济部门的工资增长较快，如劳动生产率较高的经济部门。尽管其他经济部门的效率不高，但各经济部门的货币工资增长仍将趋同，再加上价格和工资的刚性，就会引起物价上涨。

(二) 需求转移型通货膨胀

在总需求不变的情况下，随着产业结构的变化，一些部门日渐兴盛，而一些部门日趋衰落，一部分需求将由一个部门转移到另一部门。需求增加的部门，其工资和物价自然会上升，但需求减少的部门由于劳动力和生产要素不能及时转移到需求增加的部门，工资和价格又缺乏下降的弹性，所以在总需求不变的情况下，也会引发结构性的通货膨胀。

(三) 输入型通货膨胀

在实行开放经济的小国中，其经济结构可分为开放经济部门和非开放经济部门。尽管这些小国也参与国际贸易，但其进出口总额在世界市场上所占份额微乎其微，对世界市场上的价格不产生任何影响，是一个纯粹的价格接受者，世界通货膨胀会通过一系列机制传递到小国的开放经济部门，使后者的通货膨胀率向世界通货膨胀率看齐。而小国的开放经济部门的价格和工资上涨后，又会带动非开放经济部门的价格和工资的上涨，带动小国全面通货膨胀。

(四) 二元经济结构型通货膨胀

在一些发展中国家经济转型过程中，往往两种经济结构并存：即传统产业和现代产业同时存在。尤其是在农业生产结构僵化，农产品供给弹性不足，资本短缺，需求结构变化迅速，劳动力自由流动程度低和货币化程度低等结构因素的制约下，要促进经济发展，往往要通过赤字预算、增加货币发行来积累资金，从而带动物价总水平的上涨。

第三节　通货膨胀的社会经济效应

通货膨胀对社会经济的影响是深刻的，主要存在以下几种影响。

一、强制储蓄作用

这里所说的储蓄，是指用于投资的货币积累。归纳起来，这种积累的来源主要有三种：家庭、企业、政府。上述三个部门的储蓄有其各自的形成规律：家庭部门的储蓄是由收入减去消费支出构成的；企业的储蓄由用于扩张生产的利润和折旧基金构成；政府的储蓄从来源上说比较特殊，可以有两种形式：如果政府用增加税收的办法来筹资搞生产性投资，那么，这部分储蓄是从其他两部分储蓄中挤兑出来的，从而全社会储蓄的总量并不增加；如果政府向中央银行借款，从而直接或间接地增发货币，这就会增加全社会的储蓄总量，结果将是物价上涨。在公众名义收入不变的前提条件下，按原来的模式和数量进行消费和储蓄，两者的实际数额均会减少，其减少的部分大体相当于政府运用通货膨胀强制储蓄的部分。也就是说，政府通过增加货币发行引起的通货膨胀获得了超额收入，它以隐蔽的手段增加了政府的投资。只要政府的储蓄倾向高于各货币持有者的储蓄倾向，整个国家的平均储蓄水平就会提高，从而就有更多的投资资金。显然，通货膨胀这种强制储蓄效应是通过对社会流通中的货币量进行再分配而实现的。上面的分析是基于这样的假定，即经济已经达到充分就业的水平，因此，用扩张货币的政策来强制储蓄会引起物价总水平的上涨。在实际经济运行中，可能尚未达到充分就业的水平，实际 GDP 大大低于潜在的 GDP，生产要素大量闲置，这时，政府如果扩张有效需求，虽然也是一种强制储蓄，但是并不会引发持续的物价上涨。

二、收入分配效应

在通货膨胀时期，人们的名义货币收入与实际货币收入之间会产生差距，只有剔除物价的影响，才能看出人们实际收入的变化。由于社会各阶层人们收入的来源是不同的，因此，在物价总水平上涨时，有些人的实际收入水平会下降，有些人的实际收入水平反而会提高，这种由物价上涨造成的社会再分配，就是通货膨胀的收入分配效应。

尽管存在着通货膨胀预期，但是，社会各界预期产生的时间、预期程度不同，预期结果不一定与通货膨胀程度完全符合，总会有一定的偏差。因此，社会各界在通货膨胀中都会受到一定的影响，主要表现在收入和财富两个方面。对整个社会来说，一部分人损失，就有另一部分人得到。所以，通货膨胀使社会各界的收入和财富重新分配。

（一）固定收入者吃亏，浮动收入者得利

一般情况下，在通货膨胀期间，固定收入者因其名义收入调整滞后于通货膨胀，往往实际收入水平是下降的，生活水平必然降低。哪些属于固定收入阶层呢？最为明显的是那些领救济金、退休金的人，以及白领阶层、公共雇员、靠福利和其他转移支付维持生活的人。他们在相当长的时间内所获得的收入是固定不变的，即其工资调整总是滞后于物价上涨，在通货膨胀中，这部分人的实际收入和生活水平都呈现明显的下降趋势，是通货膨胀的主要受害者。近年来，西方政府试图用增加福利的办法来抵消通货膨胀对社会保障接受者不利的再分配效应。

事实上，在通货膨胀中，除固定收入阶层比较明显地受到通货膨胀的侵害外，社会各界包括政府、企业、个人等是否会受到通货膨胀的影响，实际收入是否下降，主要取决于其名义收入是否得到及时调整，调整幅度与物价上涨程度是否一致。如果调整一致，则没有受到任何影响；如果名义收入上涨快于物价上涨，则会受益；如果名义收入上涨慢于物价上涨，则就是受害者。一般来说，对于浮动收入者，收入上涨如果在企业价格水平和生活费用上涨之前，则会从通货膨胀中得到好处。如果产品价格上升比工资和原料价格上升快，企业主就能从通货膨胀中得到好处，增加利润。

（二）债务人得利，债权人吃亏

债务人获得货币后即投入使用，此时货币购买力强；待其偿还时，由于通货膨胀，物价上涨，货币贬值，同量货币的实际购买力已经下降。而对于债权人而言，得到偿还的货币价值已贬值，通货膨胀靠牺牲债权人的利益而使债务人获利。但如果通货膨胀被预期到，在借贷合同中附加通货膨胀条款，则这种再分配效应就会减弱乃至消失了。

（三）实际财富持有者得利，货币财富持有者受损

一般情况下，在通货膨胀期间，价格固定的资产或者固定面值的金融证券等，其名义价值不变，但实际价值却会随着物价上涨、货币贬值下跌。比如存款、购买债券等，存单与债券的持有者是债权人，在通货膨胀中，债权人往往是受害者。而各种非固定价格的资产或者可变动金

融证券等，由于其名义价值会随着物价上涨而上涨，从而实际价值不一定下跌。与上述原理相同，在通货膨胀中，各个主体所拥有的资产的实际价值是否下降，也主要取决于名义价值与物价上涨的速度及幅度的比较。实际财富包括不动产、贵金属、珠宝、古董、艺术品等，股票代表实际财富的所有权，有时和实际财富一样，在通货膨胀时期价格上涨；而货币财富包括现金、银行存款、债券等，其实际价值因物价上涨而下降。这也印证了通货膨胀会降低储蓄倾向的观点。

（四）国家得利，社会公众受损

通货膨胀实质上是一种税收，国家通过通货膨胀税占有一部分实际资源。因为货币是政府的负债，同时，政府通过发行公债，已欠下社会公众大量债务，通货膨胀将其债务的实际价值缩减了。另外，由于累进税制通货膨胀能提高税基，纳税等级上升，政府税收收入增加。

三、资产结构调整效应

一个家庭的资产由两部分构成：实物资产和金融资产。在通货膨胀的条件下，实物资产的货币值大体上是随着通货膨胀率的变动而相应升降的（可以高一点或低一点）。金融资产则比较复杂。比如，股票，它的行市是可变的，一般在通货膨胀下，会呈上升的趋势，尽管有些股票在通货膨胀之中令其持有者获得大大超出保值的收益，但是由于影响股票价格的因素有很多，所以股票决不是通货膨胀中稳妥的保值资产的形式。一般情况下，表明货币债权债务的各种金融资产，都有一个共同的特征，就是有确定的货币金额，这样的名义货币金额并不会随着通货膨胀发生而变化。显然，物价上涨，实际的货币额就会减少；物价下跌，实际的货币额就会增多。在这一领域中，防止通货膨胀损失的办法通常是提高利息率或采用浮动利率，但是，在严重的通货膨胀条件下，这样的措施往往难以弥补损失。所以，通货膨胀具有资产结构调整效应，尽管事实上很难有十全十美的保值方法，人们还是会根据不同资产受通货膨胀影响的特点和自身的要求来重新确定资产的持有结构。

四、产出效应

通货膨胀的产出效应，即通货膨胀对经济增长的影响，一直存在着争论，大致有“促进论”、“促退论”和“中性论”这三种不同的意见。

（一）促进论

“促进论”认为通货膨胀能促进经济增长。持这种观点的学者有弗兰克斯、西尔斯及萨尔沃等人，其理由是：① 在通货膨胀的情况下，由于商品价格的提高一般快于工资的提高，结果导致实际工资降低，厂商的利润增加，这样就会刺激厂商扩大投资，进而促进经济增长。② 在货币经济中，通货膨胀是一种有利于高收入阶层（即利润收入阶层）而不利于低收入阶层（即工资收入阶层）的收入再分配，由于高收入阶层的边际储蓄倾向较高，因此，通货膨胀会促使社会储蓄率的提高，这就有利于经济增长。③ 通货膨胀实际上是货币发行者（即政府部门）从货币持有者（即私人部门）手中获得收入的过程。因为在人们货币需求一定的情况下，政府通过发行货币，获得对一部分商品或劳务的支配权，从而使政府收入增加，若将收入用于投资，则将提高社会的投资率，从而推动经济增长。正是由于以上原因，这派学者认为，适度的通货膨胀对经济增长是有促进作用的。

（二）促退论

“促退论”认为，通货膨胀不仅不利于促进经济增长，反而会损害经济的增长，这是大多数学者的看法。“促退论”者认为，由于以下原因，通货膨胀必然会导致低效率和阻碍经济增长：① 在持续性的通货膨胀过程中，市场价格机制将遭到严重破坏。由于市场价格机制失去了其应有的调节功能，这就往往会促使消费者和生产者做出错误的决策，从而导致经济资源的不合理配置和严重浪费，使经济效率大大下降。② 通货膨胀会动摇人们对货币的信心，并促使人们更多地持有那些价格随通货膨胀不断上涨的实物资产，囤积货物，抢购黄金、外汇以及各种奢侈品，或从事房地产等投机活动，而不去从事正常的生产性活动，结果将严重地阻碍经济的增长。而且，在严重的通货膨胀情况下，人们会放弃货币，而用实物作为交易媒介，这会使交易成本大大提高，从而造成经济效率的损失。③ 通货膨胀造成人们对货币贬值的预期，导致流通中的囤积居奇，出现“投资不如投机，生产不如囤积，存钱不如存货”现象。导致生产下降，通货膨胀恶化，企业不再致力于提高产品质量，提高生产效率，降低成本，而是乘通货膨胀之机，抬高物价，粗制滥造，结果形成资源浪费，生产能力降低，严重影响经济效益。此外，如果通货膨胀超过一定限度，便会产生预期作用，造成物价与成本螺旋式上涨，从而有可能演变成累积性的恶性通货膨胀，这种恶性的通货膨胀甚至有可能导致经济和社会的崩溃。

（三）中性论

“中性论”认为，人们对通货膨胀的预期最终会中和它对经济的各种效应，因此，通货膨胀对经济既无正效应，也无负效应，它是“中性”的。在温和的通货膨胀环境中，公众会形成通货膨胀预期，他们会对物价上涨作出合理的行为调整，使有关通货膨胀的各种效应互相抵消，从而对经济增长不产生作用。与“促进论”和“促退论”相比，持“中性论”观点的学者并不多。

第四节　通货膨胀的治理

尽管对通货膨胀的效应人们有不同的看法，但通货膨胀出现以后给每个社会成员和一国经济发展所带来的影响是非常深刻的。生活水平下降，正常经济秩序遭到破坏，经济发展中的不确定性明显增加。严重的通货膨胀甚至可能使一国经济面临崩溃，危及政府统治，因而通货膨胀遭到绝大多数国家的坚决反对，各个国家都制定和采取了一系列措施来抑制通货膨胀。

一、需求政策

如果通货膨胀主要是由于因总需求过度膨胀而引起的，那么采取紧缩需求政策就可能取得明显的效果。影响总需求的政策主要有财政政策和货币政策两种。

（一）紧缩性财政政策

财政政策倾向对社会总需求有直接的影响。在通货膨胀时期，可采用的紧缩性财政政策的基本措施是开源节流。具体来说包括：① 削减政府支出。主要包括削减财政投资的公共事业投资，减少各种社会救济和公共福利支出，减少政府在市场上的采购和军费开支等。

② 增加税收。增加税收的通常做法是提高税率和增加税种，以此来压缩企业和个人的可支配货币收入，抑制企业投资和个人消费支出。通过紧缩性财政政策的增收节支，一方面减少政府支出形成的需求，另一方面抑制私人部门的需求，同时尽量减少或杜绝财政赤字或财政向中央银行的借款量，达到抑制通货膨胀的目的。但是财政支出有很大的刚性，教育、社会福利的减少会遇到许多阻力，有时并非能够由政府完全控制。增加税收更会遭到公众的强烈反对，政府不敢轻易尝试。

（二）紧缩性货币政策

中央银行货币政策是一种直接的需求管理政策。货币政策的变动会对社会总需求产生明显的影响。因而中央银行在抑制通货膨胀中可发挥重要作用。中央银行在通货膨胀时期可通过抽紧银根、紧缩货币以减少流通中货币供应量的办法来提高货币购买力，减轻通货膨胀压力。不过要注意，紧缩性的货币政策有时并不一定是指货币存量的绝对减少，而是减缓货币供应量的增长速度，以遏制总需求的急剧膨胀。一般而言，中央银行可采取以下措施：① 通过公开市场业务卖出政府债券，以减少市场货币存量。② 提高商业银行法定存款准备金率，以降低货币乘数，减少商业银行的信用创造能力，从而减少货币供应量。③ 提高再贴现率，以影响商业银行的借款成本和市场利率，达到抑制货币需求、减少货币流通量的目的。④ 直接提高存贷款利率。利率的提高，一方面会增加使用信贷资金的成本，减少贷款需求，另一方面可增加吸收存款，减轻通货膨胀压力。⑤ 中央银行通过窗口指导，引导商业银行放缓贷款和投资，减少货币供给。

二、收入政策

收入政策又称工资物价管制政策。它是指政府为了降低一般物价水平上涨幅度而采取的强制性或非强制性的限制货币工资和物价的政策。收入政策主要是针对成本推动型的通货膨胀。当工人要求提高工资在国民收入中的份额或厂商试图提高利润份额时，就会导致成本推动的通货膨胀并引起工资和物价的螺旋式上升。在这种情况下，通过限制工资和物价过分上升能够用比较小的代价遏止通货膨胀。

收入政策可以采用以下三种形式：① 指导性为主的限制。对特定的工资或物价进行“权威性劝说”或施加政府压力，迫使工会或雇主协会让步，以降低工资，限制企业提高商品价格和劳务价格；对一般性的工资或物价，政府根据劳动生产率的提高等因素，制定一个工资—物价指导线，要求工会和雇主协会自觉遵守。② 强制性限制。即政府颁布法令对工资和物价进行管制，甚至实行暂时冻结，把工资和物价增长率固定在一定水平上，控制全社会职工的货币工资增长总额和幅度。③ 以税收为手段的限制。政府以税收作为奖励和惩罚的手段来限制工资—物价的增长。如果工资增长率保持在政府规定的幅度之内，政府就以减少个人所得税和企业所得税作为奖励；如果超过界限，就增加税收作为惩罚。但是收入政策有一定的缺陷：第一，如果是指保守性的指导性政策或税收政策，其效果取决于劳资双方与政府能否通力合作。第二，强制性的收入政策会妨碍市场机制对资源的有效配置。因为市场是通过价格信号来指导生产和要素流动的。如果禁止价格上涨，价格限制也就等于取消了资源转移的动力。第三，如果在价格管制的同时没有采取相应的紧缩需求的措施，公开的通货膨胀变为隐蔽型通货膨胀，一旦重新放开价格，通货膨胀会以更大的力量爆发出来。

三、供给政策

以拉弗等为首的供应学派认为，通货膨胀是与供给紧密联系在一起的。通货膨胀与供给不足之间的关系是：通货膨胀的主要危害在于损伤经济的供给能力，而供给不足，需求相对过剩又是引起通货膨胀的主要原因。他们认为，虽然通货膨胀的直接原因是货币量过多，但从根本上说，货币过多是相对于商品供给太少而言的。

供应学派认为，治理通货膨胀，根本的方法在于发展生产、增加有效供给。发展生产意味着经济增长，这样可以避免单纯依靠紧缩总需求引起衰退的负面效应。增加供给就满足了过剩的需求，从而克服通货膨胀。供给政策的主要内容包括：① 减少税收，这样可以提高人们的储蓄和投资能力与投资积极性。② 削减政府开支，减少社会福利支出，争取平衡预算，消灭财政赤字，并缓解对私人部门的挤出效应。③ 控制货币增长率，稳定物价，排除对市场机制的干扰，保证人们对储蓄与投资的实际效益，增强其信心与预期的乐观性。

供给学派强调了一向被人们所忽视的供给方面的因素，认为治理通货膨胀，特别是滞胀，根本的出路是增加供给。这种主张有其积极意义。但是他们过分夸大了减税对增加供给的刺激作用。从实际情况看，效果并不明显。

四、结构调整政策

由于通货膨胀产生的原因极为复杂，既有总量问题，也有结构的不平衡原因，所以，一些经济学家建议应采取结构调整政策，使各产业部门之间保持一定的比例，从而避免某些产品供求因结构性失调而推动物价上涨，特别是某些关键性产品如食品、原材料等。

治理结构性原因引起的物价上涨，应实行微观财政政策和微观货币政策，以影响需求和供给的结构。微观财政政策主要包括税收结构政策（即调节各种税率和施行范围）和公共支出结构政策（即在一定的财政支出总量的前提下，调节政府支出的项目和各种项目的数额）。微观货币政策包括利率结构和信贷结构的调整。通过制定差别利率、各种信贷数额和条件的变动来影响存款和贷款的结构和总量，提高资金使用效率，鼓励资金流向生产性部门。

五、对外经济政策

如果本国通货膨胀长期高于外国，则本国产品相对于外国产品的价格上升，从而不利于本国的出口，并会刺激进口的增加。本国通货膨胀率长期高于外国，还会促使人们将国内储蓄转移到国外，这样就势必导致本国国际收支的逆差，并使黄金和外汇外流，从而给经济增长带来压力。

一般来说，一国国内的通货膨胀与其国际收支状况具有相互推拉的作用。在各国都出现通货膨胀的情况下，一国必须采取适当的对外经济政策，以减轻国际收支失衡对国内物价的不利影响，并阻止国外通货膨胀的输入。这方面的措施主要有：① 实行浮动汇率。在浮动汇率制度下，本国货币对外汇汇率的升降完全由市场供求关系所决定。例如，当国外发生通货膨胀，将使本国国际收支出现顺差时，本国货币币值升值。这一方面使本国出口减少，而进口增加，从而有利于恢复本国国际收支的平衡；另一方面，本币升值还将使进口品国内价格下降，从而可以隔绝国外通货膨胀对本国物价的影响。② 与各国在金融领域采取协调措施，如与各国加强协作，共同采取控制货币供应量的增长率、改善国际金融制度以及其他反通货膨胀的措施，以制止世界性通货膨胀的蔓延。③ 通过对外贸易政策，调节供给总量，改善供给结构。当国内供求矛盾比较尖锐时，可运用黄金外汇储备进口商品，增加供给总量。当国内市场上某种商品供给过多，而另一些商品供不应求时，通过进出口贸易调节供给结构。

六、指数化政策

鉴于通货膨胀的现象十分普遍，而遏制通货膨胀又是如此困难，许多经济学家，如弗里德曼，提出了收入指数化政策，也就是将各种名义收入，如工资、利息等，部分或全部地与物价指数相联系，自动随物价指数的升降而升降。例如，在劳资双方的工资合同中，可以附加上"生活费用调整"条款，如果消费物价指数上升，工资上涨率作相应的调整(具体取决于劳资双方讨价还价的结果)。同样，债券利息也可以实行指数化，即利率随通货膨胀的上升而上升。

自 20 世纪 70 年代以来，除少数国家，如联邦德国，禁止实行指数化以外，收入指数化，尤其是工资指数化在发达国家中较为普遍。实行这种政策的好处在于：① 指数化可以缓解通货膨胀造成的不公平的收入再分配，从而消除许多不必要的扭曲。例如工人或债权人有了指数化条款的保护之后，就不必费心预测未来的物价水平了。② 指数化还有利于通货膨胀的最终下降。第一，指数化条款使得在通货膨胀条件下，作为净债务人的政府还本付息负担加重，从而使政府从通货膨胀中获得好处(主要是铸币收入及国债还本付息负担的减轻)减少，因此，政府实行通货膨胀性政策的动机将减弱；第二，当政府的紧缩性政策使得实际通货膨胀率低于签订劳动合同时的预期通货膨胀率时，指数化条款会使名义工资相应下降，从而避免因实际工资上升而造成失业增加。换言之，指数化条款可使紧缩性政策的代价减少，从而使通货膨胀更容易被遏制。

遗憾的是，收入指数化政策的上述功能并不是绝对的。一般来说，指数化政策在消除收入的不公平分配方面的作用是有限的。这一方面是因为价格指数的编制和收入的调整都需要一定的时间，收入的调整往往滞后于物价的实际上升；另一方面则是因为并不是所有的合同中都有指数化条款。那些不受指数化条款保护的劳动者或债权人仍面临着通货膨胀的威胁。

更为重要的是，工资和物价上升的机制指数化之后，往往是使物价越发不稳定，而不是有利于通货膨胀率的下降。例如，假定农产品的歉收使得消费者价格指数上升了 10%，在一个充分指数化的经济中，这将使所有的名义收入都上升 10%，从而使得下一期的消费者价格指数进一步以接近于 10%的比例上升。然后，各种名义收入再次上升，并进而引起新一轮的价格水平上升。如此继续，当这一螺旋式的上升过程最终停止时，价格水平可能已经上升了好多次。因此，指数化也只是一种消极地对付通货膨胀的政策。

总之，通货膨胀是一个十分复杂的经济现象，其产生的原因是多方面的，需要有针对性地采取不同的治理对策，对症下药。这种对症下药，并不是简单地根据原因分析一一寻找对策，也不能机械僵化地照搬别人或自己以往的经验。治理通货膨胀是一项系统工程，各种治理方案相互配合才能取得理想的效果。

第五节 通货紧缩

通货紧缩和通货膨胀一样，都是货币流通状况不正常的表现形式。

一、通货紧缩的概念与判断标准

(一) 通货紧缩的概念

关于通货紧缩,目前没有一个统一的概念。国外学者普遍地将通货紧缩定义为价格水平普遍的、持续的下降。如美国经济学家希勒将通货紧缩定义为“商品和服务的平均价格水平的下降”。萨缪尔森则认为“与通货膨胀相反的是通货紧缩,它发生于价格总水平的下降中”。斯蒂格利茨将通货紧缩表示为价格水平的稳定下降。国内学者对通货紧缩的理解主要有三种观点:① 认为通货紧缩是物价水平的普遍持续下降,这是“单因素”论。它与国外经济学界关于通货紧缩的主流观点比较接近。② 认为通货紧缩是物价水平和货币供应量均出现持续下降的趋势,并伴随着经济衰退。这是“二因素”论。③ 认为通货紧缩是经济衰退的货币表现。如物价持续下跌、货币供应量持续下降;有效需求不足、失业率上升;经济全面衰退。这又叫“三因素”论。

按照目前较为流行的观点,通货紧缩是与通货膨胀相反的一种经济现象,是指货币不断升值、社会价格总水平持续下降的过程。该定义强调下面三层含义:

(1) 通货紧缩条件下的物价水平持续下降,并不是由于技术的进步和劳动生产率的提高而引起的,而是由许多原因所导致的一种不正常现象。

(2) 通货紧缩条件下的物价水平持续下降,不是存在于个别部门和部分产品上的价格下降,而是整个社会的价格水平普遍下降。

(3) 通货紧缩条件下的物价水平下降,不是存在于相对较短的时间内,而是在较长时期内,社会价格总水平连续不断下降的动态过程。

从本质上看,通货紧缩是一种实体经济现象。个别部门和部分商品价格的下跌,可能是由于某些商品的供给大于需求或技术进步、市场开放、生产效率提高降低了成本所引起的,只是反映了不同商品之间的比价的变化,而非通货紧缩。对于一些商品价格的暂时或偶然下跌,可能是受到诸如消费心理变化、季节性因素等某些非货币因素影响而引起的价格变化,也不能称之为通货紧缩。

(二) 通货紧缩的判断标准

要判断一国经济是否出现通货紧缩,往往有如下一些标准:

(1) 物价水平是否持续下降。通过物价水平来看是否发生通货紧缩,一是看通货膨胀率是否由正转变为负;二是看物价下降是否持续了一定的时间,如持续下降达到 6 个月、12 个月或 18 个月,可基本判断为出现了通货紧缩。

(2) 在物价下降过程中,是否出现了货币供应量的相应持续减少而造成了社会总需求的不足。与通货膨胀相对应,货币供应量在某一水平持续下降是通货紧缩的另一表现形式。各国一般都会根据本国的具体情况,在货币供应量与物价水平、经济增长率和就业率之间确定一个能够实现充分就业的货币供应量增长的“合意”区间,并以此为标准来判断是否出现通货膨胀或通货紧缩。当货币供应量达不到“合意”区间并持续相当长的时间时,就可认为出现了通货紧缩。

(3) 商品有效需求是否不足。通货紧缩往往发生在通货膨胀得到抑制之后。如果在通货膨胀期间已经扩大的商品供应没有相应的有效需求相匹配，物价就会下跌。有效需求不足持续一定时间，就必然表现为物价的持续下降。

(4) 投资风险是否明显加大。如果出现通货紧缩，必然反映出市场有效需求不足，企业商品滞销，库存增加，发展前景黯淡。在这种情况下，市场无热点、投资无热项，致使整个投资风险加大，从而导致投资不足，经济发展受到严重影响。

(5) 经济增长率是否持续下降或在低位徘徊。通货紧缩对经济发展的打击是非常大的，需求不足、投资减少、物价下跌，企业没有盈利空间，经济增长率必然持续下降。

(6) 失业率是否上升。通货紧缩期间，由于货币供应量没有达到充分就业的水平，企业商品积压导致再生产萎缩，市场投资不足又不能提供新的就业机会，因而失业人员大幅度增加，人们的收入水平下降。这又反过来进一步加重了社会有效需求的不足。

通货紧缩依其程度不同，可分为轻度通货紧缩、中度通货紧缩和严重通货紧缩三类。通货膨胀率持续下降，并由正值变为负值，可称为轻度通货紧缩；通货膨胀率负增长持续一年且没有出现转机，可视为中度通货紧缩；中度通货紧缩持续发展，持续时间达到两年以上，或物价下降幅度达到两位数以上，此时就是严重通货紧缩。

二、通货紧缩的成因

按照一般的理解，既然通货紧缩是通货膨胀的对立物，是物价的持续下降，一些人很容易把通货紧缩视为一种单纯的货币现象。根据物价与货币量的关系来看，造成通货紧缩的原因，许多人认为是由于中央银行的货币政策过紧导致流通中货币供应量的减少，不能满足各项交易的需求，从而抑制了投资需求和消费需求，引起物价下跌。但是实际上，通货紧缩作为一种实体经济现象，有多种因素都可能引起通货紧缩。

在理论界，对于通货紧缩的原因有不同的解释。弗里德曼和舒瓦茨认为，通货紧缩完全是货币紧缩的结果，如美国1929～1933年大萧条时期。格林斯潘认为，导致通货紧缩的另一个可能的原因是资产泡沫破裂对经济产生致命的消极影响。泡沫资产的破灭严重打击了问题掩盖下的金融机构，对经济产生极大的负面影响。施里恩将当今通货紧缩的成因归结为14种结构性因素：冷战的结束导致了全球军费支出的削减；大国的财政支出和赤字在减少；中央银行在继续同通货膨胀作斗争；科技进步降低了成本，提高了生产率；信息通过互联网传播，强化了竞争；将商品和服务大量批发给消费者，降低了成本和价格；管理制度的取消降低了价格；全球性的商品和服务市场压缩了成本；等等。通货紧缩也可能表现为一国国内价格的突然下调。这是在联系或固定汇率制度下货币币值高估的结果。克鲁格曼认为，当一个国家“希望”贬值，但又由于联系汇率制的约束不能贬值的时候，通货紧缩就发生了。迈耶认为，日益激烈的全球竞争和降低成本的科技创新是导致生产率出现增长趋势、供给增加和物价下降的重要的结构性因素。同样，格林斯潘也指出，由技术推动导致的劳动生产率的不断提高，尤其是信息技术的发展所引发的仍在进行的结构性变化，使价格的抑制过程在一定程度上得到自我加强，而近几年较低的通货膨胀也明显地改变了人们的心理预期。

三、通货紧缩的效应

通货紧缩对社会经济的效应主要表现在严重地促使经济衰退，危害非常大。但是这种危害性很容易被人们所忽视。因为从表面上看，通货紧缩发生后，一般物价水平的持续下跌，对于每一个持币待购的消费者来说都是有利的，而且在低利率和低物价的情况下，人们的实际购买力会有所提高。但是这种对购买者有利的局面只是暂时的，不可能持续太长的时间。因为通货紧缩的发展，会减少就业，减少收入，购买力可能不增反降。而且通货紧缩对整个经济的影响是全面而深刻的。通货紧缩的历史教训值得我们警醒。最典型的是发生在20世纪30年代大危机期间的通货紧缩。在进入21世纪以后，通货紧缩成为全球性的经济现象，威胁着整个世界经济。

通货紧缩对经济发展的影响主要表现在以下几方面：

(1) 通货紧缩会形成经济衰退。由于通货紧缩增加了货币购买力，人们更倾向于更多的储蓄，更少的支出。这样，通货紧缩会大大抑制个人消费支出。与此同时，物价的持续下跌会提高实际利率水平，即使名义利率下降，资金实际成本仍然有所上升，致使企业投资成本上升，投资项目越来越缺乏吸引力，企业因此而减少投资支出。此外，商业活动的萎缩会产生更低的就业机会，并形成工资下降的压力，投资和消费的下降必然会造成经济衰退。这是不言而喻的。

(2) 通货紧缩会加重债务人的负担。通货紧缩一旦形成，企业负债的实际利率会提高。与此同时，产品价格会出现非预期下降，收益率也会随之下降，企业进一步扩大生产的动机随之减弱。

(3) 通货紧缩会抑制消费。从表面上看，通货紧缩对消费者是有利的，因为消费者只需要以较低的价格便可获得一定数量和质量的商品和服务。但是，在通货紧缩条件下，就业预期、价格和工资收入、家庭资产以及各种负债都会趋于下降，消费者会因此缩减支出，增加储蓄。总的来说，通货紧缩使消费总量趋于下降。

(4) 通货紧缩有可能引起银行危机。通货紧缩一旦形成，就有可能引起“债务—通货紧缩陷阱”。由于通货紧缩使货币的内在价值上升，实际债务负担则因货币成本上升而相应上升。虽然名义利率不变甚至有所下降，但实际利率居高不下，债务人的实际负担会加重。通货紧缩也会使抵押和担保的资产价值下跌，使破产趋势相应变强。而且银行会产生惜贷行为，导致信贷供给和需求的进一步萎缩。借款人没有资金的输入会进一步加重经营困难。如果债务人不能按期归还银行贷款，则会使银行的不良资产比率上升。一旦债务链中断，就会引起系统性的债务危机，一些资不抵债的银行便会因存款人的挤提而被迫破产倒闭，严重时就可能引起整个社会经济秩序的混乱。

(5) 从政策制定者的角度看，与温和的通货膨胀相比，通货紧缩会给政策带来更大的风险。因为通货紧缩严重制约了货币政策的实施，使货币政策失去灵活性。因此人们对经济前景的预期黯淡、信心降低，有可能推动经济进一步下滑，不利于经济回升。

四、通货紧缩的治理

既然通货紧缩对个人、企业、政府和整个社会经济都会产生极为不利的影响，那么，治理通货紧缩就是一个非常重要的问题。但是，对通货紧缩的治理就如同对通货膨胀的治理一样，也是一个较为复杂的问题。

(一) 实行扩张性财政政策

扩张性财政政策就是指通过财政分配活动来增加刺激社会的总需求。扩张性财政政策的主要手段是降低税率和增加财政支出的规模。通过扩张性的财政政策，可以刺激投资，并通过投资的乘数作用,带动全社会的投资和消费,从而达到刺激经济增长的作用。但是,扩张性财政政策只能是弥补总需求缺口的临时性应急措施。这主要是因为,一方面,扩张性财政政策要受到社会是否有闲置资源的限制。在国民经济中存在闲置资源时,可以适当增加财政支出规模;但社会闲置资源毕竟有限,实行扩张性的财政政策必须是适度的,否则会诱发通货膨胀。另一方面,扩张性的财政政策存在私人投资和消费的"挤出效应",对经济的拉动作用也是有限的。在实行扩张性的财政政策时,不仅要增加财政支出的总量,还要注意对降低税率水平手段的运用,更要注意财政支出结构的优化。

(二)实行宽松的货币政策

宽松的货币政策就是指通过降低法定存款准备金率、降低利率来扩大信贷支出规模,增加货币供应量,以保持经济的适度增长。但是,对于宽松的货币政策的运用一定要谨慎,否则将导致通货膨胀的再次出现。货币政策一定要根据经济增长的合理需求,保证货币的足额供应,力求使物价上升到合理的水平,并要及时做好货币政策的预调和微调,寻找稳定币值、经济增长和防范金融风险的结合点。而且,特别要强调的是注意货币政策与财政政策的配合。

(三)刺激投资

为了有效地刺激投资,首先,要配合扩张性财政政策,使政府公共投资达到一定的规模并且在一定时间内保持不变;其次,在政府对基础设施建设的公共投资直到起了带动经济景气回升的示范作用后,还必须刺激民间的投资热情,使政府投资和民间投资同时增长;另外,投资的增加要与结构调整和技术进步相结合,使经济在更高的水平上发展。

(四)增加有效需求

增加有效需求的最主要途径就是要增加消费需求。为了增加消费需求,一方面应该努力提高人们的收入水平,另一方面也可以通过发展消费信用等方式来实现。但是,同样需要注意避免诱发需求拉上型的通货膨胀。

(五)通过立法整顿金融秩序

经济危机的产生,往往导致通货紧缩。其中,金融机构首当其冲,破产的可能性大幅增加。此时,政府应该制定相应的法律,防止金融机构破产,减少对实体经济的冲击,对已破产或濒临破产的金融机构注入资金,取得控制权,由政府主导来处理金融机构的不良资产,以保护存款人的利益,防止出现挤兑以及转移存款的行为,稳定金融机构。例如,1998年12月16日,日本国会相继通过了《金融重建关联法》、《金融功能早期健全法》。避免了这些金融机构的破产对日本经济和国际金融市场可能造成的危机,对稳定日本的金融体系提供了法律、资金方面的保证。

案例1 世界历史上典型的通货膨胀

一、古罗马的通货膨胀

公元138～301年,古罗马军服的价格上涨了166倍,自2世纪中叶至3世纪末,小麦价格

(当时物价水平的主要标志)涨了200倍。这一次通货膨胀,无论如何也不能归罪于纸币,因为纸币要到其后1 000年才出现。

古罗马实行的是金属货币制度,包括金、银、铜和青铜。政府财政基本上采用现金形式。帝国的皇帝们为了强化他们对资源的控制,相继削减铸币尺寸或在铸币中添加贱金属。同时却希望凭借自己的权威保持其价值不变——这当然是不可能的。

这种违背经济规律的行为在罗马帝国时代代代相传,最终导致的结果是铸币贬值,物价上涨。公元235～284年,古罗马政治陷入无政府状态,通货膨胀达到极致,铸币急剧贬值。在公元253～268年,银币的含银量还不到5%。

二、西班牙的通货膨胀

16世纪,西班牙物价上涨4倍多,年上涨率1.5%,贵金属过剩是这次通货膨胀的根源。1501～1600年,由墨西哥和秘鲁神话般的矿山产出的1 700万公斤纯银和18.1万公斤纯金涌入西班牙。除官方渠道,走私的数量估计相当于官方进口的10%,相对于已有的储存,来自新世界的金银可谓数额巨大。无论如何,贵金属的涌入掀起了一场价格革命。这次通货膨胀价格上涨缓慢,没有对西班牙的各个经济部门产生什么影响。

三、德国的通货膨胀

德国在一战败北之后,丧失了1/7的领土和1/10的人口,各种商行及工业产品均减少,同时按1921年金马克赔偿1 320亿赔款。在操作中,德国不得不靠发行纸币来渡过难关,结果是陷入灾难的深渊。当时政府以极低的利率向工商业者贷款,同时投放巨额纸币,它们又很快贬值,从而债务人得以有廉价的马克偿还贷款。"新富"们在通货膨胀中发了大财,"旧富"们面临崩溃。各个经济部门和各个家庭生活在此不公平中受到致命打击。

四、苏联战时共产主义的通货膨胀

在十月革命以前,俄国就已走上了通货膨胀之路。革命后,为了保障政权,必须控制国家资源。因此,苏联印发纸币,维持庞大的预算开支。在1918～1920年间,反动力量很快聚集,发起反扑,此时苏联开始实行战时共产主义。由于经济基础薄弱,社会产品总量短缺,再加上连年战争,使生产得不到恢复,战时共产主义的分配物品远不能满足人们的基本需要。于是黑市猖獗,物价飞涨。

五、旧中国的通货膨胀

1935年国民党反动政府实行了"法币改革",规定自1935年11月4日起,以伪中央、中国、交通三银行所发行的钞票为"法币"(1936年又增加了伪中国农民银行。从1942年7月1日起,法币的发行权统一于伪中央银行);并宣布所有白银和银元的持有人,应即将其缴存政府,照面额换领法币。从法币改革到抗日战争前夕,法币的发行额增加到3倍以上。截至1936年6月为止,搜刮人民的白银就达22 500万元。

抗日战争期间,法币的发行额迅速增长起来。1945年8月抗日战争结束时,法币的发行额为1937年7月抗日战争发生时的340余倍,同一时期的物价至少上涨了2 000倍左右。

抗日结束后,国民党反动派又发动了反人民的国内战争,这就不能不更加大量地增发纸币。从1937年6月至1948年8月21日法币崩溃为止,法币发行量上升到47万倍,同一时期上海的物价上涨了4 927 000倍。大量发行的结果,法币急剧贬值,1948年8月法币的购买力只有战前币值的五百分之一。

1937～1949年100元伪法币的购买力变化如下:

1937 年　　　可买黄牛两头；
1938 年　　　可买黄牛一头；
1939 年　　　可买猪一口；
1941 年　　　可买面粉一袋；
1943 年　　　可买鸡一只；
1945 年　　　可买鸡蛋两个；
1946 年　　　可买固体肥皂六分之一块；
1947 年　　　可买煤球一个；
1948 年 8 月 19 日可买大米 0.002 416 两(按每斤十六两算)；
1949 年五月可买大米 0.000 000 000 185 两(即一粒大米的 24.5‰)。

思考题：世界历史上典型通货膨胀的共同原因是什么？

案例 2　抑制通胀中国提供了好案例

在抑制通胀方面，世界银行等国际机构普遍认为，中国为世界提供了一个好的案例。

世界银行中国局局长、首席代表罗兰德认为中国的通胀问题已经得到了有效解决，他预计到 2012 年至 2013 年初，中国的通胀率将从 6%降至 4%～4.5%。

2012 年前三季度数据显示：同属新兴发展中国家的俄罗斯和印度，GDP 增速分别是 5.7%和 7.7%，低于中国 9.4%的增长，但是 CPI 却分别达到了 8.2%和 9.7%，高于中国的 5.7%。而美国、英国的 CPI 虽然只有 3.8%和 5.2%，但是它们的 GDP 增速只有 1.6%和 0.5%。

国际货币基金组织驻华首席代表李一衡也认为中国政府在抑制通胀上表现出色。

思考题：我国应如何治理通货膨胀，以实现经济的稳定增长？

本章小结

1. 通货膨胀是总体物价水平的持续的、较为明显的上升，是纸币流通条件下特有的经济现象，常用消费物价指数、生产者物价指数、GDP 平减指数来度量，可按不同的划分标准进行分类。

2. 按通货膨胀的成因可分为需求拉动型、成本推动型、混合型、结构型通货膨胀。

3. 通货膨胀具有强制储蓄作用、收入分配效应、资产结构调整效应、产出效应等。

4. 通货膨胀往往对经济发展带来负面影响：生活水平下降，正常经济秩序遭到破坏，经济发展中的不确定性明显增加。因此，需通过相应的措施进行治理，如紧缩的财政货币政策；管制的收入政策；发展生产，提供有效供给的政策；结构调整和对外经济政策等。

5. 通货紧缩是与通货膨胀相反的一种经济现象，是指货币不断升值、社会价格总水平持续下降的过程。通货紧缩一样对经济发展不利：形成经济衰退；加重债务人的负担；抑制消费；有可能引起银行危机。因此，常用扩张的财政货币政策；增加有效需求；刺激投资等政策进行治理。

重要基本概念

通货膨胀	消费物价指数	生产者物价指数	GDP 平减指数
需求拉动型通货膨胀	成本推动型通货膨胀	收入指数化政策	通货紧缩

复习思考题

1. 什么是通货膨胀？如何度量通货膨胀？
2. 比较需求拉上型、成本推动型和供求混合型通货膨胀的形成机理。
3. 试详细分析通货膨胀对经济的影响。
4. “收入指数化可以完全消除通货膨胀带来的不公平的收入再分配，而且有利于通货膨胀的最终消除”这一观点对吗？
5. 应采取哪些措施来治理通货紧缩？

第十一章　金融抑制、金融深化与金融创新

内容提要

本章在阐述金融发展与经济发展相互作用的基础上，界定了金融抑制的概念，总结了发展中国家金融体制的基本特征及其负效应；指出了金融深化的本质与措施；阐述了金融创新的动机、内容与作用。

重点与难点

本章的重点是掌握金融发展对经济发展的促进作用，掌握金融抑制的特征及其负效应，掌握金融深化的表现方式，了解金融创新的内容及其积极作用与消极作用。本章的难点是理解金融发展的衡量指标，了解金融发展与经济发展的相互关系。

第一节　金融发展与经济发展的一般关系

一、金融发展

按照美国耶鲁大学经济学名誉教授雷蒙德·W·戈德史密斯(Raymond W. Goldsmith)的解释：一个社会的金融体系是由众多的金融工具、金融机构组成的。不同类型的金融工具与金融机构组合，构成不同特征的金融结构。有的社会金融体系中金融工具种类多、数量大、流动性高；同时金融机构的规模大、数量多、服务范围广，具有较强的竞争力。而有的社会金融工具种类少、数量不多、流动性差；同时金融机构的种类少、规模不大、服务范围有限、服务效率低。一般而言，金融结构是构成金融总体(或总量)的各个组成部分的规模、运作、组成与配合状态。一个国家或地区的金融结构是金融发展过程中由内在机制决定的、自然的客观结果或金融发展状况的现实体现。金融发展就是金融结构由低到高的变化过程。金融发展程度越高，金融工具和金融机构的数量、种类越多，金融效率也就越高。

如何衡量一个国家金融发达程度，西方经济学家提出了衡量金融发展的基本指标。

二、衡量金融发展的基本指标

(一) 金融相关率

根据对金融发展的定义，衡量金融发展的程度，实际上是衡量金融结构的状态。为此，戈德史密斯提出了五个需要考虑的数量指标：

(1) 金融资产总额与实物资产总额的比值。

(2) 金融资产与负债在各金融机构间的分布。

(3) 金融资产与负债在金融机构与非金融机构之间的分布。

(4) 各经济部门拥有的金融资产与负债总额。

(5) 由金融机构发行、持有的金融工具总额。

在对不同国家金融结构进行比较时,可能遇到统计数字不全的困难。为此,他提出了金融相关率作为金融比较的工具。该指标因其简单、适用、合理而被广泛使用。所谓金融相关率,是指一定时期内社会金融活动总量与经济活动总量的比值。计算金融相关率,首先面临的问题是以何种金融总量作为考察基础及如何选取观测指标。由于按不同的标志划分有不同的金融活动总量,因此,金融活动总量可以从多个角度进行。

(1) 按金融资产性质统计金融活动总量。从宏观考察,最广义的金融活动总量是全社会的金融资产,即全社会成员持有的所有金融资产的总值。全社会的金融总资产大致可以划分为三类:第一,货币性金融资产,主要包括现实中的货币和各类存款;第二,证券类金融资产,主要包括各类有价证券(政府债券、金融债券、企业债券、股票、企业和银行票据及各类投资基金凭证);第三,具有专门指定用途、以保障为中心的各类专项基金,包括保险基金、失业保险基金、养老保险基金、医疗基金、住房基金及各类公积金等。

按照现代经济学的分析方法,社会成员可以分为个人部门、企业部门、政府部门、对外部门和金融部门五大部门,这些部门持有的现实货币作为发行者对公众的负债反映在中央银行资产负债表的负债一方,这些部门拥有的全部存款则反映在存款中介机构资产负债表的负债一方,因此,货币性金融资产的统计可以通过金融机构的资产负债总表反映。证券类金融资产的统计要复杂一些,一般来说,个人(家庭)部门是各类证券持有部门,他们持有的各类有价证券和投资基金反映在证券市场的有关统计中;企业基本上是有价证券(企业债券和股票)的发行部门,但同时也会持有一些其他部门发行的证券;政府部门是国家债券的发行部门,一般不持有国内其他证券,政府部门持有的国外证券和外汇储备反映在中央银行资产负债的对外资产中;金融部门既是证券的发行部门(金融债券和股票),也是证券持有部门(主要持有政府债券、部分企业债券、股票),它们发行和持有的证券均能在金融机构的资产负债表内反映。因此,全社会的证券类金融资产有一部分体现在金融机构的资产负债表内,另一部分则必须通过证券市场反映。具有专门用途、以保障和风险防范为中心的各类专项基金中,商业保险部分可以在保险市场的统计中反映,其他社会保障基金则需要从不同的主管部门统计。

在社会金融资产的统计中,有两个问题非常重要:第一,避免重复计算。由于社会金融资产分布比较复杂,简单汇总往往重复夸大金融资产总量。例如,如果把金融机构资产负债表中的总资产(或总负债)的数据全部统计在社会金融总资产中,那么证券市场统计中就应减去金融机构所发行和持有证券的数量,否则就形成重复计算。如果把证券市场发展规模统计在社会金融总资产中,金融机构总资产(或总负债)中也只能计算货币性金融资产部分。第二,证券类金融资产的计算方法。在证券市场上,证券面值与市值差别很大,究竟采用何种价值计算金融总资产,需要认真分析。

(2) 按金融工具统计金融活动总量。美国经济学家戈德史密斯对金融结构文献研究就采用了金融工具总值代表金融资产总量的方法,他将金融工具分为三种:第一,非金融部门发行的金融工具,即股票、债券和各种信贷凭证等;第二,金融部门发行的金融工具,即中央银行、存款银行、清算机构、保险组织和二级金融交易中介发行的金融工具，如通货与活期存款、居民储蓄、保险单等；第三，国外部门的金融工具。

当统计出全社会金融活动总量后，除以经济活动总量（国民生产总值）就可得金融相关率指标。无论以金融资产的性质为口径统计全社会的金融活动总量，还是以金融工具的发行者为口径统计全社会金融活动总量，从统计上看都是对同一主体从不同观察角度得出的结果，金融工具对持有人来说是金融资产，对发行人来讲即为金融负债。

戈德史密斯通过对过去150～200年间许多国家金融史的研究，认为“存在唯一的一条金融发展道路”：发达国家有着共同的发展趋势，发展中国家早晚会走上发达国家已经走过的道路，这条道路可由金融相关率反映出来。从纵的方向看，在一国经济发展过程中，金融资产的增长比国民财产的增长更为迅速，因此，金融相关比率有提高的趋势，其间还会发生迅速提高的“爆发运动”，但金融相关率的提高不是无止境的，一旦金融发展到一定水平，该比率的变动即趋于稳定。从横的方向看，发展中国家的金融相关率比欧洲和北美国家低得多，这也体现了两类国家在金融发展上的时代差别。金融相关率还受一国经济结构的基本特征，如生产集中程度、财富分配状况、投资动力、储蓄倾向的影响。这些特征反映在非金融部门发行的债权和股权证券与国民生产总值的比率中。该比率越高，说明储蓄与投资的分离程度越高。随着金融发展，银行资产占金融机构全部资产的比重趋于下降，非银行金融机构的资产比重相应提高。目前在一些发达国家，非银行金融机构的金融资产总额已超过银行资产总额。例如，美国整个金融资产中，商业银行（包括储蓄贷款协会）所占比例：1912年为79.3%，1948年为68.2%，1980年为56.2%，1997年为46.9%。

（二）货币化率

货币化率即指社会的货币化程度，是指一定经济范围内通过货币进行商品与服务交换的价值占国民生产的比重。随着商品经济的发展，使用货币作为商品与服务交换媒介的范围越来越广，对于这种现象，可称为货币化程度不断提高。由于货币是金融资产的一个重要组成部分，用货币化率反映一个社会的金融发展也是可行的。在使用货币化指标时，必须注意货币的定义、一国的经济状况、金融制度和支付体系等具体问题。例如，国际货币基金组织1996年报告中说，1994～1995年间货币化率值，美国为57%，德国为70%，韩国为44%，马来西亚为89%，泰国为70%，日本为114%，而中国为106%。中国这一比率远大于许多金融发达的西方国家（除日本外）及周边发展中国家的原因，主要是长期以来较高的通货膨胀率水平、交易手段落后以及支付体系效率低下，而非较高金融发展水平的直接体现。

三、金融发展与经济发展的相互作用

（一）金融发展对经济发展的促进作用

金融发展对于经济发展的积极作用可归纳为以下三个方面。第一，金融发展有助于实现资本的积聚与集中，可以帮助实现现代化大规模生产经营，获得规模经济的效益。在金融高度发达的国家和地区，金融不仅可以帮助迅速集中国内资源，还可迅速调动国外资源，推进经济发展的国际化和全球一体化。第二，金融发展有利于提高资源的使用效率，从而提高社会经济效率。因为发达的金融体系为投资人提供了众多可选择的投资工具和理想的投资工具流通市场；在充分竞争和较充分竞争的金融市场上，各种金融工具的价格趋于合理水平，投资者理智的投资行为，有助于社会资源的合理配置，提高资源的使用效率。第三，金融发展有助于提高金融资产进行储蓄的比例，因而有助于提高社会的投资水平。投资对储蓄的依赖在很大程度上是对金融资产储蓄的依赖。金融业的发展可以提高金融资产的流动性，使品种和收益率多样化，从而提高人们持有金融资产的兴趣，增加金融资产形式的储蓄份额，促进产业投资和技术进步。

（二）经济发展对金融发展的促进作用

经济发展对金融发展的促进作用表现在两个方面：第一，经济的发展使人们收入水平不断提高，因而提高人们对金融投资和理财服务的需求。这种需求是金融业发展的原动力。第二，经济发展形成越来越多的大企业集团，这些大企业集团要求与其融资需求相匹配的现代化金融机构为之提供服务。这意味着金融机构的融资规模必须扩大、融资效率必须提高、融资手段必须多样化和承担风险能力必须增强，从而推动了金融发展。

第二节　发展中国家的金融抑制

金融抑制是指市场机制的作用没有得到充分发挥的发展中国家存在过多金融管制、利率限制、信贷配额、金融资产单一的现象。西方一些发展经济学家认为，欠发达国家和地区除具有生活水平低、劳动生产率低、人口增长率高和抚养负担重、高的失业和不充分就业水平、对农产品和初级产品出口依赖、在国际关系中处于劣势地位等共同特征外，还有一条即存在较普遍的金融抑制。

一、发展中国家金融体制的一般特征

与发达国家的金融体制相比，发展中国家的金融体制有如下特征：

(1) 金融资产形式单一，数量有限。和发达国家种类繁多、复杂的金融工具相比，发展中国家的金融资产形式非常单一。国内正式金融市场能提供的金融资产一般只限于现金、活期存款、定期存款及初级市场上的政府债券等。金融相关率水平较低。

(2) 金融体系存在着明显的“二元结构”。发展中国家的金融体系被分割为截然不同的两大“阵营”：以现代大银行为代表的现代部门和以钱庄、当铺为代表的传统部门。前者主要集中在大城市和经济发达地区，后者普遍存在于落后的农村。

(3) 金融机构单一。商业银行在金融活动中居于绝对主导地位，非银行金融机构则极不发达，金融机构专业化程度极低，有些国家（如前社会主义国家）直到近些年才实现中央银行和商业银行分离的银行体制。分工程度低的结果是整个金融体系的效率十分低下。

(4) 直接融资市场落后。发展中国家的证券市场极不发达，主要作为政府的融资工具存在，企业资金来源主要靠自我积累和银行贷款。

(5) 金融资产价格严重扭曲。发展中国家的政府对金融实施全面干预，其中最重要的内容是对金融资产的价格实行严格管制，使其无法反映资源的相对稀缺性。突出表现是，发展中国家为了降低工业化成本，通常将实际利率压到很低的水平，有时甚至是负数。

(6) 外汇和外贸管制。极低的国内利率，一方面使贸易融资活动从国外市场转到国内市场，另一方面又刺激存款人投资于国外金融市场。这显然与鼓励国内投资和储蓄的初衷相悖。因此，双重汇率和外汇管制就不可避免，进出口许可证制度、出口信贷及双重关税制度也应运而生。

这种落后的金融体制显然无法对发展中国家的经济增长起到有效促进作用。相反，由于不能有效动员和分配储蓄，这种金融体制往往成为发展中国家经济发展的巨大障碍，使经济增长十分缓慢。落后的经济增长反过来又制约金融体系的发展。因此不少国家陷入金融落后和经济落后的恶性循环而不能自拔。

二、金融抑制的理论和政策

针对发展中国家金融市场的普遍落后状态，不少发展经济学家努力研究这种落后的原因及摆脱落后的政策。1973 年几乎同时出版了两本有影响的论述金融与经济发展的著作。一本是爱德华・肖（Edward shaw）的《经济发展中的金融深化》，另一本是罗纳德・麦金农（Ronald Mchinnon）的《经济发展中的货币与资本》。两人以精到和有说服力的证据表明，金融部门与经济发展之间存在着密切关联：一个健全的金融体制有助于有效地动员储蓄，并将稀缺资源进行有效配置，从而促进经济发展；一个落后和缺乏效率的金融体制则会严重束缚经济发展，并且反过来又受落后的经济发展水平制约，从而陷入金融呆滞和经济呆滞的恶性循环。他们指出，发展中国家不能取得令人满意的成就，其抑制性的金融政策是一个十分重要的原因。

（一）金融抑制的政策

爱德华・肖和罗纳德・麦金农认为：发展中国家金融体制落后，一方面源于发展中国家落后的经济现实，但更主要的还在于发展中国家所实施的压抑金融发展的政策。这种政策使实际金融规模非常有限，增长极其缓慢，有时出现持续下降。这种人为干预主要出于财政上的动机：政府希望积极推动经济发展，但或是因为缺少政治意愿，或是由于缺乏直接财政手段，因此政府倾向于有意或无意干预或压抑金融体系，以为其发展融资。这种压制的金融政策主要体现在以下几个方面：

(1) 通过规定存贷款利率和实施通货膨胀人为压低实际利率。为了降低公共部门的融资成本，阻止私人部门同公共部门竞争资金，发展中国家通常设定存贷款利率上限的方式来压低利率水平；同时由于发展中国家政府常常不得不依靠通货膨胀政策来弥补财政赤字，所以通货膨胀率居高不下。其结果，发展中国家的存贷款利率通常很低，有时甚至为负数。过低的实际利率，一方面使得持有货币者实际收益十分低下，降低人们对实际货币的需求，金融资产的实际规模也无法得到发展；另一方面，较低的实际利率还会带来其他的效率损失。

(2) 普遍采用信贷配给方式来分配稀缺的信贷资金。在实际利率为负的条件下，储蓄者不愿增加储蓄；借款者的借款需求却格外强烈，这就必然导致资金需求大于供给，这就可能采用选择性或部门性的贷款配给政策，引导资金流向政府偏好的部门、产业、项目。在这种情况下，能够获得贷款的大多是享有特权的国有企业和与官方金融部门有特殊关系的私营企业，这就给腐败的滋生提供了土壤。大量民营企业只能转向非金融组织市场和高利贷求贷。加上发展中国家的金融机构热衷于城市，广大农民和小工商业者的贷款需求很难得以满足，资金分配效率十分低下。

(3) 对金融机构严格控制。这种控制包括：对金融实施较高的法定存款准备金率和流动性要求。许多发展中国家规定的各种准备金，往往高达未清偿活期存款、储蓄存款和定期存款50%的超常水平，结果使大量可贷资金离开资金市场的商业信贷活动，用于中央银行各种补贴用途，政府本身成了银行系统合理合法的无息借款人，专业政府信贷机构盛行。与发达国家不同，发展中国家以开发银行开发公司为代表的特殊信贷机构，其贷款补贴极少来自财政部门预算盈余，政府大多是运用提高法定准备金率或直接命令中央银行以低利率向这些专业信贷机构贷款。严格限制资金流向、严格限制某类金融机构的发展、实施金融机构国有化等结果是金融部门成本高昂、效率低下，金融机构种类单一，专业化程度低。

(4) 人为高估本币汇率。发展中国家为了降低进口机器设备的成本，常常高估本币汇率，使其严重偏离均衡的汇率水平。这种决策导致发展中国家外汇严重短缺，因为本币高估阻碍了这些国家的商品出口，也不利于其他国家的资本输入。外汇供不应求决定了只有享受特权的机构和阶层才能以官方汇率获得外汇，这必然助长外汇黑市交易，商品出口的受阻，致使持有官方执照的进口商利用享受的特权赚取超额利润。许多发展中国家的"进口替代政策"便引起了这些国家对重工业的关注和对农业、轻工业的轻视。

(二) 金融抑制政策的负面效应

金融抑制对经济和金融发展、成长有四个方面的负效应。

(1) 负收入效应。许多奉行金融抑制的发展中国家都存在严重的通货膨胀作为实际货币余额 M/P 的持有者和使用者，公众和企业为了避免物价上涨的损失，就会减少货币形式的储蓄。随着人们持有实际货币余额 M/P 的增加，储蓄下降致使投资减少，总需求下降，国民收入增长较慢，收入增加也随之下降，国民经济和收入的增长速度都进入负循环之中。

(2) 负储蓄效应。由于通货膨胀率既不稳定也无法预测，官方的低利率又不能抵补价格上涨给储蓄者造成的损失，加上实际货币余额的增加，人们往往通过增加储蓄物质财富、增加消费支出和向国外转移资金的方式规避风险，储蓄率的提高大受障碍。

(3) 负投资效应。金融抑制限制了许多发展中国家对传统部门的投资，农业投资减少致使农业产出下降，增加了这些国家对粮食和原材料进口的需求，这种需求在一定程度上不得不靠境外供给来满足；本币高估和对中小生产者贷款的限制，严重阻碍这些国家劳动密集型产品的出口，这反过来提高它们对境外供给的依赖；同时，这些国家的领头部门存在较高的资本—劳动比率，不熟练的生产技术和经常性的过剩生产能力，降低了边际生产力；最后，城市基础设施建设落后，恶化投资环境和条件，最终阻碍这些国家的投资增长。

(4) 负就业效应。除了上述收入和负投资效应造成就业机会的减少以外，金融抑制对传统部门的抑制，也是负就业效应的重要原因。因为向城市转移的大量劳动力中，只有小部分能被工资水平相对较高的资本密集型产业吸纳，未被吸纳的部分，或是滞留于相对较低工资水平的行业、企业之中，或处于失业状态。他们在城市中建立贫民窟，形成不充分就业的城市无产者阶层；在农村则形成财富没有增加或不断减少的农村阶层。城市化和工业化过程对就业产生积极影响的过渡效应、溢出效应或联结效应，在金融抑制的国家都得不到充分体现。

(三) 金融抑制模型

由于肖与麦金农对金融抑制与金融深化的论述大致相同，因而西方经济学家将他们两个的理论归纳为同一个金融发展模型(图 11－1)。该模型论证了金融发展与经济增长之间相互促进、相互制约的辩证关系。

在图 11－1 中，r 为实际利率。S_{g0} 表示在经济增长率为 g_0 时的储蓄，它是实际利率的增函数。I 代表投资，它是实际利率的减函数。F 代表金融抑制，这里指人为规定固定名义利率，使实际利率 r_0 低于其均衡水平。假定储蓄可以全部转化为投资，而且没有国外融资，实际投资总额 $I_0(S_0)$ 便等于实际利率 r_0 相对应的储蓄总额 S_0。

由图 11－1 可以看出，在实际利率为 r_0 时，投资总额为 $I_0(S_0)$，而愿意投资总额(贷款需求)却是 $I_3(S_3)$，这就形成了资金供求的较大缺口 $[I_3(S_3)-I_0(S_0)]$。由于可贷资金不足，这就必然导致非价格性的信贷配给，信贷分配往往不取决于投资项目的预期回报率，相反，裙带关系、政治压力、贷款规模及信贷人员私下收受好处都可以成为获得投资(贷款)的重要影响因素，其结果是投资效率下。因此，肖和麦金农认为，发展中国家实行低利率政策，不仅不能加快经济发展，反而会导致经济发展速度下降。为了促进经济发展，至少应当适当地提高利率。

当经济增长率为 g_0 时，若将利率由 r_0 提高到 r_1，则可能导致两种结果：第一，随着存款利率的上升，储蓄总额上升，投资总额也相应增加。当存款利率从 r_0；提高到 r_1，储蓄额将由 S_0 增加到 S_1，投资额将从 $I_0(S_0)$ 增加到 $I_1(S_1)$；第二，随着贷款利率的上升，原来那些收益率略高于 r_0 低于 r_1 的投资项目(图中斜线部分)便成了亏损项目被排除在投资选择外，取而代之的是那些收益率高于 r_1 的投资项目，投资的平均收益率将明显提高。随着投资效率的提高，经济增长率由 g_0 上升到 g_1，储蓄曲线 S_{g0} 移动到 S_{g1}。因此，根据肖和麦金农的分析，实际利率提高能从增加资本形成的数量和提高资本形成的质量两个方面推进经济增长和发展。

由图 11－1 可知，在经济增长率为 g_1 的条件下，当实际利率由 r_1 再上升到 r_2 时，储蓄曲线由 S_{g1} 移到 S_{g2}，投资总额为 $I_2(S_2)$，经济增长率达到 g_2，因此，r_2 是最为理想的利率水平。这个利率就是肖与麦金农所说的资本市场上的均衡利率。按照这个逻辑，肖和麦金农为金融抑制开出的政策处方就是彻底废除一切对利息率的干预和管制，同时采取积极措施，遏制通货膨胀或提高名义利率使实际利率能够等于或尽可能接近均衡利率。

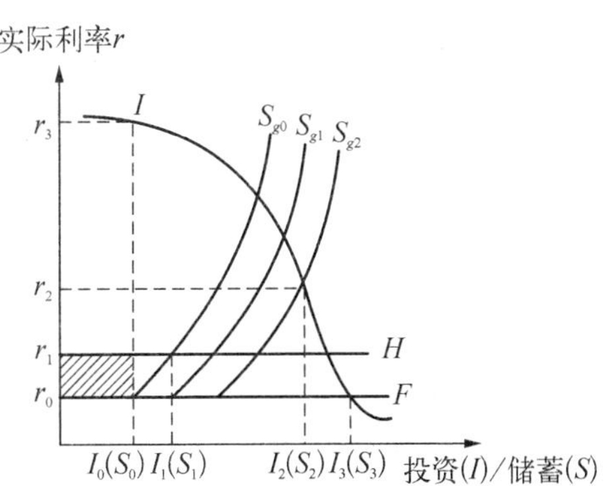

图 11－1　金融抑制模型

总之，肖和麦金农认为利率上限将通过以下几种途径扭曲经济，阻碍经济发展。第一，低利率鼓励现期消费而非将来消费，导致储蓄率低于社会最优水平。第二，借款者可能从事相对低收益的直接投资而不将资金存入银行贷给收益较高的项目，这降低了整个经济体系的投资效率。第三，低利率贷款将鼓励借款人选择资本相对密集的投资项目，而制约发展中国家在国际竞争中具有比较优势的劳动密集型产业的发展。第四，选择性和指导性信贷配给程序无法保证银行资金的优化配置，从而弱化银行资产质量，加大金融体系的脆弱性。因此，必须实行金融自由化，允许实际利率在市场机制的作用下，自动趋于均衡，从而保证经济发展以最优速度进行。

第三节　金 融 深 化

一、金融深化的概念和程度指标

（一）金融深化的概念

金融深化是指政府放弃对金融体系的过分干预，并有效地控制通货膨胀之后，使利率和汇率能充分反映资金和外汇供求状况，金融体系一方面能以适当的利率吸收大量闲置资金，另一方面也能以适当的放款利率满足各经济部门的资金需求，从而推动经济的增长和金融体系的扩展。爱德华·肖认为，发展中国家的经济增长，国外资金流入固然重要，但动员国内储蓄是一个更应引起重视的因素。西方经济学的经济增长模型中，通常把储蓄倾向假定为一个常数。而金融深化理论则认为，如果考虑到收入增长率和实际利率水平等金融因素的影响，则应将储蓄看成变量。即一旦放松金融抑制，人们持有货币的意愿会增强，自愿持有的实际货币余额会增加。这不仅直接刺激了储蓄，而且在收入开始增长后，还会经过金融活动过程导致更多储蓄。

（二）度量金融深化的指标

在《经济发展中的金融深化》一书中，爱德华·肖首先给出了几种度量金融深化的指标：

(1) 金融存量。在一个金融深化的经济中，由于消除了金融资产价格方面的扭曲，人们愿意持有各种流动性金融资产。因此，金融资产存量与国民收入的比率较高，金融资产占有形财富存量的比重也较高。

(2) 金融资产流量。金融深化会使私人储蓄增加，各种形式的资本外逃减少，从而缓解财政的压力和对国外储蓄的需求。

(3) 金融体系的规模和结构。金融深化必然扩大金融体系的实际规模，同时也为银行之外的其他金融机构，如证券交易商和保险公司等带来获利机会。因此，金融深化意味着金融职能和金融机构的专业化，同时相对于外汇市场和场外非法市场而言，有组织的国内金融机构和金融市场有较大发展。

(4) 金融资产价格。这是金融深化与否的最重要的表征。在金融抑制的经济中，金融资产的需求被低利率所抑制，初级证券的供给则为信贷配给所限制，甚至场外非法市场也被高利贷和政府管制所制约。随着金融深化的展开，利率逐渐能准确地反映客观存在的、替代现实消费的投资机会和消费者对推迟消费的愿意程度，实际利率将逐步提高，各种利率之间的差别将逐步缩小。另外，汇率的扭曲也得以纠正，黑市和远期外汇市场上本币汇率下跌状况将得到有效抑制。

二、金融深化的核心

金融深化的核心内容是促进实际货币需求的增长，麦金农将发展中国家实际货币需求函数表述为：

$$(M/P)^d = L(Y, I/Y, d-P'') \qquad (11-2)$$

式中，$(M/P)^d$表示实际货币需求量，P''表示投资—收入比率，$d-P''$表示实际存款利率（其中：d是各类存款利率的加权平均数；P''为预期的通货膨胀率）。麦金农认为：发展中国家经济发展需要大量货币资金投入，在政府替代金融过程具有不充分性、所有经济单位只限于内源融资的条件下，积累实际货币是投资的前提。而只有在持有实际货币的收益率较高时，人们才会增加对实际货币的需求，进而增加储蓄和投资，促进经济增长。所以，$d-P''$代表实际收益率在决定(M/P)方面起着十分重要的作用。因此，金融深化政策的首要任务就是保持一个较高的"货币存款实际收益"，以此来刺激人们对实际货币余额M/P的需求。

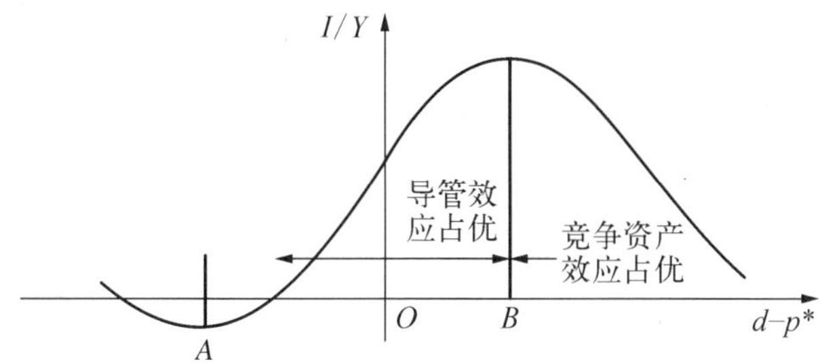

图 11-2　麦金农实际利率与投资模型

三、金融深化的政策主张

面对发展中国家金融抑制产生的种种不良现象，发达国家的经济学家提出了发展中国家金融深化的政策主张：

（一）取消不合理的利率限制，控制名义货币增长率

考虑到发展中国家存在较为严重的通货膨胀，必须取消不恰当的利率上限，保证货币资产的实际收益为正数，以此来吸收储蓄，优化投资结构。较高的利率会促使资金流向高效益企业，这就在全社会范围内实现了资本的优化配置；此外，较高的利率会促进借款企业努力改进技术，提高资本使用效率。同时，放松利率管制并不意味着政府对宏观金融调控的放松，相反，政府应对名义货币量进行有效调节，因为名义货币量M及其增长率对稳定市场价格有十分重要的作用。这两种政策搭配既保证了市场价格的稳定，又不会阻碍经济增长。

（二）放松外汇管制

高估本币汇率只会使进口许可证和外汇配额持有者获得垄断利益并滋生寻租行为，而出口行业受到歧视，并导致国际收支逆差。将高估的本币贬值，可有效减少对外汇的过度需求，并刺激出口，改善国际收支状况。在汇率制度的选择上，爱德华·肖赞成弹性汇率制。因为外国投资者希望保持投资收益的稳定性和资本的流动性，当一国国内通货膨胀上升，而固定汇率又不能作出相应的调整时，国外投资者的收益率就会受到影响。而只有采用弹性汇率，国外投资者的收益才会随该国通货膨胀率的变动而同向变动。当然，金融深化还包括本币的自由兑换，允许国外投资者将其所赚利润换成外汇汇往国外，对于缺乏资金的发展中国家来说，这是吸引大量外资的前提之一。

(三) 实行财政改革

第一,合理地规划财政税收,采取一系列税收减免政策,特别是降低"存款利息税",让储蓄者的利益得到切实保障。第二,减少不必要的财政补贴和信贷配给,代之于按市场利率发放的贷款。第三,进行税制改革,减少财政赤字,缓和和消除通货膨胀。通过这些改革深化金融体系的资金集散功能,而金融的深化又将导致收入和财富的增加,财政税收基础也因此扩大。

(四) 采取其他措施

包括放松对金融业过多的限制,鼓励银行之间的竞争;增加期限长、利率高、数量大的贷款,促进技术进步;适当扩大有组织的金融机构对城乡小规模经济单位的信贷;大力发展各类金融市场、增加金融工具;改善对外贸易和吸收外资的环境等。

第四节 金融深化理论的批评与发展

麦金农和肖提出的金融深化理论在经济和金融理论中第一次把金融和经济发展密切地结合起来,克服传统经济发展理论对金融部门的忽视,并成为 20 世纪 70 年代后半期开始至 20 世纪 80 年代席卷发展中国家金融自由化浪潮的主要依据。但是,金融深化理论也受到了许多批评,正是这些批评推动了金融深化理论的发展。

一、高利率的负面影响

斯蒂格利茨和维斯(Stiglitz & Weiss, 1981)在《不完全信息市场下的贷款利率》一文中指出:利率抑制和信贷配给并不像麦金农和肖所认为的那样天然和政府干预联系,相反,它也可以是银行在信息不对称条件下追求收益最大化的理性行为的结果。银行的收益率不仅取决于利率高低,还取决于贷款的回收率。在信息对称即银行既不能在贷款之前对借款人有充分了解,也不可能在贷款之后对借入进行监督的条件下,高利率对银行产生两个方面的消极影响:第一,逆向选择,即劣币驱逐良币现象。利率提高后,那些收益率较低而安全较高的项目将因投资收益无法弥补借款成本而退出申请者行业,而愿支付高利的往往是高风险的借款人,他们之所以愿支付高利率是因为知道归还贷款的可能性很小或根本不打算归还贷款。第二,逆向鼓励。由于高利使得一些收益率较低的项目变得无利可图,在有限责任条件下,那些获得贷款的将倾向选择高风险收益项目,从而使道德风险问题变得严重。因此,银行从自身出发,也会愿意将利率定在低于均衡利率的水平上,然后通过各种手段对借款进行筛选,从中找出银行认为比较安全的借款者。由此看来,低于均衡水平的利率并不一定是政府干预的结果,而是银行的理性选择,是合理的。在这种情况下,使政府放松对利率的管制,也不一定带来利率的显著上升和信贷规模的大幅扩张。

二、金融自由化的条件和先后顺序

(一) 金融自由化的条件

综合福莱(Fry, 1988、1995)、世界银行(1993)等多方面的研究和金融自由化实践,成功进行金融自由化的条件可以概括为五个方面：

1. 宏观环境的稳定

宏观经济失衡可视为金融危机最具基础性的诱因，是推行金融自由化的最大障碍。宏观环境不稳定所引致的风险为系统风险，金融体系无法通过资产管理来有效消除这些风险。在巨额财政赤字、高通货膨胀经常性账户巨额赤字的条件下实施金融自由化改革会损害银行的资本积累能力，加剧银行的脆弱性，破坏银行的营业计划和信誉评价的信息基础，导致高利率，从而使贷款组合风险提高。因此发展中国家应严守财经纪律，避免过分扩张的财政货币政策，控制通货膨胀和保持国际收支平衡。

2. 金融企业制度初步建立

发展中国家的银行业通常为少数银行所垄断，加上信息不对称，银行之间并不是完全竞争的。如果在金融机构的独立性没有效解决、金融机构的内部管理制度不健全、银行本身也存在严重道德风险的条件下，金融自由化将给经济体系带来新的不确定性，风险加大。其结果可能是利率的急剧上升和信贷质量的急剧下降，最终爆发金融危机和整个经济体系的崩溃。因此，发展中国家必须重视与产权相关的金融机构的独立性和金融机构内部现代企业制度的建立，提高决策层、管理层评估和控制风险的能力。只有在金融市场能够展开适当竞争的条件下才能进行利率自由化。

3. 金融脆弱性的及时消除

发展中国家在金融抑制的环境中，银行业往往积累了大量的不良资产。一旦进行金融自由化改革，这些不良资产很快就会暴露。不良资产的存在，使银行无法按市场原则来经营。因为，第一，银行继续背着自由化之前积累的不良贷款，需要中央银行的信贷支持，这样，私有银行的信贷也受到政府的约束。第二，银行为了保证过去融资的归还不得不向企业提供关系型高风险融资。关系型融资一旦形成，在很多情况下会形成自增强制。如果企业破产机制不健全(内部人控制结构)，融资道德风险就会演变为企业对银行的道德公害：在微观和宏观上形成资金寻租和货币漏损现象，进而减弱整个货币政策的效率。

4. 良好的社会制度环境

巴塞尔委员会在《银行业有效监管核心原则》中将制度环境称为市场基础设施，包括十分广泛的内容。如：高度发展的公共基础设施，包括公司法、破产法、合同法、消费者保护法、私人财产保护法；综合的符合国际惯例的会计体系和规则；独立的审计体系；严格有效的支付和清算体系；有效的市场纪律，公开可信、准确、及时的信息披露制度；系统化的社会安全网等。在社会制度不健全的国家，即使在金融自由化前能保持宏观经济稳定，但在金融自由化过程中也会发生难以控制的金融不稳定。

5. 金融监管框架基本形成

在金融自由化环境下，若金融监管框架没有基本形成，银行经理可能会由于利率管制的消除和银行特许权价值的降低发放过量的风险贷款。很多国家在银行部门引入竞争机制和赋予银行自主权的同时，却没有采取措施控制这些相反的激励。这一点成为金融自由化后发生金融危机的主要原因之一。因此，金融自由化并不否认金融监管。但金融自由化过程中的金融监管是一种建立在尊重银行自主权基础上的审慎监管。它与金融管制的根本区别在于：它对银行是一种以防范金融风险和促进竞争为目的的规范性的品质管理，银行具有充分的自主权，而不是银行的大部分具体决定直接由政府机构做出。审慎监管的中心工作在于鼓励和强迫金融机构及时、全面、公开地向公众披露信息，增加透明度。在信息可得的基础上，通过广大市场参与者以自由选择行为来发挥对金融机构的监督和制约。

(二) 金融自由化的顺序

金融自由化的顺序有两个层次，一是实际部门自由化与金融部门自由化的顺序的问题；二是国内金融部门自由化与外部金融部门自由化的问题。

实际部门的自由化包括两个方面：一是价格的自由化；二是贸易自由化。麦金农(1973)以日本和拉美的例子作对比极力主张贸易自由化先于金融自由化。托宾(1998)也反复指出，发展中国家应优先考虑商品和服务领域的世界贸易，不应急着将它的国内金融市场与国际金融市场接轨。金融体系的功能在于将资金通过价格机制配置到生产率最高的经济部门，而这个“价格”必须能够传导真正的稀缺信息而不是反映政府保护带来的扭曲。

总之，关于金融自由化的顺序方面，目前已达成共识：先国内实际部门自由化再实行国内金融部门自由化；先国内金融部门自由化后再外部金融部门自由化。如果国内金融部门超前自由化，资金在扭曲的价格体系引导下，会产生错误配置。倘若外部金融部门超前自由化，在国内利率仍由于管制而低于国际水平时，会产生大规模的资金外逃，同时国内银行业受到各种管制措施的制约，也难以与国际银行业竞争。

第五节 金 融 创 新

面对世界经济一体化、金融风险加剧、金融管制环境变化的现实，自 20 世 60 年代以来，西方发达国家的金融业经历了一次革新浪潮，这就是所谓的“金融创新”，即有别于以往的新业务、新技术、新工具、新机构、新市场与新制度安排的总称。从经济意义上说，金融创新指通过引进新的金融要素或将已有的金融要素重新组合，在最大化原则基础上构造新的金融生产函数。金融创新是金融深化的必然趋势，也是经济发展到一定程度的必然要求。研究金融创新的背景、内容、影响及金融创新理论，对指导加入 WTO 后我国金融体制改革、健全社会主义市场机制，具有十分重要的作用。

一、金融创新的动因

关于金融创新动因的分析很多，它们都有一定的解释力。主要有：

(1) 规避管制论。美国经济学家凯恩(E. J. Kane)把金融创新视为金融业逃避严厉管制的一种手段。该理论认为，金融创新主要是金融机构为获取利润而回避政府管制引起的。因此，金融创新可解释为政府有形的金融控制与市场无形规避行为相互作用的过程。例如，美国历史上关于利率上限的 Q 条例导致银行 Now、AST 等账户的开设；关于跨州银行业务和银行证券分业管理的结合，导致金融控股公司兴起。

(2) 规避风险论。20 世纪 60 年代，西方发达国家的通货膨胀不断加剧、利率不断上升，布雷顿森林体系崩溃后，汇率波动频繁且幅度较大，为了避免通货膨胀、利率和汇率风险及国际资本流动与国家风险，引发了大量的金融业务与金融工具的创新。例如，为了防范通货膨胀风险，产生了浮动利率存单和浮动利率贷款；为了防范利率和汇率风险，推出了利率(外汇)期货、期权、利率(货币)互换、利率上限、利率下限等工具；为了防范资本市场风险，出现了对冲基金、指数化基金及指数联结产品。

(3) 竞争加剧论。20 世纪 70 年代以来，西方国家出现的金融管制放松和金融自由化势头使金融业的竞争加剧。具体表现在：第一，银行间的竞争加剧。由于生产资本的不断集中促使银行资本的集中和垄断，为了对付银行之间的激烈竞争，各银行都加紧了金融手段和金融技术的创新，并作为占领市场份额的有力武器。第二，银行与非银行金融机构的竞争加剧。随着金融管制的放松和金融自由化，金融市场除了原有的银行金融机构外，各种非银行金融机构大量涌现，它们为了自身的生存和发展展开了激烈竞争，在竞争中各金融机构一方面致力于新金融产品的开拓；另一方面也相互致力于金融产品与服务的模仿，从而使保险产品与商业银行储蓄产品具有一定的替代性，商业银行的某些货币市场产品与共同基金份额之间非常接近。第三，与国外金融机构的竞争加剧。随着生产资本的国际化，跨国公司的全球扩张，客观上要求金融业实现经营和服务的国际化和全球化。在金融机构国际化、全球化的过程中，金融服务和金融市场的深度和广度得以拓展，一些新型的金融机构得以建立。

(4) 技术进步论。20 世纪 60 年代以来，西方国家在计算机技术、光导技术方面取得了极大的进步，新技术尤其是网络、计算机和通信技术在金融业的运用是促进金融创新的主要原因。首先，新技术在金融业的大规模应用，改善了金融交易和清算系统。目前流行的各种电子货币、网络货币、电子清算系统就是一个典型例子。其次，新技术的应用提高了传统金融业务和金融工具的效率。例如，芝加哥商业交易所(CME)原来有一个流行的 S & P500 指数期货合约，由于采用了新的电子交易系统，于 2000 年推出了 E-S & P500 指数期货合约，从交易时间、合约规模等方面均比原来的合约科学合理，受到市场参与者的欢迎。

二、金融创新的内容

(一) 金融战略的创新

(1) 在管理战略上，从以往被动地接受存款、安排贷款转向主动根据贷款需要去争取存款，变资产管理为负债管理、联合管理。例如，商业银行在资产业务方面大力推行消费贷款、住房按揭贷款、银团贷款、收益分享贷款、平行贷款和组合性资产等新的贷款方式，并将一部分资产业务表外化，形成为数众多的表外业务，如票据发行便利、信贷限额、备用信用证等。在负债业务方面推出了大额定期存单(CDS)、可转让支付命令(NOWs)等新产品，增强商业银行与非银行金融机构的竞争力。在中间业务领域，如充当衍生品交易中介，参与信托和融资租赁业务，提供现金管理、咨询和代客理财等。

(2) 根据自身的实际情况，制定不同的经营战略。如：征服战略，在自身占优势的市场上进一步积极进取，扩大市场份额，打败竞争对手，甚至主动兼并；变革战略，在势均力敌的市场，通过改善内部管理，改进服务，增加新的工具来吸引更多的服务对象，争取竞争的主动地位；合并策略，在不占优势的市场，寻找合作对象，通过兼并、合资或者合营方式进行联合重组，依靠合力竞争。

(二) 金融工具创新

1. 规避行政管理的创新

(1) 欧洲美元。指存于美国国外的美元存款。美国银行从美国境外借入欧洲美元，可以不用保留法定准备金，并且也不受 Q 项条款的限制。这样就在扩大银行负债的同时，提高银行资金盈利能力。

（2）银行商业票据。指银行持股公司发行的商业票据。这样的资金来源不属于存款，所以和欧洲美元一样，既不用保留法定准备金，也不受 Q 项条款的限制。

（3）可转让支付命令账户（NOW）。在美国可转让支付账户是一种互助储蓄银行、储蓄贷款协会及商业银行发行的年息储蓄支票账户。Now 账户与支票账户唯一的区别仅在于，由于此账户签发的千款命令叫可支付命令而不是支票。这样可支付命令就可以不受关于支票账户不能支付利息的限制。

（4）自动转账服务（ATS）。ATS 是这样一种安排：银行为存款者同时提供两个账户，一个是不付利息的支票账户，另一个是支付利息的储蓄账户（AST），支票账户和 AST 账户之间自动实现转账，支票账户内一定金额之上的余额将自动转入 AST 账户。而客户签发支票要求支付时，所需资金也会自动从 AST 账户转入支票账户进行结算。由于 AST 账户不是支票账户，从法律上讲它可以支付利息，这样就规避了支票存款不能支付利息的限制。

（5）隔日回购安排。这是另一种形式的 AST 服务。银行利用所谓"清理账户"来从事隔日回购安排。当一家公司营业日终止时，其支票账户内一定金额以上的全部存款都"全部清扫出去"，投资于隔日回购协定，而隔日回购交易是向客户支付利息的。这样，尽管支票账户在法律上不能支付利息，但客户支票账户的资金就通过隔日回购安排这种方式获得利息。

（6）货币市场互助基金（MMMF）。MMMF 发行的一种股份，所获资金投资于货币市场，已购股份者可以获得利润，同时持股者还能对其股份签发支票。MMMF 的股份实际上就是有利息的支票账户。但在法律上，这并非存款，利润也非利息，所以不受利率上限的限制。

2. 规避利率风险手段的创新

（1）浮动利率工具，也称可变利率工具。主要是盯住某种具有代表性的短期利率。由于未来利率的变动具有不确定性，浮动利率工具对资金的供应方和需求方都能起到降低利率风险的作用，因此，受到广泛欢迎。

（2）远期和期货交易。远期交易是指买卖双方事先约定在未来某一时刻以既定的协定价格购进或出售某种金融商品的交易。期货交易则是在专门的交易机构，按标准化的期货合约和事先约定的价格买进和卖出特定数量金融商品的交易。这样，投资者就可通过套期保值来化解风险。金融期货合约的买方和卖方都能达到锁定未来成本或收益、避免风险的目的。

（3）金融期权。金融期权是指期权的购买者（持有者）在规定的到期日或在此之前按事先约定的价格购买和出售一定数量金融商品的权利，而且只有权利而没有义务，即金融期权的买方可以选择履行或不履行合约。如果市场情况利于自己则履行合约，否则可能不履行合约。期权合约的购买方必须事先向另一方支付一定的费用。实际上，期权类似于保险业务，购买方支付保险费，以保证自己的利益不受损失。

（4）金融互换协议。金融互换协约主要是通过场外交易市场进行，交易双方签订互换协议，在未来一定时期内交换具有不同内容或不同性质的现金流。金融互换产生于 20 世纪 80 年代，主要有货币互换即交易双方协议把一种货币表示的现金流与对方的另一种货币表示的现金流相交换；利率互换又称息票互换，是指交易双方签订合同，同意在未来一段连续支付期内，交换同种货币、债务的利率支付。利率互换可以是固定利率和浮动利率互换，也可以是两种不同的浮动利率互换。利率互换与货币互换可以调整银行不恰当的资产/负债头寸，使资产与负债结构匹配。

3. 结构化金融工具创新

结构化产品是金融创新潮流中出现的一类新金融产品，它们以金融工程学为基础，利用基础金融工具和衍生金融工具进行不同的组合得到。主要包括：

(1) 可转换公司债券。可转换公司债券是指发行人依照一定法定程序，在一定时期内依据约定的条件可以转换成股份的公司债券。可转换公司债券一般由公司债券与股票买入期权复合而成，同时具有公司或企业债券、股票和期权的有关特性，特别是转换债券有时还会设计一些约束性附加条款，使得转换债券的结构更加复杂。

(2) 指数化货币期权票据(IGONs)。这种债券的持有者在债券到期日的金额随某一外汇汇率的变化而变化。

(3) 附加条件的债务工具。与 ICONs 相类似，有些公司将发行债券时的偿付条件与其主营商品价格联系在一起，减少了融资风险。例如，1986 年，标准石油公司发行零息票债券。发行条件为：面值 1 000 美元，到期日除偿还本金外，还根据石油行情，支付一部分额外金额。额外金额等于 170 美元×(每桶价格－25 美元)，上限为 2 550 美元。

(4) 指数联结结构化产品。主要是各投资银行发行的指数联结产品。

4. 技术创新

近半个世纪来，计算机和通信技术的发展有力地刺激了金融创新，如信用卡的出现。信用卡的历史可以追溯到第二次世界大战前的美国，当时信用卡的经营成本很高，发展极为缓慢。到 20 世纪 60 年代后期，随着计算机技术的迅速发展，使得信用卡服务的交易成本大大降低，银行卡业务随后得到了较快的发展。知名的信用卡(如 VISA 和 MASTER)成为在异地，乃至全世界各地主要使用的支付手段。

5. 信息化

随着计算机和通信技术突飞猛进的发展，电子技术已成为银行变革和创新的重要技术基础和推动力，现代银行业已进入了一个电子时代。发达国家的商业银行目前主要呈现三个层次的信息化：一是银行内部，包括银行内部电算化业务处理以及银行管理信息系统网络。这不仅大大提高了银行的工作效率，而且大大提高了银行管理决策的科学水平。二是银行与客户之间，银行通过各种计算机终端向客户提供便利的自动客户服务。

(三) 金融机构和金融制度的创新

1. 金融机构的创新

金融机构的创新表现为大量新兴金融企业的出现，它们丰富了整个金融世界，对实际经济的发展起了重要的推动作用。主要包括：

(1) 风险投资公司。风险投资公司是 20 世纪 90 年代随“新经济”浪潮兴起的一类新型金融机构，它们是专门管理风险基金(风险资本)，把所掌管的资金有效投入到富有盈利潜力的企业，并通过对企业的培育使之上市或并购获得资本报酬的企业。较之于传统金融机构，风险投资公司有如下特点：一是，它不再简单地充当金融“中介”，而是直接投身于实体经济运行中，不仅投资，而且直接参加所投资企业的经营管理和决策；二是风险投资公司突破金融业传统稳健经营的理念，它不追求项目风险最小化，而是力图通过分散投资使风险分散化，并从所承担的风险中获得高额回报。

(2) 对冲基金。对冲基金是一种投资于多种证券的私营有限合伙制企业。在对冲基金中,存在两种合伙人:一名一般合伙人和众多有限合伙人,前者负责交易活动和日常基金业务,并获得基金净收益20%左右的业绩报酬;后者提供资金但不涉足经营活动。对冲基金与共同基金的区别:一是共同基金由专门的投资公司(或基金管理公司)运作,受证券监管机构(SEC)的监管,而对冲基金不受金融制度的监管;二是共同基金通过公开募集方式获得,很少投入自己的资本;而对冲基金通过私募方式进行,通常一般合伙人也投入一部分资金。三是共同基金的投资者按投资份额分享投资收益,而对冲基金的一般合伙人有权收取奖金和管理费;四是共同基金的投资选择面比对冲基金窄,一般仅投资于传统资本市场和货币市场,较少涉足衍生产品投资和真实领域投资,而对冲基金均涉足。

(3) 金融集团和跨国金融机构。金融集团和金融控股公司是金融混业经营及金融企业兼并收购浪潮中出现的一类综合性混合型金融集团公司。这种公司往往同时控股商业银行、投资银行、保险公司、信托机构、信用卡机构,甚至还包括非金融企业,以发挥规模经济和范围经济的优势。

2. 金融制度的创新

金融制度的创新是指作为金融法律、法规的变革以及这种变革引起的金融业经营环境和经营内容上的新变化。金融制度创新有两条主线:一是金融监管适应时势变化,在一定程度上放松金融管制。例如,20世纪80年代以来随着各国放松商业银行管制、金融机构的地域限制,放弃外汇管制和放宽市场准入条件。1999年11月4日美国参众两院通过了《金融服务现代化法案》,该法案的核心是废止1933年通过的《格拉斯—斯蒂格尔法》以及其他一些相关法律中有关限制商业银行、证券公司和保险公司三者跨界经营的条款,鼓励银行、证券、保险业之间联合经营,提高金融业效率和国际竞争力。二是根据结构的变化,改进金融监管的手段和方法,以期获得金融创新环境下有效监管的效果。

第六节 金融创新的影响

金融创新是一个不断发展的动态过程。目前,学者们比较多地集中于微观经济分析,并取得了共识。即认为从微观层面看金融创新的影响表现在:第一,金融工具的创新增加了投资人和发行人在市场避险、投机和套利工具的选择范围,鼓励和扩大了对初级证券的投资。第二,金融服务技术和手段的创新、服务项目的增加和金融市场范围的拓展,降低了交易成本,增加了金融资产的流动性,为资金需求部门和个人提供了低成本多渠道的筹资来源。第三,现代科学技术在金融业的广泛应用及金融机构与金融制度的创新减少了信息不对称和代理成本的问题,提高了资金的运用效率。但在金融创新宏观影响的讨论中,分歧较大。下面我们就金融创新对货币需求、货币供应的影响进行分析。

一、金融创新对货币需求的影响

(一) 减弱了货币需求,改变了货币结构

尽管经济的发展、商品货币化程度加深、市场交易规模扩大和通货膨胀下物价水平的上升,都会导致货币需求处于一种绝对增长趋势,但金融创新却通过金融电子化和金融工具多样

化，使人们在经济活动中对货币的使用自然减少，降低了货币在广义货币和金融资产中的比重。究其原因：

(1) 金融创新中涌现出大量货币性极强的新型工具，如 MMMF、CD 等具有良好支付功能和变现能力的金融工具，它们在为人们提供高收益的同时，在很大程度上满足了人们对流动性的需求，使人们对货币需求减少。

(2) 金融创新带来的金融电子和支付结算系统改革，缩小了，特别是现金的使用范围，减弱了人们对货币的流动性偏好，导致货币需求下降。

(3) 金融创新带来金融市场高度发达的证券化趋势，使得介于资本市场和货币市场之间的金融工具大量增加，这些新型金融工具是对原有金融资源流动性、盈利性的重新组合，既能获得交易支付便利，又可获得高投资回报，缩小了支付手段和储藏手段之间的转化成本，相对提高了持币成本，人们会在资产组合中尽量减少货币持有量，增加非货币性的金融资产，结果是货币需求减少，货币全部资产中的比重下降。

(二) 降低了货币需求的稳定性

金融创新对货币需求稳定性的影响主要通过两条途径发生：

(1) 金融创新改变了人们持有货币的动机，引起货币需求的变化。即交易性动机、预防性动机的货币需求减弱，投机性货币需求的动机增强。由于交易性动机的货币需求受规模(主要是收入)变量的影响较大，具有相对稳定的特点。而投机性货币需求取决于机会成本和个人预期等复杂因素，变幻莫测，很不稳定。在货币需求中投机性货币需求上升，交易性、预防性货币需求下降，必然减弱货币需求的稳定性。

(2) 金融创新使货币需求的决定因素变得更为复杂和不稳定，例如货币需求的利率弹性不稳定、货币流通速度难以把握和测算、市场利率多变不稳定等，也会使货币需求多变和不稳定。

二、金融创新对货币供给的影响

(一) 扩大了货币供给主体

金融创新推动了金融业务综合化和金融机构同质化趋势，模糊了商业银行和其他非银行金融机构之间的业务界限，混淆了二者在货币创造功能上的本质区别。例如，电子资金划拨系统、可转让存单、电话付款、证券化贷款业务的逐渐完善，使得存款货币的创造不局限于商业银行，其他非银行金融机构也有创造存款的功能，而且随着创新的深入，这种能力还有不断增强的趋势。

(二) 扩大了货币乘数，增加金融机构创造货币的能力

由于任何一时点上的货币供给量都可以看成基础货币与货币乘数的乘积，因此，在中央银行提供的基础货币既定时，货币乘数的增加会对货币供应增加起关键作用。对货币乘数起决定作用的因素有：通货比率、定期存款比率、法定存款准备金率和超额储备。金融创新对这四个因素的影响为：

(1) 通货比率下降，货币乘数增加。金融创新从提高持币成本和促进金融制度发达两个

方面使通货比率下降，货币乘数提高。

(2) 定期存款比率不稳定，货币乘数不稳定。定期存款比率是公众保有的定期存款与活期存款的比率，它与货币乘数反向变动。金融创新中大量非存款金融工具的涌现和金融市场发达，定期存款作为价值贮藏手段的吸引力可能降低，一部分定期存款将可能转化为证券类金融资产，这将降低定期存款比率，扩大货币乘数。但如果银行在金融创新中不断推出有吸引力的定期存款工具，当活期存款比率不变时，定期存款的比率有可能提高，所以定期存款比率可能出现忽高忽低的情况，使货币乘数不稳。

(3) 法定存款准备金下降，货币乘数增加。在金融创新中商业银行不断创造出介于活期定期存款之间的或逃避提缴法定准备金的新账户，使法定存款准备金率的实际提缴下降，货币乘数增加。

(4) 超额准备率下降，货币乘数增加。金融创新使银行交纳超额准备的机会成本减少，拆借市场的发达使拆借资金的价格降低，公众对通货偏好减弱使银行保有的通货需求量减少，这一切最终导致超额储备率减少，货币乘数增加。

(三) 货币供应的内生性增加

货币供给的内生性主要指货币供给受经济体系内部因素支配的程度，它与中央银行的可控性是此消彼长的关系。金融创新一方面通过发挥减少货币需求、充分动用闲置资金、节约头寸、加快货币流通速度等作用，改变货币供应相对量；另一方面通过扩大货币供给主体、加大货币乘数、创造新型存款货币等对现实货币供应产生决定性影响，致使货币供给在一定程度上脱离中央银行控制，而越来越多地受经济体系内部因素的支配。因此，在经历了金融创新后，货币供给量不再是完全受中央银行控制的外生变量了。除基础货币外，它受经济变量和金融机构、企业、居民等内生因素的支配大大增强，货币的内生性增强，大大削弱了中央银行对货币供应的控制能力和控制程度。

案例 1 金融抑制使农村经济发展举步维艰

中国经济是典型的二元结构，但比较而言，中国金融二元结构的特点更为突出，城乡金融发展极不协调且呈逐步加剧之势，农村金融抑制现象十分严重。主要表现在：县级金融机构大量撤并导致县域金融体系严重萎缩，未撤的县级银行的贷款权也大多被上收，无法对县域经济发展提供足够的金融支持；农村的银行信贷资金投放较少，而农村资金大量倒流城市所形成的“非农化”现象十分突出，加剧了农村资金供求关系的失衡；农村保险业发展缓慢，严重滞后于农民对风险控制的需求和农村经济的发展等。

中国金融的二元结构固然与农村经济发展水平较低和市场化程度不高有关，但相关的制度安排不合理以及缺乏必要的政策引导也是一个不容忽视的因素。应该看到，这种金融二元结构已经带来了多方面的负面影响。

其一，制约了县域经济的发展，加剧了城乡发展不平衡的矛盾。县域经济是整个国民经济的基础环节，其发展直接关系到“三农”问题的解决，关系到全社会的就业形势，关系到国家的工业化和城市化发展。而县域经济发展必须依靠县域金融的大力支持。和大中城市相比，我国大多数县份经济基础较为薄弱，因而对金融具有更迫切的需求和更强的依赖性。而金融二元结构导致县域金融萎缩，金融支持乏力，已成为影响县域经济发展的重要因素。

其二，制约了农村金融消费者福利水平的提高，是导致城乡差距扩大的一个重要因素。金融消费水平是消费者社会福利水平的一个重要的"参照系"。随着金融改革深化和金融创新的发展，新的金融服务产品、新的金融投资工具、新的金融筹资手段、新的金融结算方式不断面世。但是，金融二元结构使农村的金融功能弱化，金融产品少，金融服务种类单调，金融供给严重滞后于农村金融消费者的金融需求，广大农民不能充分享受金融改革和金融创新带来的实惠，金融消费水平提升缓慢。

其三，制约了金融发展进程，有碍于金融支持实体经济作用的有效发挥。金融发展包括两方面内容：一是金融的总量扩张，二是金融的结构优化。前者主要用来扩大金融发展的广度，后者则主要用来增强金融发展的深度，即提高一国金融结构的协调程度和多样化程度。城乡金融发展不均衡，实质上是我国金融发展中地域结构性矛盾的集中体现，其不利于金融的协调和健康发展，也不利于提高金融资源的配置效率。

? 思考题：你认为制约中国农村经济快速发展的根本原因是什么？

案例 2　金融创新将使浙江经济发展如虎添翼

煦风吹皱一池春水。温州金融综合改革试验区破茧而出，绝非只让温州金融业如沐春风，对浙江同样意义非凡。因为在"十二五"期间，浙江正致力打造中小企业金融服务中心和民间财富管理中心"两个中心"，意欲实现从金融大省向金融强省跨越，这同样意味着前所未有的改革契机。

一、助推建设浙江"两个中心"

民间资金多、投资难和中小企业多、融资难这一"两多两难"问题，并非温州所独有，在省内其他地区也普遍存在。正因如此，"十二五"期间浙江省明确提出打造"两个中心"，剑锋直指日渐突出的"两多两难"问题。而温州金融综合改革试验区及时获批，如同给浙江省推进"两个中心"建设安上了一台马力强大的"助推器"。借助这一得天独厚的先行先试平台，引导民资阳光化、规范化，探索解决中小企业尤其是小微企业融资难、融资贵问题，对全省显然具有"风向标"意义。

从总体上看，浙江省已确立了"金融大省"的地位，但也有强有弱、有领先有滞后，离"金融强省"还有一定差距。优势很突出，比如，全省新增贷款约占全国 9%，不良贷款率多年保持在 1%以下，净利润约占全国 12%，这些指标都处在全国前列；还有，针对浙江省民营经济、县域经济和中小企业为主的经济省情，各银行机构在创新产品、服务、机构等方面也都走在全国前列。当然，短板也很明显，其中之一就是民间融资有待规范化和阳光化。

浙江企业的资金要素主要来自银行贷款、民间融资和企业供应链的资金。据不完全统计，2011 年全省出现重大信贷风险的企业中，涉及民间借贷的企业占比达 45.2%，民间借贷的风险隐患不小。浙江省金融办主任丁敏哲说，"所以要抓住温州金融综合改革试验区大好契机，做好民资阳光化、规范化两篇文章，在规范引导民间融资上实现新的突破"。通过温州的先行先试，给全省提供一个实践样本，包括搭建企业融资和民间资金转化平台，对接、引导民间资金有效转化科技资本、产业资本，趋利避害，既让民资从“地下”走上“地面”，同时又在风险相对可控、资金明码标价的情形下，解决部分中小企业主要是小微企业融资难、融资贵问题。

二、顺势做强浙江金融“三大方阵”

浙商银行、浙商保险、浙商证券、浙商期货、浙商信托、浙商产业投资基金和浙商证券投资基金……近年来“浙商系列”总部金融机构渐成气候，初步实现了“大团圆”；浙江的城市商业银行实力也很强，全国147家城商行中浙江占11家，且排名均在全国城商行前30强内；农村合作金融机构同样受人瞩目，全省81家农合机构无论存款余额、资产质量，抑或综合效益等多数指标均列全国农信社系统第一。

此外，浙江省还将借温州金融综合改革试验区推进之机，力求在区域金融创新上有新突破。通过金融集聚区的建设，引进总部金融机构、金融中后台服务平台，成为“资金洼地”和“资本高地”，形成财富流、要素流。目前，杭州钱江新城、宁波国际金融服务中心和温州金融集聚区都已初具雏形，下一步关键是“引凤”，如何吸引更多更强的金融机构前来入驻。

（本文来源：浙江日报(杭州)2012-03-31，记者：金涛）

思考题：浙江温州金融改革的模式适用我国各地区吗？为什么？

本章小结

1. 金融发展与经济发展之间存在相互促进的关系。金融发展有助于实现资本的积聚与集中、提高资源的使用效率、提高社会的投资水平；经济的发展提高人们对金融投资和理财服务的需求，形成越来越多的大企业集团，从而扩大融资需求，促进金融发展。

2. 金融抑制是指市场机制的作用没有得到充分发挥的发展中国家，其政府对金融体系实行人为的过多管制，从而导致金融效率低下，经济发展缓慢的现象。

3. 发展中国家存在严重的金融抑制，其金融体制有如下特征：金融资产形式单一、金融体系存在着明显的“二元结构”、金融机构单一、金融资产价格严重扭曲、实行外汇和外贸管制。

4. 金融抑制的严重后果是产生负收入、负储蓄、负投资、负就业，并由此产生恶性循环。

5. 金融深化是指政府放弃对金融体系的过分干预，并有效地控制通货膨胀之后，使利率和汇率能充分反映资金和外汇供求状况，从而推动经济的增长和金融体系的扩展。

6. 金融深化的措施主要包括取消不合理的利率限制，控制名义货币增长率；放松外汇管制；实行财政改革；鼓励银行之间的竞争；大力发展各类金融市场；改善对外贸易和吸收外资的环境等。

7. 金融创新指金融体系通过引进新的金融要素或将已有的金融要素重新组合，在最大化原则基础上构造新的金融生产函数。

8. 金融创新的主要动机是规避政府监管、控制金融风险、提高金融竞争能力、适用金融科技革命。主要内容包括金融战略的创新、金融工具的创新、金融技术的创新、金融机构的创新、金融制度的创新。

9. 金融创新的影响是深远的。它减弱了货币需求，改变了货币结构；降低了货币需求的稳定性；扩大了货币供给主体；增加了货币供应的内生性。总体来说，有利有弊，利大于弊。

重要基本概念

金融发展　金融结构　金融抑制　金融深化　金融创新　风险投资　对冲基金

复习思考题

1. 金融发展的衡量指标有哪些？
2. 什么是金融抑制？它的主要体现是什么？
3. 什么是金融深化？其主要措施有哪些？
4. 金融创新的动机是什么？主要内容有哪些？
5. 你怎样评价金融创新？

第十二章 金融监督与管理

内容提要

本章在界定金融监管概念的基础上，指出金融监管的理论基础是金融自由化理论和非对称信息理论；金融监管的目标包括保证金融机构经营的安全性和稳定性、鼓励并保证金融机构在平等的基础上进行有效的适当竞争、保证金融活动各方的正当权益、形成准确反映金融机构经营状况的金融信息系统四个方面；分析金融监管的基本原则是依法监管、适度竞争、自我约束与外部强制相结合、安全稳健与经济效益相结合等。提出金融监管体系的构成主要由监管主体、监管客体、监管内容和监管方法等组成；指出了当今世界各国金融监管的主要模式及金融监管的主要发展趋势。

重点与难点

通过本章学习，在理解金融监管的含义、目标和原则的基础上，进一步掌握金融监管体系的一般构成，包括金融监管的主体、客体、内容和方法等，同时了解当今世界各国金融监管的不同模式及以后的发展趋向。

第一节 金融监管概述

一、金融监管的含义

金融监管是金融监督与金融管理的复合称谓。从词义上讲，金融监督是指金融监管当局对金融机构及其业务活动实施全面的、经常性的检查和督促，并以此促使金融机构依法稳健经营、安全可靠和健康发展；金融管理是指金融管理当局依法对金融机构及其经营活动实行的领导、组织、协调和控制等一系列的活动。但在实际中，这两个词单独使用时，一般都分别包括了两个词的复合内容。20 世纪 90 年代以来，金融监督和金融管理一般同时使用，不再区分两者的细微差别。因此，金融监管这一复合词被广泛使用。

金融监管有狭义和广义之分。狭义的金融管理是指金融监管当局依据国家法律法规的授权，对整个金融业（包括金融机构及金融机构在金融市场上所有的业务活动）实施的监督和管理。广义的金融监管是在上述监管之外，还包括了金融机构内部控制与稽核的自律性监管、同业组织的互律监管、社会中介组织和舆论的社会监督等。各国的金融监管体系通常是指在广义范畴下的架构。

二、金融监管的理论基础

（一）金融自由化理论

金融自由化具有正、负效应，既有利于金融资源在全球范围内自由流动和有效配置，又使资本自发地和盲目地无限膨胀，从而引发各种金融风险，导致一国经济乃至世界经济发展失去平衡和发生危机。为此，国际社会和各国政府有必要制定各种金融法规和政策，并贯彻实施，以规范和约束各个金融机构和其他金融交易参与者的行为，抑制或弱化金融自由化的消极面，鼓励或强化金融自由化的积极面。

（二）非对称信息理论

20 世纪 80 年代开始流行的非对称信息理论基本命题十分简单：任何市场参与者都具有自己的私人信息，在任何一项市场交易或经济金融活动中，买卖的双方所拥有的信息是不对称的，因此经济金融运行实际上是一个“黑匣子”，市场参与者的活动过程总表现为各利益主体的博弈过程。以往的经济金融管理都以充分信息假定为基础，但这种假定与我们生活的现实不相吻合；而非对称信息理论具有普遍适应性，由于在金融活动中广泛存在的非对称信息，各利益主体在金融活动中的博弈就有失公平。为此，制定公开的博弈程序和规则并加以严格执行，是确保经济、金融活动有序运行的必要条件。

三、金融监管的目标

金融监管的总体目标是在一定的约束条件下追求最佳的效果，在稳定、公平、效率三者间寻求均衡。具体而言，金融监管的目标包括以下四个方面。

（一）保证经营的安全性和稳定性

金融机构的金融活动带有很大风险，无论是吸收存款、发放贷款，还是进行证券投资或外汇交易，都要承担一定的风险。金融监管就是要减少金融风险，保证金融机构的经营有一个稳定、安全、可靠的金融环境。

（二）鼓励进行有效的适当竞争

实践证明，金融机构提供的金融服务数量与服务质量，主要来自竞争的压力。没有同业的竞争，金融服务的质量就难以改善，金融服务的数量也就难以满足社会的需要。但是，竞争只能在平等的基础上进行，竞争是有限的，不能是过度竞争，金融监管就是要打破金融垄断，防止过度竞争，使竞争在法律范围内平等地进行。

（三）保证活动各方的正当权益

在金融活动中，无论是金融机构还是客户，都有其各自的经济权益和经济责任。例如，金融机构贷款的自主权、客户存款的存取权、债务偿还的各种义务等。金融管理就是要在金融机构与客户之间的这些经济权益和经济责任合理化和合法化方面，在当事人各方出现争议时进行仲裁、协调、监督与检查。只有维护各方经济利益，明确各方经济责任的情况下，金融业才能得到健康稳定的发展。

（四）造就高效的金融信息系统

要较好地完成金融监管的任务，金融监管部门必须能随时从金融机构取得金融信息，金融机构之间也只有在信息灵活畅通的情况下才能展开竞争，提高金融服务质量。因此，金融监管就必须造就一个高效率的信息系统为金融事业服务。

四、金融监管的基本原则

要使监管的动机与效果取得一致，实现有效监管，应遵循以下原则：

(一) 依法监管原则

世界各国金融监管体制虽不尽相同，但在依法监管这一点上却是相同的，而且还非常突出。这是由金融业的特殊地位及其重大影响所决定的。它主要表现在：一是所有金融机构都必须接受金融监管当局的监管，不能有例外；二是金融监管必须依法进行，必须确保金融监管的权威性、严肃性、强制性和一贯性，才能保证它的有效性。而要达到这一点，金融法规的完善和依法管理是绝对不可缺少的。

(二) 适度竞争原则

适度竞争原则要求金融监管当局努力创造适度的竞争环境，形成和保持适度竞争的格局，避免造成金融高度垄断而失去竞争，从而失去生机与活力；同时要防止出现过度竞争、破坏性竞争危及金融业的安全和稳定。总之，要做到管而不死、活而不乱。

(三) 双重约束原则

外部强制管理再缜密严格也是相对有限的，如果管理对象不配合、不愿自我约束而是千方百计设法逃避、应付、对抗，那么外部强制监管也难以收到预期效果；相反，如果将希望全部放在金融机构本身自觉自愿的自我约束上，则实难有效避免种种不负责任的冒险经营行为与道德风险的发生。因此，时时要把创造自我约束环境和加强外部强制管理结合起来。

(四) 综合管理原则

各国金融监管当局都比较注重综合配套使用行政的、经济的和法律的管理手段，以及各种不同管理方式和管理技术手段进行监管，包括直接的与间接的、外部的与内部的、自愿的与强制的、正式的与非正式的、报表的与现场的、事先的与事后的、国内的与国外的、经常性的与集中突出性的、专业的与非专业的、资产的与负债方面的监管等。

(五) 经济效益原则

安全稳健虽然是金融监管的重要内容，但并不是金融业存在与发展的最终目标，也不是金融监管的最终目的。金融业务发展和金融监管的最终目的是促进社会经济持续稳定的发展。要达到这一目标，金融业必须具有较好的经济效益，因此效益原则具有重要意义。

第二节 金融监管体系的一般构成

在不同的经济和金融制度安排下，各国都是根据本国的实际情况来架构金融监管体系，因此各国的金融监管体系各有特色。但总的来说，各国金融监管体系的构成基本相同，即主要由监管主体、监管客体、监管内容和监管方法等组成。

一、金融监管的主体

金融监管主体是监管的实施者，根据监管主体的法律性质不同，大致有政府监管和行业自律组织两类。其中政府监管主体又可分为两种情况：一种是由官方机构承担监管职责；一种是由民间机构或私人机构接受政府授权从事监管，这类机构实际上带有准官方性质。政府监管机构是凭借国家赋予的行政权力，通过制定法律法规对金融领域实行直接监管，属于正式制度安排。行业自律组织则是金融业自我管理、自我规范、自我约束的民间管理组织，如金融行业公会和各种协会。自律组织制定一系列行为规范，要求其成员共同遵守。行业自律属于非正式的制度安排，不是依靠政府的力量强制实施，行业自律组织成员长期从业是这些行为规范得以推行和维护的基础，因其长期从业，必然会重视自身的声誉。

从国际范围来看，作为金融监管当局的，有的是中央银行，如美国的联邦储备体系；有的是财政部，如奥地利的联邦财政部；有的是专门的监管机构，如德国的联邦银行监管署、法国的银行委员会。我国的金融监管主体是中国银行监督管理委员会、中国证券监督管理委员会和中国保险监督管理委员会，分别对银行信托业、证券期货业和商业保险业实施监督管理。监管主体是历史和国情的产物，它既没有统一的模式，也不是一成不变的。

二、金融监管的客体

金融监管的客体即金融监管的对象。金融监管的客体由各个国家根据本国金融发展状况来决定，但同时也受国际金融业发展态势的影响。虽然世界各国金融监管的客体不尽相同，但大体上都包括以下几个方面：

（一）金融机构

金融机构有银行金融机构、非银行金融机构、合作金融机构等。银行金融机构一般包括商业银行、政策性银行、外资银行等；非银行金融机构一般有信托投资公司、租赁公司、证券公司、保险公司、企业财务集团公司、邮政储蓄、典当行等；合作金融机构一般指各种类型的城、乡信用合作社。

（二）金融业务

一切融通资金的业务都是金融监管的对象。银行金融机构和合作金融机构的业务主要是存款、贷款、贴现、转账结算等；非银行金融机构的业务种类繁多，主要有信托、租赁、证券发行、证券买卖、保险、再保险等业务。除了金融机构开办的上述金融业务以外，彩票市场、基金等也是金融监管的对象。

（三）金融工具

金融工具是金融业务的载体，传统的金融工具是用于融资和办理转账结算的各种凭证，如股票、债券、代收款凭证、代付款凭证、汇票、本票、支票、信用卡等。随着金融业务和金融技术的日益更新，金融工具也不断创新，其衍生工具主要有大额可转让定期存单、可转让支付命令账户、可变利率存款单、可变利率抵押贷款、期货、期权、货币互换、利率互换等。

(四) 金融市场

如前所述，金融市场是金融业务运作和金融工具交易行为的总和。它包括货币市场、资本市场、黄金市场、外汇市场等。在金融市场上，银行短期借贷、银行同业拆借、各种可转让票据的流通、证券发行、股票、债券、黄金、外汇等交易品种的买卖等一切资金融通的行为和金融工具的流通，都是监管的客体。

(五) 金融风险

金融业是高风险行业，倘若某一家金融机构资不抵债或资金周转不灵，受损失的不仅是该机构本身，还影响社会上众多存款者的资金安全，甚至危及整个金融体系。因此，防范和化解信用风险、利率风险、汇率风险、流动性风险、操作风险等各种风险，也是金融监管的内容。可以说，各国金融监管的历史，就是与金融风险斗争的历史。

三、金融监管的内容

金融监管的内容主要有三个方面，即市场准入的监管、市场运作过程的监管、市场退出的监管。

(一) 市场准入的监管

所有国家对银行等金融机构的监管都是从市场准入开始的。各个国家的金融监管当局一般都参与金融机构的审批过程。金融机构申请设立必须符合法律规定，主要包括两个方面：一是具有素质较高的管理人员；二是具有最低限度的认缴资本额。管理人员的条件和资本额的标准各国都有具体规定。我国金融机构的设立申请，一般也是主要审查这两个方面。

市场准入的监管内容主要包括：确定金融机构设立的程序；规定金融机构设立的组织形式，如采取有限责任公司或股份有限公司，或合作制的形式设立；审查批准申请设立金融机构的可行性报告；审查批准金融机构拟订的章程；规定最低的资本金要求；审查批准金融机构的经营方针和营业场所；审查法定代表人及主要负责人的任职资格；金融机构的设立采用特许制度的国家，经监管当局审查批准后，颁发给新设立金融机构法人许可证或营业许可证，凭许可证到管理部门办理登记，并领取营业执照。在办妥以上手续后，金融机构才得以正式营业。

(二) 市场运作过程的监管

金融机构经批准开业后，监管当局要对金融机构的运作过程进行有效监管，以便更好地实现监管目标的要求。下面以商业银行为代表来说明对运作过程的监管。

1. 资本充足性监管

对于商业银行的资本金，除注册时要求的最低标准外，一般还要求银行自有资本与资产总额、存款总额、负债总额及风险投资之间保持适当的比例。银行在开展业务时要受自有资本的制约，不能脱离而任意扩大业务。1988年《巴塞尔协议》关于核心资本和附属资本与风险资产的4%和8%的比例规定，已经被世界各国普遍接受，作为对银行监管中资本充足率的最重要、最基本的标准。

2. 流动性管理

各国金融监管当局对银行的流动性同资本充足性一样重视，只是监管流动性的方法有所不同。有的国家不正式规定流动性的具体界限，但经常予以检查监督；有的国家对银行资产负债分别设计比例，来监视银行的清偿能力；有的国家对吸收短期存款而进行长期投资的银行单独实行管理，对其长期性投资加以特殊限制。流动性监管既包括本币流动性，也包括外币流动性。在实践中要恰当地评价、准确地测量银行的流动性是很复杂的，也很困难，趋势是以考核银行资产负债期限和利率结构搭配是否合理为基础，对流动性进行系统的评价。

3. 业务范围的监管

金融机构可以经营哪些业务，不可以经营哪些业务，一般是有限制的。一些国家把商业银行业务与投资银行业务分开，并禁止商业银行认购股票；一些国家则限制银行对工商企业的直接投资。有的国家禁止在银行内把银行业务与非银行业务混在一起，但允许通过银行控股公司、附属机构等参与某些风险较大的非银行活动；有的国家允许银行经营非银行业务，但限制投资规模；有的国家允许受特殊管理的银行进行大范围的经营活动；有的国家对银行经营的业务种类很少施加限制。

4. 贷款风险的控制

追求最大限度的利润是商业银行经营的直接目的，商业银行把吸收的资金尽可能地用于贷款和投资，尽可能地集中投向盈利高的方面。由于获利越多的资产，风险相对较大，因而大多数国家的中央银行都尽可能限制商业银行的贷款投向过度集中，通常限制一家银行对单个借款者提供过多的贷款，以分散风险。如英国法规规定对单个客户的贷款不得超过银行自有资本的10%，美国规定不得超过自有资本的7%。从风险管理的角度上讲，仅对各种风险实行逐项控制是远远不够的，更重要的是应当将注意力放到各类风险之间的相互联系和相互影响上，既要考虑表内业务风险，也要考虑表外业务风险；既要注意资产风险，也要注意负债风险。

5. 外汇风险管理

在外汇风险领域里，大多数国家对银行的国际收支的趋向很重视，并制定适当的国内管理制度，但各自的管理制度有着显著的差别。美国、法国、加拿大等国对外汇的管制较松；而英国、日本、荷兰、瑞士等国对外汇的管制较严，如英格兰银行对所有在英国营业的银行的外汇头寸进行监控，要求任何币种的交易头寸净缺口数不得超过资本基础的10%，对于外国银行分支机构，英格兰银行要求其总部及母国监管当局要对其国外交易活动进行有效的控制；日本要求外国银行在每个营业日结束时，其外汇净头寸(包括即期和远期外汇)不得突破核准的限额；荷兰、瑞士对银行持有未保险的外币款项，要求增加相应的资本金等。

6. 存款准备金管理

银行的准备金不仅是保持其清偿力的必要条件，而且也是操作存款准备工具实施货币政策的基础。因此，对商业银行的监管必须考虑准备金因素。监管当局的主要任务是确保银行及时足额地提取法定存款准备金，提取和保留必要的超额准备金。

7. 存款保险管理

为了维护存款者利益和金融业的稳健经营与安全，许多国家在金融体制中设立负责存款保险的机构，规定本国金融机构按吸收存款的一定比例向专门的存款保险机构交纳保险金，当金融机构出现信用危机时，由存款保险机构提供财务支援，或由存款保险机构直接向存款者支付部分或全部存款，以维护正常的金融秩序。目前，许多市场经济国家也已经建立了官方或行业性的存款保护制度。

（三）市场退出的监管

金融机构市场退出的原因和方式可分为两类：主动退出与被动退出。主动退出是指金融机构因分立、合并或者出现公司章程规定的事由需要解散，因此而退出市场的，其主要特点是“主动地自行要求解散”。被动退出则是指由于法定的理由，如由法院宣布破产或因严重违规、资不抵债等原因而遭关闭，监管当局将依法关闭金融机构，取消其经营金融业务的资格，金融机构因此而退出市场。

各国对金融机构市场退出的监管都是通过法律予以明确，并且有很细致的技术性规定，一般有接管、解散、撤销、破产等几种形式。无论采用哪种形式，当局都要对金融机构的市场退出过程进行监管，保持其退出的合理性和平稳性，例如公众的利益是否得到必要的保护、破产清算的标准和程序是否严谨、被他人兼并或收购是否合理合法等，将不幸事件对公众的损害和对社会的震荡降到最低限度。

四、金融监管的方法

（一）非现场监控

各国一般都规定各银行和金融机构必须按期向中央银行提供有关财务报告。这些报告提供了货币供应和未偿还信贷总额等关键性数据，以及大量有关银行财务状况的资料，如资产负债表、损益表及意外负债表等。对银行呈报的定期报告进行对比分析是银行检查的重要方法。分析通常采用两种方法：一是趋势分析法，即对同一家银行不同时期增长或下降的比较分析，用以观察一个时期该项比率的变化趋势，若发现不利情况，则需加强监管检查；二是对比分析法，即同类金融机构间的对比，通常比较资本充足程度、资产质量、收益及流动资金等方面。

（二）现场实际检查

现场检查主要检查资本充足状况、资产质量、管理质量、收入和盈利状况、清偿能力等，以此来进行全面的综合评估。在检查过程中，检察官员要判断银行活动是否安全、健全与合法，要检查银行每项业务活动的政策、做法和程序，包括银行的社会活动和战略计划的安排；判断该银行内部与外部管理的情况；评价管理机构的能力等。美国是使用现场检查方法最早和最充分的国家，它认为现场检查方法是金融监管的核心。这一方法已被日本、西欧国家及第三世界国家所广泛采用。

（三）加强内部控制

内部控制各国一般都要求银行和金融机构根据法律规范自我约束、自我管理，建立内控制度。金融机构的内控制度是金融机构对内部各职能部门及其工作人员从事的业务活动进行风险控制、制度管理和相互制约的方法、措施和程序等。完善的内部控制是规范金融机构经营行为、有效防范风险的关键，也是衡量金融机构经营管理水平高低的重要标志。

（四）内外部审计相结合

审计是一种监督审查的系统方法。很多国家要求银行定期由国家注册的审计师审查账目报表。内部审计师是银行聘请的，向股东大会负责，审查重点在银行的盈利，而不是银行监管当局关注的风险与安全。建立外部的正式或非正式审计制度，以及内部与外部审计制度的协调联系，是很有必要的。

（五）事后处理法

当金融监管当局发现某一个银行的经营方法不符合金融管理规定、经营管理状况出现妨碍稳健经营的倾向或有危害公众利益的行为时，就应该按不同情况采取相应的措施。这些措施包括：及时提醒银行高级管理人员注意该倾向或问题；命令银行调整、撤销某项不适合的措施或业务政策，在短期内重新稳定局势。如果上述措施不能实现或效果不明显时，可以同时采取以下几项措施：将经营不良情况公之于众，列入有问题的银行名单；任命一个专门小组或专门委员进行正式或非正式监管，包括对该银行负责机构所作的决定给予书面批示；命令其停止经营全部或部分业务，定期停业整顿；撤销其董事或监事；吊销营业执照等。

第三节 金融监管的模式

一、世界各国金融监管的不同模式

由于各国地理条件和自然状况不同，经济结构和发展水平不同以及政治和法律制度的显著差异，所以形成了世界各国金融监管的不同模式。

（一）双线多头金融监管模式

所谓“双线”是指在中央和地方设立两级中央银行机构，分别行使金融监管权，中央级机构是最高权力或管理机构，地方机构除执行统一的货币政策外，在业务经营管理上具有较大的独立性。所谓“多头”是指在中央一级和地方一级又分别由两个或两个以上的机构负责银行体系的监督管理。世界上实行双线多头金融监管体制的国家不多，主要存在于实行联邦政治体制的国家，如美国、加拿大等。

这种金融监管体制具有以下优点：适应于地域辽阔、金融机构很多而情况差别又很大的国家；适应于政治、经济结构比较分散的联邦制国家；能较好地提高金融机构监管部门的工作效率；可以防止一国金融权力的过分集中；还可以使金融机构根据自身的不同特点，选择金融监管机构；也可以使金融制度的监管专门化，提高对金融业务机构服务的能力。但是，双线多头金融监管体制也存在明显不足：监管机构交叉重叠，金融法规不统一；管理分散，重复检查与监督，影响金融机构的业务活动；金融机构容易钻不同监管部门的空子，加剧金融领域的矛盾与混乱；降低货币政策与金融监管的效率；为金融机构造成一个不平等的金融环境。

（二）单线多头金融监管模式

所谓“单线”是相对“双线”监管体制而言的，监管权力集中于中央，但在中央一线又分别由两个或两个以上的机构负责金融业务的监督管理。通常，这种多头监管体制是以财政部和中央银行为主体开展工作。实行这一监管体制的国家较多，代表国家有法国、德国、意大利、比利时、日本、新加坡等。

在单线多头金融监管体制中，制约金融发展的因素比双线多头监管体制少得多。金融体系的集中统一监管和金融工作的效率是显而易见的。在实行这一监管体制的国家中，人们也习惯和赞成各权力机构相互制约与平衡。各金融机构监管部门之间的协作也是不错的。例如：德国信贷机构联邦监督局同联邦银行之间、日本银行同大藏省银行管理局之间就配合默契，富有成效。即使像法国那种更多头的情况，也没有特殊的困难。但是，这种单线多头金融监管体制运行效率的关键在于各金融管理机构之间的合作。在一个不善合作与立法不健全的国家中，这种体制难以有效运行。再者，这种体制也面临着同双线多头监管体制类似的问题，如重复监管等。

（三）高度集中的单一金融监管模式

高度集中的单一金融监管模式是指由单一的中央级机构如中央银行或专门的监管机构对金融业务监督与管理。世界上大多数国家实行这种金融监管模式，属于这一类型的国家既包括一部分发达的资本主义国家，又包括大部分发展中国家。

高度集中的单一金融监管体制，使金融监管集中，金融法规统一，金融机构不容易钻空子；也能较好地适应高度集中的计划经济体制和中央银行集权的政治结构。如果运行得当，还有助于提高货币政策和金融监管的效率，为金融机构提供良好的社会服务。它也有助于克服其他体制下的相互扯皮、推卸责任的弊端。但是，这种体制有可能使金融监管部门作风官僚化，金融监管任务过重，不利于提高金融监管干部的素质，不利于为金融机构提供更好的服务。

（四）跨国金融监管模式

跨国金融监管模式是指在经济合作区域内，对该区域内的金融业实行统一的监管与管理的体制。行使这一职能的机构是跨国中央银行，其代表是跨国的西非货币联盟和中非中央银行。

跨国金融监管模式具有下列优点：一是跨国中央银行的股本为参加该货币联盟的各国所共有，而不是为某一国所独有；二是它参加该货币联盟的所有国家执行中央银行职能，而不是单独为某一个国家服务；三是它是邻近一些国家自然的地区性联合，有利于经济金融合作；四是同某一发达国家有紧密的经济贸易关系，联盟货币与其货币维持共同的平价；五是成员国将金融管理权交给跨国中央银行，既可带来节约和有效的优点，又可避免由于缺乏金融人才和经验而带来的损失；六是具有互助合作、稳定金融、稳定经济的突出优点。但是，跨国金融监管模式运行成功的关键在于成员国的合作。一旦成员国之间出现利益冲突，就会给金融业带来混乱。再者，在合作过程中，该国的金融管理政策也可能会失去独立性。

从以上金融监管四种模式可以看出，金融监管模式的选择，一般至少受以下三个因素影响。

(1) 市场经济与信用发达程度。市场经济发展水平高，信用发达国家，金融监管制度就比较健全完善，中央银行对外自主性较强，大多趋向双线多头或单线多头的金融监管体制；反之，商品经济与信用制度欠发达的国家，多数实行跨国的金融监管体制。

(2) 经济运行机制。一般以市场经济为主的国家，多数实行单线多头或双线多头的金融监管体制；中央计划经济为主的国家多数实行高度集中的金融监管体制。

(3) 国家体制。实行联邦制国家，地方自治权较大，地区性利益较强的国家，多数实行单线多头的金融监管体制；反之，国家政治、经济、立法比较统一，国家权力比较集中，多数实行单线多头的金融监管体制。

二、现代金融监管模式的发展趋势

随着经济、金融环境的改变，金融监管体制也在不断进行适应性的调整和创新。虽然由于各国的金融发展水平、金融文化和历史传统存在较大差异，加之经济体制、政治体制、中央与地方的关系不同，各国的监管体制各具特色，但近来在金融全球化的背景下，改革和重构监管体制已成为各国面临的共同问题。现代金融监管体制在发展完善的过程中呈现出一些新趋向，具体如下所述。

（一）政府监管和自律监管趋于融合

根据监管体系中政府监管与行业自律的重要性不同，可分为政府监管体制和自律监管体制两类。政府监管体制是指政府积极参与金融监管，设立专门的监管机构并制定相应的管理法规，而行业自律只是起辅助作用。美国、日本及许多欧洲大陆国家多倚重规范化的政府监管。自律监管体制是指政府除了进行某些必要的国家立法外，较少直接对金融市场进行规制，市场管理主要依靠行业组织自律，金融机构也通过自我约束给予配合。英国在传统上倚重行业自律性的监管，是自律型监管体制的典型。

实际上，政府监管与自律监管是相辅相成的，随着20世纪90年代末期的金融混业化为标志的金融业发展趋势，人们更是认为政府监管与自律监管都是不可或缺的，应该同时强化。一方面，实行政府监管体制的国家开始日益重视行业自律的作用。金融行业自律组织通过对行业内部的管理，避免业内不正当竞争，规范行业运作，促进金融机构同业之间的协作，减轻了政府监管机构的压力，同时与政府监管机构适时沟通，减少了金融机构与政府的摩擦。另一方面，实行自律监管体制的国家也开始通过立法和建立统一的监管机构，加强监管的规范化，将金融行业的自律机制逐渐纳入监管法制体系中。

（二）外部监管和内部控制相互促进

外部监管主体不再是一味地从外部施加管制，而是更加注重促使金融机构强化内部控制制度，提高自我监控水平。金融监管机构对金融机构的内部控制提出了全方位的要求，包括建立科学的企业治理结构、独立与权威的内部监察机构、业务职能部门明确的风险控制分工及彼此相互制约关系、谨慎的授信审批制度或分级授权制度、严格的会计控制制度、有效的内部检查与稽核制度及合理的员工管理制度。金融机构是否具有完善的内控机构和制度是金融监管机构进行检查的重要内容。此外，金融监管机构还鼓励金融机构开发控制风险的内部模型，以提高控制风险的技术水平，并增强其适用性。

同时，金融机构健全有效的内部控制也是外部监管的基础。金融监管机构的监管目标必须通过金融机构自身的稳健经营来实现。严密的内部控制将使金融机构有效地防范和规避风险，而金融机构的安全运营是金融系统稳定安全的基本保障。此外，由于内控制度为金融机构划定了行为边界，促使其时刻保持足够的理性，也使金融监管机构实施监管的过程更为顺利。

（三）分业监管向统一监管转变

分业监管是根据金融机构及其业务范围的划分，由多家专业监管机构分别进行监管；统一监管是指由一家监管机构承担监管职责，将金融业作为一个互相联系的整体统一进行监管。集中监管的支持者认为这种监管体制具有多种优点：首先，全面、广泛、统一的监管体制更能适应金融混业经营的发展趋向，能够更为灵敏地发现多样化经营的金融机构不同业务部分存在的问题；其次，集中监管可实现规模经济，有利于节约行政成本；再次，集中监管还可以减少被监管者的奉行成本，因为被监管者只需与一家监管机构接触；此外，集中监管能够提高监管效率，避免了过分的职责交叉、机构重叠和相互干扰，同时实现了监管资源共享，能够对监管对象进行有效监管。赞成分业监管的一方则认为即使金融业传统的职能分工特征正在减弱，但是银行业、证券业和保险业仍会存在重要区别；分业监管的针对性和专业性更强，监管目标明确；单一监管机构体系庞大，内部协调和管理的成本将是不小的开支，而且处于绝对的监管垄断地位，容易出现官僚主义。

20 世纪 80 年代以来，在金融自由化和金融创新浪潮的冲击下，许多实行分业经营的国家纷纷走上混业经营道路；与之相应，各国的金融监管体制逐渐发生重大转变。根据有关调查显示，虽然目前多数国家仍然实行分业监管，但是受到混业经营的影响，实行完全分业监管的国家在数目上呈现出减少趋势，不少国家的金融监管正向完全混业监管或部分混业监管的模式过渡。

（四）功能型监管理念对机构型监管提出挑战

功能型监管理念由哈佛商学院的罗伯特·莫顿提出。传统的机构型监管是以金融机构的类别为标准划分监管机构，而功能型监管是根据金融产品的特定功能来确定该金融产品的监管机构。功能型监管能够有效地解决混业经营中金融创新产品监管的归属问题，避免出现监管真空，而且主张实行跨产品、跨机构、跨市场的协调监管，更适应混业经营对金融监管体制的要求。由于金融产品的功能具有稳定性，使得据此设计的监管体制和监管规则更具连续性和一致性，同时又为金融创新提供了更大的空间。

案例 1 中国版“巴塞尔协议”不会抑制放贷

2012 年 6 月 8 日，中国银监会发布《商业银行资本管理办法（试行）》（以下简称《管理办法》），将于 2013 年 1 月 1 日实施。此《管理办法》被视为“中国版《巴塞尔协议Ⅲ》”。《巴塞尔协议Ⅲ》是 2010 年 G20 峰会上通过的，它为协议签署国提供资本监管的技术标准，但并不插手各国实际监管事务。各国监管部门要根据本国银行发展情况，来完成新标准的制定和实施。中国原本计划在今年初推行新的银行资本标准，但在准备过程中发现需要准备和解决的问题太多，一些数据积累得还不够，所以推迟至明年。

有人担心，执行新标准是否会抑制放贷？从目前来看，并不会产生这种效果，新标准的实施是为了银行的安全和行业的稳健。只有行业稳健才能够提供优质的服务，如果行业本身不健康、不安全，是不可能为其他行业提供优质服务的。所以，无论有没有《巴塞尔协议Ⅲ》，银行在经营业务的时候，首先考虑的是业务风险问题，能否有力控制和承担风险，这是做业务的前提，并非谁要钱就贷给谁，那是慈善不是银行。这是经营银行的基本理念，不在于是否实施某项新规定，银行只会按照自己的行业和业务本身的要求来放贷。银行的资金全部来自存款人，银行要对存款人、债权人负责，而不是对贷款方负责。

也有人提出，我们的监管标准正在不切实际的大跃进，导致许多企业贷不到款，如果降低标准，对实体经济的发展更有好处。其实，这是一个难有结论的话题。我们可以看到，欧洲国家现在深陷债务危机，要纳税人掏钱去救银行，就是当初监管标准没有把控到位。从这个角度来说，金融体系稳健经营是比较恰当的，最好不要出现上述问题。银行不要超越了自己的管理能力和风险承受能力，去冒险做高风险贷款和投资。最近几年，我们看到太多银行倒闭的案例，无论是美国的次贷危机，还是欧债危机，都有一家家银行倒闭，冒险是主要原因，特别是不要做"大跃进式"的冒险。前期我们做地方融资平台，银行有大量的风险贷款，这个问题到现在还未完全解决。总的来说，银行是服务行业，为经济发展提供金融服务是银行的职责，但是提供服务要在能力匹配的范围内。

（来源：赵锡军，中国人民大学财政金融学院副院长）

? 思考题：政府加强对商业银行资本金的监管有哪些好处?

案例 2 胡锦涛主席呼吁加强全球金融监管

东方网 2012 年 6 月 20 日消息：二十国集团领导人第七次峰会 19 日在墨西哥洛斯卡沃斯继续进行，讨论加强国际金融体系以及发展、贸易等问题，中国国家主席胡锦涛出席并发表专题讲话指出，希望各国共同建立一个惠及所有国家和民众的金融体系。

胡锦涛指出，建立公平、公正、包容、有序的国际金融体系，有利于世界经济长期健康稳定的发展，符合国际社会共同利益。各国应该共同努力，推动国际金融体系改革取得更多成果；处理好金融创新和金融监管、虚拟经济和实体经济、储蓄和消费的关系，使金融体系更好地服务和促进实体经济发展；推进国际金融治理改革，增加新兴市场国家和发展中国家代表性和发言权；完善国际货币体系，建立币值稳定、供应有序、总量可调的国际储备货币体系；扩大国际货币基金组织特别提款权使用并改善其货币篮子组成，增强国际货币体系稳定性；将改革国际金融体系同促进国际发展合作结合起来，将解决南北发展不平衡问题作为一项重要工作和长期任务。

胡锦涛指出，普惠金融问题本质上是发展问题，希望各国加强沟通和合作，提高各国消费者保护水平，共同建立一个惠及所有国家和民众的金融体系，确保各国特别是发展中国家民众享有现代、安全、便捷的金融服务。

胡锦涛强调，世界经济强劲、可持续、平衡增长离不开发展中国家的发展。二十国集团应该把发展问题作为常设议题，推动国际社会加大对发展中国家支持和帮助。中国在南南合作框架内帮助发展中国家建设农业、基础设施项目，提供粮食等方面的援助，今后还将继续这样做。

胡锦涛指出，绿色增长的核心是本着可持续发展理念，努力建设资源节约型、环境友好型社会，应该把绿色增长同消除贫困、保障发展中国家发展权结合起来，尊重发展中国家自主选择的发展道路，保障发展中国家的发展空间。

胡锦涛表示，国际贸易是世界经济增长的重要推动力量。二十国集团应该共同努力，促进国际贸易健康稳定发展，坚定不移推进贸易自由化便利化，反对各种形式的保护主义，共同营造开放、公平公正的全球贸易环境，维护并加强多边贸易体制，继续推进多哈回合谈判。

思考题：当前为什么要强化金融的国际监管？

本 章 小 结

1. 金融监管是金融监督与金融管理的复合称谓。从词义上讲，金融监督是指金融监管当局对金融机构及其业务活动实施全面的、经常性的检查和督促，并以此促使金融机构依法稳健经营、安全可靠和健康发展；金融管理是指金融管理当局依法对金融机构及其经营活动实行的领导、组织、协调和控制等一系列的活动。但在实际中，这两个词单独使用时，一般都分别包括了两个词的复合内容。

2. 金融监管的理论基础是金融自由化理论与非对称信息理论。

3. 金融监管的目标是在一定的约束条件下追求最佳的效果，在稳定、公平、效率三者间寻求均衡。具体而言，金融监管的目标包括以下四个方面，保证金融经营的安全性和稳定性；鼓励金融机构进行有效的适当竞争；保证金融活动各方的正当权益；造就高效的金融信息系统。

4. 金融监管的原则有依法监管原则、适度竞争原则、双重约束原则、综合管理原则、经济效益原则。

5. 金融监管的体系由金融监管主体、金融监管客体、金融监管内容与金融监管方法组成。金融监管主体是监管的实施者，根据监管主体的法律性质不同，大致有政府、行业自律组织与金融机构三类；金融监管的客体包括金融机构、金融工具、金融业务、金融市场、金融风险等；金融监管的内容主要有三个方面，即市场准入的监管、市场运作过程的监管、市场退出的监管；金融监管的方法有非现场监控、现场实际检查、金融机构内部控制、内外部审计相结合、事后处理法等。

6. 金融监管的模式有双线多头、单线多头、集中统一、跨国监管等多种模式。我国实行单线多头的金融监管模式。

重要基本概念

金融监管　　金融工具　　金融风险　　资本充足率　　跨国金融监管模式
双线多头金融监管模式　　单线多头金融监管模式

复 习 思 考 题

1. 金融监管的目标与原则是什么？
2. 金融监管的主体、客体、内容与方法各有哪些？
3. 试分析不同的金融监管模式的优缺点及其适用范围。
4. 试述金融监管的发展趋势。

附录一　中华人民共和国中国人民银行法

（1995 年 3 月 18 日第八届全国人民代表大会第三次会议通过根据 2003 年 12 月 27 日第十届全国人民代表大会常务委员会第六次会议《关于修改〈中华人民共和国中国人民银行法〉的决定》修正）

目录

第一章　总　　则

第一条　为了确立中国人民银行的地位，明确其职责，保证国家货币政策的正确制定和执行，建立和完善中央银行宏观调控体系，维护金融稳定，制定本法。

第二条　中国人民银行是中华人民共和国的中央银行。中国人民银行在国务院领导下，制定和执行货币政策，防范和化解金融风险，维护金融稳定。

第三条　货币政策目标是保持货币币值的稳定，并以此促进经济增长。

第四条　中国人民银行履行下列职责：

（一）发布与履行其职责有关的命令和规章；

（二）依法制定和执行货币政策；

（三）发行人民币，管理人民币流通；

（四）监督管理银行间同业拆借市场和银行间债券市场；

（五）实施外汇管理，监督管理银行间外汇市场；

（六）监督管理黄金市场；

（七）持有、管理、经营国家外汇储备、黄金储备；

（八）经理国库；

（九）维护支付、清算系统的正常运行；

（十）指导、部署金融业反洗钱工作，负责反洗钱的资金监测；

（十一）负责金融业的统计、调查、分析和预测；

（十二）作为国家的中央银行，从事有关的国际金融活动；

（十三）国务院规定的其他职责。

中国人民银行为执行货币政策,可以依照本法第四章的有关规定从事金融业务活动。

第五条 中国人民银行就年度货币供应量、利率、汇率和国务院规定的其他重要事项作出的决定,报国务院批准后执行。

中国人民银行就前款规定以外的其他有关货币政策事项作出决定后,即予执行,并报国务院备案。

第六条 中国人民银行应当向全国人民代表大会常务委员会提出有关货币政策情况和金融业运行情况的工作报告。

第七条 中国人民银行在国务院领导下依法独立执行货币政策,履行职责,开展业务,不受地方政府、各级政府部门、社会团体和个人的干涉。

第八条 中国人民银行的全部资本由国家出资,属于国家所有。

第九条 国务院建立金融监督管理协调机制,具体办法由国务院规定。

第二章 组 织 机 构

第十条 中国人民银行设行长一人,副行长若干人。

中国人民银行行长的人选,根据国务院总理的提名,由全国人民代表大会决定;全国人民代表大会闭会期间,由全国人民代表大会常务委员会决定,由中华人民共和国主席任免。中国人民银行副行长由国务院总理任免。

第十一条 中国人民银行实行行长负责制。行长领导中国人民银行的工作,副行长协助行长工作。

第十二条 中国人民银行设立货币政策委员会。货币政策委员会的职责、组成和工作程序,由国务院规定,报全国人民代表大会常务委员会备案。

中国人民银行货币政策委员会应当在国家宏观调控、货币政策制定和调整中,发挥重要作用。

第十三条 中国人民银行根据履行职责的需要设立分支机构,作为中国人民银行的派出机构。中国人民银行对分支机构实行统一领导和管理。

中国人民银行的分支机构根据中国人民银行的授权,维护本辖区的金融稳定,承办有关业务。

第十四条 中国人民银行的行长、副行长及其他工作人员应当恪尽职守,不得滥用职权、徇私舞弊,不得在任何金融机构、企业、基金会兼职。

第十五条 中国人民银行的行长、副行长及其他工作人员,应当依法保守国家秘密,并有责任为与履行其职责有关的金融机构及当事人保守秘密。

第三章 人 民 币

第十六条 中华人民共和国的法定货币是人民币。以人民币支付中华人民共和国境内的一切公共的和私人的债务,任何单位和个人不得拒收。

第十七条 人民币的单位为元,人民币辅币单位为角、分。

第十八条 人民币由中国人民银行统一印制、发行。

中国人民银行发行新版人民币,应当将发行时间、面额、图案、式样、规格予以公告。

第十九条 禁止伪造、变造人民币。禁止出售、购买伪造、变造的人民币。禁止运输、持有、使用伪造、变造的人民币。禁止故意毁损人民币。禁止在宣传品、出版物或者其他商品上非法使用人民币图样。

第二十条　任何单位和个人不得印制、发售代币票券，以代替人民币在市场上流通。

第二十一条　残缺、污损的人民币，按照中国人民银行的规定兑换，并由中国人民银行负责收回、销毁。

第二十二条　中国人民银行设立人民币发行库，在其分支机构设立分支库。分支库调拨人民币发行基金，应当按照上级库的调拨命令办理。任何单位和个人不得违反规定，动用发行基金。

第四章　业　　务

第二十三条　中国人民银行为执行货币政策，可以运用下列货币政策工具：

（一）要求银行业金融机构按照规定的比例交存存款准备金；

（二）确定中央银行基准利率；

（三）为在中国人民银行开立账户的银行业金融机构办理再贴现；

（四）向商业银行提供贷款；

（五）在公开市场上买卖国债、其他政府债券和金融债券及外汇；

（六）国务院确定的其他货币政策工具。

中国人民银行为执行货币政策，运用前款所列货币政策工具时，可以规定具体的条件和程序。

第二十四条　中国人民银行依照法律、行政法规的规定经理国库。

第二十五条　中国人民银行可以代理国务院财政部门向各金融机构组织发行、兑付国债和其他政府债券。

第二十六条　中国人民银行可以根据需要，为银行业金融机构开立账户，但不得对银行业金融机构的账户透支。

第二十七条　中国人民银行应当组织或者协助组织银行业金融机构相互之间的清算系统，协调银行业金融机构相互之间的清算事项，提供清算服务。具体办法由中国人民银行制定。

中国人民银行会同国务院银行业监督管理机构制定支付结算规则。

第二十八条　中国人民银行根据执行货币政策的需要，可以决定对商业银行贷款的数额、期限、利率和方式，但贷款的期限不得超过一年。

第二十九条　中国人民银行不得对政府财政透支，不得直接认购、包销国债和其他政府债券。

第三十条　中国人民银行不得向地方政府、各级政府部门提供贷款，不得向非银行金融机构以及其他单位和个人提供贷款，但国务院决定中国人民银行可以向特定的非银行金融机构提供贷款的除外。

中国人民银行不得向任何单位和个人提供担保。

第五章　金融监督管理

第三十一条　中国人民银行依法监测金融市场的运行情况，对金融市场实施宏观调控，促进其协调发展。

第三十二条　中国人民银行有权对金融机构以及其他单位和个人的下列行为进行检查监督：

（一）执行有关存款准备金管理规定的行为；

（二）与中国人民银行特种贷款有关的行为；

（三）执行有关人民币管理规定的行为；

（四）执行有关银行间同业拆借市场、银行间债券市场管理规定的行为；

（五）执行有关外汇管理规定的行为；

（六）执行有关黄金管理规定的行为；

（七）代理中国人民银行经理国库的行为；

（八）执行有关清算管理规定的行为；

（九）执行有关反洗钱规定的行为。

前款所称中国人民银行特种贷款，是指国务院决定的由中国人民银行向金融机构发放的用于特定目的的贷款。

第三十三条　中国人民银行根据执行货币政策和维护金融稳定的需要，可以建议国务院银行业监督管理机构对银行业金融机构进行检查监督。国务院银行业监督管理机构应当自收到建议之日起三十日内予以回复。

第三十四条　当银行业金融机构出现支付困难，可能引发金融风险时，为了维护金融稳定，中国人民银行经国务院批准，有权对银行业金融机构进行检查监督。

第三十五条　中国人民银行根据履行职责的需要，有权要求银行业金融机构报送必要的资产负债表、利润表以及其他财务会计、统计报表和资料。

中国人民银行应当和国务院银行业监督管理机构、国务院其他金融监督管理机构建立监督管理信息共享机制。

第三十六条　中国人民银行负责统一编制全国金融统计数据、报表，并按照国家有关规定予以公布。

第三十七条　中国人民银行应当建立、健全本系统的稽核、检查制度，加强内部的监督管理。

第六章　财 务 会 计

第三十八条　中国人民银行实行独立的财务预算管理制度。

中国人民银行的预算经国务院财政部门审核后，纳入中央预算，接受国务院财政部门的预算执行监督。

第三十九条　中国人民银行每一会计年度的收入减除该年度支出，并按照国务院财政部门核定的比例提取总准备金后的净利润，全部上缴中央财政。

中国人民银行的亏损由中央财政拨款弥补。

第四十条　中国人民银行的财务收支和会计事务，应当执行法律、行政法规和国家统一的财务、会计制度，接受国务院审计机关和财政部门依法分别进行的审计和监督。

第四十一条　中国人民银行应当于每一会计年度结束后的 3 个月内，编制资产负债表、损益表和相关的财务会计报表，并编制年度报告，按照国家有关规定予以公布。

中国人民银行的会计年度自公历 1 月 1 日起至 12 月 31 日止。

第七章　法 律 责 任

第四十二条　伪造、变造人民币，出售伪造、变造的人民币，或者明知是伪造、变造的人民币而运输，构成犯罪的，依法追究刑事责任；尚不构成犯罪的，由公安机关处 15 日以下拘留、1 万元以下罚款。

第四十三条　购买伪造、变造的人民币或者明知是伪造、变造的人民币而持有、使用，构成犯罪的，依法追究刑事责任；尚不构成犯罪的，由公安机关处 15 日以下拘留、1 万元以下罚款。

第四十四条　在宣传品、出版物或者其他商品上非法使用人民币图样的，中国人民银行应当责令改正，并销毁非法使用的人民币图样，没收违法所得，并处 5 万元以下罚款。

第四十五条　印制、发售代币票券，以代替人民币在市场上流通的，中国人民银行应当责令停止违法行为，并处 20 万元以下罚款。

第四十六条　本法第三十二条所列行为违反有关规定，有关法律、行政法规有处罚规定的，依照其规定给予处罚；有关法律、行政法规未作处罚规定的，由中国人民银行区别不同情形给予警告，没收违法所得，违法所得 50 万元以上的，并处违法所得一倍以上五倍以下罚款；没有违法所得或者违法所得不足 50 万元的，处 50 万元以上 200 万元以下罚款；对负有直接责任的董事、高级管理人员和其他直接责任人员给予警告，处 5 万元以上 50 万元以下罚款；构成犯罪的，依法追究刑事责任。

第四十七条　当事人对行政处罚不服的，可以依照《中华人民共和国行政诉讼法》的规定提起行政诉讼。

第四十八条　中国人民银行有下列行为之一的，对负有直接责任的主管人员和其他直接责任人员，依法给予行政处分；构成犯罪的，依法追究刑事责任：

（一）违反本法第三十条第一款的规定提供贷款的；

（二）对单位和个人提供担保的；

（三）擅自动用发行基金的。

有前款所列行为之一，造成损失的，负有直接责任的主管人员和其他直接责任人员应当承担部分或者全部赔偿责任。

第四十九条　地方政府、各级政府部门、社会团体和个人强令中国人民银行及其工作人员违反本法第三十条的规定提供贷款或者担保的，对负有直接责任的主管人员和其他直接责任人员，依法给予行政处分；构成犯罪的，依法追究刑事责任；造成损失的，应当承担部分或者全部赔偿责任。

第五十条　中国人民银行的工作人员泄露国家秘密或者所知悉的商业秘密，构成犯罪的，依法追究刑事责任；尚不构成犯罪的，依法给予行政处分。

第五十一条　中国人民银行的工作人员贪污受贿、徇私舞弊、滥用职权、玩忽职守，构成犯罪的，依法追究刑事责任；尚不构成犯罪的，依法给予行政处分。

第八章　附　　则

第五十二条　本法所称银行业金融机构，是指在中华人民共和国境内设立的商业银行、城市信用合作社、农村信用合作社等吸收公众存款的金融机构以及政策性银行。

在中华人民共和国境内设立的金融资产管理公司、信托投资公司、财务公司、金融租赁公司以及经国务院银行业监督管理机构批准设立的其他金融机构，适用本法对银行业金融机构的规定。

第五十三条　本法自公布之日起施行。

附录二　中华人民共和国 商业银行法

（1995 年 5 月 10 日第八届全国人民代表大会常务委员会第十三次会议通过根据 2003 年 12 月 27 日第十届全国人民代表大会常务委员会第六次会议《关于修改〈中华人民共和国商业银行法〉的决定》修正）

目录

第一章　总　　则

第一条　为了保护商业银行、存款人和其他客户的合法权益，规范商业银行的行为，提高信贷资产质量，加强监督管理，保障商业银行的稳健运行，维护金融秩序，促进社会主义市场经济的发展，制定本法。

第二条　本法所称的商业银行是指依照本法和《中华人民共和国公司法》设立的吸收公众存款、发放贷款、办理结算等业务的企业法人。

第三条　商业银行可以经营下列部分或者全部业务：

（一）吸收公众存款；
（二）发放短期、中期和长期贷款；
（三）办理国内外结算；
（四）办理票据承兑与贴现；
（五）发行金融债券；
（六）代理发行、代理兑付、承销政府债券；
（七）买卖政府债券、金融债券；
（八）从事同业拆借；
（九）买卖、代理买卖外汇；
（十）从事银行卡业务；
（十一）提供信用证服务及担保；
（十二）代理收付款项及代理保险业务；

（十三）提供保管箱服务；

（十四）经国务院银行业监督管理机构批准的其他业务。

经营范围由商业银行章程规定，报国务院银行业监督管理机构批准。

商业银行经中国人民银行批准，可以经营结汇、售汇业务。

第四条　商业银行以安全性、流动性、效益性为经营原则，实行自主经营，自担风险，自负盈亏，自我约束。

商业银行依法开展业务，不受任何单位和个人的干涉。

商业银行以其全部法人财产独立承担民事责任。

第五条　商业银行与客户的业务往来，应当遵循平等、自愿、公平和诚实信用的原则。

第六条　商业银行应当保障存款人的合法权益不受任何单位和个人的侵犯。

第七条　商业银行开展信贷业务，应当严格审查借款人的资信，实行担保，保障按期收回贷款。

商业银行依法向借款人收回到期贷款的本金和利息，受法律保护。

第八条　商业银行开展业务，应当遵守法律、行政法规的有关规定，不得损害国家利益、社会公共利益。

第九条　商业银行开展业务，应当遵守公平竞争的原则，不得从事不正当竞争。

第十条　商业银行依法接受国务院银行业监督管理机构的监督管理，但法律规定其有关业务接受其他监督管理部门或者机构监督管理的，依照其规定。

第二章　商业银行的设立和组织机构

第十一条　设立商业银行，应当经国务院银行业监督管理机构审查批准。

未经国务院银行业监督管理机构批准，任何单位和个人不得从事吸收公众存款等商业银行业务，任何单位不得在名称中使用“银行”字样。

第十二条　设立商业银行，应当具备下列条件：

（一）有符合本法和《中华人民共和国公司法》规定的章程；

（二）有符合本法规定的注册资本最低限额；

（三）有具备任职专业知识和业务工作经验的董事、高级管理人员；

（四）有健全的组织机构和管理制度；

（五）有符合要求的营业场所、安全防范措施和与业务有关的其他设施。

设立商业银行，还应当符合其他审慎性条件。

第十三条　设立全国性商业银行的注册资本最低限额为10亿元人民币。设立城市商业银行的注册资本最低限额为1亿元人民币，设立农村商业银行的注册资本最低限额为5 000万元人民币。注册资本应当是实缴资本。

国务院银行业监督管理机构根据审慎监管的要求可以调整注册资本最低限额，但不得少于前款规定的限额。

第十四条　设立商业银行，申请人应当向国务院银行业监督管理机构提交下列文件、资料：

（一）申请书，申请书应当载明拟设立的商业银行的名称、所在地、注册资本、业务范围等；

（二）可行性研究报告；

（三）国务院银行业监督管理机构规定提交的其他文件、资料。

第十五条　设立商业银行的申请经审查符合本法第十四条规定的，申请人应当填写正式申请表，并提交下列文件、资料：

（一）章程草案；

（二）拟任职的董事、高级管理人员的资格证明；

（三）法定验资机构出具的验资证明；

（四）股东名册及其出资额、股份；

（五）持有注册资本百分之五以上的股东的资信证明和有关资料；

（六）经营方针和计划；

（七）营业场所、安全防范措施和与业务有关的其他设施的资料；

（八）国务院银行业监督管理机构规定的其他文件、资料。

第十六条　经批准设立的商业银行，由国务院银行业监督管理机构颁发经营许可证，并凭该许可证向工商行政管理部门办理登记，领取营业执照。

第十七条　商业银行的组织形式、组织机构适用《中华人民共和国公司法》的规定。

本法施行前设立的商业银行，其组织形式、组织机构不完全符合《中华人民共和国公司法》规定的，可以继续沿用原有的规定，适用前款规定的日期由国务院规定。

第十八条　国有独资商业银行设立监事会。监事会的产生办法由国务院规定。

监事会对国有独资商业银行的信贷资产质量、资产负债比例、国有资产保值增值等情况以及高级管理人员违反法律、行政法规或者章程的行为和损害银行利益的行为进行监督。

第十九条　商业银行根据业务需要可以在中华人民共和国境内外设立分支机构。设立分支机构必须经国务院银行业监督管理机构审查批准。在中华人民共和国境内的分支机构，不按行政区划设立。

商业银行在中华人民共和国境内设立分支机构，应当按照规定拨付与其经营规模相适应的营运资金额。拨付各分支机构营运资金额的总和，不得超过总行资本金总额的60％。

第二十条　设立商业银行分支机构，申请人应当向国务院银行业监督管理机构提交下列文件、资料：

（一）申请书，申请书应当载明拟设立的分支机构的名称、营运资金额、业务范围、总行及分支机构所在地等；

（二）申请人最近两年的财务会计报告；

（三）拟任职的高级管理人员的资格证明；

（四）经营方针和计划；

（五）营业场所、安全防范措施和与业务有关的其他设施的资料；

（六）国务院银行业监督管理机构规定的其他文件、资料。

第二十一条　经批准设立的商业银行分支机构，由国务院银行业监督管理机构颁发经营许可证，并凭该许可证向工商行政管理部门办理登记，领取营业执照。

第二十二条　商业银行对其分支机构实行全行统一核算，统一调度资金，分级管理的财务制度。

商业银行分支机构不具有法人资格，在总行授权范围内依法开展业务，其民事责任由总行承担。

第二十三条　经批准设立的商业银行及其分支机构，由国务院银行业监督管理机构予以公告。

商业银行及其分支机构自取得营业执照之日起无正当理由超过6个月未开业的，或者开业后自行停业连续6个月以上的，由国务院银行业监督管理机构吊销其经营许可证，并予以公告。

第二十四条　商业银行有下列变更事项之一的，应当经国务院银行业监督管理机构批准：

（一）变更名称；

（二）变更注册资本；

（三）变更总行或者分支行所在地；

（四）调整业务范围；

（五）变更持有资本总额或者股份总额5%以上的股东；

（六）修改章程；

（七）国务院银行业监督管理机构规定的其他变更事项。

更换董事、高级管理人员时，应当报经国务院银行业监督管理机构审查其任职资格。

第二十五条　商业银行的分立、合并，适用《中华人民共和国公司法》的规定。

商业银行的分立、合并，应当经国务院银行业监督管理机构审查批准。

第二十六条　商业银行应当依照法律、行政法规的规定使用经营许可证。禁止伪造、变造、转让、出租、出借经营许可证。

第二十七条　有下列情形之一的，不得担任商业银行的董事、高级管理人员：

（一）因犯有贪污、贿赂、侵占财产、挪用财产罪或者破坏社会经济秩序罪，被判处刑罚，或者因犯罪被剥夺政治权利的；

（二）担任因经营不善破产清算的公司、企业的董事或者厂长、经理，并对该公司、企业的破产负有个人责任的；

（三）担任因违法被吊销营业执照的公司、企业的法定代表人，并负有个人责任的；

（四）个人所负数额较大的债务到期未清偿的。

第二十八条　任何单位和个人购买商业银行股份总额5%以上的，应当事先经国务院银行业监督管理机构批准。

第三章　对存款人的保护

第二十九条　商业银行办理个人储蓄存款业务，应当遵循存款自愿、取款自由、存款有息、为存款人保密的原则。

对个人储蓄存款，商业银行有权拒绝任何单位或者个人查询、冻结、扣划，但法律另有规定的除外。

第三十条　对单位存款，商业银行有权拒绝任何单位或者个人查询，但法律、行政法规另有规定的除外；有权拒绝任何单位或者个人冻结、扣划，但法律另有规定的除外。

第三十一条　商业银行应当按照中国人民银行规定的存款利率的上下限，确定存款利率，并予以公告。

第三十二条　商业银行应当按照中国人民银行的规定，向中国人民银行交存存款准备金，留足备付金。

第三十三条　商业银行应当保证存款本金和利息的支付，不得拖延、拒绝支付存款本金和利息。

第四章　贷款和其他业务的基本规则

第三十四条　商业银行根据国民经济和社会发展的需要，在国家产业政策指导下开展贷款业务。

第三十五条　商业银行贷款，应当对借款人的借款用途、偿还能力、还款方式等情况进行严格审查。

商业银行贷款，应当实行审贷分离、分级审批的制度。

第三十六条　商业银行贷款，借款人应当提供担保。商业银行应当对保证人的偿还能力，抵押物、质物的权属和价值以及实现抵押权、质权的可行性进行严格审查。

经商业银行审查、评估，确认借款人资信良好，确能偿还贷款的，可以不提供担保。

第三十七条　商业银行贷款，应当与借款人订立书面合同。合同应当约定贷款种类、借款用途、金额、利率、还款期限、还款方式、违约责任和双方认为需要约定的其他事项。

第三十八条　商业银行应当按照中国人民银行规定的贷款利率的上下限，确定贷款利率。

第三十九条　商业银行贷款，应当遵守下列资产负债比例管理的规定：

（一）资本充足率不得低于8%；

（二）贷款余额与存款余额的比例不得超过75%；

（三）流动性资产余额与流动性负债余额的比例不得低于25%；

（四）对同一借款人的贷款余额与商业银行资本余额的比例不得超过10%；

（五）国务院银行业监督管理机构对资产负债比例管理的其他规定。

本法施行前设立的商业银行，在本法施行后，其资产负债比例不符合前款规定的，应当在一定的期限内符合前款规定。具体办法由国务院规定。

第四十条　商业银行不得向关系人发放信用贷款；向关系人发放担保贷款的条件不得优于其他借款人同类贷款的条件。

前款所称关系人是指：

（一）商业银行的董事、监事、管理人员、信贷业务人员及其近亲属；

（二）前项所列人员投资或者担任高级管理职务的公司、企业和其他经济组织。

第四十一条　任何单位和个人不得强令商业银行发放贷款或者提供担保。商业银行有权拒绝任何单位和个人强令要求其发放贷款或者提供担保。

第四十二条　借款人应当按期归还贷款的本金和利息。

借款人到期不归还担保贷款的，商业银行依法享有要求保证人归还贷款本金和利息或者就该担保物优先受偿的权利。商业银行因行使抵押权、质权而取得的不动产或者股权，应当自取得之日起二年内予以处分。

借款人到期不归还信用贷款的，应当按照合同约定承担责任。

第四十三条　商业银行在中华人民共和国境内不得从事信托投资和证券经营业务，不得向非自用不动产投资或者向非银行金融机构和企业投资，但国家另有规定的除外。

第四十四条　商业银行办理票据承兑、汇兑、委托收款等结算业务，应当按照规定的期限兑现，收付入账，不得压单、压票或者违反规定退票。有关兑现、收付入账期限的规定应当公布。

第四十五条　商业银行发行金融债券或者到境外借款，应当依照法律、行政法规的规定报经批准。

第四十六条　同业拆借，应当遵守中国人民银行的规定。禁止利用拆入资金发放固定资产贷款或者用于投资。

拆出资金限于交足存款准备金、留足备付金和归还中国人民银行到期贷款之后的闲置资金。拆入资金用于弥补票据结算、联行汇差头寸的不足和解决临时性周转资金的需要。

第四十七条　商业银行不得违反规定提高或者降低利率以及采用其他不正当手段，吸收存款，发放贷款。

第四十八条　企业事业单位可以自主选择一家商业银行的营业场所开立一个办理日常转账结算和现金收付的基本账户，不得开立两个以上基本账户。

任何单位和个人不得将单位的资金以个人名义开立账户存储。

第四十九条　商业银行的营业时间应当方便客户，并予以公告。商业银行应当在公告的营业时间内营业，不得擅自停止营业或者缩短营业时间。

第五十条　商业银行办理业务，提供服务，按照规定收取手续费。收费项目和标准由国务院银行业监督管理机构、中国人民银行根据职责分工，分别会同国务院价格主管部门制定。

第五十一条　商业银行应当按照国家有关规定保存财务会计报表、业务合同以及其他资料。

第五十二条　商业银行的工作人员应当遵守法律、行政法规和其他各项业务管理的规定，不得有下列行为：

（一）利用职务上的便利，索取、收受贿赂或者违反国家规定收受各种名义的回扣、手续费；

（二）利用职务上的便利，贪污、挪用、侵占本行或者客户的资金；

（三）违反规定徇私向亲属、朋友发放贷款或者提供担保；

（四）在其他经济组织兼职；

（五）违反法律、行政法规和业务管理规定的其他行为。

第五十三条　商业银行的工作人员不得泄露其在任职期间知悉的国家秘密、商业秘密。

第五章　财 务 会 计

第五十四条　商业银行应当依照法律和国家统一的会计制度以及国务院银行业监督管理机构的有关规定，建立、健全本行的财务、会计制度。

第五十五条　商业银行应当按照国家有关规定，真实记录并全面反映其业务活动和财务状况，编制年度财务会计报告，及时向国务院银行业监督管理机构、中国人民银行和国务院财政部门报送。商业银行不得在法定的会计账册外另立会计账册。

第五十六条　商业银行应当于每一会计年度终了 3 个月内，按照国务院银行业监督管理机构的规定，公布其上一年度的经营业绩和审计报告。

第五十七条　商业银行应当按照国家有关规定，提取呆账准备金，冲销呆账。

第五十八条　商业银行的会计年度自公历 1 月 1 日起至 12 月 31 日止。

第六章　监 督 管 理

第五十九条　商业银行应当按照有关规定，制定本行的业务规则，建立、健全本行的风险管理和内部控制制度。

第六十条　商业银行应当建立、健全本行对存款、贷款、结算、呆账等各项情况的稽核、检查制度。

商业银行对分支机构应当进行经常性的稽核和检查监督。

第六十一条　商业银行应当按照规定向国务院银行业监督管理机构、中国人民银行报送资产负债表、利润表以及其他财务会计、统计报表和资料。

第六十二条　国务院银行业监督管理机构有权依照本法第三章、第四章、第五章的规定，随时对商业银行的存款、贷款、结算、呆账等情况进行检查监督。检查监督时，检查监督人员应当出示合法的证件。商业银行应当按照国务院银行业监督管理机构的要求，提供财务会计资料、业务合同和有关经营管理方面的其他信息。

中国人民银行有权依照《中华人民共和国中国人民银行法》第三十二条、第三十四条的规定对商业银行进行检查监督。

第六十三条　商业银行应当依法接受审计机关的审计监督。

第七章　接 管 和 终 止

第六十四条　商业银行已经或者可能发生信用危机，严重影响存款人的利益时，国务院银行业监督管理机构可以对该银行实行接管。

接管的目的是对被接管的商业银行采取必要措施，以保护存款人的利益，恢复商业银行的正常经营能力。被接管的商业银行的债权债务关系不因接管而变化。

第六十五条　接管由国务院银行业监督管理机构决定，并组织实施。国务院银行业监督管理机构的接管决定应当载明下列内容：

（一）被接管的商业银行名称；

（二）接管理由；

（三）接管组织；

（四）接管期限。

接管决定由国务院银行业监督管理机构予以公告。

第六十六条　接管自接管决定实施之日起开始。

自接管开始之日起，由接管组织行使商业银行的经营管理权力。

第六十七条　接管期限届满，国务院银行业监督管理机构可以决定延期，但接管期限最长不得超过二年。

第六十八条　有下列情形之一的，接管终止：

（一）接管决定规定的期限届满或者国务院银行业监督管理机构决定的接管延期届满；

（二）接管期限届满前，该商业银行已恢复正常经营能力；

（三）接管期限届满前，该商业银行被合并或者被依法宣告破产。

第六十九条　商业银行因分立、合并或者出现公司章程规定的解散事由需要解散的，应当向国务院银行业监督管理机构提出申请，并附解散的理由和支付存款的本金和利息等债务清偿计划。经国务院银行业监督管理机构批准后解散。

商业银行解散的，应当依法成立清算组，进行清算，按照清偿计划及时偿还存款本金和利息等债务。国务院银行业监督管理机构监督清算过程。

第七十条　商业银行因吊销经营许可证被撤销的，国务院银行业监督管理机构应当依法及时组织成立清算组，进行清算，按照清偿计划及时偿还存款本金和利息等债务。

第七十一条　商业银行不能支付到期债务，经国务院银行业监督管理机构同意，由人民法院依法宣告其破产。商业银行被宣告破产的，由人民法院组织国务院银行业监督管理机构等有关部门和有关人员成立清算组，进行清算。

商业银行破产清算时，在支付清算费用、所欠职工工资和劳动保险费用后，应当优先支付个人储蓄存款的本金和利息。

第七十二条　商业银行因解散、被撤销和被宣告破产而终止。

第八章　法 律 责 任

第七十三条　商业银行有下列情形之一，对存款人或者其他客户造成财产损害的，应当承担支付迟延履行的利息以及其他民事责任：

（一）无故拖延、拒绝支付存款本金和利息的；

（二）违反票据承兑等结算业务规定，不予兑现，不予收付入账，压单、压票或者违反规定退票的；

（三）非法查询、冻结、扣划个人储蓄存款或者单位存款的；

（四）违反本法规定对存款人或者其他客户造成损害的其他行为。

有前款规定情形的，由国务院银行业监督管理机构责令改正，有违法所得的，没收违法所得，违法所得5万元以上的，并处违法所得一倍以上五倍以下罚款；没有违法所得或者违法所得不足5万元的，处5万元以上50万元以下罚款。

第七十四条　商业银行有下列情形之一，由国务院银行业监督管理机构责令改正，有违法所得的，没收违法所得，违法所得50万元以上的，并处违法所得一倍以上五倍以下罚款；没有违法所得或者违法所得不足50万元的，处50万元以上200万元以下罚款；情节特别严重或者逾期不改正的，可以责令停业整顿或者吊销其经营许可证；构成犯罪的，依法追究刑事责任：

（一）未经批准设立分支机构的；

（二）未经批准分立、合并或者违反规定对变更事项不报批的；

（三）违反规定提高或者降低利率以及采用其他不正当手段，吸收存款，发放贷款的；

（四）出租、出借经营许可证的；

（五）未经批准买卖、代理买卖外汇的；

（六）未经批准买卖政府债券或者发行、买卖金融债券的；

（七）违反国家规定从事信托投资和证券经营业务、向非自用不动产投资或者向非银行金融机构和企业投资的；

（八）向关系人发放信用贷款或者发放担保贷款的条件优于其他借款人同类贷款的条件的。

第七十五条　商业银行有下列情形之一，由国务院银行业监督管理机构责令改正，并处20万元以上50万元以下罚款；情节特别严重或者逾期不改正的，可以责令停业整顿或者吊销其经营许可证；构成犯罪的，依法追究刑事责任：

（一）拒绝或者阻碍国务院银行业监督管理机构检查监督的；

（二）提供虚假的或者隐瞒重要事实的财务会计报告、报表和统计报表的；

（三）未遵守资本充足率、存贷比例、资产流动性比例、同一借款人贷款比例和国务院银行业监督管理机构有关资产负债比例管理的其他规定的。

第七十六条　商业银行有下列情形之一，由中国人民银行责令改正，有违法所得的，没收违法所得，违法所得50万元以上的，并处违法所得一倍以上五倍以下罚款；没有违法所得或者违法所得不足50万元的，处50万元以上200万元以下罚款；情节特别严重或者逾期不改正的，中国人民银行可以建议国务院银行业监督管理机构责令停业整顿或者吊销其经营许可证；构成犯罪的，依法追究刑事责任：

（一）未经批准办理结汇、售汇的；

（二）未经批准在银行间债券市场发行、买卖金融债券或者到境外借款的；

（三）违反规定同业拆借的。

第七十七条　商业银行有下列情形之一，由中国人民银行责令改正，并处20万元以上50万元以下罚款；情节特别严重或者逾期不改正的，中国人民银行可以建议国务院银行业监督管理机构责令停业整顿或者吊销其经营许可证；构成犯罪的，依法追究刑事责任：

（一）拒绝或者阻碍中国人民银行检查监督的；

（二）提供虚假的或者隐瞒重要事实的财务会计报告、报表和统计报表的；

（三）未按照中国人民银行规定的比例交存存款准备金的。

第七十八条　商业银行有本法第七十三条至第七十七条规定情形的，对直接负责的董事、高级管理人员和其他直接责任人员，应当给予纪律处分；构成犯罪的，依法追究刑事责任。

第七十九条　有下列情形之一，由国务院银行业监督管理机构责令改正，有违法所得的，没收违法所得，违法所得5万元以上的，并处违法所得一倍以上五倍以下罚款；没有违法所得或者违法所得不足5万元的，处5万元以上50万元以下罚款：

（一）未经批准在名称中使用“银行”字样的；

（二）未经批准购买商业银行股份总额5%以上的；

（三）将单位的资金以个人名义开立账户存储的。

第八十条　商业银行不按照规定向国务院银行业监督管理机构报送有关文件、资料的，由国务院银行业监督管理机构责令改正，逾期不改正的，处10万元以上30万元以下罚款。

商业银行不按照规定向中国人民银行报送有关文件、资料的，由中国人民银行责令改正，逾期不改正的，处10万元以上30万元以下罚款。

第八十一条　未经国务院银行业监督管理机构批准，擅自设立商业银行，或者非法吸收公众存款、变相吸收公众存款，构成犯罪的，依法追究刑事责任；并由国务院银行业监督管理机构予以取缔。

伪造、变造、转让商业银行经营许可证，构成犯罪的，依法追究刑事责任。

第八十二条　借款人采取欺诈手段骗取贷款，构成犯罪的，依法追究刑事责任。

第八十三条　有本法第八十一条、第八十二条规定的行为，尚不构成犯罪的，由国务院银行业监督管理机构没收违法所得，违法所得50万元以上的，并处违法所得一倍以上五倍以下罚款；没有违法所得或者违法所得不足50万元的，处50万元以上200万元以下罚款。

第八十四条 商业银行工作人员利用职务上的便利,索取、收受贿赂或者违反国家规定收受各种名义的回扣、手续费,构成犯罪的,依法追究刑事责任;尚不构成犯罪的,应当给予纪律处分。

有前款行为,发放贷款或者提供担保造成损失的,应当承担全部或者部分赔偿责任。

第八十五条 商业银行工作人员利用职务上的便利,贪污、挪用、侵占本行或者客户资金,构成犯罪的,依法追究刑事责任;尚不构成犯罪的,应当给予纪律处分。

第八十六条 商业银行工作人员违反本法规定玩忽职守造成损失的,应当给予纪律处分;构成犯罪的,依法追究刑事责任。

违反规定徇私向亲属、朋友发放贷款或者提供担保造成损失的,应当承担全部或者部分赔偿责任。

第八十七条 商业银行工作人员泄露在任职期间知悉的国家秘密、商业秘密的,应当给予纪律处分;构成犯罪的,依法追究刑事责任。

第八十八条 单位或者个人强令商业银行发放贷款或者提供担保的,应当对直接负责的主管人员和其他直接责任人员或者个人给予纪律处分;造成损失的,应当承担全部或者部分赔偿责任。

商业银行的工作人员对单位或者个人强令其发放贷款或者提供担保未予拒绝的,应当给予纪律处分;造成损失的,应当承担相应的赔偿责任。

第八十九条 商业银行违反本法规定的,国务院银行业监督管理机构可以区别不同情形,取消其直接负责的董事、高级管理人员一定期限直至终身的任职资格,禁止直接负责的董事、高级管理人员和其他直接责任人员一定期限直至终身从事银行业工作。

商业银行的行为尚不构成犯罪的,对直接负责的董事、高级管理人员和其他直接责任人员,给予警告,处5万元以上50万元以下罚款。

第九十条 商业银行及其工作人员对国务院银行业监督管理机构、中国人民银行的处罚决定不服的,可以依照《中华人民共和国行政诉讼法》的规定向人民法院提起诉讼。

第九章 附 则

第九十一条 本法施行前,按照国务院的规定经批准设立的商业银行不再办理审批手续。

第九十二条 外资商业银行、中外合资商业银行、外国商业银行分行适用本法规定,法律、行政法规另有规定的,依照其规定。

第九十三条 城市信用合作社、农村信用合作社办理存款、贷款和结算等业务,适用本法有关规定。

第九十四条 邮政企业办理商业银行的有关业务,适用本法有关规定。

第九十五条 本法自1995年7月1日起施行。

附录三　中华人民共和国外资银行管理条例

中华人民共和国国务院令
第 478 号

《中华人民共和国外资银行管理条例》已经 2006 年 11 月 8 日国务院第 155 次常务会议通过，现予公布，自 2006 年 12 月 11 日起施行。

总　理　　温家宝
二〇〇六年十一月十一日

中华人民共和国外资银行管理条例

第一章　总　　则

第一条　为了适应对外开放和经济发展的需要，加强和完善对外资银行的监督管理，促进银行业的稳健运行，制定本条例。

第二条　本条例所称外资银行，是指依照中华人民共和国有关法律、法规，经批准在中华人民共和国境内设立的下列机构：

（一）1 家外国银行单独出资或者 1 家外国银行与其他外国金融机构共同出资设立的外商独资银行；

（二）外国金融机构与中国的公司、企业共同出资设立的中外合资银行；

（三）外国银行分行；

（四）外国银行代表处。

前款第（一）项至第（三）项所列机构，以下统称外资银行营业性机构。

第三条　本条例所称外国金融机构，是指在中华人民共和国境外注册并经所在国家或者地区金融监管当局批准或者许可的金融机构。

本条例所称外国银行，是指在中华人民共和国境外注册并经所在国家或者地区金融监管当局批准或者许可的商业银行。

第四条　外资银行必须遵守中华人民共和国法律、法规，不得损害中华人民共和国的国家利益、社会公共利益。

外资银行的正当活动和合法权益受中华人民共和国法律保护。

第五条　国务院银行业监督管理机构及其派出机构（以下统称银行业监督管理机构）负责对外资银行及其活动实施监督管理。法律、行政法规规定其他监督管理部门或者机构对外资银行及其活动实施监督管理的，依照其规定。

第六条　国务院银行业监督管理机构根据国家区域经济发展战略及相关政策制定有关鼓励和引导的措施，报国务院批准后实施。

第二章 设立与登记

第七条 设立外资银行及其分支机构，应当经银行业监督管理机构审查批准。

第八条 外商独资银行、中外合资银行的注册资本最低限额为10亿元人民币或者等值的自由兑换货币。注册资本应当是实缴资本。

外商独资银行、中外合资银行在中华人民共和国境内设立的分行，应当由其总行无偿拨给不少于1亿元人民币或者等值的自由兑换货币的营运资金。外商独资银行、中外合资银行拨给各分支机构营运资金的总和，不得超过总行资本金总额的60%。

外国银行分行应当由其总行无偿拨给不少于2亿元人民币或者等值的自由兑换货币的营运资金。

国务院银行业监督管理机构根据外资银行营业性机构的业务范围和审慎监管的需要，可以提高注册资本或者营运资金的最低限额，并规定其中的人民币份额。

第九条 拟设外商独资银行、中外合资银行的股东或者拟设分行、代表处的外国银行应当具备下列条件：

（一）具有持续盈利能力，信誉良好，无重大违法违规记录；

（二）拟设外商独资银行的股东、中外合资银行的外方股东或者拟设分行、代表处的外国银行具有从事国际金融活动的经验；

（三）具有有效的反洗钱制度；

（四）拟设外商独资银行的股东、中外合资银行的外方股东或者拟设分行、代表处的外国银行受到所在国家或者地区金融监管当局的有效监管，并且其申请经所在国家或者地区金融监管当局同意；

（五）国务院银行业监督管理机构规定的其他审慎性条件。

拟设外商独资银行的股东、中外合资银行的外方股东或者拟设分行、代表处的外国银行所在国家或者地区应当具有完善的金融监督管理制度，并且其金融监管当局已经与国务院银行业监督管理机构建立良好的监督管理合作机制。

第十条 拟设外商独资银行的股东应当为金融机构，除应当具备本条例第九条规定的条件外，其中唯一或者控股股东还应当具备下列条件：

（一）为商业银行；

（二）在中华人民共和国境内已经设立代表处2年以上；

（三）提出设立申请前1年年末总资产不少于100亿美元；

（四）资本充足率符合所在国家或者地区金融监管当局以及国务院银行业监督管理机构的规定。

第十一条 拟设中外合资银行的股东除应当具备本条例第九条规定的条件外，其中外方股东及中方唯一或者主要股东应当为金融机构，且外方唯一或者主要股东还应当具备下列条件：

（一）为商业银行；

（二）在中华人民共和国境内已经设立代表处；

（三）提出设立申请前1年年末总资产不少于100亿美元；

（四）资本充足率符合所在国家或者地区金融监管当局以及国务院银行业监督管理机构

的规定。

第十二条　拟设分行的外国银行除应当具备本条例第九条规定的条件外，还应当具备下列条件：

（一）提出设立申请前1年年末总资产不少于200亿美元；

（二）资本充足率符合所在国家或者地区金融监管当局以及国务院银行业监督管理机构的规定；

（三）初次设立分行的，在中华人民共和国境内已经设立代表处2年以上。

第十三条　外国银行在中华人民共和国境内设立营业性机构的，除已设立的代表处外，不得增设代表处，但符合国家区域经济发展战略及相关政策的地区除外。

代表处经批准改制为营业性机构的，应当依法办理原代表处的注销登记手续。

第十四条　设立外资银行营业性机构，应当先申请筹建，并将下列申请资料报送拟设机构所在地的银行业监督管理机构：

（一）申请书，内容包括拟设机构的名称、所在地、注册资本或者营运资金、申请经营的业务种类等；

（二）可行性研究报告；

（三）拟设外商独资银行、中外合资银行的章程草案；

（四）拟设外商独资银行、中外合资银行各方股东签署的经营合同；

（五）拟设外商独资银行、中外合资银行的股东或者拟设分行的外国银行的章程；

（六）拟设外商独资银行、中外合资银行的股东或者拟设分行的外国银行及其所在集团的组织结构图、主要股东名单、海外分支机构和关联企业名单；

（七）拟设外商独资银行、中外合资银行的股东或者拟设分行的外国银行最近3年的年报；

（八）拟设外商独资银行、中外合资银行的股东或者拟设分行的外国银行的反洗钱制度；

（九）拟设外商独资银行的股东、中外合资银行的外方股东或者拟设分行的外国银行所在国家或者地区金融监管当局核发的营业执照或者经营金融业务许可文件的复印件及对其申请的意见书；

（十）国务院银行业监督管理机构规定的其他资料。

拟设机构所在地的银行业监督管理机构应当将申请资料连同审核意见，及时报送国务院银行业监督管理机构。

第十五条　国务院银行业监督管理机构应当自收到设立外资银行营业性机构完整的申请资料之日起6个月内作出批准或者不批准筹建的决定，并书面通知申请人。决定不批准的，应当说明理由。

特殊情况下，国务院银行业监督管理机构不能在前款规定期限内完成审查并作出批准或者不批准筹建决定的，可以适当延长审查期限，并书面通知申请人，但延长期限不得超过3个月。

申请人凭批准筹建文件到拟设机构所在地的银行业监督管理机构领取开业申请表。

第十六条　申请人应当自获准筹建之日起6个月内完成筹建工作。在规定期限内未完成筹建工作的，应当说明理由，经拟设机构所在地的银行业监督管理机构批准，可以延长3个月。在延长期内仍未完成筹建工作的，国务院银行业监督管理机构作出的批准筹建决定自动失效。

第十七条　经验收合格完成筹建工作的，申请人应当将填写好的开业申请表连同下列资料报送拟设机构所在地的银行业监督管理机构：

（一）拟设机构的主要负责人名单及简历；

（二）对拟任该机构主要负责人的授权书；

（三）法定验资机构出具的验资证明；

（四）安全防范措施和与业务有关的其他设施的资料；

（五）设立分行的外国银行对该分行承担税务、债务的责任保证书；

（六）国务院银行业监督管理机构规定的其他资料。

拟设机构所在地的银行业监督管理机构应当将申请资料连同审核意见，及时报送国务院银行业监督管理机构。

第十八条　国务院银行业监督管理机构应当自收到完整的开业申请资料之日起 2 个月内，作出批准或者不批准开业的决定，并书面通知申请人。决定批准的，应当颁发金融许可证；决定不批准的，应当说明理由。

第十九条　经批准设立的外资银行营业性机构，应当凭金融许可证向工商行政管理机关办理登记，领取营业执照。

第二十条　设立外国银行代表处，应当将下列申请资料报送拟设代表处所在地的银行业监督管理机构：

（一）申请书，内容包括拟设代表处的名称、所在地等；

（二）可行性研究报告；

（三）申请人的章程；

（四）申请人及其所在集团的组织结构图、主要股东名单、海外分支机构和关联企业名单；

（五）申请人最近 3 年的年报；

（六）申请人的反洗钱制度；

（七）拟任该代表处首席代表的身份证明和学历证明的复印件、简历以及拟任人有无不良记录的陈述书；

（八）对拟任该代表处首席代表的授权书；

（九）申请人所在国家或者地区金融监管当局核发的营业执照或者经营金融业务许可文件的复印件及对其申请的意见书；

（十）国务院银行业监督管理机构规定的其他资料。

拟设代表处所在地的银行业监督管理机构应当将申请资料连同审核意见，及时报送国务院银行业监督管理机构。

第二十一条　国务院银行业监督管理机构应当自收到设立外国银行代表处完整的申请资料之日起 6 个月内作出批准或者不批准设立的决定，并书面通知申请人。决定不批准的，应当说明理由。

第二十二条　经批准设立的外国银行代表处，应当凭批准文件向工商行政管理机关办理登记，领取工商登记证。

第二十三条　本条例第十四条、第十七条、第二十条所列资料，除年报外，凡用外文书写的，应当附有中文译本。

第二十四条　按照合法性、审慎性和持续经营原则，经国务院银行业监督管理机构批准，外国银行可以将其在中华人民共和国境内设立的分行改制为由其单独出资的外商独资银行。申请人应当按照国务院银行业监督管理机构规定的审批条件、程序、申请资料提出设立外商独资银行的申请。

第二十五条　外国银行分行改制为由其总行单独出资的外商独资银行的，经国务院银行业监督管理机构批准，该外国银行可以在规定的期限内保留 1 家从事外汇批发业务的分行。申请人应当按照国务院银行业监督管理机构规定的审批条件、程序、申请资料提出申请。

前款所称外汇批发业务，是指对除个人以外客户的外汇业务。

第二十六条　外资银行董事、高级管理人员、首席代表的任职资格应当符合国务院银行业监督管理机构规定的条件，并经国务院银行业监督管理机构核准。

第二十七条　外资银行有下列情形之一的，应当经国务院银行业监督管理机构批准，并按照规定提交申请资料，依法向工商行政管理机关办理有关登记：

（一）变更注册资本或者营运资金；

（二）变更机构名称、营业场所或者办公场所；

（三）调整业务范围；

（四）变更股东或者调整股东持股比例；

（五）修改章程；

（六）国务院银行业监督管理机构规定的其他情形。

外资银行更换董事、高级管理人员、首席代表，应当报经国务院银行业监督管理机构核准其任职资格。

第二十八条　外商独资银行、中外合资银行变更股东的，变更后的股东应当符合本条例第九条、第十条或者第十一条关于股东的条件。

特殊情况下，经国务院银行业监督管理机构同意，变更后的股东可以不适用本条例第十条第（二）项或者第十一条第（二）项的规定。

第三章　业 务 范 围

第二十九条　外商独资银行、中外合资银行按照国务院银行业监督管理机构批准的业务范围，可以经营下列部分或者全部外汇业务和人民币业务：

（一）吸收公众存款；

（二）发放短期、中期和长期贷款；

（三）办理票据承兑与贴现；

（四）买卖政府债券、金融债券，买卖股票以外的其他外币有价证券；

（五）提供信用证服务及担保；

（六）办理国内外结算；

（七）买卖、代理买卖外汇；

（八）代理保险；

（九）从事同业拆借；

（十）从事银行卡业务；

（十一）提供保管箱服务；

（十二）提供资信调查和咨询服务；

（十三）经国务院银行业监督管理机构批准的其他业务。

外商独资银行、中外合资银行经中国人民银行批准，可以经营结汇、售汇业务。

第三十条　外商独资银行、中外合资银行的分支机构在总行授权范围内开展业务，其民事责任由总行承担。

第三十一条　外国银行分行按照国务院银行业监督管理机构批准的业务范围，可以经营下列部分或者全部外汇业务以及对除中国境内公民以外客户的人民币业务：

（一）吸收公众存款；

（二）发放短期、中期和长期贷款；

（三）办理票据承兑与贴现；

（四）买卖政府债券、金融债券，买卖股票以外的其他外币有价证券；

（五）提供信用证服务及担保；

（六）办理国内外结算；

（七）买卖、代理买卖外汇；

（八）代理保险；

（九）从事同业拆借；

（十）提供保管箱服务；

（十一）提供资信调查和咨询服务；

（十二）经国务院银行业监督管理机构批准的其他业务。

外国银行分行可以吸收中国境内公民每笔不少于100万元人民币的定期存款。

外国银行分行经中国人民银行批准，可以经营结汇、售汇业务。

第三十二条　外国银行分行及其分支机构的民事责任由其总行承担。

第三十三条　外国银行代表处可以从事与其代表的外国银行业务相关的联络、市场调查、咨询等非经营性活动。

外国银行代表处的行为所产生的民事责任，由其所代表的外国银行承担。

第三十四条　外资银行营业性机构经营本条例第二十九条或者第三十一条规定业务范围内的人民币业务的，应当具备下列条件，并经国务院银行业监督管理机构批准：

（一）提出申请前在中华人民共和国境内开业3年以上；

（二）提出申请前2年连续盈利；

（三）国务院银行业监督管理机构规定的其他审慎性条件。

外国银行分行改制为由其总行单独出资的外商独资银行的，前款第（一）项、第（二）项规定的期限自外国银行分行设立之日起计算。

第四章　监督管理

第三十五条　外资银行营业性机构应当按照有关规定，制定本行的业务规则，建立、健全风险管理和内部控制制度，并遵照执行。

第三十六条　外资银行营业性机构应当遵守国家统一的会计制度和国务院银行业监督管理机构有关信息披露的规定。

第三十七条　外资银行营业性机构举借外债，应当按照国家有关规定执行。

第三十八条　外资银行营业性机构应当按照有关规定确定存款、贷款利率及各种手续费率。

第三十九条　外资银行营业性机构经营存款业务，应当按照中国人民银行的规定交存存款准备金。

第四十条　外商独资银行、中外合资银行应当遵守《中华人民共和国商业银行法》关于资产负债比例管理的规定。外国银行分行变更的由其总行单独出资的外商独资银行以及本条例施行前设立的外商独资银行、中外合资银行，其资产负债比例不符合规定的，应当在国务院银行业监督管理机构规定的期限内达到规定要求。

国务院银行业监督管理机构可以要求风险较高、风险管理能力较弱的外商独资银行、中外合资银行提高资本充足率。

第四十一条　外资银行营业性机构应当按照规定计提呆账准备金。

第四十二条　外商独资银行、中外合资银行应当遵守国务院银行业监督管理机构有关公司治理的规定。

第四十三条　外商独资银行、中外合资银行应当遵守国务院银行业监督管理机构有关关联交易的规定。

第四十四条　外国银行分行营运资金的30％应当以国务院银行业监督管理机构指定的生息资产形式存在。

第四十五条　外国银行分行营运资金加准备金等项之和中的人民币份额与其人民币风险资产的比例不得低于8％。

国务院银行业监督管理机构可以要求风险较高、风险管理能力较弱的外国银行分行提高前款规定的比例。

第四十六条　外国银行分行应当确保其资产的流动性。流动性资产余额与流动性负债余额的比例不得低于25％。

第四十七条　外国银行分行境内本外币资产余额不得低于境内本外币负债余额。

第四十八条　在中华人民共和国境内设立2家及2家以上分行的外国银行，应当授权其中1家分行对其他分行实施统一管理。

国务院银行业监督管理机构对外国银行在中华人民共和国境内设立的分行实行合并监管。

第四十九条　外资银行营业性机构应当按照国务院银行业监督管理机构的有关规定，向其所在地的银行业监督管理机构报告跨境大额资金流动和资产转移情况。

第五十条　国务院银行业监督管理机构根据外资银行营业性机构的风险状况，可以依法采取责令暂停部分业务、责令撤换高级管理人员等特别监管措施。

第五十一条　外资银行营业性机构应当聘请在中华人民共和国境内依法设立的会计师事务所对其财务会计报告进行审计，并应当向其所在地的银行业监督管理机构报告。解聘会计师事务所的，应当说明理由。

第五十二条　外资银行营业性机构应当按照规定向银行业监督管理机构报送财务会计报告、报表和有关资料。

外国银行代表处应当按照规定向银行业监督管理机构报送资料。

第五十三条　外资银行应当接受银行业监督管理机构依法进行的监督检查，不得拒绝、阻碍。

第五十四条　外商独资银行、中外合资银行应当设置独立的内部控制系统、风险管理系统、财务会计系统、计算机信息管理系统。

第五十五条　外国银行在中华人民共和国境内设立的外商独资银行的董事长、高级管理人员和从事外汇批发业务的外国银行分行的高级管理人员不得相互兼职。

第五十六条　外国银行在中华人民共和国境内设立的外商独资银行与从事外汇批发业务的外国银行分行之间进行的交易必须符合商业原则，交易条件不得优于与非关联方进行交易的条件。外国银行对其在中华人民共和国境内设立的外商独资银行与从事外汇批发业务的外国银行分行之间的资金交易，应当提供全额担保。

第五十七条　外国银行代表处及其工作人员，不得从事任何形式的经营性活动。

第五章　终止与清算

第五十八条　外资银行营业性机构自行终止业务活动的，应当在终止业务活动 30 日前以书面形式向国务院银行业监督管理机构提出申请，经审查批准予以解散或者关闭并进行清算。

第五十九条　外资银行营业性机构无力清偿到期债务的，国务院银行业监督管理机构可以责令其停业，限期清理。在清理期限内，已恢复偿付能力、需要复业的，应当向国务院银行业监督管理机构提出复业申请；超过清理期限，仍未恢复偿付能力的，应当进行清算。

第六十条　外资银行营业性机构因解散、关闭、依法被撤销或者宣告破产而终止的，其清算的具体事宜，依照中华人民共和国有关法律、法规的规定办理。

第六十一条　外资银行营业性机构清算终结，应当在法定期限内向原登记机关办理注销登记。

第六十二条　外国银行代表处自行终止活动的，应当经国务院银行业监督管理机构批准予以关闭，并在法定期限内向原登记机关办理注销登记。

第六章　法律责任

第六十三条　未经国务院银行业监督管理机构审查批准，擅自设立外资银行或者非法从事银行业金融机构的业务活动的，由国务院银行业监督管理机构予以取缔，自被取缔之日起 5 年内，国务院银行业监督管理机构不受理该当事人设立外资银行的申请；构成犯罪的，依法追究刑事责任；尚不构成犯罪的，由国务院银行业监督管理机构没收违法所得，违法所得 50 万元以上的，并处违法所得 1 倍以上 5 倍以下罚款；没有违法所得或者违法所得不足 50 万元的，处 50 万元以上 200 万元以下罚款。

第六十四条　外资银行营业性机构有下列情形之一的，由国务院银行业监督管理机构责令改正，没收违法所得，违法所得 50 万元以上的，并处违法所得 1 倍以上 5 倍以下罚款；没有违法所得或者违法所得不足 50 万元的，处 50 万元以上 200 万元以下罚款；情节特别严重或者逾期不改正的，可以责令停业整顿或者吊销其金融许可证；构成犯罪的，依法追究刑事责任：

（一）未经批准设立分支机构的；

（二）未经批准变更、终止的；

（三）违反规定从事未经批准的业务活动的；

（四）违反规定提高或者降低存款利率、贷款利率的。

第六十五条　外资银行有下列情形之一的，由国务院银行业监督管理机构责令改正，处

20万元以上50万元以下罚款；情节特别严重或者逾期不改正的，可以责令停业整顿、吊销其金融许可证、撤销代表处；构成犯罪的，依法追究刑事责任：

（一）未按照有关规定进行信息披露的；

（二）拒绝或者阻碍银行业监督管理机构依法进行的监督检查的；

（三）提供虚假的或者隐瞒重要事实的财务会计报告、报表或者有关资料的；

（四）隐匿、损毁监督检查所需的文件、证件、账簿、电子数据或者其他资料的；

（五）未经任职资格核准任命董事、高级管理人员、首席代表的；

（六）拒绝执行本条例第五十条规定的特别监管措施的。

第六十六条　外资银行营业性机构违反本条例有关规定，未按期报送财务会计报告、报表或者有关资料，或者未按照规定制定有关业务规则、建立健全有关管理制度的，由国务院银行业监督管理机构责令限期改正；逾期不改正的，处10万元以上30万元以下罚款。

第六十七条　外资银行营业性机构违反本条例第四章有关规定从事经营或者严重违反其他审慎经营规则的，由国务院银行业监督管理机构责令改正，处20万元以上50万元以下罚款；情节特别严重或者逾期不改正的，可以责令停业整顿或者吊销其金融许可证。

第六十八条　外资银行营业性机构违反本条例规定，国务院银行业监督管理机构除依照本条例第六十三条至第六十七条规定处罚外，还可以区别不同情形，采取下列措施：

（一）责令外资银行营业性机构撤换直接负责的董事、高级管理人员和其他直接责任人员；

（二）外资银行营业性机构的行为尚不构成犯罪的，对直接负责的董事、高级管理人员和其他直接责任人员给予警告，并处5万元以上50万元以下罚款；

（三）取消直接负责的董事、高级管理人员一定期限直至终身在中华人民共和国境内的任职资格，禁止直接负责的董事、高级管理人员和其他直接责任人员一定期限直至终身在中华人民共和国境内从事银行业工作。

第六十九条　外国银行代表处违反本条例规定，从事经营性活动的，由国务院银行业监督管理机构责令改正，给予警告，没收违法所得，违法所得50万元以上的，并处违法所得1倍以上5倍以下罚款；没有违法所得或者违法所得不足50万元的，处50万元以上200万元以下罚款；情节严重的，由国务院银行业监督管理机构予以撤销；构成犯罪的，依法追究刑事责任。

第七十条　外国银行代表处有下列情形之一的，由国务院银行业监督管理机构责令改正，给予警告，并处10万元以上30万元以下罚款；情节严重的，取消首席代表一定期限在中华人民共和国境内的任职资格或者要求其代表的外国银行撤换首席代表；情节特别严重的，由国务院银行业监督管理机构予以撤销：

（一）未经批准变更办公场所的；

（二）未按照规定向国务院银行业监督管理机构报送资料的；

（三）违反本条例或者国务院银行业监督管理机构的其他规定的。

第七十一条　外资银行违反中华人民共和国其他法律、法规的，由有关主管机关依法处理。

第七章　附　　则

第七十二条　香港特别行政区、澳门特别行政区和台湾地区的金融机构在内地设立的银行机构，比照适用本条例。国务院另有规定的，依照其规定。

第七十三条　本条例自2006年12月11日起施行。2001年12月20日国务院公布的《中华人民共和国外资金融机构管理条例》同时废止。

附录四　证券投资基金运作管理办法

中国证券监督管理委员会令　第21号

《证券投资基金运作管理办法》已经2004年6月4日中国证券监督管理委员会第93次主席办公会议审议通过，现予公布，自2004年7月1日起施行。

中国证券监督管理委员会主席：尚福林

二〇〇四年六月二十九日

证券投资基金运作管理办法

第一章　总　　则

第一条　为了规范证券投资基金运作活动，保护投资人的合法权益，促进证券投资基金市场健康发展，根据《证券投资基金法》及其他有关法律、行政法规，制定本办法。

第二条　本办法适用于证券投资基金（以下简称基金）的募集、基金份额的申购和赎回、基金财产的投资、基金收益的分配、基金份额持有人大会的召开，以及其他基金运作活动。

第三条　从事基金运作活动，应当遵守法律、行政法规和中国证券监督管理委员会（以下简称中国证监会）的规定，遵循自愿、公平、诚实信用原则，不得损害国家利益和社会公共利益。

第四条　中国证监会及其派出机构依照法律、行政法规、本办法的规定和审慎监管原则，对基金运作活动实施监督管理。

第五条　基金行业的协会依据法律、行政法规、中国证监会的规定和自律规则，对基金运作活动进行自律管理。

第二章　基金的募集

第六条　申请募集基金，拟任基金管理人、基金托管人应当具备下列条件：

（一）拟任基金管理人为依法设立的基金管理公司，拟任基金托管人为具有基金托管资格的商业银行；

（二）有符合中国证监会规定的、与管理和托管拟募集基金相适应的基金经理等业务人员；

（三）基金的投资管理、销售、登记和估值等业务环节制度健全，行为规范，不存在影响基金正常运作、损害或者可能损害基金份额持有人合法权益的情形；

（四）最近一年内没有因违法违规行为受到行政处罚或者刑事处罚；

（五）没有因违法违规行为正在被监管机构调查，或者正处于整改期间；

（六）不存在对基金运作已经造成或可能造成不良影响的重大变更事项，或者诉讼、仲裁等其他重大事项；

（七）不存在公司治理不健全、经营管理混乱、内部控制和风险管理制度无法得到有效执行、财务状况恶化等重大经营风险；

（八）拟任基金管理人前只获准募集的基金，基金合同已经生效，或者募集期限届满，不能满足本办法第十二条规定的条件，自返还全部投资人已缴纳的款项及其利息之日起已满 6 个月；

（九）中国证监会根据审慎监管原则规定的其他条件。

第七条　申请募集基金，拟募集的基金应当具备下列条件：

（一）有明确、合法的投资方向；

（二）有明确的基金运作方式；

（三）符合中国证监会关于基金品种的规定；

（四）不与拟任基金管理人已管理的基金雷同；

（五）基金合同、招募说明书等法律文件草案符合法律、行政法规和中国证监会的规定；

（六）基金名称表明基金的类别和投资特征，不存在损害国家利益、社会公共利益，欺诈、误导投资人，或者其他侵犯他人合法权益的内容；

（七）中国证监会根据审慎监管原则规定的其他条件。

第八条　基金管理人申请募集基金，应当按照《证券投资基金法》和中国证监会的规定提交申请材料。

申请期间申请材料涉及的事项发生重大变化的，基金管理人应当自变化发生之日起 5 个工作日内向中国证监会提交更新材料。

第九条　中国证监会依照《行政许可法》和《证券投资基金法》第三十九条的规定，受理基金募集申请，并进行审查，做出决定。

第十条　中国证监会根据审慎监管原则，可以组织专家评审会对基金募集申请进行评审。

第十一条　基金募集期限自基金份额发售之日起不得超过 3 个月。

第十二条　基金募集期限届满，募集的基金份额总额符合《证券投资基金法》第四十四条的规定，并具备下列条件的，基金管理人应当按照规定办理验资和基金备案手续：

（一）基金募集份额总额不少于 2 亿份，基金募集金额不少于 2 亿元人民币；

（二）基金份额持有人的人数不少于 200 人。

第十三条　中国证监会自收到基金管理人验资报告和基金备案材料之日起 3 个工作日内予以书面确认；自中国证监会书面确认之日起，基金备案手续办理完毕，基金合同生效。

基金管理人应当在收到中国证监会确认文件的次日予以公告。

第十四条　基金募集期间的信息披露费、会计师费、律师费以及其他费用，不得从基金财产中列支；基金收取认购费的，可以从认购费中列支。

第三章　基金份额的申购和赎回

第十五条　开放式基金的基金合同应当约定，并在招募说明书中载明基金管理人办理基金份额申购、赎回业务的日期（以下简称开放日）和时间。

第十六条　开放式基金的基金合同可以约定基金管理人自基金合同生效之日起一定期限内不办理赎回；但约定的期限不得超过 3 个月，并应当在招募说明书中载明。

第十七条　开放式基金份额的申购、赎回价格，依据申购、赎回日基金份额净值加、减有关费用计算。开放式基金份额的申购、赎回价格具体计算方法应当在基金合同和招募说明书中载明。

开放式基金份额净值,应当按照每个开放日闭市后,基金资产净值除以当日基金份额的余额数量计算。具体计算方法应当在基金合同和招募说明书中载明。

第十八条 基金管理人不得在基金合同约定之外的日期或者时间办理基金份额的申购、赎回或者转换。

投资人在基金合同约定之外的日期和时间提出申购、赎回或者转换申请的,其基金份额申购、赎回价格为下次办理基金份额申购、赎回时间所在开放日的价格。

第十九条 投资人申购基金份额时,必须全额交付申购款项,但中国证监会规定的特殊基金品种除外;投资人交付款项,申购申请即为有效。

第二十条 基金管理人应当自收到投资人申购、赎回申请之日起3个工作日内,对该申购、赎回的有效性进行确认。

基金管理人应当自接受投资人有效赎回申请之日起7个工作日内支付赎回款项,但中国证监会规定的特殊基金品种除外。

第二十一条 开放式基金的基金合同可以约定基金达到一定的规模后,基金管理人不再接受认购、申购申请,但应当在招募说明书中载明。

基金管理人在基金募集期间不得调整基金合同约定的基金规模。基金合同生效后,基金管理人可以按照基金合同的约定,根据实际情况调整基金规模,但应当提前三日公告,并更新招募说明书。

第二十二条 开放式基金的基金合同可以对单个基金份额持有人持有基金份额的比例或者数量设置限制,但应当在招募说明书中载明。

第二十三条 开放式基金单个开放日净赎回申请超过基金总份额的10%的,为巨额赎回。

开放式基金发生巨额赎回的,基金管理人当日办理的赎回份额不得低于基金总份额的10%,对其余赎回申请可以延期办理。

第二十四条 开放式基金发生巨额赎回的,基金管理人对单个基金份额持有人的赎回申请,应当按照其申请赎回份额占当日申请赎回总份额的比例,确定该单个基金份额持有人当日办理的赎回份额。

基金份额持有人可以在申请赎回时选择将当日未获办理部分予以撤销。基金份额持有人未选择撤销的,基金管理人对未办理的赎回份额,可延迟至下一个开放日办理,赎回价格为下一个开放日的价格。

第二十五条 开放式基金发生巨额赎回并延期办理的,基金管理人应当通过邮寄、传真或者招募说明书规定的其他方式,在3个交易日内通知基金份额持有人,说明有关处理方法,同时在指定报刊及其他相关媒体上予以公告。

第二十六条 开放式基金连续发生巨额赎回,基金管理人可按基金合同的约定和招募说明书的规定,暂停接受赎回申请;已经接受的赎回申请可以延缓支付赎回款项,但延缓期限不得超过20个工作日,并应当在指定报刊及其他相关媒体上予以公告。

第二十七条 开放式基金的基金合同可以约定,单个基金份额持有人在单个开放日申请赎回基金份额超过基金总份额一定比例的,基金管理人可以按照本办法第二十六条的规定暂停接受赎回申请或者延缓支付。

第二十八条　开放式基金应当保持不低于基金资产净值5%的现金或者到期日在一年以内的政府债券,以备支付基金份额持有人的赎回款项,但中国证监会规定的特殊基金品种除外。

第四章　基金的投资和收益分配

第二十九条　基金合同和基金招募说明书应当按照下列规定载明基金的类别:

(一) 60%以上的基金资产投资于股票的,为股票基金;

(二) 80%以上的基金资产投资于债券的,为债券基金;

(三) 仅投资于货币市场工具的,为货币市场基金;

(四) 投资于股票、债券和货币市场工具,并且股票投资和债券投资的比例不符合第(一)项、第(二)项规定的,为混合基金;

(五) 中国证监会规定的其他基金类别。

第三十条　基金名称显示投资方向的,应当有80%以上的非现金基金资产属于投资方向确定的内容。

第三十一条　基金管理人运用基金财产进行证券投资,不得有下列情形:

(一) 一只基金持有一家上市公司的股票,其市值超过基金资产净值的10%;

(二) 同一基金管理人管理的全部基金持有一家公司发行的证券,超过该证券的10%;

(三) 基金财产参与股票发行申购,单只基金所申报的金额超过该基金的总资产,单只基金所申报的股票数量超过拟发行股票公司本次发行股票的总量;

(四) 违反基金合同关于投资范围、投资策略和投资比例等约定;

(五) 中国证监会规定禁止的其他情形。

完全按照有关指数的构成比例进行证券投资的基金品种可以不受前款第(一)项、第(二)项规定的比例限制。

第三十二条　基金管理人应当自基金合同生效之日起6个月内使基金的投资组合比例符合基金合同的有关约定。

第三十三条　因证券市场波动、上市公司合并、基金规模变动等基金管理人之外的因素致使基金投资不符合本办法第三十一条第一款第(一)项、第(二)项规定的比例或者基金合同约定的投资比例的,基金管理人应当在10个交易日内进行调整。

第三十四条　下列与基金有关的费用可以从基金财产中列支:

(一) 基金管理人的管理费;

(二) 基金托管人的托管费;

(三) 基金合同生效后的信息披露费用;

(四) 基金合同生效后的会计师费和律师费;

(五) 基金份额持有人大会费用;

(六) 基金的证券交易费用;

(七) 按照国家有关规定和基金合同约定,可以在基金财产中列支的其他费用。

第三十五条　封闭式基金的收益分配,每年不得少于一次,封闭式基金年度收益分配比例不得低于基金年度已实现收益的90%。

开放式基金的基金合同应当约定每年基金收益分配的最多次数和基金收益分配的最低

比例。

第三十六条 基金收益分配应当采用现金方式。

开放式基金的基金份额持有人可以事先选择将所获分配的现金收益，按照基金合同有关基金份额申购的约定转为基金份额；基金份额持有人事先未做出选择的，基金管理人应当支付现金。

第五章 基金份额持有人大会

第三十七条 除《证券投资基金法》第七十一条第（一）项至第（五）项规定的事项外，基金合同还应当按照中国证监会的规定，约定对基金合同当事人权利、义务产生重大影响，须召开基金份额持有人大会的变更合同等其他事项。

第三十八条 基金托管人认为有必要召开基金份额持有人大会的，应当向基金管理人提出书面提议。基金管理人应当自收到书面提议之日起10日内决定是否召集，并书面告知基金托管人。

基金管理人决定召集的，应当自出具书面决定之日起60日内召开；基金管理人决定不召集，基金托管人仍认为有必要召开的，应当自行召集。

第三十九条 代表基金份额10%以上的基金份额持有人认为有必要召开基金份额持有人大会的，应当向基金管理人提出书面提议。基金管理人应当自收到书面提议之日起10日内决定是否召集，并书面告知提出提议的基金份额持有人代表和基金托管人。

基金管理人决定召集的，应当自出具书面决定之日起60日内召开；基金管理人决定不召集，代表基金份额10%以上的基金份额持有人仍认为有必要召开的，应当向基金托管人提出书面提议。

基金托管人应当自收到书面提议之日起10日内决定是否召集，并书面告知提出提议的基金份额持有人代表和基金管理人；基金托管人决定召集的，应当自出具书面决定之日起60日内召开。

第四十条 基金管理人和基金托管人都不召集基金份额持有人大会的，基金份额持有人可以按照《证券投资基金法》第七十二条第二款的规定自行召集基金份额持有人大会。

基金份额持有人自行召集基金份额持有人大会的，应当至少提前30日向中国证监会备案。

第四十一条 基金份额持有人依法自行召集基金份额持有人大会的，基金管理人、基金托管人应当配合，不得阻碍、干扰。

第四十二条 基金份额持有人大会按照《证券投资基金法》第七十五条的规定表决通过的事项，召集人应当自通过之日起5日内报中国证监会核准或者备案。

基金份额持有人大会决定的事项自中国证监会依法核准或者出具无异议意见之日起生效。

第四十三条 基金管理人、基金托管人和基金份额持有人应当执行生效的基金份额持有人大会的决定。

第六章 监督管理和法律责任

第四十四条 开放式基金的基金合同生效后，基金份额持有人数量不满200人或者基金资产净值低于5 000万元的,基金管理人应当及时报告中国证监会;连续20个工作日出现前述情形的,基金管理人应当向中国证监会说明原因和报送解决方案。

第四十五条　中国证监会及其派出机构对基金管理人、基金托管人从事基金运作活动的情况进行定期或者不定期检查,基金管理人、基金托管人应当予以配合。

第四十六条　基金管理人、基金托管人违反法律、行政法规和本办法规定的,中国证监会及其派出机构可以责令整改,暂停办理相关业务;对直接负责的主管人员和其他直接责任人员,可以采取监管谈话、出具警示函、记入诚信档案、暂停履行职务、认定为不适宜担任相关职务者等行政监管措施。

第四十七条　基金管理人、基金托管人及其直接负责的主管人员和其他直接责任人员违反本办法规定从事基金运作活动,中国证监会依照法律、行政法规的有关规定进行行政处罚;法律、行政法规未做规定的,依照本办法的规定进行行政处罚;涉嫌犯罪的,依法移送司法机关,追究其刑事责任。

第四十八条　基金管理人违反本办法第十八条的规定,在基金合同约定之外的日期或时间办理基金份额的申购、赎回或者转换的,依照《证券投资基金法》第四十九条的规定处罚。

第四十九条　基金管理人违反本办法第三十一条的规定,运用基金财产进行证券投资的,依照《证券投资基金法》第九十条的规定处罚。

第五十条　基金管理人、基金托管人不按照本办法第三十八条、第三十九条的规定召集基金份额持有人大会的,依照《证券投资基金法》第九十五条的规定处罚。

第五十一条　基金管理人申请募集基金,隐瞒有关情况或者提供虚假材料的,中国证监会不予受理;已经受理的,不予批准,并处以警告。

第五十二条　基金管理人从事基金运作活动,有下列情形之一的,责令改正,单处或者并处警告、罚款;对直接负责的主管人员和其他直接责任人员,单处或者并处警告、罚款:

(一)未按照本办法第十七条的规定计算基金份额申购、赎回价格;

(二)未按照本办法第二十条的规定确认申购、赎回的有效性,并支付赎回款项;

(三)未按照本办法第二十三条第二款的规定办理赎回申请;

(四)未按照本办法第二十八条的规定保持现金或者政府债券;

(五)未按照本办法第三十三条的规定调整投资比例;

(六)未按照本办法第三十五条、第三十六条的规定进行收益分配;

(七)未按照本办法第四十四条的规定报告、说明有关情况,或者报送解决方案。

第五十三条　基金管理人、基金托管人有下列情形之一的,责令改正,单处或者并处警告、罚款;对直接负责的主管人员和其他直接责任人员,单处或者并处警告、罚款:

(一)未按照本办法第四十一条规定配合基金份额持有人召集基金份额持有人大会;

(二)未按照本办法第四十二条的规定申请核准或者备案基金份额持有人大会决定的事项;

(三)未按照本办法第四十三条的规定执行基金份额持有人大会的生效决定;

(四)未按照本办法第四十五条的规定配合中国证监会及其派出机构进行检查。

第七章　附　　则

第五十四条　本办法自2004年7月1日起施行。

参 考 文 献

[1] 罗纳德·麦金龙,著.经济发展中的货币与资本[M].上海：上海人民出版社,1997.
[2] 米尔顿·弗里德曼,著.货币数量理论的重新表述[M].北京：中国金融出版社,1992.
[3] 莫顿·米勒,著.金融创新与市场流动性[M].北京：首都经济贸易大学出版社,2002.
[4] 黄达,主编.金融学(精编版)[M].北京：中国人民大学出版社,2010.
[5] 曹龙骐,主编.金融学[M].北京：高等教育出版社,2005.
[6] 王松奇,李扬,王国刚,主编.金融学[M].北京：中国金融出版社,2005.
[7] 戴国强主编.商业银行经营学[M].北京：高等教育出版社,2005.
[8] 李杨,王松奇,著.中国金融理论前沿[M].北京：社会科学出版社,2000.
[9] 王兆星,主编.金融市场学[M].北京：中国金融出版社,2004.
[10] 邓超,主编.金融理论与实务[M].长沙：湖南人民出版社,2002.
[11] 刘金章,主编.现代金融理论与实务[M].北京：清华大学出版社,2006.
[12] 张亦春,主编.金融市场学[M].北京：高等教育出版社,1999.
[13] 王广谦,主编.中央银行学[M].北京：高等教育出版社,1999.
[14] 孔祥毅,主编.中国银行通论[M].北京：中国金融出版社,2000.
[15] 胡庆康,主编.现代货币银行学教程[M].上海：复旦大学出版社,2010.
[16] 劳埃德·托马斯,著.货币银行学[M].北京：机械工业出版社,2008.
[17] 米什金,著.货币金融学[M].郑艳文,荆国勇,译.北京：中国人民大学出版社,2011.
[18] 蒋先玲,编著.货币银行学[M].北京：中国金融出版社,2010.
[19] 艾洪德,范立夫,主编.货币银行学[M].大连：东北财经大学出版社,2011.
[20] 易纲,著.货币银行学[M].上海：上海人民出版社,1999.
[21] 付一书,崔建军,主编.货币银行学[M].西安：陕西人民出版社,2004.
[22] 张亦春,主编.现代金融市场学[M].北京：中国金融出版社,2007.
[23] 宋琳,主编.金融市场学[M].北京：清华大学出版社,2011.
[24] 孙可娜,主编.商业银行经营管理[M].北京：机械工业出版社,2010.
[25] 王红梅,主编.商业银行经营管理[M].北京：中国人民大学出版社,2009.
[26] 张传良,主编.金融监管理论与实务[M].厦门：厦门大学出版社,2008.
[27] 郭田勇,主编.金融监管学[M].北京：中国金融出版社,2010.
[28] 周浩明,主编.货币银行学[M].上海：上海财经大学出版社,2007.